CONSTRUCTING GROUNDED THEORY

A Practical Guide Through Qualitative Analysis

근거이론의 구성

질적 분석의 실천 지침

Kathy Charmaz 저 | 박현선 · 이상균 · 이채원 공역

학지사

"이 역서는 2010년도 정부재원(교육과학기술부 인문사회연구역량강화사업비)으로
한국연구재단의 지원을 받아 수행된 연구임(NRF-2010-328-B00044)"

역자 서문

   모든 이야기는 다르게 기억된다. 구로사와 아키라가 감독한 영화 〈라쇼몽 羅生門〉에서 한 무사의 죽음을 둘러싼 사람들의 기억은 모두 제각각이다. 살인자인 도둑, 죽은 무사의 아내, 목격자 나무꾼, 심지어 영혼으로 등장한 무사마저 죽음을 둘러싼 상황과 사람들의 행위를 다르게 설명한다. 무엇이 진실이며, 진실은 어떻게 확인할 수 있는지 성찰하게 하며, 어찌 보면 구성주의적 시각을 잘 드러낸 영화라고 할 수 있다.

   현실에 대한 구성주의적 해석은 영화에서만 확인되는 것은 아니다. 실제로 사회심리학자인 레온 페스팅거Leon Festinger는 지루하고 단순한 실험에 참여한 대상자를 두 집단으로 나눈 후, 또 다른 대기자에게 그 실험이 재미있고 유익했다고 말하라는 과제를 부여했다. 그런 다음, 두 집단에게 각각 1불과 20불을 지불했다. 시간이 지난 후 실험 참가자에게 그들이 수행한 실험이 어떠했는지 다시 물어보았다. 어느 집단이 자신이 수행한 실험을 재미있고 유익했다고 대답했을까? 일반적인 예상과 달리, 1불을 받은 집단이었다. 거짓말을 한 과거의 행동으로 생겨난 불편한 마음을 20불이라는 보상으로 해결한 다른 집단과 달리, 보잘 것 없는 보상인 1불을 받은 집단은 대기자에게 재미있다고 거짓말한 행동과 일치되도록 과거의 경험에 대한 의미를 바꾼 것이다. 인지부조화cognitive dissonance실험으로 유명한 이 사례는 동일한 사건을 경험한 사람이라도 어떠한 조건과 맥락에 놓여 지느냐에 따라 자신의 경험을 다르게 기억하고 평가한다는 것을 알려 준다. 어쩌면 우리는 살아가면서 겪는 모든 경험에 대해 각자의 의미와 해석을 부여할지 모른다. 자신의 해석과 의미가 진실이라 믿으면서 말이다.

　타인의 인식과 경험을 분석하는 질적연구에서 구성주의적 접근이 갖는 미덕은 연구자와 연구 참여자가 가지고 있는 선입견과 해석을 허용할 수 있는 유연함과 열린 구조에 있다. 연구자는 객관적이고 과학적인 관찰자가 아니라 현상과 분석에 관여하고 해석한다고 가정하기에, 선입견을 확고한 불변의 진실이라고 확신하지 않는 한 어떠한 접근과 태도도 구성주의에 통합될 수 있다. 이러한 구성주의 접근은 근거이론의 공동 창시자였던 글레이저와 스트라우스가 갈라선 뒤, 양자 간의 갈등과 차이를 통합 조정하려는 다양한 시도 중 가장 많은 지지와 선택을 받고 있다.

바니 글레이저

안셀름 스트라우스

　갈라서면 합치기 어려운 법이다. 무릇 나눠진 후 합치기 힘든 것이 계파와 분파라 했듯이, 글레이저파Glaserian와 스트라우스파Straissian의 직접적인 화해는 당분간 힘들어 보인다. 두 창시자가 갈라선 계기는 스트라우스가 줄리엣 코빈과 함께 펴낸 『질적연구의 기초Basics of Qualitative Research』에서 비롯되었다. 이 책을 읽은 글레이저는 격분하였고, 1991년 1월 스트라우스에게 항의와 비판을 적은 편지를 보냈다. "근거이론의 공동 창시자로 이 책을 회수하라고 요청합니다. 이 책은 근거이론의 중요한 아이디어 중 거의 9할을 무시하고 있기에, 근거이론을 왜곡하고 오해하게 합니다." 글레이저가 같은 해 9월 23일 보낸 편지의 첫 머리이자, 1992년 출간한 『근거이론 분석의 기초: 출현 대 강제 Basics of Grounded Theory Analysis: Emergence vs. Forcing』의 서론

중 일부다. "지난 금요일 선생님과의 통화에 대한 답장을 보냅니다. 선생님은 전화통화에서 『질적연구의 기초』를 회수하거나 바꾸지 않을 것이고, 저의 비판도 더 이상 듣지 않겠다고 말씀하셨습니다. (중략) 해결이 될 때까지 이 문제는 계속될 것입니다. 그리고 그때까지 저의 항의도 계속될 것입니다." 공동 작업으로 탄생한 근거이론은 그 순간 이후 양자 간에 끝내 화해하지 못한 갈등을 보이면서, 이후 글레이저파와 스트라우스파로 나뉘게 되었다.

글레이저와 스트라우스 간의 갈등과 분화는 근거이론에 대한 다양한 오해와 혼란을 양산하였다. 누구의 접근이 더 정통성이 있는가를 둘러싼 논쟁 또한 여전히 계속된다. 출간한 책을 회수하라는 글레이저의 과격한 비판에 어떠한 공식적인 대응을 하지 않은 스트라우스의 속마음이 무엇이었는지 궁금하다. 이와 관련하여 차마즈는 양자를 균형 있게 비판하면서 제3의 길을 취하는 것처럼 보인다. 차마즈가 제시하는 구성주의 접근은 근거이론이 글레이저의 입장—일군의 지지자가 유일한 정통 교회처럼 떠받들기도 하는—과 스트라우스·코빈의 그것으로 나뉘면서, 양자택일 이외에 어떠한 대안도 없어 보였던 상황에 또 다른 선택지를 제시한다. 하지만 행간을 읽어 보면 차마즈는 글레이저의 입장에는 다소 날 서린 비판의 논조를 취하는 반면, 스트라우스의 입장에는 그간의 오해를 씻어 내려는 옹호의 손길을 건네고 있다. 특히 스트라우스의 사후, 코빈이 구성주의적 접근과 해석학적 입장을 동의하고 수용하고 있다고 평가한 부분에 다다르면 더욱 그러하다. 차마즈가 실토했듯이 저자는 항상 공정할 수는 없는 노릇인가 보다.

근거이론은 실증주의에 경도되었다는 비판을 받으며 한때 쇠락의 길을 걷고 있다는 지적을 받았지만, 21세기 들어 우리나라를 포함해 질적연구의 지형에서 여전히 막강한 영향력과 활용도를 자랑하고 있다. 근거이론은 상대적으로 체계적이고 명시적인 방법론상의 지침을 두고 있고, 귀납적이고 연역적 추론을 매끄럽게 연결시켜 줄 수 있다는 점에서 양적, 질적연구자 모두에게서 지지를 얻고 있다. 이에 많은 질적연구는 그 연구방법을 근거이론에 기반한다고 표방한다. 하지만 근거이론의 본질과 핵심을 담고 있는 연구를 찾기란 어렵다. 성숙하지 못한 범주의 설정, 새로울 것이 없는 해석과 결론, 파급력과 반향력이 적은 이론의 발견 등은 근거이론을 포함해 질적연구에 쏟아지는 비판의 주종을 이루고 있다.

올바른 근거이론의 방법은 존재할까? 그 대답은 불확실하다. 이 책을 통해서도 차마즈는 올바른 방법이 무엇인지에 대해 답하지 않는다. 연구방법의 올바름에 대한 판단은 일정 부분 자의적이기 때문이다. 연구방법이 연구를 규정하는 것이 아니라는 점을 수용한다면, 중요한 것은 자신이 찾고자 하는 의문에 진정성 있는 분석을 수행했느냐일 것이다. 목적지에 도달하는 길은 하나가 아니듯, 근거이론을 찾아가는 경로 역시 글레이저를 통해, 아니면 스트라우스와 코빈을 통해, 혹은 차마즈를 통해서 찾을 수 있다. 누구의 표지판을 따라 가든 확실한 것은 하나다. 참된 깨달음을 얻으며 연구자로 성장하는 과정은 모든 사람에게 열려 있다.

몇 년 전 어떤 교수가 대학원생을 기계적인 적용에 매몰시켰다면서 계량연구방법을 맹렬히 비판하는 광경을 접한 적이 있다. 분석 결과에서 제시되는 별표가 연구의 질을 담보해 주는 표식인 양 받아들이는 제자가 못마땅했던 모양이다. 하지만 그 비판의 표적은 잘못되었다. 연구방법은 중립적이다. 연구자가 받아야 할 비판이 연구방법에 주어져서는 안 된다. 양적연구방법에도 문제점이 있듯, 질적연구방법 역시 성급한 범주 설정과 낯익은 분석 결과, 틀에 박힌 서술과 묘사, 풍부하지도 상세하지도 못한 자료의 질을 소수 사례를 용납하는 질적연구의 특성으로 변명하는 것과 같은 방법상의 한계가 있다. 특정한 방법론에 대한 오해와 편견으로, 설익은 선입견을 자료에 투영할 때, 그 결과로서 얻게 될 연구의 질은 분석 도구의 기계적 활용에 의존하는 계량연구 못지않게 낮을 수 있다.

질적연구가 현재 우리나라의 사회과학계에서 차지하는 위상과 비중은 질적연구의 소개가 본격적으로 이루어진 지난 20여 년 동안 괄목상대할 정도로 커졌다. 서구이론의 무비판적 수용과 검증을 지양하고, 토착화된 우리만의 이론을 개발하려는 욕구가 충만한 시기에 근거이론을 포함한 질적연구는 많은 사회과학 연구자의 관심을 끌었다. 특히, '기반한다grounded'는 뜻을 지닌 근거이론은 현장에 기반한 이론을 찾으려는 이들에게 더할 나위 없이 매력적으로 다가왔다. 이론의 자본가가 제시하는 지식의 축적 과정에 이론 검증의 프롤레타리아트로 참여하기를 거부하고 싶었던 연구자에게 근거이론은 안성맞춤의 연구방법론이기도 했다. 더욱이 기존의 질적연구방법과는 달리 명확하고 체계적인 연구 절차와 분석방법을 제시하였기에, 질적연구에 흥미를 느낀 많은 초심자는 근거이론을 선택했고, 그 결과 상당수의 질적연구는 근거이론에 연구방법을 의존하게 되었다.

　하지만 무언가 부족했다. 마우스만 가지고도 분석이 가능해졌기에 계량연구의 대중화가 이루어졌듯이, 과연 질적연구의 체계화된 명시적 지침만으로 양질의 근거이론 또는 질적연구가 생성될 수 있을까? 계량방법에 대한 회의적 반동에 힘입어 그 세력을 확대해 나가는 질적연구의 흐름 속에서 무언가 해결되지 않은 문제가 남아 있었다. 수많은 질적연구의 주장과 내용에 대해 양적연구방법론자는 쉽게 동의하지 못했고, 분석 과정과 절차에 가해진 비판은 계량연구방법론에 세뇌당한 편견이라 치부하기에는 불분명하거나 느슨한 부분이 있었다. 출간된 질적연구의 수가 늘어난 만큼 질적연구의 질에 대한 회의와 비판은 커졌다. 아울러 근거이론을 대표하는 스트라우스와 코빈의 접근에 대해 가해지는 글레이저를 포함해 질적연구 진영 내부의 비판도 근거이론의 유용성과 잠재력을 믿는 사람을 당혹하게 했다.

　차마즈가 『근거이론의 구성Constructing Grounded Theory』을 통해 제시한 구성주의 접근은 근거이론의 정체성과 방법에 가해지는 비판에 대한 자성과 전망을 담고 있다. 차마즈의 책을 통해 독자는 근거이론의 역사와 진화에 대해 확인할 수 있고, 근거이론이 가진 장점과 잠재력의 가능성에 대해 확신할 수 있다. 아울러 근거이론의 분기가 가져다준 혼란 또한 차마즈의 입장을 통해 어느 정도 해결할 수 있다고 생각한다. 아마도 차마즈의 책을 읽어 나가면서 많은 이가 근거이론뿐만 아니라 질적연구의 본질과 핵심에 대해 다시 한 번 성찰하는 기회를 가질 것이다. 차마즈의 접근은 체계적이고 명시적인 절차와 방법이라는 근거이론의 장점은 그대로 살리면서, 특정한 인식론에 얽매이지 않는 유연함이 있기에 질적연구자와 양적연구자 모두에게 열려 있다. 스트라우스와 코빈이 제시한 분석 절차의 경직된 적용에 불편했던 연구자라면, 구성주의 접근에서 보다 자유롭고 유연한 적용을 경험해 볼 수 있다. 글레이저의 접근이 갖는 실증주의의 그림자가 부담스러웠다면, 구성주의 접근이 강조하는 해석학적 접근에서 편안함을 느낄 것이다.

구성주의 접근은 열린 결말을 가진 상호작용적 과정이다. 어떠한 선택을 하느냐에 따라 전개 과정이나 결말이 달라질 수 있는 인터랙티브 게임처럼 말이다. 그런 점에서 이 책을 번역하는 과정 또한 구성주의적 접근이었다. 굴이 강을 건너면 탱자가 되듯이, 번역작업은 필연적으로 오독과 오역을 수반한다. 특히나 질적연구방법론은 소개하는 책의 수만큼 존재한다는 지적이 역자의 어깨를 무겁게 했다. 이에 차마즈가 제시한 단어와 정의를 최대한 우리가 알고 있는 이해의 범위에서 맥락과 의미를 부여하며 번역하였다. 차마즈의 책은 우리에게 던져진 일종의 텍스트였고, 번역은 또 다른 참여와 해석의 과정이었다. 근거이론의 여정 끝에 다다른 목적지가 연구자의 선택에 따른 결과물이듯, 번역된 내용은 역자의 고민과 선택의 산물이다. 근거이론이 연구자와 참여자의 구성물이듯, 이 책의 번역 또한 역자의 구성물이다. 그렇기에 번역본에서 찾은 오류와 그에 따른 비판은 차마즈가 아닌 역자의 몫임을 밝혀 둔다.

특정한 연구방법이 질적연구의 문제를 해결해 주리라는 생각은 착각에 불과하다. 모든 연구방법론은 나름의 존재 가치가 있으며, 학문적인 기여도를 지닌다. 그렇기에 연구자는 자신의 연구 문제를 풀어가기 위해 최적의 연구방법을 선택해야 한다. 하지만 연구방법이 연구의 질을 좌우하지는 않는다. 근거이론뿐만 아니라 질적연구를 대하는 태도와 관련해 우리가 번역작업을 통해 다시금 깨달았고 독자와 함께 공유하고 싶은 점은 다음과 같다.

첫째, 교육의 질이 교사의 질을 넘을 수 없듯이, 연구의 질 또한 연구자의 질에 달려 있다. 질적연구의 주된 도구는 연구자이기에, 사물과 현상을 바라보는 관점과 해석은 연구자의 몫이다. 그렇기에 특정한 방법에 대한 매몰과 집착보다는 성찰과 통찰의 힘을 키우는 것이 무엇보다 중요하다.

둘째, 모든 것은 자료다. 글레이저의 격언처럼, 근거이론 앞에서 더 나아가 사회 현상을 연구하는 연구자에게 질적 자료와 양적 자료의 구분은 의미 없다. 연구자가 경험하고 관찰하고 해석할 수 있는 모든 자료가 연구의 대상이 될 수 있다. 그런 점에서 자료의 속성과 연구방법론의 선호도로써 연구자 집단을 편 가르는 일은 의미 없다. 과거 양적연구방법의 폐쇄성과 편견을 비판했던 질적연구 진영이 거꾸로 인식론의 굴레에 갇혀서는 안 된다.

셋째, 텅 빈 머리와 열린 마음은 다르다. 근거이론은 선행연구의 고찰을 가로막은 것이 아니라 그것이 가져올 선입견과 편견을 저어했을 뿐이다. 뛰어난 통찰력과 혜안이 있는 선행연구자의 발자취를 찾는 작업은 후학이 자신의 종착지로 가는 길에 반드시 넘어야 할 고지다. 거인의 어깨 위에서 더 넓은 세계를 볼 수 있듯이, 선입견보다는 통찰을, 편견보다는 혜안을 보여 줄 선행연구자의 노력과 결실 위에서 연구를 진행시켜야 한다.

모든 이야기는 끝이 없다. 하나의 이야기에서 연구의 실마리를 찾아내고, 또 다른 이야기를 통해 연결 고리를 발견하는 근거이론도 마찬가지다. 하나의 근거이론은 종착지라기보다는 다음 여정을 위한 쉼터라 본 차마즈의 입장에 전적으로 동감한다. 그렇기에 이 책이 구성주의적 근거이론을 소개하는 하나의 이야기로서 받아들여지고, 이를 통해 무수히 많은 근거이론의 이야기가 뻗어나가기를 희망한다. 아울러 하나의 이야기가 살을 붙여 가며 또 다른 이야기로 변주될 수 있듯이, 근거이론에 대한 우리의 작업 역시 또 다른 노력으로 이어지길 소망해 본다. 기회가 주어진다면, 아니 어쩌면 역자의 역량이 더 중요하겠지만, 향후 우리나라의 근거이론을 개발하는 과정과 방법을 다루고 싶다. 근거이론을 발전시킨 코빈이 최근 저서에서 컴퓨터 프로그램을 적극적으로 활용했듯이, 풍부한 자료를 효율적으로 다룰 수 있는 프로그램을 이용해 근거이론의 분석과 개발 과정을 다룬 책을 가까운 시간 안에 펴낼 수 있기를 기대해 본다. 마지막으로 이 책을 번역 및 출간하기까지 독촉 없이 기다려 준 학지사 관계자와 꼼꼼하게 원고의 편집과 교정을 도와준 편집부 정다운 님께 이 자리를 빌려 감사를 표한다.

2013년 7월
역자 일동

저자 서문

　나는 이 책을 통해 근거이론의 기본적 단계를 밟아 나가면서, 여러분을 근거이론을 구성해 나가는 여정으로 초대하려 한다. 이 책은 여러분에게 가야 할 길을 제시하고, 눈을 틔우며, 발걸음을 재촉하면서 길에서 만날 장애물과 기회를 가르쳐 줄 것이다. 우리는 함께 여행을 할 것이나, 모험은 여러분의 몫이다. 나는 근거이론 전략을 명확하게 보여 줄 것이며, 전반적인 지침, 예시, 제언 등을 제공할 것이다. 따라가기만 하면 되는 방법론상의 지도를 제공하는 사람도 있지만, 나는 여러분이 선택할 수 있는 여러 경로를 보여 주기 위해 질문을 던지고 다양한 전략의 개요를 알려 주려 한다. 연구라는 여정의 각 단계에서 자신의 연구작업물에 대한 일독이 다음번 이동 지점으로 안내해 줄 것이며, 이같은 참여와 해석의 조합이 여러분을 다음 단계로 이끌 것이다. 여정의 종착지는 여러분이 출발한 지점, 나아가려는 곳, 상호작용하는 사람들, 보고 듣는 바 깨닫고 생각하는 방식에 따라 달라질 것이다. 결국 완성된 연구물은 하나의 구성물이며, 여러분의 것이다.

　연구방법에 대한 글쓰기는 예측하지 못한 결과를 가져올 수 있다. 일전에 '상징적 상호작용주의' 학회지에서 하워드 베커(Becker, 2003)는 문화기술지학의 대가인 어빙 고프만Erving Goffman이 자신의 연구방법을 집필하지 않은 이유에 대해 언급한 바 있다. 베커에 따르면, 고프만은 어떠한 방법론적 조언도 애초의 의도와 어긋날 수밖에 없으며, 그에 따른 혼돈은 자신에 대한 비난을 불러올 것이라 믿었다. 방법론적 조언의 제시는 오해를 불러온다— 어쩌면 구성주의적 비판이라 할 수 있다. 그러나 고프만과 달리, 나는 기꺼이 방법론의 격투장으로 들어서고자 하며, 그곳으로 여러분도 동참하도록 초대하려 한다. 방법론적 오해의 가능성도 존재하지만, 반대로 방법론을 명료화하고 향상할 가능성도 존재한다. 단순한 조리법의 수준에 그치지 않게 연구방법을 대중에게 전달하는 일은 해석과 재구성을 불가피하게 하고, 심지어 오해까지도 야기한다. 독자와 연구자가 가지고 있는 관점, 목적, 실천 등은 연구방법에 의미를 부여하는 방식에 영향을 미친다. 과거 연구자는 종종 근거이론방법을 오해하였다. 많은 질적연구자는 출간된 논문을 통해 자신의 방법론적 접근을 근거이론이라고 칭했지만, 실제로는 그와는 전혀 닮지 않은 방법을 사용하여 혼돈을 배가했다. 수많은 연구자는 연구를 이끌어 갈 지침으로서 근거이론을 채택하기보다는 단지 질적연구 수행을 정당화할 방법론적 근거로만 언급했다.

이 책은 근거이론에 대한 나의 해석을 보여 주고 있으며, 방법론적 지침, 조언, 관점 등을 담고 있다. 근거이론방법은 그 창안자인 바니 글레이저Bar-ney Glaser와 안셀름 스트라우스Anselm Strauss가 1967년 내놓은 이후 지금까지 진화해 왔고 변화되었다. 두 사람 모두 특정한 지점에서 자신의 입장을 바꾸었고, 다른 것을 더해 갔다. 근거이론에 대한 나의 접근은 지난 세기에 처음 나타났던 고전적 주장으로 돌아가는 것이며, 금세기의 방법론적 시각을 통해 재검토한 것이다. 연구자는 근거이론방법을 질적 또는 양적 자료 모두에 사용할 수 있다. 하지만 대부분의 경우 질적연구에서 배타적으로 사용하고 있으며, 나 또한 그러하다. 이 책을 통해 나는 재료materials나 설명accounts이라는 말 대신 우리가 작업해야 할 재료를 '자료data'라고 언급한다. 왜냐하면 이제 질적연구는 과학적 탐구의 영역에서 정당한 몫의 자기 자리를 차지하고 있기 때문이다.

이 책을 집필하면서 나는 다음의 목표를 달성하려 했다. ① 지난 40여 년 동안 방법론적 발전을 통해 일궈 낸 근거이론연구의 수행 지침 제공, ② 근거이론에 대한 몇 가지 오해의 시정, ③ 분화된 근거이론 접근과 이들 접근의 입장 변화에 대한 지적, ④ 기초적인 연구방법의 지식을 가진 학자라면 따를 수 있는 지침에 대한 충분한 설명 제공, ⑤ 신참 또는 중견 연구자에게 근거이론연구의 수행을 촉구하기 등이 그것이다. 나는 글레이저와 스트라우스가 제시한 고전적 근거이론과 일치하도록, 자료에서 굳건한 토대를 확보하는 것이 중요하다는 점을 인정하는 동시에 탐구가 가진 분석적 측면을 강조한다. 그렇기에 예문으로 제시한 자료가 각각의 내러티브에 얼마나 부합하는지 확인하고 싶을 경우 독자가 원자료를 검토해 볼 수 있도록 예전에 출간한 연구에서 예문을 뽑아 왔다.

여러분이 새로운 근거이론을 구성하는 데 내가 구성한 근거이론방법이 도움이 되기를 희망한다. 이들 방법은 여러분이 분석적 도구를 개발하고 나아가 이론을 개발하는 데 가치 있는 수단을 제공해 줄 것이다. 이론을 구성하기 위해 연구를 진행하려는 연구자의 경우 이 책의 5장과 6장에 특별한 관심을 기울이면 도움이 될 것이다. 그렇지만 나는 이따금 명시적인 이론 구성이 항상 연구 목표와 청중이 바라는 바는 아니며, 유용한 분석틀의 제공도 의미 있는 기여를 한다는 것을 깨닫곤 한다. 근거이론방법은 연구자의 작업이 분석적 예리함을 갖추도록 해 준다. 근거이론방법이 호소력 있는 묘사와 효과적인 이야기를 제공해 준다는 증거는 많다. 여러분이 문화기술지적 이야기, 생애사적 내러티브, 면접을 통한 질적 분석 중 어느 접근을 따르든지 상관없이 근거이론방법은 해당 연구에 더 많은 통찰과 예리함을 가져다줄 것이다.

이 책을 서술하기까지 나 또한 오랜 진화의 시간을 거쳐 왔다. 근거이론에 대한 나의 아이디어는 두 개의 개별적인 원천에서 비롯되었다. 1960년대 발전되었던 인식론에 대한 몰입이 그 하나이고, 나의 상상력을 촉발한 혁신적이었던 박사과정 프로그램이 다른 하나였다. 그 당시 많은 대학원생이 그러했던 것처럼, 토마스 쿤Thomas Kuhn의 저서 『과학혁명의 구조The Structure of Scientific Revolution』를 포함하여 과학적 객관성, 추론, 진리에 관한 전통적 주장에 도전했던 이론물리학자는 나에게 지대한 영향을 미쳤다.

또한 나는 캘리포니아 주립대학 샌프란시스코캠퍼스에서 사회학 박사과정에 재학하면서 여러 번의 세미나 수업을 통해 글레이저로부터 근거이론을 배울 수 있는 특권을 얻었다. 당시 모든 학생은 자유토론 형식으로 자신의 재료를 다른 학생과 함께 분석해 보는 시간을 가졌다. 그때의 세미나 수업은 흥분과 열의로 가득 차 있었다. 재료를 묘사하는 데에서 나아가 분석적 틀 속에서 개념화할 수 있도록 우리를 지도했던 글레이저의 총명함은 더욱 빛이 났다. 나는 이 자리를 빌려 그와 함께 공부할 수 있는 기회를 얻었던 것에 감사한다. 박사학위논문의 심사위원장이었던 스트라우스는 처음 만난 날부터 1996년 타계할 때까지 지속적으로 나의 연구에 관심을 보여 주었다. 글레이저와 함께 그는 생산적인 근거이론연구자가 될 수 있도록 후속 학문세대를 육성하는 데 헌신하였다. 스트라우스에게 아침 나절에 연구작업물을—종종 파편적인 것에 불과했지만—제출하면, 저녁 시간 즈음이면 그 문제를 토론하기 위해 나를 찾아 주곤 했다. 아마도 스트라우스는 이 책의 몇 가지 지점에는 동의하지 않았겠지만 상당 부분은 그의 관심을 사로잡았을 것이며, 수많은 학생이 소중히 기억하고 있는 특유의 친숙한 미소를 지어주었으리라 희망한다.

하나의 책이 쓰이기까지는 많은 선행 연구자가 필요하다. 근거이론을 향한 나의 여정은 바니 글레이저, 안셀름 스트라우스와 함께 시작했고, 그들은 연구뿐만 아니라 나의 의식에도 지속적인 영향을 미쳤다. 또한 근거이론을 연마하는 나의 작업에는 박사과정 동안 자료 수집의 질과 학문적 태도에 대해 프레드 데이비스Fred Davis, 버지니아 올센Virginia Olesen, 레오나드 샤츠

먼Leonard Shatzman에게서 받은 가르침도 담겨 있다. 그때 이후로 나는 이 책에 담겨진 아이디어를 발전시켜 왔다. 근거이론에 대한 나의 접근을 정리해 달라는 여러 요청 또한 나의 시각을 키워 주었다. 집필 작업에 직접 관여하지는 않았지만, 그들의 요청은 내 입장을 명확하게 정리하는 데 도움이 되었으며, 근거이론에 대한 나의 이해를 향상하는 데 유용하였다. 폴 앳킨슨Paul Atkinson, 앨런 브라이먼Allan Bryman, 아마다 코피Amarda Coffey, 톰 쿡Tom Cooke, 로버트 에머슨Robert Emerson, 사라 델라몬트Sara Delamont, 놈 덴진Norm Denzin, 우타 거하트Uta Gerhardt, 제이버 거브리움Jaber Gubrium, 제임스 홀스타인James Holstein, 이본나 링컨Yvonna Lincoln, 존 로프랜드John Lofland, 린 로프랜드Lyn Lofland, 조나단 스미스Jonathan A. Smith에게 이 자리를 빌려 감사드린다.

이 책은 세이지 출판사의 편집자 패트릭 브린들Partick Brindle, 총서편집위원장 데이비드 실버만David Silverman의 지지와 격려 없이는 진행될 수 없었을 것이다. 나에게 총서 제작에 참여하도록 제안해 준 데이비드 실버만에게 감사하며, 내가 이 책을 쓸 수 있다고 믿어 준 그의 신념에 사의를 표한다. 내 원고를 신속하게 검독한 후 경이로운 조언을 보내 준 패트릭 브린들Patrick Brindle, 안토니 브라이언트Antony Bryant, 아델 클라크Adele Clarke, 버지니아 올센, 데이비드 실버만에게 감사를 표한다. 제인 후드Jane Hood, 데이본 레이닌Devon Lanin, 크리스틴 스나이더Kristine Snyder 또한 이 책을 읽고 유용한 조언을 주었다. 나는 소노마 주립대학교Sonoma State University 교수작문프로그램의 회원과 이 책을 놓고 몇 차례 토론을 벌였고 그와 관련된 대화는 항상 즐거웠다. 아니타 캐틀린Anita Catlin, 돌리 프리델Dolly Freidel, 재닛 코샤Jeanette Koshar, 멜린다 밀리건Melinda Milligan, 머나 굿맨Myrna Goodman, 크레이그 윈스톤Craig Winston은 유익한 질문을 제기해 주었다. 줄리아 앨런Julia Allen, 노엘 번Noel Byrne, 다이애나 그랜트Diana Grant, 메리 할라베이스Mary Halavais, 킴 헤스터 윌리암스Kim Hester-Williams, 매트 제임스Matt James, 미첼 졸리Michelle Jolly, 스코트 밀러Scott Miller, 톰 로젠Tom Rosen, 리차드 센가스Richard Senghas,

데인 스턴스Thaine Stearns 등은 활발한 토론이 이루어지게 했을뿐더러 책을 집필하는 여러 단계에서 통찰력 있는 조언을 작성해 주곤 했다. 아울러 십필 작업의 초기 과정에서 근거이론에 대해 케이스 멜리아Kath Melia와 나눈 대화는 언제나 활기를 불어넣어 주었다.

조금은 기술적인 차원에서 감사를 표하자면, 레슬리 하트먼Leslie Hartman은 여러 가지 성가신 행정 업무를 능숙하면서도 열정적으로 처리해 주었고, 클레어 리브Claire Reeve와 바네사 하우드Vanessa Harwood는 항상 세세한 것을 잊지 않게 일깨워 주었다. 고민하고 쓰는 시간 없이는 어떠한 책도 그 결실을 맺을 수 없다. 2004년 봄에 보낸 안식년의 시간은 나의 집필 마감을 상당 부분 앞당겨 주었다. 나는 과거 세이지 출판사에서 출간한 근거이론 논문에서 이 책의 예문을 추출하였다. 기꺼이 예문을 활용할 수 있게끔 허락해 준 패트릭 브린들에게 감사를 표한다.

차 례

역자 서문   3
저자 서문   11

 근거이론으로 초대   23
　　근거이론의 등장   28

 풍부한 자료 수집   47
　　연구방법에 대한 몇 가지 고려 사항   49
　　집중 면접   71
　　텍스트 분석   88
　　끝맺는 생각   97

제3장 **근거이론의 코딩** 101

근거이론의 코딩   107
초기코딩   110
초점코딩   128
축코딩   133
이론적 코딩   137
코딩에서 문제점 줄이기   145
끝맺는 생각   153

제4장 **메모 작성** 157

메모 작성 방법   169
적용 가능한 메모 작성의 두 가지 전략: 미리 써 보기 연습   179
메모의 활용: 초점코드를 개념적 범주로 끌어올리기   189
끝맺는 생각   194

제5장 **이론적 표집, 포화, 분류** 199

이론적 표집   205
이론적 범주의 포화   231
이론의 정렬, 도면화 및 통합   235
끝맺는 생각   245

제6장 **근거이론연구를 통해 본 이론의 재구성** 249

이론이란 무엇인가   253
구성주의적 근거이론과 객관주의적 근거이론   260
근거이론에서의 이론화   266
선행 근거이론의 검토   280
끝맺는 생각   295

제7장   **초고 작성**   299

글쓰기에 대해서   302
초고 수정   305
도서관으로 귀환: 문헌검토와 이론적 틀   319
글쓰기를 통한 다듬기   334
끝맺는 생각   341

 제8장   **연구 과정의 성찰**   345

근거이론의 핵심: 여러 접근의 경합과 수정   345
무엇이 근거이론을 규정하는가   350
근거이론의 평가   353
근거이론의 과거, 현재 그리고 미래   356

참고 문헌   361
주요 용어   383
찾아보기   391

1장

근거이론으로 초대

무릇 여행은 출발하기 전부터 시작된다. 근거이론의 여행 역시 그곳에 무엇이 담겨져 있는지, 여정 속에서 무엇을 기대할 것인지 알아보는 데서 시작된다. 이 장은 근거이론의 여정에서 다룰 영역과 거쳐 가야 할 곳을 보여 준다. 본격적인 여행을 떠나기 전에, 우선 지난 세기 동안 근거이론이 겪어 온 역사를 거슬러 보고, 금세기 들어서도 아직까지 실현되지 못한 잠재력을 살펴보고자 한다. 여행의 출발 직전에 지도를 살펴보듯 근거이론의 방법과 이 책의 전반적인 내용을 담고 있는 얼개를 그려 보고자 한다.

근거이론으로 초대

이제 질적연구라는 여행에 여러분을 초대하려 한다. 아마도 여러분은 여러 가지를 물어보고 싶을 것이다. 어떤 여행이 될지, 출발점은 어디일지, 여행 방법은 어떤 것인지, 여행 중에 만날 장애물은 무엇인지 등에 대해 말이다. 이 여행은 자료 수집이라는 짧은 경로에서 시작해 질적 자료의 분석이라는 긴 여정까지를 다룬다. 여러분은 이 여행을 통해 질적 분석과 그 결과의 서술에 도움이 되는 많은 지침을 만날 것이고, 그 지침은 여행길을 평탄케 해 줄 것이다. 여행을 하는 동안 여러분은 분석 수준이라는 언덕을 올라갈 것이고, 자료를 단단한 기반 위에 고정시키는 작업을 통해 여러분이 가지고 있는 생각에 이론적 의미를 부여하게 될 것이다.

자료를 수집하고 분석하기까지의 여정은 무엇과 닮았을까? 가령 '심각한 만성 질환의 갑작스러운 발병'이라는 연구를 위해 면접을 시작했다고 가정해 보자. 고등학교 졸업반에 재학 중인 마지 알렌이라는 소녀가 면접을 통해 자신이 앓고 있는 급성 류마티스 관절염*의 발병에 대해 이야기하고 있

---

* 역주) 만성 염증성 질환으로 관절의 통증, 뻣뻣한 느낌, 열감, 부종, 홍반 등이 나타난다. 시간이 지남에 따라 관절이 보기 흉하게 변형, 손상된다. 염증으로 관절막을 이루는 조직이 두꺼워지면서 인대, 연골, 뼈를 파고 들어 손상시킨다.

다. 여러분은 이 소녀의 이야기를 통해 사건의 조각을 하나로 모으기 시작할 것이다.

열네 살 때의 마지는 인기 있는 육상 선수이자 학생이었다. 마지가 좋은 대학에 진학할 것이고 이후의 삶에서도 성공하리란 걸 그 누구도 의심치 않았다. 학교 선생님은 마지를 전형적인 모범생으로 여겼고, 육상 코치는 그녀의 탁월한 기량에 감탄했으며, 친구는 그녀를 자신과는 다른 존재로 여겼다. 하지만 관절염의 발병은 모든 상황을 순식간에 바꾸어 버렸다. 운동장 위에서 밝게 빛나는 존재였던 마지는 발병 후 몇 달 만에 힘겹게 발걸음을 디뎌야 하는 존재가 되어 버렸다. 그동안 마지에게 보여 주었던 경외감은 그녀의 처지가 달라지면서 거리감과 무시로 바뀌었다. 그녀의 재능과 기술이 되려 환호하던 무리에게서 멀어지게 하였다. 학교 친구는 이제 보조 장비를 차고 힘겹게 움직이는 마지를 보고는 슬그머니 자리를 피하기 시작했다. 하지만 마지는 만성 질환의 발병을 통해 뜻 깊은 교훈을 배웠다.

"이 일(관절염과 그로 인한 장애)은 중요한 교훈을 가르쳐 주었어요. 예전에는 내성적이어서 다른 사람과 이야기하는 것을 무서워했거든요. 하지만 지금은 새로운 내 재능을 받아들일 수 있다고 느껴요. 운동 같은 것은 아니지만요. 밖에 나가서 사람들과 이야기를 나누면서 친구가 되고, 사람들을 격려하지요. 그런 일이 더 중요하다는 것을 알게 되었어요. 그런 일은 저에게 자존감을 더 많이 생기게 해 주고, 다른 사람을 위해 일할 수 있는, 어쩌면 저에게 맡겨진 일종의 소임을 다하는 것처럼 느껴져요. 이 일은 제가 훌륭한 육상 선수가 되는 것보다 중요하다고 생각해요. 이런 생각을 하면서 저는 보다 외향적으로 바뀌었고, 더 중요한 것을 알게 되었지요."

면접자로서 마지에게 "그 중요한 것이 무엇이었죠?" 하고 살며시 물어보았다.

> 사실 저는 다른 사람에게 잘 보이려는 방법을 많이 생각했어요. 언제나 완벽주의자였거든요. 그리고 일을 빨리 해치우고 싶었고요. 제가 무언가를 해내야 한다면, 밤새더라도 그 일을 하곤 했지요. 그렇지만 결국엔 제 몸이 상하게 되더군요. "미안해, 제 시간에 못할 것 같은데."라든지 "그거 못해."라고 말하는 것이 괜찮다는 것을 알고 나서야 처음으로 "안 돼."라고 말했어요. 만성 질환이 있는 사람이 그렇게 하지 않으면 완전히 뻗어 버리게 되고 더 나쁜 상황에 빠질 거예요. 이제 무언가를 배우기 위해서는 예전보다 많은 시간이 걸리지만, 진짜 중요한 점은 우선순위를 정하는 것이라고 생각해요. 중요한 것에 집중해서 그것을 먼저 하고, 다른 것은 그냥 내버려 두는 거지요(Charmaz, 2002b: 39s).

마지의 사례를 연구하는 방법에 대해 생각해 보자. 그녀가 묘사한 사건에 어떻게 의미를 부여해야 할까? 마지처럼 신체적 손상을 입은 사람을 탐구하고 싶다면 그녀의 진술에서 무엇을 알아낼 수 있을까? 질적연구를 통해 이러한 질문의 답을 찾으려 하고, 얻은 자료로 개념적 분석을 진행하는 것을 목표로 삼는다고 해 보자. 자신의 연구를 수행하고 분석하기 위해 어떻게 해야 할까?

근거이론방법은 질적연구를 시작하고 관여하며 끝낼 수 있도록 도와준다. 질적연구 과정은 연구자를 놀라게 하며, 번뜩이는 아이디어를 불러오고, 분석 기술을 숙련시킨다. 근거이론의 방법은 신선한 방법으로 자료를 볼 수 있게 하며, 일차적인 분석적 글쓰기를 통해 자료에 대한 생각을 탐색하게 한다. 근거이론방법을 사용하면, 자료 수집의 방향을 설정하고 관리하는 것을 매끄럽게 진행할 수 있다. 아울러 자료에 대한 독창적인 분석original analysis

을 구성할 수 있다.

근거이론방법이란 무엇일까? 단순하게 말하자면, 자료 그 자체에 근거를 둔 이론을 구성하기 위해 질적 자료를 수집하고 분석하는 데 필요한 체계적이지만 유연한 지침이다. 이러한 지침은 공식과 같은 규칙이라기보다는 일반론적인 원칙과 휴리스틱한heuristic* 방법을 제공한다(Atkinson, Coffey, & Delamont, 2003). 따라서 자료는 이론의 기반을 형성하고, 자료 분석을 통해 연구자가 구성하려는 개념을 만들어 낸다. 근거이론연구자는 이론적 분석을 발전시키기 위해 연구를 시작하면서부터 자료를 수집하고, 연구하려는 상황에서 어떤 일이 일어나고 있으며 연구 참여자의 삶은 어떠한지를 알려고 노력한다. 나는 연구 참여자가 자신의 진술과 행동을 어떻게 설명하고 있는지 조사하고, 그들의 설명에 대해 어떠한 분석적 설명이 가능한지를 물어보고자 한다.

우리는 연구 참여자의 삶을 알아보기 위해서 연구 장면scene과 면접 내용에서 일어나는 일에 개방적인 자세를 가져야 한다. 마지 알렌이 말하는 바를 경청하면서 그 면접 과정에 민감해야 한다. 근거이론연구자는 자료에서 출발한다. 연구자는 주제topics나 상황setting과 관련하여 얻은 다양한 재료와 관찰, 상호작용 등을 통해 자료를 구성한다. 경험적 사건과 경험을 조사하고, 그와 관련하여 연구자에게 떠오른 직관적 추정haunches과 잠재적인 분석 아이디어를 좇아간다. 대부분의 질적 방법은 어떠한 방식이로든 흥미 있는 자료를 연구자가 따라갈 수 있게 한다. 추가적으로 근거이론방법은 연구자가 어떻게

＊ 역주) 발견하다discover, 찾아내다find라는 어원을 가진 그리스어로, 경험에 기반해 문제 해결, 학습, 발견을 하려는 기법을 의미한다. 어떤 해법을 찾는 각고의 노력이 무위에 그칠 때 휴리스틱 방법을 사용하면 만족스러운 해법을 찾는 과정이 신속하게 이루어질 수 있다. 대표적인 방법은 관례에 따른 규칙 rule of thumb, 직관적 판단, 상식을 이용하는 것이다. 이는 '좋은 추정의 기술'이라고도 한다. 휴리스틱 방법의 예로는 문제해결의 가장 오래된 방식인 시행착오가 있고, 흔히 방정식 문제를 풀 때 직관적으로 떠오르는 숫자를 대입하여 거꾸로 풀고, 어려운 문제를 풀 때 그림을 그려 본다든지, 문제가 지나치게 추상적일 때 구체적인 예를 검토해 보는 것이 있다.
출처: Wikipedia. 2011. 10. 10. (http://en.wikipedia.org/wiki/Heuristic)

진행해야 할지를 보여 주는 명시적인 지침을 담고 있다는 장점이 있다.

마지 알렌이 다른 사람에게 다가가는 것을 배우고, 자신의 활동에 한계를 설정하게 되었다고 들려준 이야기는 이후 분석의 출발점이자 자료 수집의 시작점이 될 수 있다. 신체적 손상을 경험한 지 얼마 되지 않은 다른 청소년을 면접하여 그들이 변화된 삶을 어떻게 살아왔는지 탐구해 볼 수 있다. 가능하다면 학교, 물리 치료, 지지 집단, 친구 집단 등 다양한 상황에서 연구 참여자를 만나면서 문화기술지ethnographic 자료를 추가할 것이다. 청소년은 심각한 질병과 장애에 대해 어떻게 반응할까? 그들이 보이는 상이한 반응은 어디에서 기인하는 것일까? 수집한 자료에 대한 고민을 통해 여러 가지 질문을 뽑아낼 것이고, 얻고 싶은 자료의 형태가 그려질 것이다.

근거이론연구자는 자료를 분리하고 정렬한 후, 질적 코딩을 통해 자료를 종합해 나간다. 코딩은 각 단락segment이 의미하는 바를 나타내기 위해 이름label을 부여하는 것이다. 코딩은 자료를 걸러 내고, 정렬하며, 다른 부분과 비교할 수 있게 한다. 근거이론연구자는 자료 코딩을 통해 해당 장면에서 일어나는 일을 강조한다.

마지와의 면접 내용에서도 여러 가지 초기코딩작업이 이루어질 수 있다. '변화하기being changed' '중요한 일에 집중하기concentraing on what's important' '한계 알기learnng limits' 등이 그것이다. 이러한 코드와 이에 대해 갖게 되는 연구자의 아이디어는 이후의 자료 수집 과정을 통해 탐색해야 할 영역이 무엇일지 알려 준다. 아마도 마지가 이야기한 일과 관점을 비교할 것이다. 다른 사람과 면접한 이야기에 대해서도 코드를 부여하고, 다음 또 그 다음 사람에게도 같은 작업이 계속 이루어질 것이다.

여러 가지 비교를 수행하고 코딩작업을 수행하면서, 자료에 대한 분석틀이 형성되기 시작한다. 코딩하고 비교하면서 자료에 대해 든 생각을 적은 예비 분석노트—메모memo라 부르는—를 작성할 것이다. 자료를 조사하고 비교하며, 또 메모를 작성하면서 자료가 잘 부합하도록 해석하는 아이디어를 잠정적인 분석 범주로 정의할 것이다. 추가적으로 필요한 질문을 제기하고, 틈새를 찾아내면서, 질문의 답을 찾고 틈새를 메꾸기 위해 자료를 찾아갈 것이다. 분석 범주를 보다 강건하게 하고 더 많은 것을 알아내기 위해 마지와 다른 연구 참여자에게 돌아갈 수도 있다. 연구가 진행되면서 연구자는 연속적으로 이어진 분석의 단계를 거치기 때문에, 자료를 해석할수록 범주는 더욱 응축될 뿐만 아니라 보다 이론적으로 바뀌어 간다.

분석 범주와 이들 범주 간의 관계는 연구하려는 경험을 다룰 수 있는 개념적 도구conceptual handle를 제공해 준다. 따라서 연구자는 자료에서 직접 추상의 수준을 구축하고, 출현하는 분석 범주를 확인하고 수정하기 위해 추가적인 자료를 모은다. 그 결과, 연구자의 작업은 마침내 '근거이론' 또는 조사한 경험을 추상적 수준에서 이론적으로 이해하는 최정점에 다다르게 된다. 즉, 마지의 이야기에서 질적연구로 여행이 시작될 수 있다. 이는 비교 분석과 범주 개발이 연구를 진전시켜 주기 때문이다. 요컨대, 근거이론방법은 질적연구의 신비로움을 풀어헤치고 연구를 촉진해 주며, 그로부터 얻을 수 있는 흥분을 배가해 준다.

근거이론의 등장

역사적 맥락

근거이론은 병원에서의 죽음이라는 주제에 대해 사회학자인 바니 글레이저와 안셀름 스트라우스(Glaser & Strauss, 1965, 1967)가 성공적으로 수행한 협동작업에서 시작되었다(Glaser & Strauss, 1965, 1968; Strauss & Glaser, 1970). 1960년대 초 미국의 병원에서 일하는 사람은 중증 환자의 사투와 죽음에 대해 언급하기를 꺼렸고, 심지어 인정하지도 않았다. 이에 글레이저와 스트라우스는 다양한 병원시설에서 죽음의 과정이 어떻게 이루어지는지 관찰하였다. 그들은 의료 전문직과 환자가 죽음에 대해 언제, 어떻게 알게 되고, 이러한 소식을 어떠한 방식으로 다루는지를 살펴보았다. 글레이저와 스트라우스는 명시적인 분석방법을 이용하여 자료를 처리하면서, 사회적 조직과 죽어 감의 시간적 순서를 다룬 이론적 분석을 수행해 나갔다. 그들은 오랜 기간 대화를 통해 분석 아이디어를 탐색하였고, 현장에서 관찰한 것을 분석한 예비 노트를 교환했다. 두 학자는 연구를 수행해 나가면서 체계적인 연구방법론의 전략을 개발하였고, 이후 많은 사회과학자가 이들의 방법을 채택하게 되었다. 그리고 글레이저와 스트라우스는 『근거이론의 발견The Discovery of Grounded Theory』(1967)이라는 책*을 통해 기존 이론에서 검증 가능한 가설을 연역해 내는 것이 아니라, 자료에 근거를 둔 연구를 바탕으로 이론을 개발하는 자신의 전략을 정교화하였다.

글레이저와 스트라우스는 어찌 보면 딱 좋은 시점에 새로운 방법론을 내놓았다고 볼 수 있다. 그 당시 사회학 분야에서 질적연구 분야는 점점 설 자리를 잃어 가고 있었다. 1960년대 중반에 이르러 미국의 사회학 분야는 점차 계량적 연구방법이 지배적 위치를 점하게 되면서 질적연구의 오래된 전통은 쇠락하기 시작했다. 계량적 연구자가 대학 학과, 학술지 편집위원회, 연구기금 지원기관 등을 모두 점령했기 때문이었다. 물론 소수의 스타급 질적연구자에 대한 경외감이 남아 있었고, 질적연구에 기반을 둔 뛰어난 박사과정도 존재하였으며, 비판이론에서 계량화를 향한 날카로운 비판이 제기되었지만 점차 학문 분야에서의 학술연구는 계량적 방법이 주도하는 흐름으로 넘어가고 있었다.

이처럼 학문 분야에서 계량적 방법이 주도하게끔 이끈 방법론적 가정은

---

* **역주)** 이 책은 최근 우리나라에서도 번역 출간되었다. 이병식, 박상욱, 김사훈(2011). **근거이론의 발견**. 서울: 학지사.

무엇이었을까? 앎knowing의 방법은 지식을 어떻게 개발하는가에 대한 이론에 달려 있다. 그러한 점에서 체계적인 관찰이라는 유일한 방법에 대한 신념, 반복 가능한 실험, 개념에 대한 조작적 정의, 논리적으로 연역화된 가설, 확증적인 근거―종종 과학적 방법이라 일컫는―는 계량적 방법을 유지시켜 주는 중요한 가정이다. 이러한 가정은 주류 자연과학에서 지배적인 연구 패러다임으로 자리 잡았던 실증주의가 강조하는 것이었다.

실증주의자는 과학적 방법 및 지식과 관련하여 객관성, 일반화, 연구의 반복 가능성, 대립 가설과 이론의 반증을 강조했다. 이러한 실증주의 패러다임을 받아들인 사회과학자는 인과적 설명을 발견하려 했고, 외부 세계에 대해 예측하려 했다. 과학적 논리, 일원화된 방법, 객관성, 진실 등에 대한 실증주의자의 신념은 인간의 경험이 갖는 질적인 특성을 계량화된 변인으로 환원시키는 작업을 정당한 것으로 받아들였다. 따라서 실증주의적 방법은 사실을 수집할 뿐 사실을 만들어 내는 데는 관여치 않는, 편견 없고 소극적인 관찰자를 가정한다. 또한 가치에서 사실을 분리하고, 외부 세계는 과학적 관찰자와 방법과는 분리되어 존재하며, 외부 세계에 대해 일반화할 수 있는 지식의 축적이 가능하다고 가정한다. 그 결과 실증주의는 도구의 타당성, 기술적인 절차, 반복 가능한 연구설계, 확인 가능한 계량화된 지식을 강조하게 되었다.

하지만 실증주의자가 정당성을 부여한 앎의 방법은 매우 협소한 과학적 방법―계량적 방법―에 불과하였다. 이들은 의미를 해석하거나 직관적인 깨달음intuitive realization과 같은 방식을 통해 앎을 얻는 다른 방법은 거부하였다. 따라서 연구대상자의 의미를 분석하고 해석하는 질적연구는 계량적 연구와 대립각을 세우며 과학적 가치를 둘러싼 불꽃 튀는 논쟁을 벌일 수밖에 없었다. 1960년대 계량적 연구자는 질적연구가 사실이나 세부적 내용보다는 전반적인 인상에 치우치고, 입증되기 힘든 일화에 기반하며, 비체계적이고, 편견에 기반하고 있다고 보았다. 계량적 연구자는 반복 가능성과 입증

가능성을 연구의 최우선 순위에 두었기 때문에, 계량적 연구설계에 적합하지 않은 연구 질문과 문제는 무시하였다. 그러다 보니 질적연구를 인정하는 계량적 연구자가 있다 하더라도, 질적연구는 계량적 연구방법를 보완하는 예비적 차원의 연습으로 치부되었다. 그 결과 섬세한 설문방법이나 효과적인 실험을 설계하는 데 도움을 얻는 방편으로 면접이나 관찰을 사용하는 데 그쳤다.

　20세기 중반에 들어 실증주의가 더욱 득세하면서, 이론과 연구가 나뉘는 현상도 커졌다. 대다수의 계량적 연구자는 구체적인 정보를 얻는 데만 신경을 썼다. 이론과 연구를 연결시키고자 한 계량적 연구자도 기존의 이론에서 논리적으로 연역화된 가설을 검증할 뿐이었다. 물론 이들의 노력은 기존 이론을 다듬어 내는 데는 기여했지만, 새로운 이론을 구축하는 것으로는 이어지지 못했다.

글레이저와 스트라우스의 도전

　『근거이론의 발견』(1967)을 통해 글레이저와 스트라우스는 당시의 지배적인 방법론적 가정에 맞서야만 했다. 이미 합의된 연구 방법론상의 개념에 도전하면서, 질적연구 수행을 위한 체계적인 전략을 제공한 이 책은 당시로서는 첨단의 내용을 담았다. 그 결과 글레이저와 스트라우스는 근거이론의 실질적인 수행 지침과 관련되어 인식론적 비판을 받아야만 했다. 그들은 체계적 질적 분석은 그 자체의 논리가 있으며 이론을 창출할 수 있다고 주장했다. 특히 글레이저와 스트라우스는 사회적 과정에 대한 추상적이고 이론적인 설명을 만들어 내려 하였다.

　글레이저와 스트라우스(1967; Glaser, 1978; Strauss, 1987)는 근거이론의 핵심적 구성요소를 다음과 같이 규정하였다.

- 자료 수집과 분석활동은 동시에 이루어진다.
- 논리적으로 연역화된 가설이 아니라 자료로부터 분서적 코드와 범주를 구성한다.
- 분석의 각 단계에서 비교가 이루어지는 지속적인 비교방법을 사용한다.
- 자료 수집과 분석의 각 단계마다 이론 개발이 이루어진다.
- 범주를 생성하고, 범주의 속성을 구체화하며, 범주 간의 관계를 규정하고, 범주가 채우지 못하는 틈새를 확인하기 위해 메모 작성을 수행한다.
- 모집단의 대표가 아니라 이론 구축을 목표로 하는 표집이 이루어진다.
- 독립적인 분석을 진행한 후에 문헌 고찰을 수행한다.

이와 같은 방법을 통해 질적연구자는 자신의 연구 과정을 통제할 수 있게 되었고 연구의 분석력을 증대할 수 있었다(Bigus, Hadden, & Glaser, 1994; Charmaz, 1983, 1990, 1995b, 2003; Strauss, 1987; Glaser, 1992, 1994). 글레이저와 스트라우스는 질적연구가 단순한 서술연구를 넘어서서 설명 가능한 이론적 틀을 제시할 수 있어야 한다고 보았다. 질적연구를 통해서도 연구 현상을 추상적이고 개념적으로 이해할 수 있다는 것이었다. 두 학자는 신진 근거이론연구자에게 참신한 이론을 개발하도록 촉구하였고, 기존의 틀로 세상을 바라보지 않도록 문헌 고찰을 뒤로 미루라고 주장하였다. 글레이저와 스트라우스의 이론화 작업은 자료와 함께 이루어졌고, 자료에 기반한 튼튼한 토대를 유지하면서 분석의 개념적 수준을 체계적으로 끌어올리는 것이었다. 이는 안락의자에 앉아 논리연역적으로 이론화하는 기존의 작업과는 대조를 이루었다. 사유와 일치되게 완성시킨 근거이론은 자료와의 부합성, 유용성, 개념적 밀집성, 시간에 따른 내구성, 수정 가능성, 설명력 등의 기준을 충족하였다(Glaser, 1978; Glaser & Strauss, 1967).

『근거이론의 발견』(1967)을 통해 두 사람은 질적연구가 양적방법론의 도구 개발을 위한 선행 연구가 아니라 그 자체로도 신뢰로운 방법론으로 정당화될 수 있음을 강력히 주장하였다. 이 책을 통해 글레이저와 스트라우스(1967)가 도전하고자 했던 질적연구에 대한 당대의 인식은 다음과 같았다.

- 질적연구는 인상주의에 치우치고 비체계적이다.
- 자료 수집과 분석 단계는 분리되어야 한다.
- 질적연구는 보다 엄밀한 양적방법론을 위해 선행되는 것이다.
- 이론과 연구를 자의적으로 분할할 수 있다.
- 질적연구는 이론을 생성해 낼 수 없다고 가정한다.

글레이저와 스트라우스는 초기 질적연구자가 사용해 온 묵시적인 분석절차와 연구 전략을 명시적으로 바꾸어 놓았다. 20세기 초중반까지 질적연구자가 후속 연구세대를 가르친 방식은 멘토링을 통해 장기간 현장 연구를 경험케 하는 방식이었다(Rock, 1979). 현장연구의 수행 지침 또한 주로 자료 수집방법과 현장연구의 소속원으로서 수행해야 할 역할에만 치우쳐 있었다. 수집된 자료 더미를 분석하는 방법에 대해서는 거의 말해 주지 않았다. 이러한 상황에서 질적연구 수행을 위해 글레이저와 스트라우스가 개발한 명문화된 지침은 구술에 기반해 후학을 키우던 기존의 전통을 변화시켰고, 접근 가능한 분석 지침으로 자리잡게 되었다.

다양한 학문적 전통의 결합

근거이론은 컬럼비아 대학교의 실증주의와 시카고 대학교의 실용주의 및 현장 연구라는 두 가지 대조적이면서 경쟁적인 전통이 결합한 것이다. 더하여 근거이론의 바탕이 된 인식론적 가정, 논리, 체계적 접근은 글레이저가 컬럼비아 대학교에서 폴 라자스펠트Paul Lazarsfeld를 사사하면서 배운 엄

격한 양적연구방법을 반영한 것이다. 글레이저는 스승인 라자스펠트가 양
적연구를 형식화했듯이 질적연구방법을 형식화하고자 하였다(Lazarsfeld &
Rosenberg, 1955 참조). 질적연구방법론의 형식화는 연구 수행을 위한 전략
을 명시적인 것으로 구체화하였고, 질적연구 과정을 둘러싸고 있던 신비화
된 껍질을 벗겨 내었다.

글레이저는 컬럼비아 대학교의 이론학자였던 로버트 머튼(Merton, 1957)
이 제안한 '중범위middle-range'이론의 구축을 옹호하였다. 중범위이론은 자료
에 근거를 두고 있는 특정한 사회 현상을 추상적으로 가공하는 것이었다. 이
러한 중범위이론은 당시 학계를 휩쓸던 '거대'이론grand theories과는 대비되
는데, 거대이론은 체계적으로 분석된 자료에 토대를 두지 않았다.

글레이저는 냉철한 실증주의, 엄밀하게 형식화된 방법, 출현된 발견의 강
조, 계량적 방법의 잔상이 남아 있는, 약간은 모호한 전문용어 등을 근거이
론에 채워 넣었다. 『근거이론의 발견』이 방법론적 논쟁을 전환시켰고 질적
연구의 후속세대에게 영감을 불러일으켰다면, 글레이저가 1978년 출간한
『이론적 민감성Theoretical Sensitivity』은 질적연구방법론을 가장 확정적으로 서
술한 초기 교재라 볼 수 있다.

한편 스트라우스가 뿌리를 둔 시카고 학파의 유산 역시 근거이론에 반영
되었다. 스트라우스는 인간은 거대한 사회로부터 수동적으로 영향을 받는
존재라기보다는 자신의 삶과 세상에 대해 능동적인 대행자active agent라는
관점을 갖고 있었다. 그는 인간이라는 존재의 기반이 구조가 아니라 과정에
있다고 가정했다. 실제 인간은 과정에 대한 참여를 통해 구조를 만들어 낸다
고 생각했기 때문이다. 또한 스트라우스는 주관적이고 사회적인 의미는 사
용하는 언어에 따라 달라지며, 행위를 통해 나타난다고 보았다. 그러므로 행
위의 구성이야말로 다루어야 할 핵심적 문제라고 보았다. 요컨대, 스트라우
스는 인간대행자, 출현적 과정, 사회적이고 주관적인 의미, 문제해결을 위한
실천, 행동에 대한 개방적 연구라는 전통을 근거이론에 반영시켰다.

　이러한 모든 생각은 스트라우스가 시카고 대학교에서 박사과정을 밟으면서 받아들인 실용주의 철학의 전통을 반영한 것이다(Blumer, 1969; Mead, 1934). 실용주의는 상징적 상호작용주의에 영향을 미쳤다. 상징적 상호작용주의는 사회, 실재, 자아는 상호작용을 통해 구성되며, 결국 언어와 의사소통에 의존한다는 이론적 관점이다. 이 관점에서 상호작용은 본질적으로 역동적이고 해석적이다. 따라서 상징적 상호작용주의는 사람들이 어떻게 의미와 행동을 만들어 내고, 수행하며, 변화시키는가를 중심적으로 다룬다. 마지 알렌이 자신에게 중요한 것을 어떻게 재해석하고 그에 따라 행동을 어떻게 변화시켰는지 생각해 보라. 상징적 상호작용주의는 사람들이 자극에 대해 기계적으로 반응하기보다는 자신의 행동에 대해 생각할 수 있고 그렇게 한다고 가정한다. 허버트 블러머Herbert Blummer와 로버트 파크Robert Park로부터 영향을 받은 스트라우스는 상징적 상호작용주의와 시카고 대학교의 또 다른 유산인 문화기술지연구의 전통을 수용하였다(Park & Burgess, 1921).

　글레이저는 질적연구를 형식화하는 분석 기술을 사용하여 질적연구 수행을 위한 구체적인 지침을 만들어 냈다. 글레이저와 스트라우스는 사회적 상황에서 일어나는 사회적 과정이나 사회심리적 과정, 또는 만성적 질병과 같은 특수한 경험을 연구하려는 공통된 관심사를 가졌다. 두 사람에게 완결된 근거이론이란 연구를 수행한 과정을 새로운 이론적 용어로 설명하고, 이론적 범주의 속성을 드러내며, 과정이 출현하고 변화하는 원인과 조건을 보여 주면서 그 결과를 상세하게 기술하는 것이었다.

　근거이론은 대부분 실체이론substantive theories*이다. 예를 들어, 최근에 장애를 입은 청년이 어떻게 자신의 정체성을 재구성하느냐와 같이 구체적이고 실체적인 영역에 한정된 문제를 다루고 있다. 하지만 근거이론의 논리는

---

* 역주) 환자관리, 인종관계, 전문교육, 범죄 또는 연구조직과 같이 실질적이고 경험적인 사회학적 탐구 분야를 위해 개발된 이론을 의미한다(Glaser & Strauss, 1967/2011: 54-55).

실체적 영역을 넘어 형식이론formal theory*까지 확대할 수 있다. 형식이론이
란 복합적인 실체적 영역에서의 문제를 이해하기 위해 실체적 영역 간의 관
계를 밝혀내고 추상적인 개념을 만들어 내는 것을 뜻한다(Kearny, 1998). 예
를 들어, 장애를 입은 청년에 대한 연구를 통해 정체성 상실과 재구성이라
는 이론을 개발하면서 사용한 이론적 범주를 다른 실체적 영역에서 검토해
볼 수 있다. 이를 테면, 배우자의 사망, 실직, 자연재해에 따른 보금자리 상실
등과 같이 갑작스러운 상실을 경험한 사람들의 삶이 또 다른 실체적 영역이
될 수 있다. 이와 같이 새로운 실체적 영역에서 각기 수행한 탐색 작업은 형
식이론을 세련되게 다듬어 내는 데 유용할 수 있다. 글레이저와 스트라우스
역시 죽음에 관한 연구에서 지위 변천과 관련해 개발한 이론적 범주를 다양
한 실체적 영역을 관통하는 일반적 과정을 통해 검토해 보면서 형식이론으
로 이끌어 냈다(Glaser & Strauss, 1971).

『근거이론의 발견』(1967)은 많은 독자층의 호응을 불러왔고, 20세기 후반
에 걸쳐 '질적 혁명qualitative revolution'(Denzin & Lincoln, 1994: ix)이라는 전
환점을 불러온 주요 동력이 되었다. 글레이저와 스트라우스가 제시한 명시
적 전략과 질적 자료에서 이론을 개발하자는 주장은 학계와 전문가에게 확
산되었다. 이들의 책은 사회과학 후속세대와 전문가—특히 간호사—에게
질적연구를 받아들이게 하는 결과를 낳았다. 캘리포니아 주립 샌프란시스코
대학교의 간호대학에서 박사과정을 밟는 많은 학생이 글레이저와 스트라우
스에게서 근거이론을 배웠고, 이들은 각자의 전문 분야와 질적연구 분야에
서 전문가와 지도자로 성장해 나갔다(Chenitz & Swanson, 1986; Schreiber &
Stern, 2001).

＊ 역주) 오명, 일탈행동, 공식 조직, 사회화, 지위 일치, 권력과 힘, 보상체계, 사회유동성 등과 같이 공식
적 또는 개념적인 사회학적 탐구 분야를 위해 개발된 이론을 의미한다(Glaser & Strauss, 1967/2011:
54-55). 공식이론, 포멀이론이라 번역되기도 한다.

근거이론의 발전

글레이저와 스트라우스는 1967년(Glaser & Strauss)과 1968년(Glaser)에 지금은 고전이 된 근거이론 책을 출간한 이후, 각자 조금은 다른 방향으로 근거이론을 발전시켜 나갔다(Charmaz, 2000). 글레이저는 상당한 기간 동안 자신의 초기 방법에 일관된 입장을 고수하였다. 그는 근거이론을 발견을 위한 방법method of discovery으로 정의내렸고, 범주는 자료에서 출현하는 것으로 보았으며, 직접적이고 때론 협소한 의미에서의 실증주의에 의존하면서 기본적 사회 과정basic social process을 분석하고자 하였다. 반면 스트라우스(1987)는 자신의 방법을 입증verification이라는 방향으로 발전시켜 나갔고, 줄리엣 코빈Juliet M. Corbin과의 공동작업(Corbin & Strauss, 1990; Strauss & Corbin, 1990, 1998)을 통해 이러한 방향을 더욱 강화시켰다.*

스트라우스와 코빈이 발전시킨 접근은 새로운 기법상의 절차를 선호하였는데, 초기 근거이론의 전략과는 구분되는 비교 방법을 강조하였다. 이에 글레이저는 스트라우스와 코빈이 제시한 절차가 자료와 분석을 선입견에 근거한 범주로 강제force한다고 주장하며, 이는 근거이론의 근본적 특성과는 모순되는 것이라 비판하였다. 하지만 글레이저의 비판에도 불구하고, 스트라우스와 코빈의 책은 근거이론을 다루는 가장 영향력 있는 교재가 되었고, 전세계 대부분의 대학원에서 채택하는 인기 교재로 자리잡게 되었다.

1960년대 글레이저와 스트라우스는 실증주의적 계량연구의 지배에 맞서 싸웠다. 하지만 아이러니하게도 근거이론은 1990년대에 들어와 그 엄격성과 유용성으로 유명해졌을 뿐만 아니라 실증주의적 가정으로도 잘 알려졌

---

* **역주)** 스트라우스와 코빈이 쓴 1990년 판은 『근거이론의 이해』(김수지, 신경림 역, 1996)라는 이름으로 번역 출판되었고, 스트라우스 사후에 출간된 1998년 개정판은 『근거이론의 단계』(신경림 역, 2001)라는 이름으로 번역 출판되었다. 최근 코빈을 제1저자로 한 제3판이 2007년 출간되었으나, 아직 우리나라에 번역 출판되지는 않았다.

다. 이는 혼합적 방법론에 기반한 연구 프로젝트에서 다수의 계량적 연구자가 근거이론을 채택하고 지지하는 이유이기도 했다. 그 결과, 근거이론의 유연성과 정당성은 다양한 이론과 실제적 관심사를 갖는 계량적 연구자에게 호소력 있는 방법이 되고 있다.

이후 많은 학자가 글레이저 및 스트라우스와 코빈의 접근 모두에서 보이는 실증주의에서 벗어나려 노력했다(Bryant, 2002, 2003; Charmaz, 2000, 2002a, 2006a; Clarke, 2003, 2005; Seale, 1999). 내용물이 무엇이든 상관없이 담을 수 있는 상자와 같이 연구자는 기본적인 근거이론의 지침을 사용할 수 있다. 코딩, 메모작성, 이론개발을 위한 표집, 비교방법과 같은 기본적인 근거이론의 지침은 중립적이기 때문이다.

근거이론의 지침은 연구 과정의 각 단계를 기술하고 있고, 그 과정의 경로를 제공하고 있다. 연구자는 다양한 연구를 수행하기 위해 이러한 지침을 채택하고 적용할 수 있다. 물론 연구자가 이러한 지침을 어떻게 사용하는가는 중립적이지 않다. 또한 연구자가 자신의 연구에 부여하고 그 과정 속에서 실행되는 가정 또한 중립적이지 않다. 기본적인 근거이론의 지침은 21세기의 방법론적 가정 및 접근과 함께 사용할 수 있으며, 이러한 나의 생각에 안토니 브라이언트(Bryant, 2002)와 아델 클라크(Clarke, 2003, 2005) 또한 동의하고 있다. 이 책은 바로 그러한 방법을 위한 도전인 셈이다.

근거이론 구성하기

초기 저작을 통해 글레이저와 스트라우스(1967)는 독자가 자신만의 방법을 이용해 근거이론의 전략을 유연하게 사용하도록 권장하였다. 나는 두 사람의 견해를 받아들이면서, 과정을 검토하고, 행위를 연구의 중심에 놓으며, 자료에 대한 추상화된 해석학적 이해를 강조했던 과거의 근거이론으로 돌아가고자 한다. 나는 이 책을 통해 근거이론을 수행하는 방법 중 하나를 제시하고자 하며, 과거 40여 년에 걸쳐 이루어 낸 이론적·방법론적 발전을 반영하고자 한다.

나는 근거이론의 방법이 수동적으로 따라야만 하는 처방전이나 떼어 낼 수 없는 한 묶음이 아니라 원칙과 실천의 모음이라고 본다. 이후 설명에서 드러나겠지만, 나는 방법론상의 규칙, 절차, 필수사항이 아니라 유연한 지침을 강조하고자 한다. 나는 연구 과정을 통해 보여 주는 근거이론의 여정 동안, 근거이론연구자가 수행하는 방법이 무엇인지 명확하게 하고, 어떻게 수행하는지를 보여 주고자 한다. 이러한 방법을 연구자가 자신의 연구에 사용하고 평가할 수 있도록 이후의 장에서 지침에 대한 논의를 상세하게 다루고자 한다.

근거이론방법은 질적연구분석을 위한 다른 접근과는 반대의 입장에 서 있기보다는 상호보완적이다. 이따금 나는 근거이론방법을 따랐다는 주장을 하지 않거나 근거이론의 특정한 측면만을 수용한 질적연구에서도 근거이론의 훌륭한 사례를 찾아내곤 한다. 이러한 연구자는 상상력이 뛰어난 눈과 예리한 목소리로 자신의 연구를 수행하였으며, 좋은 후속작업의 영감을 제공해 준다. 이들의 연구작업은 그들이 속한 학문 분야의 범위를 넘어서는 영향력을 갖고 있다.

근거이론의 고전이 된 글레이저와 스트라우스(1967), 글레이저(1978)는 과정을 분석하는 명시적인 방법을 제시하고 있다. 비록 내가 기존에 연구 과정 및 조사 과정을 언급한 바 있지만, 과연 과정이란 도대체 무엇일까?[1] 과정은 명확한 시작과 끝이라는 식별 가능한 표식을 가지며, 그 사이에 여러 수준점benchmarks을 가지는 시간적 배열temporal sequences을 펼쳐 놓은 것이

---

1. 과정에 대한 나의 정의는 주로 출현에 관한 실용주의적 개념을 차용한 것이다. 아울러 인터넷 토론그룹인 SSSITalk에 참여한 러셀 켈리Russel Kelley, 댄 밀러Dan E. Miller, 드니스 와스컬Dennis Waskul, 앵거스 베일Angus Vail, 필립 반니니Phillip Vannini 등 다양한 학자가 피력한 관점도 부분적으로 반영하고 있다.

다. 시간적 배열은 하나의 과정 속에서 연결되며 변화로 이끌어진다. 이에 단일한 사건은 보다 큰 전체의 일부분으로 연결된다. 현재는 과거에서 비롯되지만 결코 동일하지 않기에, 매우 경직된 과정조차도 놀랄 만한 점을 포함할 수 있다. 현재는 새로운 특성을 가지고 출현하기 때문이다(Mead, 1932). 따라서 특정한 과정에 대한 경험과 산물은 비록 작은 정도일지라도 어느 정도의 불확정성indeterminacy이 있다.

이 책은 근거이론방법을 다룬 나의 초기 저작(Charmaz, 1990, 2000, 2002a, 2003, 2005)과 상징적 상호작용론의 관점에 기반하고 있다. 근거이론은 우리가 연구하고자 하는 세상을 알아 가는 방법이며, 세상을 이해하는 이론을 개발하는 도구다. 고전적인 근거이론연구에서 글레이저와 스트라우스는 이론의 발견은 과학적 관찰자와는 분리된 자료에서 출현하는 것이라 말했다. 하지만 이러한 입장과 달리, 나는 자료나 이론이 발견되는 것이라 보지 않는다. 대신 우리 같은 연구자는 자신이 연구하는 세계, 자신이 수집하는 자료의 일부라고 가정한다. 우리는 과거와 현재에 걸쳐 사람, 관점, 연구 실천 등에 관여하고 있으며, 이들과의 상호작용을 통해 근거이론을 구성한다.

나의 접근에서 이론적 가공theoretical rendering이란 연구하고자 하는 세상을 정확하게 보여 주는 사진이 아니라 해석이 깃든 묘사라고 가정한다(Charmaz, 1995b, 2000; Guba & Lincoln, 1994, Schwandt, 1994). 연구 참여자가 가지고 있는 묵시적인 의미, 경험에 기반한 관점—그리고 연구자의 완결된 근거이론—이 실재를 구성한다. 시카고 학파의 선구자가 그러했듯이, 나는 근거이론이 바탕을 두고 있는 실용주의에 기반하면서 이러한 구성을 인정하는 해석학적 분석을 수행하자고 주장한다.

'근거이론 구성'의 개괄

이 책은 근거이론의 논리 순서를 그대로 따르는 형태로 구성된다. 자료 수집에서 시작하여 분석 결과를 작성하고 전체 과정을 성찰하는 것으로 마무리된다. 하지만 실제 연구는 이처럼 선형의 과정으로 이루어지지는 않는다. 근거이론연구자는 새로운 아이디어가 생각날 때마다 멈췄다 쓰다를 반복한다. 가장 좋은 아이디어가 연구작업의 후반부에서 떠올려질 때도 있고, 보다 심층적인 관점을 얻기 위해 현장으로 되돌아가야 할 경우도 있다. 연구를 하다 보면 한 가지 이상의 분석 방향을 찾아야 하는 경우도 종종 경험한다. 그러므로 처음부터 특정한 아이디어에 초점을 두고 시작하여 연구 논문과 프로젝트를 끝낼 수도 있지만, 나중에 다시 자료로 돌아가 다른 곳에서 끝내지 못했던 분석을 수행할 수도 있다. 이 책을 통해 나는 근거이론의 연구방법을 수공예품을 만드는 과정에 비유하고 싶다. 수공예품은 만드는 사람마다 강조하는 부분은 다르지만, 공통적인 부분은 공유하고 있다. 바로 수공예품 장인이 공유하는 공통 부분을 이 책에서 다루고자 한다([그림 1-1] 참조).

2장인 '풍부한 자료 수집'은 질적연구의 자료를 수집하는 접근법과 관련된 사항을 다룬다. 연구자는 다양한 자료 수집방법을 통해 근거이론의 전략을 사용할 수 있다. 나는 이러한 방법을 반드시 따라야 할 조리법이라기보다는 선택 가능한 도구로 여긴다. 풍부한—상세하고 충분한—자료를 수집하고, 이들 자료를 관련된 상황과 사회적 맥락에 위치시키는 것을 선호한다. 2장에서는 자료 수집을 위한 몇 가지 주요한 접근법을 소개하고 사람들이 자신의 상황에 대해 어떻게 의미를 부여하며, 행동하는가를 알기 위해 자료를 활용하는 지침을 제공하고자 한다.

연구대상자가 어떤 식으로 자신의 경험에 의미를 부여하는지를 알게 되면서, 연구자도 그 의미와 행위에 대해 분석적 의미를 부여하기 시작한다. 3장인 '근거이론의 코딩'은 코딩방법을 보여 주고, 자료가 가리키는 바에 따라 자료의 각 부분에다 표시하는 방법을 다루고자 한다. 3장은 근거이론에서 사용하는 2가지 방법을 집중적으로 다룬다. ① 초기 줄코딩line-by-line coding은 자료를 밀착 조사하여 연구자의 아이디어를 개념화하는 전략이다.

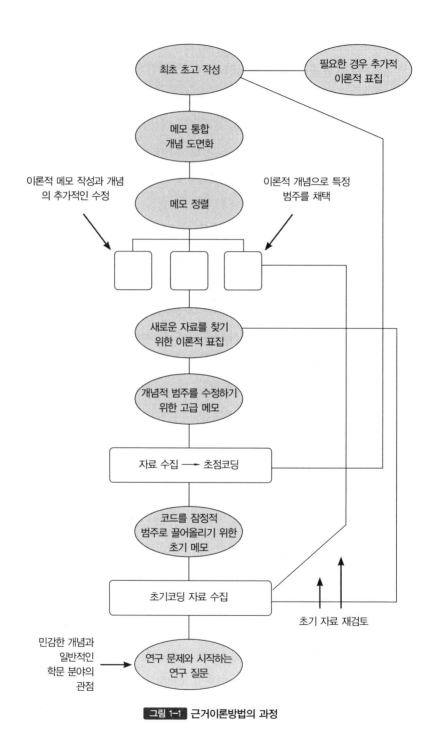

그림 1-1 근거이론방법의 과정

② 초점코딩focused coding은 많은 양의 자료를 분리, 정렬, 종합하는 데 사용한다.

어떠한 코드는 자료의 의미와 행동을 선명하게 한다. 메모라 부르는 연구노트를 코드 위에 작성하는 것이 연구자의 아이디어를 발전시키는 데 유용하다. 이에 4장 '메모 작성'에서는 근거이론연구자가 코드를 어떻게 정렬하고, 메모를 통해 어떻게 분석하는지 보여 줄 것이다. 연구자는 질적연구 전반에 걸쳐 메모를 작성해야 한다. 메모는 자료를 분석하는 방법을 제시하며, 코드에 대한 아이디어를 탐색하고, 추가적인 자료 수집의 방향을 제시해 준다. 자료와 코드를 처리하면서 연구자는 보다 분석적이게 되고, 어떤 코드는 개념적 범주로 끌어올려진다.

5장 '이론적 표집, 포화, 정렬'은 이론적 표집을 설명한다. 이론적 표집방법은 주요한 범주를 다듬고 채워 나가기 위해 추가로 선별적인 자료를 얻어 내려는 근거이론의 전략이다. 이 장에서 자료 수집 과정을 통해 더 이상 새로운 범주의 속성이 나타나지 않음을 뜻하는 이론적 포화의 의미에 대해 의문을 제기하고자 한다. 다음으로 이론적 범주에 부합하도록 메모를 정렬하는 방법을 다룰 것이고, 이들 작업을 통합하는 관계를 보여 줄 것이다. 마지막으로 많은 근거이론연구자가 자신의 아이디어를 통합하고, 서열화하는 논리를 수립하는 방법인 도면화diagramming를 소개할 것이다.

6장 '근거이론연구를 통해 본 이론의 재구성'에서는 이론이 의미하는 바를 재평가할 것을 요구하고자 한다. 사회과학에서 이론이 갖는 의미를 탐구하고, 근거이론의 관점에서 이론화의 개념을 알아볼 것이다. 나는 실증주의와 해석학적인 근거이론의 접근을 비교·대조할 것인데, 대조적인 이들 분석 접근이 상이한 출발점에서 어떻게 진행되는지를 분명하게 보여 줄 것이다. 이 장은 근거이론을 이용해 이론화를 시도한 3개의 연구를 통해 각각의 이론적 논리를 재구성하는 방식에 관한 논의로 끝맺음하려 한다. 각각의 예제 연구는 이론적 강조점, 포괄 범위, 영향권reach에서는 상이하지만 근거이론연구방법이 갖는 범용성과 유용성을 보여 준다.

7장 '초고 작성'에서는 분석을 위한 글쓰기와 독자를 위한 글쓰기 간의 차이를 설명하고자 한다. 근거이론의 전략은 연구자가 분석에 대한 주장보다는 분석에 집중하고, 문헌 고찰을 미루며, 자료를 해석함으로써 독창적인 이론을 구성하도록 이끈다. 이러한 전략은 연구 보고서를 작성하는 전통적인 접근과는 대치된다. 이 장에서는 사회과학 분야의 전통적인 글쓰기 방법과 근거이론의 방법 간에 존재하는 긴장관계를 해소하기 위해 주장 구성, 문헌 고찰, 이론적 틀 개발 등을 위한 지침을 제시하고자 한다. 그런 다음 글쓰기를 통해 아이디어를 다듬어 내는 방법을 다루고 있다.

마지막으로 8장 '연구 과정의 성찰'에서는 연구 산물로서 근거이론을 평가하는 기준에 대해 논의하고자 한다. 그런 다음 지식의 탐구에 대한 몇 가지 질문과 이후 행동 강령을 다루면서 끝내고자 한다.

자, 모든 여정의 지도를 보았으니 이제 연구 과정에 대한 여행을 시작해 보자.

풍부한 자료 수집

근거이론의 여정은 자료를 수집하기 위해 현장에 들어서면서 시작된다. 몇 가지 도구와 잠정적인 개념을 가지고 자신의 학문적 관점으로부터 발걸음을 내딛는 것이다. 근거이론의 여정은 여러 경로를 취할 수 있는데, 우리가 가고 싶어 하는 목적지에 따라 그리고 분석 결과가 데려가는 곳에 따라 달라진다. 이러한 경로를 따라 여행하면서 수집하는 자료는 문화기술지 방법, 집중 면접, 텍스트 분석이라는 도구를 통해 제공받는데, 이 장에서는 각 도구가 갖는 장점과 한계를 살펴보고자 한다.

2장

풍부한 자료 수집

여러분은 무엇을 연구하고 싶은가? 어떠한 연구 문제를 탐구하고 싶은 가? 연구 진행에 유용한 도구는 무엇일까? 풍부한 자료를 수집하기 위해서 는 어떻게 해야 할까?

풍부한 자료는 사회적이고 주관적인 삶의 표피 밑에서 얻을 수 있다. 탐 구정신, 끈기, 혁신적인 자료 수집 접근은 연구자를 새로운 세계로 이끌어 주며 풍부한 자료를 접하게 해 준다. 패트릭 비어내키(Biernacki, 1986)의 『헤로인 중독에서의 탈출: 치료 없이 회복하기*Pathways from Heroin Addiction: Recovery without Treatment*』를 통해 그가 어떻게 근거이론연구를 시작했는지 살 펴보자.

이 연구의 아이디어는 마리화나를 꽤 오래 전에 끊었던 사람들에 대한 연구에서 비롯되었다(Biernacki & Davis, 1970). 마리화나를 끊기 위해 필 요하다고 말하던 이유는 지금은 별 의미가 없을지도 모르겠지만, 그 당시 에는 흥미로운 주제였다. 그래서 연구의 의미에는 개의치 않고, 마리화나 를 피게 되면서 아편에 중독되었다가 아편을 끊게 된 사람을 만나 보았 다. 그러다 우연히 자연적인 방법으로 중독에서 회복된 소수의 사람을 발견하면서 아편중독자의 최종적인 운명에 대해 여러가지 의문을 품게 되었다. 내가 만난 사례는 특이한 사례였을까? 대부분의 중독자는 남은 생애 동안에도 중독자로서 살아갈 숙명에 처하는 것일까? 아편중독의 고리를 끊기 위해서는 특정한 형태의 치료적 개입이 항상 필요한 것일까? 아니면 최소한 어떤 사람에게는 자신만의 해결법과 노력으로 중독에서 벗어나는 것이 가능한 것일까(p. 200)?

흥미로운 주제가 비어내키의 호기심을 불러일으킨 셈이다. 하지만 그는 이 주제를 연구하기 위해 어떻게 자료를 찾을 수 있었을까? 그의 대답은 이렇다.

어떤 형태든 치료를 받은 과거 중독자를 찾아내서 면접하는 것은 그리 어려운 일은 아니었다. 하지만 자연적 회복natural recovery이라는 연구 기준을 충족하는 사례를 찾아내는 것은 다른 문제였다. 사실 '한번 중독자는 영원한 중독자'라는 믿음이 넓게 퍼져 있어 많은 임상가와 연구자는 자연적 회복을 경험한 중독자, 즉 이 연구의 초점 대상이 되는 이들이 존재하지 않거나, 있다 하더라도 그리 많지는 않을 것이라 생각했다(p. 230).

연구에 적합한 참여자를 찾기 위한 비어내키의 여정처럼 연구는 자료를 수집하는 데서 시작한다.[1] 풍부한 자료 수집 과정을 통해 경험적 연구가 얼마나 흥분되는 일인지를 발견해 보라. 연구자가 수집한 자료를 통해 그 세계는 새로운 모습으로 나타날 것이다. 수집한 풍부한 자료는 의미 있는 분석을

---

1. 비어내키(1986)는 자연적으로 회복된 중독자 표본을 찾기 위해 소개를 통한 정교한 형태의 눈덩이표집snowball sampling을 사용하였다. 그의 연구는 결국 재정지원을 받게 되었으며, 연구진은 중독에서 벗어난 사람과 101회의 면접을 수행하였고, 일반적인 치료를 통해 회복한 중독자와도 비교를 위한 면접을 수행하였다.

하는 데 중요한 재료다. 풍부한 자료는 상세하고 초점이 잡혀 있으며, 충분하게 채워져 있다. 풍부한 자료는 참여자의 관점, 감정, 의도, 행동과 함께 그들의 삶이 처해 있는 맥락과 구조를 드러내 준다. 풍부한 자료를 획득한다는 것은 '두터운' 묘사를 찾아낸다는 것을 뜻한다(Geertz, 1973). 이는 관찰한 바를 폭넓게 현장 노트에 기록하고, 연구 참여자의 개인적 기록물을 수집하며, 이들과 나눈 상세한 대화 내용(면접 내용의 축어록과 같은 형태)을 구축하면서 이루어진다.

　연구자는 풍부한 자료에서 강력한 근거이론을 생성해 낸다. 근거이론은 다양한 종류의 자료를 통해 구축될 수 있다. 이를테면, 현장 노트, 면접, 기록과 보고서의 정보 등이 그렇다. 이러한 종류의 자료는 주제와 접근 가능성에 따라 달라진다. 연구자는 근거이론연구를 위해 여러 가지 형태의 자료를 수집하기도 하고, 다양한 자료 수집 전략을 사용하기도 한다. 그렇다면 근거이론의 출현을 위해 풍부한 자료를 얻으려면 무엇을 고려해야 할까? 우리가 가진 방법론적 도구로 어떻게 풍부한 자료를 만들어 낼 수 있을까?

연구방법에 대한 몇 가지 고려 사항

연구방법을 통해 바라보기

　연구방법은 연구하고자 하는 삶에 대한 관점을 폭넓게 확장시켜 준다. 그 결과 연구자가 배우고 알고자 하는 바를 넓혀 주고 깊이를 더해 준다. 연구방법을 통해 연구자는 우선 연구 참여자가 세상을 보는 것과 같은 동일한 방식으로, 즉 내부로부터 보고자 한다. 참여자의 관점을 그대로 재현해 낼 수는 없지만, 가능한 그들의 상황과 환경에 최대한 들어가려 노력한다. 연구 참여자의 삶을 내부로부터 바라본다는 것은 연구자가 다른 방식으로는 얻을 수 없는 관점을 갖게 해 준다. 이를 통해 연구하고자 하는 세상에 대해 외부자가 가정하는 것이 얼마나 제한적이고 부정확하며, 잘못되거나 터무니없을 수도 있음을 깨닫게 된다.

질적연구자는 양적연구자에 비해 한 가지 커다란 장점이 있다. 연구라는 퍼즐 조각을 맞춰 나갈 때 완전히 새로운 조각을 추가하거나, 자료를 수집하면서 완전하게 다른 모습으로 맞춰 나갈 수도 있다. 심지어 분석을 끝낼 즈음에도 그런 일이 일어날 수 있다. 질적연구의 유연성은 연구 과정에서 출현하는 새로운 단서를 따라가는 것을 허용한다. 근거이론은 특히 유연한 연구방법을 개발시켜 왔고, 다른 연구방법에 비해 많은 초점을 갖게 해 준다. 잘 사용한 근거이론은 실제 장면의 특징인 상세함을 잃어버리지 않으면서 자료 속에서 일어나는 일을 명료한 초점 아래 신속하게 포착할 수 있다. 여러 개의 렌즈를 바꿔 끼울 수 있는 고급 카메라처럼, 우선 드넓은 원경을 보고 나서 점차 근거리에서 보기 위해 다른 렌즈로 바꾸는 것과 유사하다.

근거이론방법을 통해 연구자는 자료 수집의 형태를 여러 차례 바꿔 나가면서 수집된 자료를 다듬어 나간다. 그렇지만 연구방법은 마술을 부리지는 않는다. 연구방법은 연구자가 알아보려는 바를 강력하게 해 주는 하나의 도구를 제공할 뿐이지, 자동적으로 통찰력을 갖게 해 주지는 않는다. 연구자는 방법론상의 기법으로 무장한 채 기계적 절차에 의존하는 것에서 벗어나 세상을 볼 수 있어야 한다. 연구방법 자체는―그것이 제아무리 잘 난 것이라 할지라도―좋은 연구나 뛰어난 분석을 보장하지 않는다. 방법론을 기계적으로 적용할 경우 뒤따르는 것은 재미 없는 자료와 평범한 결과 보고뿐이다. 결국 연구자가 어떻게 연구방법을 활용하는지가 중요하다. 열정적인 눈, 열린 마음, 분별력 있는 귀, 성실한 손이야말로 연구자를 연구의 최종 목적지로 데려다 줄 것이며, 이것은 방법론상의 도구를 발전시키는 것보다 더 중요하다(Charmaz & Mitchell, 1996).

연구방법은 도구일 뿐이다. 하지만 다른 것보다 상대적으로 더 유용한 도구가 있다. 근거이론방법은 연구자의 통찰력과 근면함이 더해질 경우 자료를 생성하고 파헤치며 의미를 찾는 데 예리한 도구가 될 수 있다. 근거이론은 엄격한 명령문이라기보다는 유연한 지침이다. 지침이 유연하기 때문에 연구자는 연구의 방향을 이에 따라 정하면서도 자신의 상상이 흐르는 대로 따라갈 수 있다.

비록 연구방법은 도구에 불과하지만, 그에 따른 결과는 분명히 존재한다. 연구 질문에 독창적이고 예민한 대답을 가져다주는 도구를 선택하라. 자료를 수집하는 방식에 따라 연구자가 어떠한 현상을 볼 수 있는지, 언제, 어디서, 어떻게 현상을 볼 것인지, 그것에 대해 어떤 의미를 부여하는지가 달라진다.

선택한 연구방법이 연구자가 바라보는 것에 영향을 미치듯이, 연구자가 연구에 가져오는 것 또한 볼 수 있는 것에 영향을 미친다. 모든 유형의 질적연구는 그것을 수행하는 사람에게 달려 있다. 연구자는 자료를 부어 담는 수동적인 그릇이 아니다(Charmaz, 1990, 1998; cf., Glaser & Strauss, 1967; Glaser, 1978). 연구자는 과학적 중립성과 권위를 주장하면서 가치에 대한 검토를 배제하는 과학적 관찰자가 아니다. 관찰자와 피관찰자 모두 세상과 떨어져 살 수 없다. 연구자와 연구 참여자는 실재하는 것에 대해 각자 가정하고, 나름대로의 지식이 있으며, 사회적 지위에 있으면서 서로 각자의 관점과 행위에 영향을 미칠 수 있는 목적을 좇아간다. 그럼에도 연구 참여자가 아닌 연구자는 분석하고자 하는 장면에 자신이 무엇을 가져왔는지, 무엇을 보고 있는지, 어떻게 보고 있는지에 대해 성찰할 의무가 있다.

연구자가 방법을 선택할 때 연구 문제에 근거하여 결정하는 것이 좋다. 연구 문제에 따라 자료 수집의 방법도 결정될 수 있다. 예를 들어, 중독자가 불법 약물을 사용한 과거를 어떻게 감추는지 연구하고 싶다면, 연구자는 연구 참여자가 될 사람에게 접근하여 신뢰를 얻고 믿을만한 자료를 획득할 방법을 고민해야 한다. 자신의 비밀스러운 과거를 감추고 싶은 사람이라면, 초점

집단에 참여하는 것을 거부하거나 설문지에 응답하는 것을 거절할지도 모른다. 반면 자신이 약물중독에서 벗어나는 중이라고 여기는 사람은 연구자와 이야기하는 것에 동의할 수 있다. 일단 이들과 신뢰관계를 수립한다면, 약물을 사용하는 사람은 그 장면에 연구자를 초대할 수도 있다.

어떤 연구 문제의 경우, 여러 가지 방법이 결합되거나 이어지는 자료 수집 방법을 필요로 하기도 한다. 암투병 환자의 경험을 탐색할 경우, 지지 집단이나 자원봉사자 집단과 접촉하여 면접을 수행하거나, 인터넷 까페에 가입하고, 설문지를 돌려야 할지 모른다. 어느 연구에서든 연구를 수행하는 도중에 새로운 자료 수집 방법을 사용하고 이전의 수집방법을 수정하도록 이끄는 질문이 떠오를 수도 있다. 이미 자료를 수집하고 있던 중이라도 연구 참여자가 기대하지 않았던 자료를 내놓아 연구자의 아이디어에 도움이 되는 정보를 제공할 수도 있다. 어떤 이들은 자신의 일기를 읽도록 허락할 수도 있고, 어떤 사람은 중요한 정보가 담긴 조직의 기록 자료에 관해 말할지도 모른다.

근거이론의 논리는 이론개발뿐만 아니라 자료 수집의 방법도 안내한다. 따라서 연구자는 아이디어의 출현을 향상해 줄 수 있는 방법을 개발하거나 채택하도록 하라. 새로운 혁신적 방법은 연구 도중 어느 때든 일어날 수 있다. 예전에 탐색하고 싶어 했던 것을 연구 중에 알아낼 수도 있다. 필요한 자료를 발견할 수 있는 연구 상황setting에서 어떠한 종류의 접근을 해야 하는지 고민해 보라. 예를 들어, 연구프로젝트에서 연구 참여자가 자신을 개방하게 하는 질문을—이를테면 '누군가는 이런 경험을 했다 하더군요. 그런 경험을 해 본 적이 있으세요?'와 같은—개발할 수도 있다. 문화기술지연구자라면 이런 질문을 이미 만났던 연구 참여자에게로 다시 찾아가 물어볼지 모른다. 하지만 대다수의 연구자는 시간과 돈의 제약을 받고 있거나, 연구 참여자 1인당 1회의 면접이라는 규정에 제약을 받을 수 있다. 그러므로 면접자는 대화의 끄트머리 즈음에 이러한 질문을 다음 참여자에게 물어볼지 모른

다. 또는 목적이 다른 연구를 위해, 연구자는 개방종결형open-ended 질문지의
개발이 유용하다는 것을 깨달을 수도 있다.

글레이저(2002)는 "모든 것이 자료다All is data."라고 말한 바 있다. 정말
그렇다. 연구 상황 또는 연구 주제와 관련해 연구자가 알아내려는 것은 모
두 자료로 사용할 수 있다. 하지만 자료의 질, 출현한 관심사와 갖는 관련
성, 해석의 유용성이라는 측면에서 모든 자료는 상이하다. 연구자 또한 유
용한 자료를 구분해 내는 능력과 기술, 자료를 기록하는 철저함 등에서 모
두 상이하다. 더군다나 자료를 구성하는 것―연구자는 면접이나 현장 노트
를 통해 일차적인 자료를 구성하기도 하고, 사적인 논의 또는 공적인 배포
를 위해 모아 놓은 역사적 기록 자료, 정부 기록물, 조직 기록물 등에서 텍
스트와 정보를 수집한다―은 바로 사람이다. 우리는 이러한 문서, 기록물,
인구조사 자료 등을 사실로 받아들이기도 한다. 하지만 결국 개인이 기록을
구성한다. 어떠한 자료이든 특정한 목적을 달성하기 위한 의도에서 시작된
다. 그리고 그러한 목적과 의도는 특정한 역사적 · 사회적 · 상황적 조건하
에서 비롯된다.

근거이론연구자가 배경에 깔고 있는 가정과 소속된 학문 분야의 관점은
연구자가 자료에서 특정한 가능성과 과정을 살펴보게 한다. 이러한 가정과
관점은 자신의 학문 분야에서도 다를 수 있지만 연구의 주제와 개념적 강조
점에 영향을 미친다. 블러머(1969)가 말한 '민감한 개념sensitizing concepts'*이
이 지점에서 유용하다. 이 개념은 연구자가 추구해야 할 초기 아이디어를 제
공하고, 연구 주제와 관련된 특정한 질문을 던지도록 민감화한다. 근거이론
연구자는 종종 연구를 안내하는 특정한 경험적 관심사에서 시작하기도 하

★ **역주)** 민감한 개념은 상징적 상호작용주의의 창안자인 허버트 블러머가 언급한 또 다른 개념인 확정
적 개념definitive concepts과 대비된다. 확정적 개념은 일련의 현상을 확인하기 위해 '고정되고 구체적인
절차'를 사용하는 반면, 민감한 개념은 가변적이고 사안에 따라 수정 가능하다는 의미를 포함한다. 확정
적 개념은 알아 보아야 할 바에 대한 처방전을 제공하는 반면, 민감한 개념은 단지 '경험적 예에 접근하
기 위한 일반적 의미에서의 준거와 지침'을 제공한다.

블러머(1969)의 민감한 개념을 받아들여 근거이론가는 특정한 연구 관심사와 일련의 일반적 개념에서 연구를 시작한다. 민감한 개념은 연구자에게 좇아가야 할 아이디어를 제공하고 주제와 관련해 물어보아야 할 질문의 유형에 대한 민감성을 높여 준다.

며, 블러머의 개념을 받아들여 그러한 관심사에 느슨한 틀거리를 제공하는 일반적인 개념으로 연구를 시작하기도 한다. 예를 들어, 나는 만성 질환자가 어떻게 시간을 경험하고, 이들 경험이 어떠한 영향을 미치는가라는 관심사에서 연구를 시작했다. 그래서 나의 연구를 처음 이끈 관심사는 자기개념, 정체성, 지속 기간 등과 같은 개념이었다. 하지만 이것은 단지 출발점일 뿐이었다. 이들 개념은 면접 질문을 구성하고, 자료를 살펴보며, 피면접자를 경청하면서 자료를 분석적으로 생각하는 데 필요한 출발점point of departure에 불과했다. 안내자로서의 관심사, 민감한 개념, 학문 분야의 관점 등은 연구자의 아이디어를 제약하기보다는 발전시킬 수 있는 출발점을 종종 제공한다. 이후 연구자는 일련의 분석 단계를 통해 자료를 연구하고, 아이디어를 검토해 나가면서 구체적인 개념을 발전시켜 나간다.

전문적인 연구자와 대학원생은 연구를 시작하기 앞서 이미 자신의 학문 분야에 굳건한 기반을 두고 있기 때문에 연구 주제와 관련 문헌에 익숙해져 있는 경우가 많다. 이 모든 것은 경험적 세계의 특정한 측면에 집중해 볼 수 있는 조준점vantage point을 제공하지만, 다른 측면을 무시하게 할 수도 있다. 그러므로 연구자는 어떠한 조준점으로 연구를 시작할 수 있지만, 자신이 바라보는 모든 것에 대해 가능한 개방적이어야 하며, 특히 연구의 초기 단계에서는 보다 민감할 필요가 있다.

요컨대, 민감한 개념과 학문적 관점은 연구의 종착점이 아니라 출발점을 제공한다. 근거이론연구에서 민감한 개념은 자료를 통해 연구자가 규정하고자 하는 과정과 그와 관련된 아이디어를 발전시키기 위해 사용하는 잠정적인 도구다. 그러므로 연구자는 어떤 민감한 개념이 자신의 연구와 무관한 것이라 판명될 경우 기꺼이 버릴 수 있어야 한다. 이와 대조적으로 논리연역적 모형에서는 이론에 기반해 가능한 한 정확하게 조작적 정의를 내린 개념을

가지며 이들 개념 간의 관계를 다룬 검증 가능한 가설을 연역적으로 도출한
다. 그렇기에 논리연역적 모형에서 연구는 원래의 개념에 갇혀 있게 된다.

만약 질적 자료가 초기에 가졌던 연구 관심사를 설명해 주지 않는다면 어
떻게 될까? 퍼티 알라수타리(Alasuutari, 1995)가 이러한 문제를 어떻게 해결
해 나갔는지를 살펴보자.

> 연구에서 드러난 주요한 문제점을 곱씹어 가며, 어디에서 잘못이 시작
> 되었는지 전반적으로 점검하는 과정은 질적연구 프로젝트에서 흔한 일이
> 다. 단지 연구자가 이 모든 일을 보고하지 않을 뿐이다. 올바른 길을 선택
> 하지 못한 초기의 실패는 연구가 막다른 골목에 가로 막혔음을 의미하지
> 않는다. ……그러한 결과에 기반해서 연구 전략을 수정하고, 다른 연구 결
> 과로 옮겨 가면 된다.
> 나의 경우, 잘못된 출발을 수정하고 기존의 자료에 비추어 볼 때 비현
> 실적이라 여긴 연구 아이디어를 폐기하고 보니, 이후 연구를 어떻게 수행
> 해야 할 것인가에 대한 계획을 개선하고 관점을 보다 명확하게 이끌어 낼
> 수 있었다.

근거이론연구자는 연구의 초기 관심사가 출현한 자료에 부합하는지를 평
가한다. 사전에 예상했던 아이디어와 이론을 자료에 직접적으로 꿰어 맞추
려고 하지 않는다. 그보다는 자료에서 정의하는 단서를 따라가거나, 초기의
관심사를 좇아가기 위해 다른 방식의 자료 수집을 설계하려 한다. 나의 경우
도 마찬가지였는데, 원래 연구는 만성 질환자의 시간과 자기개념에서 출발
했지만, 그와 함께 연구 참여자가 핵심적인 것으로 정의했던 다른 주제도 탐
색하였다. 예를 들어, '질병을 털어놓기disclosing illness'는 처음에는 예상하지
못했던 주제였지만, 연구를 수행해 가면서 이 주제를 탐색해 보고 싶다는 생
각이 강하게 들었다. 자신의 질병을 개방하는 것과 관련된 감정의 딜레마는

연구를 진행하면서 반복하여 출현하는 주제였기 때문이다.[2] 그 결과, 만성 질환자가 자신이 처한 조건에 대해 누가, 언제, 어떻게, 왜의 방식으로 이야기하는지를 연구하게 되었다. 최근 들어서는 거꾸로 만성 질환자가 자신의 질병에 대해 언제 침묵하고 그 이유가 무엇 때문인지에 대해 연구하는 것으로 이어지고 있다(Charmaz, 2002b).

근거이론에서 자료 수집 전략과 '강제forcing'하는 것 간에 발생하는 긴장 관계는 아직 해결되지 않은 채 남아 있다. 어떤 근거이론연구자에게 성공적으로 받아들여진 자료 수집방법이 다른 연구자에게는 이미 예상한 틀에 자료를 꿰맞추는 것으로 규정될 수 있다. 글레이저(1998: 94)는 선입견을 부여할 수 있는 '면접 지침, 자료 수집의 단위, 표본, 부여된 코드, 도면 따르기, 적절한 메모를 위한 규칙 등'에 반대하는 경고를 제시한 바 있다. 하지만 어떠한 주제를 탐구하기 위해 개방종결 형태로 작성된 면접 지침이 수집된 자료에 대해 코드를 부여할 때와 동일한 순서로 이루어지기는 어려운 일이다. 단순히 개방종결형 질문을 어떻게 만들지 고려하는 것은 초보자가 너무 많은 질문을 불쑥불쑥 내뱉지 않게 도와주고, 협소한 범주 안으로 참여자의 반응을 유도하지 않게 해 줄 수 있다. 오히려 자료 수집방법에 대해 연구자가 무관심할수록 자신도 모르게 자료에 대해 선입견을 강제하게 되고, 그러한 경우가 지속적으로 반복될 가능성이 크다.

연구의 질 확보하기

연구의 질—그리고 확증성credibility—은 자료에 달려 있다. 자료의 깊이와

---

2. 매튜 제임스Matthew J. James는 모든 연구에서 주제의 출현이 일어난다는 점을 상기시켜 주었다(사적인 의견 교환, 2004년 9월 14일). 이는 사실이다. 물론 주제의 출현을 촉진하거나 제약하는 정도는 여러 방법론상의 접근에 따라 상이하다. 하지만 근거이론은 이러한 주제의 출현을 촉진하는 방법에 기반하고 있다.

폭이 연구의 질을 좌우한다. 풍부하고 실질적이며 관련성 있는 자료에 기반한 연구는 돋보일 수밖에 없다. 그러므로 자료가 갖추어야 할 기준은 핵심적 범주를 개발하는 데 기여하는 유용성usefullness과 더불어 경험적 사건을 보여 주는 데 필요한 적합성suitability과 충족성sufficiency이다.

어떠한 방법을 선택하든 간에, 연구 과제와 관련된 범위 내에서 주제를 완전하게 보여 줄 수 있으며, 그 과제와 부합하는 자료를 충분하게 모을 수 있도록 계획해야 한다. 연구자는 독자와 비평가가 자신의 연구를 진지하게 검토할 것이므로 자신이 말하고자 하는 바의 강건한 토대를 보여 주어야 한다. 초심자는 연구하기 좋다는 이유로 제한적인 자료를 취하는 오류를 범하기 쉽다. 이러한 경우 연구설계를 전반적으로 검토해 보아야 한다. 예를 들어, 단순히 10회의 풍부한 면접만 수행한 사람보다는, 주요 정보원과 가진 10회의 집중 면접과 더불어 섬세한 관찰을 지속적으로 수행한 문화기술지연구자가 더 많은 것을 끌어낼 수 있다. 학부 수준의 과제에 적합한 조건이 박사학위 논문에 충분할 수는 없다. 설사 빈약한 자료가 감탄스러운 출발점을 제공해 줄지는 모르나, 섬세한 연구나 미묘한 차이를 가져오는 근거이론을 가져다 줄 수는 없다. 어떠한 연구자라도 제한된 자료를 가지고 설득력 있고, 확정적인 주장을 해낼 수는 없다.

몇몇 근거이론연구자(Glaser, 1998; Stern, 1994a)는 자료의 양을 키우는 것에 반대하기도 한다. 부족한 자료를 가진 소규모 연구를 정당화하는 데 비슷한 입장을 취하는 학자가 많이 있다. 글레이저와 스턴은 모두 소표본과 제한된 자료가 문제되지 않는다고 본다. 근거이론방법은 개념적 범주를 개발하는 데 목표를 두고 있기 때문에 범주의 속성과 범주 간의 관계를 밝혀 주는 방향으로 자료 수집이 이루어지기만 하면 된다는 것이다. 이들의 주장은 연구자가 자료 수집의 기본 방향을 설정하는 데는 유용할 수 있다. 하지만 이러한 입장은 데이(Dey, 1999: 19)가 '유리창 깨고 집어 오기smash and grab'라고 이름 붙인 자료 수집 전략과 피상적인 분석으로 이어질 우려가 있다.

그렇다면 어떠한 자료가 풍부하고 충분한 것일까? 자신의 자료를 평가하는 데 다음의 질문이 유용할 수 있다.

- 연구의 모든 맥락에 대한 이해, 묘사, 회고가 가능할 정도로 사람, 과정, 상황 등과 관련된 배경 자료를 충분히 수집했는가?
- 참여자의 관점과 행위에 대해 상세하게 기술하고 있는가?
- 자신이 가진 자료를 통해 표면 밑에 놓여진 것을 드러낼 수 있는가?
- 시간에 따른 변화를 밝혀 주기에 충분한 자료를 수집했는가?
- 참여자의 행위에 대한 다중적 관점을 획득했는가?
- 분석 범주를 개발하기에 충분한 자료를 수집했는가?
- 자료 간에 비교를 수행할 수 있는가? 이러한 비교를 통해 어떤 아이디어가 생성되고 어떻게 영향을 받는가?

해석학적 질적방법이란 연구 참여자의 세계로 진입한다는 것을 뜻한다. 블러머(1969)가 말한 '연구 대상을 존중하라Respect your subjects'는 연구 참여자의 관점이나 실행에 의심을 하더라도 그들의 존엄성을 지켜 주어야 한다는 것이다. 연구 참여자를 존중하는 한 가지 방법은 그들과 신뢰 관계rapport를 수립하려 노력하는 것이다. 데이(1999)는 글레이저와 스트라우스(1967)가 사용한 '유리창 깨고 집어 오기' 식의 자료 수집 전략은, 현재 많은 연구에서 믿을 만한 자료를 얻는 데 필수적이라 여기는 신뢰관계를 고려하지 않는다고 지적한다. 만약 신뢰관계를 수립하지 않는다면 연구자는 다음 번 면접이나 관찰에서 참여자에게 접근하지 못할 수 있는 위험을 감수해야 한다.

연구 참여자에 대한 존중은 연구자가 자료를 수집하는 방법에서 배어나며, 자료의 내용에도 영향을 미치게 된다. 연구자는 참여자의 관점에 기반해 그들의 삶을 이해하고자 하며, 그들의 관점과 행위를 알기 위해 노력하고 있다는 것을 보여 줌으로써 자신의 존중심을 드러낼 수 있다. 이러한 접근은 연구하고자 하는 세계에 대해 연구자가 하고 있는 가정을 부지불식간에 그대로 재생하는 것이 아니라 그러한 가정을 시험해 보아야 한다는 것을 뜻한다. 이는 연구 참여자가 말하고 행동하는 것뿐만 아니라 그들이 당연하게 여기거나 진술하지 않는 것도 발견한다는 것을 의미한다. 연구 참여자의 눈을 통해 그들의 세계를 바라보려고 노력하면서, 비록 그들에게 동의하지 않을지라도 연구자가 존중하고 있으며 최선을 다해 이해하려 한다는 것을 보여 주어야 한다. 연구자는 연구 참여자의 관점을 자신의 것으로 반드시 받아들이거나 재생산하는 것이 아니라 이해하기 위해 노력한다. 나아가 그들의 관점을 해석하는 것이다. 사람들의 머릿속에 있는 것을 찾아내고자 하는 것이지 그것을 알 수는 없다(Murphy & Dingwall, 2003 참조). 그럼에도 사려 깊은 해석학적 이해는 종종 고전의 반열에 오를 만한 뛰어난 질적연구를 낳기도 한다(예, Clark, 1997; Fine, 1986, 1998; Mitchell, 2002). 크리스틴 러커(Luker, 1984)가 쓴 『낙태와 모성의 정치학*Abortion and the Politics of Motherhood*』도 해석학적 이해가 어떤 것인지를 보여 준다. 그녀는 생명을 옹호하는 여성과 선택을 옹호하는 여성의 관점을 연구하면서 두 집단 모두에게 고른 존중심과 관심을 보여 주었다. 그녀는 두 집단의 상반된 관점을 보여 주며 양 집단의 입장에 대해 균형 잡힌 분석을 제시하였다. 러커가 친생명주의 활동가pro-life activists의 논리를 제시한 방식을 살펴보면 다음과 같다.

'배아는 이미 태어난 인간과는 다른 도덕적 범주에 속한다는 사상'을 아동기와 청년기를 거치는 동안 거의 접하지 못했던 친생명주의자에게, 낙태개혁운동은 '태어나지 않은 생명조차도 존중'하였던 지난 세기의 사상을 전면적으로 갑자기 거부하는 것처럼 보였다. 배아는 항상 존중되어 대우받아야 한다고 실제 믿었던 사람들의 입장에서—우리의 자료에 따르면 대부분의 친생명주의자는 이를 믿고 있음을 보여 준다—미국사회가 낙태를 광범위하게 수용한다는 것은 진실로 두려운 일이었다. 그것은 권리를 항상 향유해 왔던 '사람들'로부터 인간의 권리를 사회의 의지가 빼앗아 가는 것으로 보였기 때문이었다. 만약 아기(배아)가 인간으로서의 권리를 이처럼 쉽게 빼앗길 수 있다면, 우리 중 누군가가 다음 차례가 되지 않을까(p. 156)?

근거이론 자료의 수집

고전적 근거이론(Glaser & Strauss, 1967; Glaser, 1978)은 행위와 과정에 대한 분석을 강조한다. 자료 수집과 분석이 동시적으로 이루어지는 근거이론 접근은 이러한 강조점을 좇아가는 데 유용하다. 연구자는 출현하는 분석에 따라서 자료 수집의 형태를 결정해 나가기 때문이다. 따라서 근거이론에서 첫 번째로 제기해야 할 질문은 다음과 같다.

- 여기에서 무슨 일이 일어나고 있는가What's happening here(Glaser, 1978)?

이 질문은 다음 중 어느 한 수준에서 일어나는 일을 바라보도록 이끈다.

- 기본적인 사회 과정basic social processes은 무엇인가?
- 기본적인 사회심리적 과정basic social psychological processes은 무엇인가?

이러한 질문이 연구를 시작하게 한다. 물론 그 대답은 질문처럼 똑부러지지 않을지도 모른다. 기본적이라고 정의하는 것은 항상 해석적이며, 심지어 대다수의 연구 참여자가 동일한 의견을 가질 때조차도 그러하다. 글레이저와 스트라우스(1967; Glaser, 1978)는 연구자가 현장에서 발견하는 기본적 사회 과정을 강조한다. 고전적 교재는 기본적 사회 과정을 근거이론방법의 근본이라고 언급하지만, 글레이저(2002)는 최근 들어 기본적 사회 과정을 좇는 것이 자료에 대한 강제일 수 있다면서, 이에 대한 지지를 철회하였다.

연구자는 상황 속에서 일어나는 많은 것을 발견할지 모른다. 모든 것이 의미 있거나 혹은 사소한 것으로 보일 수 있다. 연구자는 자신이 보고 들은 바를 성찰해야 한다. 자신의 평가에 따라 달라지겠지만, 다음의 질문이 그러한 성찰에 유용할 수 있다.

- 발견한 이 과정은 누구의 관점에 기반한 것인가? 한계적인 위치에 있는 관점은 누구의 관점인가?
- 관찰한 사회 과정은 어떻게 출현하는가? 참여자의 행위는 그 과정을 어떻게 구성하는가?
- 누가 이러한 과정에 통제력을 행사하는가? 어떠한 조건에서 통제력을 행사하는가?
- 다른 참여자는 그 과정에 어떤 의미를 부여하는가? 그들은 그 과정을 어떻게 이야기하고 있는가? 무엇을 강조하는가? 그들이 배제하고 있는 것은 무엇인가?
- 과정과 관련하여 참여자의 의미와 행위가 언제, 어떻게 변화하고 있는가?

이들 질문은 때로 기만적일 수 있다. 너무 쉽게 얻은 대답은 종이에 베인 것만큼도 미치지 못하는 깊이를 가지므로, 기본적 사회 과정을 꿰뚫어 낼 수 없다. 기본적 사회 과정은 보이지 않고 진술되지 않은 채로 있을지 모르지만, 연구 상황에서 참여자의 행위와 이해에 영향을 미치고 있다. 연구 참여자는 자신이 관련된 과정을 어떠한 정보와 경험에서 규정하는 것일까? 그들은 힘겹게 싸워 나가고 있는 실제를 반영하기보다는 공식적 홍보에나 사용하는 수사적 표현으로 가득찬 이상적인 모습을 제시하는 것은 아닐까? 기본적 사회 과정은 언제 가시화되거나 변화되는 것일까? 예를 들어, 이용자를 위한 활동을 목표로 하는 지역사회기관이 있다고 하자. 그런데 면밀한 검토를 통해 그 기관이 적자 재정에 빠져 있다는 것이 기본적인 과정임을 밝혀낼 수도 있다. 자료를 구축하려 할 때 다음 방법을 검토해 보라.

- 단어와 함께 행위와 과정에 관심을 가지라.
- 행위의 맥락, 장면, 상황에 대해 주의 깊게 묘사하라.
- 누가 무엇을 했는지, 언제, 왜(그 이유에 대해 확인할 수 있다면), 어떻게 일어났는지를 기록하라.
- 구체적인 행위, 의도, 과정이 출현하거나 사라지는 조건을 확인하라.
- 이들 자료를 해석하는 방식을 찾으라.
- 특별한 의미를 부여하는 것으로 여겨지는 참여자의 구체적인 단어와 문장에 초점을 두라.
- 다양한 참여자가 당연하게 여기면서 감추고 있는 가정을 찾아내라(그 가정이 행위를 통해 어떻게 드러나는지, 행위에 어떠한 영향을 미치는지를 보여 주라).

문화기술지에서의 근거이론

문화기술지ethnography는 특정한 집단의 삶을 기록하면서, 그들의 환경, 지역사회, 사회적 세계에 대해 지속적인 참여와 관찰을 수행하는 것을 뜻한다. 문화기술지연구는 어떠한 환경 내부에서 일어나는 삶의 영역을 다루면서 기록, 도표, 지도, 사진에서 종종 보충적 자료를 얻고, 때로는 공식적 면접과 설문조사를 수행하기 때문에 단순한 참여관찰participant observation 그 이상을 의미한다.

참여관찰자는 자신의 초점을 일상생활의 한 측면으로 제한하기도 한다. 이와 대조적으로 문화기술지연구자는 환경 내부에서 이루어지는 삶의 다중적인 차원에 대한 상세한 지식을 추구하고, 그 속에 포함된 성원이 당연하게 여기는 가정과 규칙을 이해하는 데 목표를 둔다(Ashworth, 1995; Charmaz & Olesen, 1997).

　문화기술지연구자는 현장에서 무엇을 연구해야만 할까? 답은 그곳에서 일어나는 모든 일이다. 연구 상황과 그 안에 있는 사람 및 행위에 대해 열린 태도를 가질 때, 문화기술지연구자는 밑에서 위로 작업해 가면서 자신이 가장 중요한 관심사로 찾아낸 것을 좇아갈 수 있는 기회를 얻게 된다.

　연구 참여자는 문화기술지연구자가 자신의 세계와 행위를 자신 내부에서 바라보는 것을 허용한다. 많은 경우 문화기술지연구의 목적은 연구하고자 하는 세계에 대한 내부자의 표현을 얻어 내는 것이다. 그렇지만 여타의 연구 자처럼 문화기술지연구자도 자신이 배운 이론과 도구를 연구작업에 가져온다. 그러다 보니 연구 참여자의 관점에서 볼 때, 엉뚱한 결과가 외부자의 보고서에 담겨져 있을 수도 있다(Pollner & Emerson, 2001).

　표준 교과서가 현장에 대한 열린 마음과 수용적 태도를 강조하고 있음에도 불구하고, 문화기술지연구자는 다양한 양식으로 연구를 진행한다. 다루려는 연구 문제, 만나게 될 참여자, 연구자가 직면하는 제약 등 그 모든 것이 연구자의 참여에 영향을 미친다. 어떤 경우는 연구 참여자가 자신의 개인적·집단적 이야기를 기꺼이 털어놓으려고 할 때가 있다. 하지만 어떤 경우에는 연구자가 낯선 존재로 남아 있는 한에서만 환영받을 때도 있다. 문화기술지연구자가 수동적 관찰에서 벗어나 완전한 참여로 옮겨 가는 정도는 그 연구의 특성에 따라 달라지는데, 여기에는 연구 목표, 접근에 대한 동의, 관여 정도, 호혜성, 기존 성원과 맺게 되는 관계 등이 포함된다. 어느 연구 장면에서 문화기술지연구자는 자신이 기대한 것 이상으로 많이 관여할 수 있지만, 반대로 이러한 관여가 자신이 기대한 것과는 다르다는 것을 발견하기도 한다. 예전 어느 요양보호시설에서 미숙한 문화기술지연구자로 활동했을 때, 나는 하루 중 몇 번이고 내 방에 잠시 들러 현장 노트를 기록할 수 있을 것이라 기대했다. 하지만 그곳에서 나의 생활을 허락한 관리자는 관점이 조금 달랐다. 기관에서의 생활이 연구자로서의 역할보다 중요하다는 것이었다. 그는 온종일—대부분 저녁까지 포함하여—시설 내 거주자의 활동에 참여할 것을 주장했다. 그가 나에게 일깨워 준 바는 이런 것이었다. '이곳에서는 모두가 치료자다.'

어느 상황에서 기본적이라는 것은 연구 참여자의 위치, 행위, 의도에 따라 달라진다. 행위가 진술된 의도와 반대될 수도 있다. 다양한 참여자는 각자 조준점이 상이하고, 때로는 경쟁적인 의제agendas를 가진다. 참여자가 경쟁적인 의제를 가지고 있을 때 그들은 이를 알고 있는 것일까? 그들은 어떻게 그러한 의제를 수행하는 것일까? 그럴 경우 갈등은 언제 출현하는 것일까? 만약 근거이론연구에서 기록된 관찰 노트를 읽게 된다면, 다음 사항을 기록하고 있다는 점을 알 수 있다.

- 개별적 행위와 집합적 행위에 대한 기록
- 일화와 관찰에 대한 완전하고 세밀한 노트
- 연구 상황에서 일어나는 의미 있는 과정에 대한 강조
- 참여자가 흥미롭거나 문제 있다고 규정하는 일
- 참여자가 사용하는 언어에 대한 관심
- 행위자와 행위를 장면과 맥락에서 확인하기
- 핵심적인 분석 아이디어에 초점 잡아 가기

근거이론연구는 그 시작부터 일반적인 문화기술지 접근과는 다른 형태를 취한다. 근거이론에서의 문화기술지 접근은 어떠한 상황에 대한 묘사보다는 현상 또는 과정에 더 우선순위를 둔다. 따라서 현장작업 초기부터 근거이론 문화기술지연구자는 상황에서 일어나고 있는 일을 조사하고, 이들 행위에 대한 개념적 다듬기conceptual rendering를 수행한다. 근거이론 문화기술지

연구자는 연구하고자 하는 과정에 대해 보다 많은 지식을 얻고자 여러 상황으로 옮겨 다닐 것이다. 일반적인 문화기술지적 접근의 경우, 특정한 지역사회에서의 친족 관계망, 종교적 활동, 활동 조직 등과 같은 주제에 초점을 둔다. 그 결과, 문화기술지연구자는 연구하고자 하는 상황에서 주제에 대한 완전한 묘사full description를 제공하면서, 과정 중심의 접근보다는 구조적인 접근을 취하게 된다.

문화기술지연구자는 연구하고자 하는 세계의 개별적 단락 또는 구조―과정이 아니라―를 주제로 다룬다는 점에서, 근거이론의 분석을 완료하는 데 어려움이 따른다. 문화기술지연구자의 현장 노트는 어떠한 사물, 대상을 주제로 삼아 묘사하지만, 그 주제를 구성하는 행위나 과정을 보여 주지는 않는다. 문화기술지연구자와 연구 참여자는 연구 주제나 구조를 구성하는 과정을 당연한 것으로 받아들일 수 있기 때문이다.

한편 전반적인 연구 목적과 수집 기록한 자료 간의 상대적인 일치도를 검토해 보라. 연구자는 자신이 가지고 있는 바와 그것이 자신을 데려다 주는 곳에 대해 열려 있어야 한다(Atkinson, 1990). 그럴 경우 흥분되는 새로운 지평이 나타날지도 모른다. 하지만 때로는 연구 상황 내부의 자료를 얻기 위해 접근을 확대할 필요가 있다. 한 조직에서 사람들이 거쳐가는 과정을 기록하고 싶다면, 사람들이 그 조직 내에서 어떻게 옮겨 다니고 또는 어떻게 옮겨지는가를 보여 줄 필요가 있다. 이 경우 그 조직에서 이루어지는 공간의 할당과 배치로부터 효과적인 자료를 얻어낼 수 있다. 예를 들어, 은퇴노인 시설에서 직원이 상이한 수준의 보호가 이루어지는 공간 영역으로 거주자를 언제, 어떻게, 왜 배치하고 재할당하는지를 알고 싶을 수 있다. 그렇다면 단순히 거주자가 텔레비전 시청각실과 같은 사회적 영역을 이용하는 방식을 알아내는 것보다는 더 많은 일을 해야 할 것이다. 물론 시청각실 이용에 대한 조사를 통해 물리적 상황 때문에 발생하는 특정한 제약에 대해 관찰할 수 있겠지만, 시설 직원이 보호 수준을 결정하는 것과 관련해서는 아무런 정보를 얻지 못할 것이다.

문화기술지연구의 잠재적 문제는 모든 곳에서 자료를 보지만, 동시에 어떤 곳에서도 자료를 알 수 없다는 것이다seeing data everywhere and nowhere. 또한 모든 것을 수집하지만, 아무것도 수집하지 않은 것일 수도 있다gathering everything and nothing. 연구하고자 하는 세계가 너무나 흥미롭게 보여서 문화기술지연구자가 모든 것에 대해 알려고 할 수 있다. 그 결과 서로 연결되지 않는 산더미 같은 자료가 쌓여 가겠지만(Coffey & Atkinson, 1996 참조), 그렇다고 그 자료가 많은 것을 말해 주지는 않는다. 그에 따른 결과는 무엇일까? 아마도 낮은 수준의 묘사이거나, 약간 다듬어져 있다고 해도 통합되지 않은 범주의 목록일 것이다. 소화하지 못한 자료를 남겨 놓는 문화기술지연구자는 신선한 통찰력을 제시할 수 없으며, 때로는 몇 년의 노고에도 불구하고 연구를 완성하지 못할 수도 있다.

그렇다면 이제 근거이론으로 들어가 보라. 역설적이지만 기본적 사회 과정에 집중하는 것이 이전의 문화기술지 작업에서 했던 일반적 접근보다는 전체 상황에 대한 완전한 그림을 얻는 데 유용할 수 있다. 문화기술지연구자는 과정을 조사하기 위해 근거이론을 사용하여 사건 간의 관계를 설정할 수 있다. 지속적 비교방법을 강조하는 근거이론방법은 문화기술지연구자가 ① 모든 자료의 수집이 끝난 후가 아니라 연구의 시작부터 자료를 비교하고, ② 출현하는 범주를 비교하며, ③ 개념과 범주 간의 관계를 볼 수 있게 해 준다. 근거이론의 전략은 연구 상황에 완전한 참여자가 되면서 감당해야 할 압력에도 불구하고, 문화기술지연구자가 탐구하고자 하는 연구에 보다 많이 관여하게 한다. 이러한 의미에서 근거이론은 주변의 장면을 단지 흡수하는 수동적 관찰자라는 실증주의적 지적을 사라지게 한다. 근거이론가는 자신이 관찰할 장면을 선택하고, 그 속에서 자신의 시선 방향을 정한다. 주의 깊고 철저하게 사용한다면, 근거이론방법은 표면 밑을 캐 내고 장면을 파헤치기 위한 체계적인 안내 지침을 제공해 준다. 근거이론방법은 문화기술지연구자가 연구 과정에 초점을 두고, 구조화하며, 조직화하는 것을 도와주기 때문에 연구 과정 전반에 대한 통제력을 유지하는 데 유용하다.

근거이론방법은 묘사를 추상적 범주와 이론적 해석의 수준으로 끌어올림으로써 문화기술지연구를 이론 개발로 옮겨 가게 한다. 과거 문화기술지연구는 자료 수집과 분석을 엄격하게 인위적으로 분리하는 데 어려움을 겪었다. 반면 근거이론방법은 경험적 세계를 연구하는 데 개방종결적 접근을 유지하면서도, 자료 수집과 분석 모두에 대해 체계적인 점검이 가능하도록 되어 있어서 문화기술지연구에 엄밀성을 더해 준다. 근거이론의 논리는 자료로 돌아갔다가 분석으로 나아가는 것을 포함한다. 그 결과 근거이론연구자는 추가적인 자료를 수집하고, 출현한 이론적 틀을 수정하기 위해 현장으로 돌아간다. 이러한 논리는 문화기술지가 안고 있는 몇 가지 문제—① 연구 참여자의 관점을 무비판적으로 수용한다는 비난, ② 현장 상황에 대해 장기간에 걸친 초점 없는 관여, ③ 추상적이고 무작위적인 자료 수집, ④ 소속 학문stock disciplinary의 범주에 대한 의존—를 극복하게 한다.

자료의 깊이가 지나치게 얄팍하고, 초점이 불분명하게 되면, 문화기술지연구자는 자신이 기존에 가지고 있던 학문적 개념 뭉치로 회귀하고 싶은 유혹을 느낀다. 반면 근거이론은 신선한 시각을 촉발하고, 흥미로운 범주와 개념을 만들도록 한다. 이것이 근거이론방법의 강점이자 핵심이다. 또한 자료와 분석 간의 이동이 자유롭기 때문에 문제가 생겼을 때 당황하지 않을 수 있고, 분석을 지연시키지 않을 수 있다(Coffey & Atkinson, 1996 참조). 당혹감과 지연은 연구자가 방향성 없이 자료를 수집할 때 종종 일어나는 일이다.

제한된 자료와 '즉각적' 이론화instant theorizing[3]라는 현재의 흐름은 근거이

---

3. 근거이론연구는 위험하고 결핍된 자료로 분석을 구축한다는 비난을 받았다(Lofland & Lofland, 1984). 크레스웰(Creswell, 1998)은 근거이론이 주로 면접의 제한된 횟수(20~30회)의 기반한 것으로 보았다. 하지만 그는 소규모 표본을 사용하는 것을 문제 삼지는 않았다. 자료 및 분석의 질과 목적에 따라, 제한된 표본이 충분할 수도 있다. 하지만 학위논문이나 중요한 연구에서 면접이 자료의 유일한 원천

론과 오랫동안 연관되어 왔고, 지금은 문화기술지를 포함해 다른 방법에서도 받아들이고 있다. 경쟁력 있는 문화기술지연구는 시간과 헌신을 요구한다. 근거이론이 과도한 작업을 가지 쳐 주긴 하지만, 핵심적 과업은 여전히 수행되어야만 한다. 풍부한 문화기술지 자료를 수집한다는 것은 연구하고자 하는 현상에 참여하면서 시작된다는 것을 뜻한다—참여 말이다!

연구자가 연구 상황에 가져오는 것 중 대부분은 연구자가 만들어 낼 수 있다. 초심자는 열정과 개방적 태도를 지니는 경우가 많다. 몇몇 숙련된 문화기술지연구자는 학문적 아이디어와 절차에 너무 경도된 나머지 그것을 넘어서는 데 어려움을 겪는다. 어떤 문화기술지연구자의 경우, 탐구하고자 하는 영역을 명료하게 이해하지 못한 채 의미를 부여하기도 하며, 심지어 그곳과 관계를 맺지 않은 채 그러하기도 한다. 초심자는 혼돈 상태에서 헤맬지도 모른다. 이러한 경우 몇 가지의 지침이 혼돈floundering을 융성함flourishing으로 바꿀 수 있다. 미첼Mitchell(Charmaz & Mitchell, 2001)은 학생이 약간의 도움을 받아서 유능한 연구자로 성장하는 것을 목격하였다. 미첼은 학생에게 행위와 행위자를 조사하도록 요구하였고, 그들에게 번뜩이는 아이디어를 불러올지 모를 질문을 다음과 같이 제시하였다. 아마도 여러분도 연구 상황에서 사건을 바라보는 데 도움이 되는 몇 가지 질문을 찾아낼지 모르겠다. 만약 그렇다면 그것을 사용하되, 연구 상황에서 가장 먼저 관찰한 것을 따라가도록 하라. 미첼의 질문은 탐구를 촉발하는 데 사용할 수 있지만, 공식처럼 대입시키지는 말아야 한다.

- 어떤 상황에서 행위가 일어나는가? 언제, 어떻게 행위가 일어나고 있

일 때는 더 많은 수의 면접이 필요하다. 자료 수집을 단축하려는 경향은 모든 종류의 방법—문화기술지를 포함해—에 확산되고 있다. 쉬나이더(Schneider, 1997)가 주장한 바처럼 이론화를 위한 돌진rush to theorizing은 특정한 연구상의 문제를 넘어서는 것으로 이론과 연구 모두에 피해를 주는 다분히 정치적이며 연구 경력과 관련된 결정을 반영하고 있다.

는가?

- 무슨 일이 일어나고 있는가? 연구하고자 하는 전반적인 활동—즉, 참여자가 스스로 조직하고 있으며 상대적으로 장기간에 걸쳐 일어나는 행동—은 무엇인가? 이러한 활동을 구성하는 구체적인 행위는 무엇인가?

- 이와 같은 국지적 영역locale에서 시공간에 따라 참여자는 어떻게 분포하고 있는가?

- 행위자(연구 참여자)는 어떻게 조직화되어 있는가? 어떠한 조직이 활동에 영향을 미치고, 관장하며, 규제 또는 촉진하고 있는가?

- 소속원은 어떻게 층화되고 있는가? 책임자는 누구인가? 활동에 따라 책임자가 달라지는가? 소속원 자격은 어떠한 방식으로 얻어지고 유지되는가?

- 행위자의 관심사는 무엇인가? 이들이 중요하게 여기며, 몰입하고 있는 결정적인 관심사는 무엇인가?

- 다른 사람이 관심을 둘 수 있는 것에 대해 참여자가 무시하는 것은 무엇인가?

- 행위자가 자신의 세계와 참여자 및 과정, 자신이 만나는 대상과 사건을 이해하도록 촉구하는 상징은 무엇인가? 행위자가 대상, 사건, 사람, 역할, 상황, 장비에 대해 부여한 이름은 무엇인가?

- 행위자가 사용하는 실행 방법, 기술, 계획, 운용 방법은 무엇인가?

- 행위자가 자신의 참여를 설명하기 위해 사용하는 이론, 동기, 변명, 정당화 등은 무엇인가? 외부 연구자에게 설명하는 방식이 아니라, 서로 간에 자신이 무엇을 행하고 있으며 왜 그러한 일을 행하는지에 대해 어떻게 설명하고 있는가?

- 행위자가 추구하는 목적은 무엇인가? 어떠한 행위가 행위자의 관점에서 훌륭하게 또는 빈약하게 수행된 적은 언제인가? 그들은 행위를 어떻게 판단하는가? 어떠한 기준에 근거하고 있으며, 그 기준은 누가 개발

하고 적용한 것인가?

- 다양한 행위자는 자신의 참여에 따른 보상으로 무엇을 받는가(Charmaz & Mitchell, 2001: 63)?[4]

문화기술지연구자라면 맥락과 내용, 의미와 행위, 구조와 행위자에 대해 깨달아 갈 때 위의 질문을 떠올리게 될 것이다. 근거이론은 문화기술지연구자가 현장에서 출현하는 탐구 주제에 대해 연구를 신속하게 수행할 수 있게 해 준다. 근거이론의 전략은 이런 것이다. '자료를 찾으라. 관찰한 사건을 묘사하라. 일어나고 있는 일에 대한 근본적인 질문에 답하라. 그런 다음 그것을 이해하기 위한 이론적 범주를 개발하라.' 이러한 접근은 근거이론연구의 약점을 보완해 줄 수 있으며, 특히 현장 연구자가 얻어낸 하나의 설명에 의존하는 경우 더욱 그렇다. 사람들이 서로에게 자신의 행위를 설명하는 방식과 면접자에게 대답하는 진술은 동일하지 않을 수 있다. 심지어 연구 참여자가 전하는 가장 중요한 설명이 그들 간의 묵시적인 이해로 이루어질 경우도 있다. 그러한 경우, 참여자는 자기끼리 중요한 설명을 소리내어 설명하는 경우는 드물 것이고, 더군다나 관련 없는 외부인에게는 더욱 그렇다.

이해란 대개 사회적 행위자가 서로 공유하고 있는 세계에 참여자가 근접해 가면서 생겨난다(Prus, 1996). 쉽게 말해, 연구자가 어떠한 경험을 연구 참여자와 함께 공유해야 한다는 것을 의미하는데, 그렇다고 모든 관점을 연구자가 반드시 공유할 필요는 없다. 버그슨은 "철학자는 사물을 알아 가는 두 가지 방법 사이에 심대한 차이점이 있다는 데 동의한다. 하나는 사물의 모든 둘레를 에워싸는 방식이고, 다른 하나는 그 안으로 들어가는 것이다."라고 말하였다(Bergson, 1903: 1). 문화기술지연구자는 바로 두 번째 방식으로 탐색한다. 근거이론연구는 종종 대상의 주변을 에워싸기도 한다. 이러한 방

---

4. 이 질문은 미첼(1991)이 제시한 보다 긴 질문 목록에서 수정한 것이다.

법은 연구 대상에 대한 지도를 외부에서 만들어 낼 수도 있지만, 그 안으로 들어서지는 못할 수 있다. 물론 이러한 연구를 통해서 현상을 다양한 지점과 입장에서 바라볼 수는 있다(예를 들어, Glaser & Strauss, 1965, 1968). 이에 반해 근거이론 문화기술지연구자는 해석학적으로 다듬기 위해 경험 속으로 깊숙이 들어갈 수 있다(예를 들어, Baszanger, 1998; Casper, 1998; Timmermans, 1999).

집중 면접

면접에서의 대화

집중 면접Intensive Interviewing은 다양한 형태의 질적연구가 오랫동안 유용하게 사용해 온 자료 수집방법이다. 본질적으로 면접은 어떠한 방향을 갖는 대화다(Lofland & Lofland, 1984, 1995). 집중 면접은 특정한 주제나 경험을 심층적으로 탐색할 수 있기에 해석적 연구를 위한 유용한 도구다. 반면 이와는 다른 형태인 정보 수집을 위한 면접informational interviewing도 근거이론연구에서, 특히 객관주의적 관점을 갖는 연구에서 활용할 수 있다(Hermes, 1995 참조).

집중 면접이 갖는 심층적 본질은 자신의 경험에 대한 참여자 각자의 해석을 추출해 내는 것이다. 면접자는 주제를 이해하려고 하고, 연구 참여자는 그 주제를 설명해 줄 수 있는 경험이 있다(Fontana & Frey, 1994; Seidman, 1997). 따라서 면접자는 참여자가 일상생활에서는 거의 접하지 않는 방식으로 자신의 경험을 묘사하거나 성찰하도록 질문을 던진다. 면접자는 그들의 말을 경청하고, 민감하게 관찰

> 면접은 방향을 갖는 대화다(Lofland & Lofland, 1984, 1995). 집중 면접은 관련된 경험이 있는 사람과의 면접을 통해 특정한 주제를 심층적으로 탐색할 수 있게 한다.

하며, 참여자가 대답하도록 격려한다. 따라서 이러한 유형의 대화에서 참여자는 대화의 많은 부분을 차지하게 된다.

근거이론연구를 위해 광범위하고 개방종결 형태를 갖춘 질문을 몇 가지 개발하도록 하라. 그런 다음 주제에 대한 섬세한 논의를 이끌어 내도록 면접 질문을 초점화할 수 있다. 개방종결 형태이며 비심판적인 질문을 통해 기대하지 않았던 진술과 이야기가 나올 수 있다. 질문 구성과 면접 수행의 방식을 어떻게 조합하느냐에 따라, 개방종결형의 면접을 수행하면서도 의미 있는 진술로 초점을 맞추어 나갈 수 있는 적절한 균형에 도달하는 정도가 달라진다.

집중 면접은 느슨하게 이끌어지는 주제 탐색에서 반구조화된 초점 질문까지 범위가 다양하다. 집중 면접은 비록 대화의 형태를 띠지만 그와는 상이한 예의를 따른다. 연구자는 일상적 대화에서보다 더 많은 관심을 표현해야 하고 더 많은 것을 알고 싶어 해야 한다. 일상적 대화에서는—심지어 친한 사이에서도—물어보기 무례하거나 겉치레로 동의하는 것도 탐색할 거리가 된다. 연구 참여자는 종종 주제에 대한 성찰을 이끌어 내는 질문을 면접자가 던져 주기를 기대한다. "네, 그렇죠."라는 추임새를 읊조리거나, 의미를 자동적으로 공유한다는 듯이 고개를 끄덕이기보다는 "흥미롭네요. 그 부분에 대해 좀 더 말해 주세요."라고 말하는 것이 낫다. 면접자로서 연구자가 전달하는 언급과 질문은 연구 참여자가 자신의 의도와 의미를 정교화하는 데 도움이 된다. 면접이 진행되면서 정확한 정보를 얻고, 연구 참여자의 경험과 성찰을 알아내기 위해 보다 명확하고 세밀한 부분을 요청할 수 있다. 일상적 대화와 달리, 면접자는 대화를 전환할 수 있고 직관을 따를 수도 있다. 면접이 일상적 대화의 표면 밑으로 들어가면서 과거의 사건, 관점, 감정을 새롭게 검토할 수 있다.

집중 면접을 통해 면접자에게 허용되는 사항은 다음과 같다.

- 묘사된 경험의 표면 밑으로 들어가기
- 진술이나 주제를 탐색하기 위해 멈추기
- 보다 상세한 묘사나 설명 요청하기
- 참여자의 생각, 감정, 행위에 대해 물어보기
- 참여자를 연구 대상으로 놓기
- 이전의 지점으로 돌아가기
- 정확한 확인을 위해 참여자의 관점을 재진술하기
- 진행의 보폭을 느리게 또는 빠르게 하기
- 즉각적인 주제로 이동하기
- 참여자의 인간성, 관점, 행위를 정당화하기
- 논의를 추가하기 위해 관찰 및 사회적 기술 사용하기
- 참여자를 존중하고 참여에 대한 감사의 뜻 표현하기

이제 이러한 권리를 일상생활에서의 자기개방과 비교해 보자. 일상적 대화는 경청하되 명확함을 위해 물어보지 않는다는 규칙이 있다. 또한 말하는 사람에게 동의하되—최소한 묵시적으로—의심하지 않으며, 이전의 지점을 탐색하기 위해 멈추기보다는 상대방이 대화의 흐름을 이끌어 가게 내버려 둔다. 아울러 이야기를 듣지만 그 사람의 말을 포착했는지 확인하기 위해 자신의 말로 반복하지는 않는다. 예를 들어, 친구와 긴 이야기를 나누는 상황을 생각해 보라. 일상적 대화에서 친구의 이야기에 담겨진 복잡한 상황을 요약 및 정리한 다음, "내가 이 일을 제대로 받아들였는지 확인해 보자."라는 식으로 말하는 것은 상상하기 힘든 일이다.

연구 참여자 또한 배타적 특권을 면접에서 행사할 수 있다. 집중 면접이 연구 참여자에게 허용하는 권리는 다음과 같다.

- 침묵을 깨거나 자신의 관점 표현하기

- 자신의 이야기를 말하고 그에 대해 일관된 틀 부여하기
- 이전 사건에 대해 성찰하기
- 전문가 되기
- 무엇을 말하고 어떻게 말할지 선택하기
- 의미 있는 경험을 공유하고, 그것을 해석하는 방법을 면접자에게 가르쳐 주기
- 다른 관계나 상황에서는 허용되지 않는 생각과 감정 표현하기
- 확인과 이해 받기

면접에서의 협상

면접은 맥락적이며 협상의 산물이다. 참여자가 아무런 간섭 없이 자신의 관심사를 설명하든 혹은 연구자가 특정한 정보를 요청하든 면접의 결과물은 어떠한 실체에 대한 구성물 또는 재구성물이다. 면접에서 이루어진 이야기는 이전의 실체를 재생한 것이 아니다(Murphy & Dingwall, 2003; Silverman, 2000). 그보다 면접에서 이루어진 이야기는 어떠한 목적을 위해 특별한 관점에 기반한 설명을 전해 주는 것이며, 여기에는 면접 중에 암묵적인 대화의 규칙을 따라야 한다는 전제를 포함한다.

중립적인 질문이 중립적인 면접을 의미하지는 않는다. 사실 면접은 면접자와 연구 참여자가 면접에 가져오는 것, 면접 중의 인상, 면접을 통해 구성되는 관계를 반영한다. 면접자는 참여자가 면접자를 인식하는 방식에 맞춰 나가야 한다. 아울러 두 사람의 과거와 현재의 정체성이 상호작용의 특성과 내용에 영향을 미치는 방식에도 맞추어져야 한다. 현재와 함께 과거 역시 면접 과정과 그 논의에 대한 참여자의 암묵적인 질문과 협상을 알려 준다. 연구 참여자는 면접자를 살펴보고, 상황을 평가한다. 그리고 현재에 대한 평가와 지금까지의 지식에 기반해 행동하는데, 종종 자신이 당연하게 여기는 방

식으로 행동한다. 위기를 경험한 사람은 무엇을 말해야 하고, 어느 정도의 깊이만큼 파고들 것인지 면접자에게서 방향을 얻어 내고 싶어 한다. 참여자의 관심사와 취약함에 대해 민감해지면서 면접자는 추가적으로 캐물어 보아야 할 지점을 언제 탐색하고, 얼마나 깊이 있게 들어갈지를 알게 된다.

면접을 통해 권력과 지위의 상대적인 차이가 드러나고 그 차이에 따라 면접이 수행된다. 권력이 있는 사람은 면접 상황을 장악하려 하며, 자신의 용어로 주제에 접근하기 위해 면접 질문을 전환시키고, 면접의 시점, 진행 속도, 시간 등을 통제하려 한다. 권력이 강하거나 반대로 권한이 박탈된 개인 모두 연구 결과가 활용될 방식뿐만 아니라 면접자, 연구 후원기관, 연구 목적 등에 대해서 불신할 수 있다. 전문직 종사자의 경우, 면접을 통해 자신의 개인적인 관점보다는 공식적인 홍보 문구로 들리는 말을 읊조릴지 모른다. 이는 그들의 경험을 충분히 설명하지 못할 것이다. 옹호가 필요한 클라이언트는 면접자가 공무원이나 변호사를 대변하는지 알아보려는 암묵적이거나 명시적인 질문을 던질지 모르며, 면접자의 충성도를 시험해 보려 한다.

성, 인종, 연령은 권력과 전문적 지위 못지않게 면접의 방향과 내용에 영향을 미칠 수 있다. 남자는 보통 집중 면접을 껄끄럽게 여기는데, 그 이유는 면접이 일대일의 관계에서 이루어지고, 상호작용의 통제권이 모호하며, 자기 개방을 요구하기에 공적 페르소나public persona의 상실이라는 위험을 감수해야 하기 때문이다(Shwalbe & Wolkomir, 2002). 장애나 이혼을 다루는 면접의 경우, 남자는 자신의 남성주의적 주장이 도전받기 때문에 면접에 대해 느끼는 잠재적인 불편함이 고조될 수 있다. 이와 관련하여 테리 에어른델(Arendell, 1997)은 남자와 수행한 면접에서 이혼에 대한 초점이 미묘하게 옮겨 가는 것을 관찰한 바 있다. 면접에 참여한 남편은 남자로서의 정체성에 대해 주요한 관심을 드러냈으며, 그들이 면접에서 털어놓은 진술은 남성성에 대한 초담론적 입장을 취하고 있었다. 겉으로 드러나는 인상을 관리하기 위해 두터운 벽 뒤에 자신의 감정을 숨기는 남성은 면접에 응하지 않으려 할 것이다. 또한 직접적으로 질문에 대응하기보다는 교묘하게 빠져나가려 할 수도 있다. 에어른델이 발견한 바와 같이, 이떤 남성은 면접을 통해 싱별 관계를 재연하거나 과장되게 표현할 수 있다.

반면, 여성과의 면접은 다른 형태의 딜레마를 가져온다. 특히 면접자가 남자일 경우 성에 따른 역동성이 면접에 개입될 수 있다. 면접자와 참여자가 모두 여성일 경우에는 계급, 연령, 인종, 민족의 차이가 면접의 진행 방식에 영향을 미칠 수 있다. 그럼에도 다양한 배경을 가진 여성이 민감한 주제를 다루는 면접에 스스로 참여하는 경우가 많다. 그 경우 여성이 보이는 반응의 질은 면접 주제에 대해 다른 사람이 침묵할 때 다양하게 나타난다. 그들의 반응은 깨우침, 심리적 구원cathartic, 계시revelatory부터 불편함, 고통, 당혹감에 이르기까지 다양하다. 면접자가 가진 기술과 함께 참여자의 삶이 처한 상황, 면접 주제와 그 의미 등은 여성이 면접을 경험하는 방식에 영향을 미친다(Reinhartz & Chase, 2001).

이상에서 살펴본 것처럼, 인종, 계급, 성, 연령, 이념 등에서 나타나는 면접자와 참여자 간의 차이는 면접 중 일어나는 일에 영향을 미칠 수 있다. 따라서 그들이 갖는 지위 속성을 면접 주제와 관련지어 바라보아야 한다. 남성 참여자는 사적인 경험에 대해서는 여성과 대화하기를 선호할 수 있지만, 일과 관련된 삶에 대해서는 한 수 가르쳐 줄 수 있는 젊은 남성 면접자를 좋아할 수 있다. 이와 유사하게 나이든 참여자는 노년기의 성 문제에 대해서 중노년의 면접자는 기꺼이 응하겠지만 젊은 면접자는 꺼릴 것이다.

면접에서 유연성을 최대한 활용할 수 있는 방법에 대해 고민해 보라. 근거이론방법은 문화기술지와 면접방법 모두를 사용해 볼 것을 추천한다. 연구자는 어떠한 주제를 연구하기 위해 관찰에서 시작하고, 분석을 수행하면서 보다 초점 잡힌 질문으로 참여자에게 되돌아갈 수 있다.

집중 면접과 근거이론의 부합

집중적인 질적 면접은 근거이론과 특별히 잘 부합된다. 근거이론방법과 집중 면접 모두 개방종결적이지만 방향을 가지고 있으며, 형태는 갖추고 있으나 출현적이고, 진행의 속도를 정하지만 제약은 받지 않는다는 공통점이 있다. 연구자가 집중 면접을 유일한 방법으로 선택하는 경우가 종종 있지만, 관찰, 조사, 연구 참여자 진술문 등과 같은 다른 방법과 보완될 수 있다.

면접방법은 문화기술지나 텍스트 분석과 같은 다른 방법에 비해 자료를 구성하는 데 더 직접적인 통제권이 있다. 근거이론방법에서 연구자는 자료 수집 및 분석에 대한 통제권이 있어야 하며, 이는 다시 연구자에게 구성한 재료에 대해 보다 많은 분석적 통제력을 부여한다. 질적 면접을 통해 피면접자는 자신이 실제 경험한 삶의 한 측면에 대해 개방종결적이고 심층적인 탐색을 하게 되는데, 이는 종종 상당한 통찰과 결합되어 이루어진다. 면접을 통해 연구자는 피면접자의 주관적 세계에 대한 관점을 추출할 수 있다. 면접자는 관련 주제를 세밀하게 기술하고, 질문을 끌어 내어 참여자 관점의 윤곽을 그려 나간다. 면접은 유연하고, 출현적인 기법이다. 아이디어와 쟁점이 면접 도중에 출현하고, 면접자는 즉각적으로 이러한 단서를 좇아갈 수 있다.

근거이론방법은 심층 면접과 유사한 형태의 유연성에 의존한다. 근거이론가는 연구를 시작하면서부터 무슨 일이 일어나고 있는지를 깨달아 가는 것을 목적으로 삼는다. 그러한 깨달음을 얻으려는 노력은 현장에서 일어나는 일에 대해 선입견을 따라가려는 경향을 교정하게 도와준다. 면접을 통해 주제를 발굴하고 좇아갈 뿐만 아니라 자료를 조사하여 아이디어를 찾는다. 그런 다음 현장으로 돌아가 분석적 질문의 답을 찾기 위해, 그리고 개념의 틈새를 메꾸기 위해 초점화된 자료를 수집한다. 따라서 심층 면접의 기법에 내재한 유연성과 통제력을 결합하는 방식은 분석 결과의 정밀함을 증가시키려는 근거이론 전략과 부합한다. 다만 근거이론의 면접은 이론틀을 개발하기 위한 구체적 자료를 얻는 것으로 면접 주제의 범위를 한정한다는 점에서 심층 면접과 상이하다.

면접 수행하기

근거이론연구를 위한 면접을 어떻게 수행해야 할까? 만약 이야기가 쏟아져 나올 수만 있다면, 첫 번째 질문만으로 충분할 수 있다. 참여자가 이야기하고 싶어 한다면, 수용의 추임새인 "그렇죠uh huhs."나 명료화를 위한 약간의 질문, 언급 정도로도 이야기가 계속 흘러나오게 할 수 있다. 나는 참여자의 성찰을 불러오기 위해 주의 깊게 질문을 선택하고 천천히 물어본다. 면접자는 심문이 아니라 탐색하기 위해 심층 면접을 사용한다(Charmaz, 1991b). 질문의 틀거리를 만들기 위해서는 기술과 연습이 필요하다. 질문은 면접자의 주제를 탐색할 수 있어야 하고, 참여자의 경험에도 부합해야 한다. 〈표 2-1〉에서 제시한 질문은 광범위한 경험을 다루기에 충분히 일반적이면서도 참여자의 구체적인 경험을 뽑아 내고 정교화하는 데도 충분할 정도로 세밀하다.

나는 과정을 연구하는 데 필요한 질문의 틀과 관련하여 몇 가지 질문의 예를 제시하고자 한다. 이러한 질문은 참여자의 관점, 경험한 사건, 행위 등을 깨달아 가는 것을 강조하는 상징적 상호작용주의를 반영하고 있다. 제시한 질문의 예는 개인적 경험을 연구하려는 의도가 있다. 조직이나 사회적 과정에 관한 연구라면, 먼저 집합적으로 이루어진 실천에 대해 질문을 던지고, 그에 대한 개인의 참여와 관점으로 관심을 기울여야 할 것이다.

질문의 예는 단지 참고해야 할 보기에 불과하다. 이 질문을 고려하면서, 몇 가지 개방종결형 질문을 작성해 보도록 하라. 가능한 적은 수의 질문 목록이 되도록 가지치기를 하라. 나는 질문의 예를 모두 물어본 적이 없으며, 한 번의 면접 회기 동안 처음에 작성한 질문 목록을 모두 물어본 적도 거의 없다. 아울러 면접 지침을 들고 면접을 수행한 적도 거의 없다. 나는 비공식적이고 대화의 형태를 띤 면접을 선호하지만, 초심자는 보다 구조화된 형태가 필요할 수 있다. 잘 짜인 개방종결형 질문과 탐침 질문으로 구성된 면접 지침을 가지고 있다면, 연구자는 자신감을 가질 수 있고 피면접자가 말하는 바에 집중할 수 있다. 그렇지만 다음번 질문이 무엇이고 어떻게 물어볼 것인가에 정신을 뺏겨 정작 탐색해야 할 명백한 지점을 놓칠 수도 있다. 그러한 경우, 주제 탐색의 과정을 단절시키는 "귀하는 어쩌구 저쩌구 했나요?"라는 식의 질문만 연달아 물어보게 될 것이다. 최악의 경우, 모든 질문이 심문하는 것처럼 들릴 수도 있다. 탐색을 단절시키고 심문하는 유형의 질문은 집중 면접이 목적하는 바를 달성하지 못하게 한다. 면접에는 기술이 필요하며, 이러한 면접 기술의 수행 방식은 학습이 가능하다.

특정한 참여자를 면접할 때 특별한 고려가 필요한 것처럼, 많은 주제는 특별한 주의를 요한다. 삶의 고통과 낙인을 연구할 경우, 원치 않았던 좌절에 대해 질문할 수 있다. 면접 도중 참여자는 연구에 포함될지는 몰랐지만, 자신이 말하리라곤 상상하지 않았던 고통스러운 이야기를 꺼내기도 한다. 나는 이러한 경우에 유용한 몇 가지 원칙을 따른다.

첫째, 쥐어짜면서 얻는 자료보다 참여자의 평온한 상태가 우선이다. 둘째, 더 캐물어 보아야 할 시점이 언제인지 고도의 주의를 기울인다. 참여자가 자신이 묘사한 사건에서 그 당시의 감정을 재경험하는 것처럼 보일 경우에는 단지 듣고만 있다. 셋째, 참여자의 관점에서 그 경험을 이해하려 하며, 그가 갖는 의미를 인정하고자 한다. 넷째, 긍정적 수준에서 면접을 끝낼 수 있도록 긍정적 반응을 끌어낼 수 있는 질문을 마지막으로 물어본다. 면접자가 대단히 탐색적인 질문을 물어보거나, 참여자가 스트레스를 받고 있는 상황에서 갑작스럽게 면접을 끝내서는 안 된다. 면접을 끝내기 전에 참여자가 평범한 대화 수준으로 돌아가게끔 면접의 리듬과 보폭을 조정해야 한다. 〈표 2-1〉에 이러한 원칙을 예시한 질문이 포함되어 있다.

점차 기관윤리위원회IRBs와 인간대상연구위원회human subject committees는 상세하게 설명된 연구 계획과 완전한 조사 도구를 연구자에게 요구한다. 하지만 상세하고 완전한 연구 계획을 세운다는 것은 일반적인 질적연구, 특히 근거이론방법의 출현적 속성과는 맞지 않는다. 그러다 보니 면접 질문 때문에 연구위원회의 승인을 얻는 데 문제가 발생하기도 한다. 연구 참여자에게 아무런 해로움을 끼치지 않으면서도 면접 과정에서 예상하지 못한 자료가 출현할 수 있을 정도로 개방적이라고 평가자가 확신할 수 있도록 상세한 면접 질문이 위원회에 제출되어야 한다. 이를 위해 심사숙고하여 만든 개방종결형 질문이 유용할 수 있다.

표 2-1 삶의 변화에 대한 근거이론 면접 질문의 예

초기 개방종결형 질문
1. 무슨 일이 일어났는지 (또는 어떻게 된 일인지) 말씀해 주세요.
2. 처음 ___을 경험한 적(또는 알게 된 적)이 언제인가요?
3. (그렇다면) 어땠나요? 그때 무슨 생각을 하셨나요? 어떻게 ___을 하게 됐나요? 당신의 행동에 영향을 준 사람은 누구인가요? 그 사람이 당신에게 어떠한 영향을 주었는지 말씀해 주세요.
4. ___로 이끈 사건에 대해 말씀해 주세요.
5. ___에 기여한 것은 무엇인가요?
6. 그러고 나서 당신의 삶에 무슨 일이 일어났나요? ___이 일어나기 전에 ___에 대해 바라본 방식에 대해 말씀해 주세요. ___이 당신의 관점을 어떻게 변화시켰나요?
7. 그 당시 당신은 어떤 사람이었는지 말씀해 주세요.
중간 단계의 질문
1. 당신이 ___에 대해 알게 된 것은 무엇인가요?
2. 당신이 ___에 대해 깨달았을 당시, 당신의 생각과 감정에 대해 말씀해 주세요.
3. 그 다음에는 무슨 일이 일어났나요?
4. 누가 관련되어 있나요? 그것이 언제인가요? 그들이 어떻게 관련된 것인가요?
5. ___을 다루는 것을 어떻게 깨달았는지 말씀해 주세요.

6. ___ 이후 ___에 대한 당신의 생각과 감정이 어떻게 변화되었나요?

7. ___ 이후 당신의 삶(또는 ___)에 어떠한 긍정적 변화가 일어났나요?

8. ___ 이후 당신의 삶(또는 ___)에 어떠한 부정적인 변화가 일어났나요?

9. ___에 대해 당신이 어떻게 했는지 말씀해 주세요. 무슨 일을 했나요?

10. 당신이 ___일 때 가장 전형적인 날에 대해 말씀해 주실 수 있나요? (다른 시점에 대해서도 탐침할 것) 이제 당신이 ___일 때 전형적인 날에 대해 말씀해 주세요.

11. 현재 당신이 어떤 사람인지에 대해 말씀해 주세요. 이러한 변화(또는 계속하게 된 것)의 가장 중요한 계기는 무엇인가요?

12. ___를 뒤돌아볼 때, 마음속에 새겨 둔 다른 사건이 있나요? 그것(각각)에 대해 말씀해 주실 수 있나요? 그 일에 이 사건이 어떻게 영향을 미쳤나요? ___(그 사건, 그에 따른 상황)에 대해 어떻게 반응했나요?

13. ___를 경험하면서 깨닫게 된 가장 중요한 교훈을 말씀해 주실 수 있나요?

14. 지난 2년 동안(경우에 따라 적절히 5년, 10년) 자신이 어디에 있는 것을 보았습니까? 그 때 당신이 되고 싶었던 사람에 대해 말씀해 주세요. 당신이 되고 싶었던 사람과 현재 당신의 모습을 어떻게 비교할 수 있을까요?

15. ___를 관리하는 데 도움이 되는 것은 무엇인가요? 당신이 부딪힐 수 있는 문제는 무엇입니까? 이러한 문제의 근원에 대해 말씀해 주세요.

16. 이 시기 동안 당신에게 가장 유용했던 사람은 누구인가요? 그들은 어떤 도움을 주었나요?

17. 어느 조직이 유용했던가요? ___이 무엇을 도와주었나요? 얼마나 도움이 되었나요?

종결 질문

1. ___에서 가장 중요한 방법은 무엇이라 생각합니까? 그 방법을 어떻게 발견했습니까? (또는 만들어 냈습니까?) ___이 당신이 다루는 방식에 영향을 미치기 전에는 어떤 경험을 했습니까?

2. ___를 해 본 이후 당신의 관점(주제와 이전의 반응에 따른 행위)이 어떻게 변했는지 말씀해 주세요.

3. ___ 이후 어떻게 성장했나요? ___를 통해 발견했거나 발전된 강점에 대해 말씀해 주세요.

4. 이런 경험을 한 후, ___했다는 것을 막 알게 된 사람에게 줄 수 있는 조언은 어떤 것인가요?

5. 면접을 통해 이전에는 생각해 보지 못한 것이 있었나요?

6.   제가 잘 이해하기 위해 좀 더 알아야 할 것이 또 있을까요?
7.   저에게 물어보고 싶은 것이 있습니까?

〈표 2-1〉의 질문은 다소 중복되지만 이는 의도적이다. 보다 많은 정보를 얻고, 불필요하거나 불편해할 수 있는 질문을 뛰어넘기 위해 앞 단계의 질문으로 돌아갈 수 있다. 녹음기를 사용한다면 연구 참여자와 눈맞춤을 해나가며 완전하게 면접에 집중할 수 있고, 상세한 자료를 얻을 수 있다. 면접 동안 연구자나 참여자의 주의를 빼앗지만 않는다면 핵심 사항을 기록하는 것도 유용하다. 기록은 연구자가 돌아가야 할 이전의 지점을 상기시켜 주고, 이후 물어보아야 할 질문 방식을 구성하게 도와준다.

연구자는 면접 자료를 선입견에 기반한 범주에 끼워 맞추는 것에 맞서야 한다(Glaser, 1978). 면접은 의미 있는 질문을 물어보는 것과 반응을 강요하는 것forcing responses 간에 균형을 잡아야 한다―특히 다른 형태의 질적 자료 수집보다 훨씬 그러하다. 면접자의 질문과 면접 방식은 연구의 맥락, 틀, 내용에 영향을 미친다. 그 결과, 미숙한 연구자는 별다른 생각 없이 면접 자료를 선입견에 기반한 범주에 끼워 맞추게 된다. 잘못된 질문을 하는 것도 그렇지만, 면접자가 질문을 제시하고, 강조하고, 진행 보폭을 결정하는 방식 모두가 자료를 강제하는 결과를 가져온다. 잘못된 질문은 중심축에 위치한 문제를 탐색하거나 참여자의 경험을 그들의 언어로 추출하지 못하게 한다. 또한 이러한 질문은 연구자의 개념, 관심사, 참여자가 가지고 있는 실재에 대한 담론을 처음부터 부여할 수 있다. 녹음한 면접을 풀어써 보면, 연구자의 질문이 얼마나 적절치 못하고 자료를 끼워 맞추려 한다는 것을 쉽게 알 수 있다. 관련되지 않거나 추상적이고 강제된 질문이 자료 수집에 영향을 미치면, 이후의 분석이 고생스럽다. 따라서 연구자는 질문의 본질에 대해, 또한 그 질문이 특정한 참여자와 생성 초기에 있는 근거이론에 잘 부합되는 것인지 지속적으로 성찰할 필요가 있다.

면접과 구체적 질문의 초점은 면접자가 구성주의 또는 객관주의 접근 중 어느 쪽을 더 많이 택하느냐에 따라 달라진다. 구성주의자는 참여자의 용어, 상황, 사건에 대한 정의를 도출하는 것을 강조하고, 자신이 가지고 있는 가정, 함축적 의미, 묵시적 규칙을 다루어 보고자 한다. 객관주의자는 연대기, 사건, 상황, 행동에 대한 정보를 얻는 데 관심을 둔다. 그러므로 글레이저(Glaser, 1978)의 근거이론방법은 스트라우스와 코빈(Strauss & Gorbin, 1990, 1998)의 접근과는 다른 질문을 만들어 내게 된다.

연구자는 보다 일상적인 언어 수준에서 면접 질문으로 끌고 오는 가정과 관점에 대해 인식할 필요가 있다. 다음의 질문을 고려해 보라.

• 당신이 처한 상황에서 스트레스 요인에 대해 말씀해 주세요.
• 스트레스 요인을 다루기 위해 어떠한 대처 기법을 사용하나요?

면접자가 어느 지점에서 참여자에게 이들 용어를 정의하도록 요청한다면, 이러한 질문은 '스트레스 요인' '대처기법'이라는 용어를 일상적 언어로 사용하는 간호사와 같은 연구 참여자 표본에는 잘 맞을 수 있다. 반면 '스트레스 요인'이라는 용어는 요양보호시설의 노인환자에게는 생소할 수 있다. 이들이 스트레스의 원천을 확인하고, 그것을 다루기 위해 어떠한 명시적인 기법을 생각했다고 보기는 힘들기 때문이다. 그러므로 참여자의 언어, 의미, 삶에 대해 주의를 기울이는 것이 중요하다.

숙련된 면접자처럼 근거이론 면접자는 면접에 적극적이어야 하며, 흥미로운 단서를 주시해야 한다(Gorden, 1987; Gubrium & Holstein, 2001; Holstein & Gubrium, 1995; Rubin & Rubin, 1995; Seidman, 1998 참조). 면접이 상식적인 이야기와 그에 따른 새로운 것이라고는 전혀 없는 자명하고 낮은 수준의 범주에 머물지 않으려면 올바른 면접 전략이 필요하다. 유능한 면접자라면 풍부한 재료를 얻기 위해 질문을 만들고, 동시에 선입견에 기반한 개념을 부여하지 않도록 노력해야 한다. 개방종결형 질문을 유지하는 것이 대단히 유용하다. 예를 들어, 참여자가 '좋은 날good day'과 '나쁜 날bad days'처럼 자신의 용어로 특정한 경험을 말할 때가 있는데, 이 경우 면접자는 보다 자세하게 물어볼 수 있다. 그 경우 다음 두 질문이 갖는 차이를 비교해 보라.

- 당신에게 좋은 날이라는 게 어떤 날인지 말씀해 주세요.
- 좋은 날에는 스스로에 대해 더 좋게 느껴지나요?

첫 번째 질문은 참여자의 경험과 개념에 대한 반응의 여지를 열어 두고 있다. 이러한 질문은 참여자가 좋은 날에 대한 자신의 관점을 구성하고 탐색하도록 한다. 두 번째 질문은 더 이상의 논의를 막고 그 대답을 '예' '아니오'로 제한한다. 이러한 질문은 참여자와 면접자가 용어에 대한 정의를 공유하고 있다는 가정하에 물어볼 수 있다.

참여자가 현상을 새롭게 성찰하도록 만들어 주는 면접 질문은 풍부한 자료를 뽑아내게 해 준다. '말씀해 주세요.' '어떻게' '무엇을' '언제'와 같은 단어가 들어간 질문은 자료를 풍부하게 해 주며, 특히 연구자가 '＿＿＿에 대해 더 설명해 주실 수 있나요?'와 같이 대답을 구체화하거나 정교화하기 위한 질문을 함께 사용할 때 더욱 그러하다. '음ums'과 '있잖아요you know'와 같은 말을 찾아본 다음, 그 말이 무엇을 가리키는지 탐색해 보라. 오랜 침묵이 가리키는 것은 무엇일까? 적절한 단어를 찾아내려고 애쓰고 있다는 것을 반영하는 것일까? '있잖아요.'라는 말이 당연시되는 의미를 가리키는 때는 언제일까? '있잖아요.'라는 말이 연구자의 동의를 구하는 때는 언제이고, 응답자가 어떤 경험을 명확하게 표현하려고 애쓰고 있음을 의미하는 때는 언제인가? 나의 연구에서 질병에 대한 응답자의 이야기는 쉴 틈 없이 흘러나왔다. 예를 들어, 다발성 경화증multiple sclerosis*을 앓고 있는 참여자는 이렇게 말했다.

항상 방광염bladder infection에 걸렸어요. 있잖아요, 요양원에서는 방광염이 없어진 것처럼 보였어요. 방광염 없이 이삼 년을 보냈어요. 그런데 요양원을 나오니 내가 다뤄야 할 모든 일이 돼 버렸죠. 방광염요……. 그래서 그냥 방광염을 치료했지요. 무척 스트레스를 받는 일이었고, 그 방광염은 일 년 정도 갔어요. 그리고 아마 또 다른 방광염을 앓게 됐는데, 그건 열흘 정도 되었어요. 그래서 허리의 통증과 잠자리 자세에 대해선 얼마든지 말할 수 있지요. 그동안 걸린 모든 방광염에 대해서도요. 치료약은 좋은 박테리아도 함께 죽이죠. 그래서 만약 누군가 질염yeast infection을 얻으면 그냥 (병과 보살핌은) 일상적이게 되죠. 그게, 그게 말이죠. 내가 뭔가 처리해야만 한다면, 그게 한 가지죠. 하지만 저는 스트레스가 있는데 내 가족의 스트레스죠. 그리고 진짜 안 좋은 일이 있어요. 그 다음으로 대장이 나빠졌어요. 방광약 때문에 설사병에 걸린 거에요(Charmaz, 1991a: 73).

　　연구자는 좇고 싶은 주제가 있다. 연구 참여자는 해결해야 할 문제, 달성해야 할 목적, 수행해야 할 행위가 있다. 그리고 그들은 이 모든 관심사에 대한 가정, 아이디어, 감정이 있다. 연구 질문과 탐구 방식은 이후의 자료와 분석의 형태에 영향을 미친다. 따라서 자료를 수집하는 이유와 그 방법에 대한 자기인식은 자신의 방식이 갖는 효과성을 평가할 수 있게 해 준다. 참여자에게 해를 입히지 않고 모멸감을 주지 않으면서 풍부하고 유용한 자료를 수집할 때가 언제인지를 깨닫게 해 준다. 근거이론가가 자료 분석뿐만 아니라 자료 수집에 참여할 때 근거이론방법이 가장 잘 작동하는 것은 놀라운 일이

★ 역주) 중추신경계 질환으로 만성 염증성 질환이다. 가장 흔한 증상은 감각 증상(초기 증상)과 운동장애다. 감각 증상은 무감각, 얼얼한 느낌, 화끈거림 등의 이상 감각의 형태로 나타난다. 운동장애는 병적인 증상이 나타난 위치에 따라 반신마비, 하반신마비, 사지마비 등이 다양하게 나타날 수 있다. 이에 따른 배뇨, 배변, 성기능장애도 상대적으로 흔하게 나타난다. 우울증, 기억력장애가 나타날 수 있고, 질환이 진행되면 인지기능장애가 나타난다. 다발성 경화증 환자의 다수가 피로를 호소한다.

아니다. 이 방식을 통해 단지 자료 수집을 위해 고용한 면접원이라면 쉽게 놓칠 수도 있는 의미와 과정의 미묘한 뜻을 탐색할 수 있다.

응답자의 이야기가 쏟아져 나오거나 사람들이 관여된 주요한 과정이 연구자에게 불쑥 나타날 수도 있다. 하지만 응답자가 그렇게 쉽게 나서지 않을 것이고, 주요한 과정도 그리 명백하지 않을 수 있다. 설사 그렇다 할지라도, 응답자의 의도와 행위에서 미세함과 복잡성을 발견하기 위해서는 상당한 작업이 필요하다. 연구자는 명시적인 단어가 아니라 의미로 가득 찬 묵시적 세계로 들어서야 할지 모른다. 예를 들어, 나의 연구에 참여했던 몇몇이 자신

> 연구자는 명시적 단어가 아니라 의미라는 묵시적 세계로 들어서야 할지 모른다.

의 질병을 다른 사람에게 알렸던 일에 대해 말한 적이 있다. 그들은 다른 사람들이 처음에는 동정을 표했지만, 이후 자신을 무심하게 대우하는 것을 눈치챘고, 그 때문에 자신의 사회적 · 인간적 가치가 펌하된 것처럼 느꼈다고 기술했다. 이러한 사안의 의미는 종종 그 사건을 다시 이야기할 때 참여자가 선택한 단어보다는 표현하는 감정을 통해 나타난다.

어떤 주제의 경우, 보다 밀착된 조사와 직접적인 질문으로 충분할 때가 있다. 하지만 주제에 따라서 질문의 방향을 바꾸어야 할 때도 있다. 예를 들어, 사람들이 사용하는 언어에는 시간을 이야기하는 단어가 몇 개 없다. 따라서 내 연구의 참여자가 시간에 대해 보여 주는 태도와 행위 중 대다수는 말하지 않은 채로 있었고, 그들 사이에서는 당연한 것처럼 받아들였다. 하지만 질병에 대한 참여자의 이야기는 종종 시간의 개념에 따라 달라졌고, 경험한 시간이 갖는 함축적인 질에 대해 언급했다. 예를 들어, 앞에서 방광염에 대해 말해 준 여성은 자신의 나날이 갖는 속도와 불공평함에 대해 언급했다. 이러한 영역을 탐색할 계획이라면, 연구자는 관찰 방법을 개발하거나 연관된 반응을 끌어낼 수 있는 질문을 구성하려 노력해야 한다. 예컨대, 나는 "당신에게 전형적인 일주일은 어떤 것인가요?"라는 질문을 해 보았다. 혹시 글레이저(1992)가 선입견에 기반한 질문을 던져 자료를 강제하려 한다고 말할

지도 모르겠다. 사실 나는 삶에서 당연하게 여기는 측면을 탐구하여 자료를 생성해 낸다. 어떠한 수준에서든 연구자는 참여자의 의미, 의도, 행위에 주의를 기울인다. 연구자는 근거이론방법을 사용하여 응집력 있는 분석을 만들어 낼 수 있다. 그렇기에 근거이론방법은 개념적으로 발전된 이론적 진술뿐만 아니라 사실을 확인하는 묘사적 연구에도 유용하다.

　자료에 대한 조사는 연구 참여자의 언어와 의미가 갖는 미묘한 뜻을 깨닫게 한다. 그 결과, 연구자는 자료가 안내하는 방향을 규정하는 법을 배우게

> 자료에 대한 조사는 참여자의 언어와 의미가 갖는 미묘한 뜻을 깨닫게 해 준다.

된다. 면접을 녹음한 테이프를 조사하면서 연구자는 응답자의 느낌과 관점에 면밀한 주의를 기울이게 된다. 참여자가 말하는 바를 반복해서 세심하게 들으면서 연구자의 마음속에 참여자가 살아 있게 된다. 내 수업을 수강한 학생이 이렇게 말한 적이 있다.

> 테이프에 녹음된 면접 자료를 홀로 집에 앉아 옮겨 쓸 때가 되어서야 참여자의 말이 저에게 큰 충격으로 다가왔어요. 이 여성이 저에게 말했던 바를 훨씬 잘 듣고 느낄 수 있었죠. 그러고 나서 깨달은 것이 내가 다음 질문으로 무엇을 할지, 눈맞춤은 잘 하고 있는지, 혹은 녹음이 잘 되도록 큰 목소리로 이야기하고 있는지에만 몰두했었다는 거였어요(Charmaz, 1991b: 393).

　연구자가 응답자의 언어에 주의를 기울인다면 그들의 경험을 연구 질문으로 이어지게 할 수 있다. 그렇게 한다면 그들이 의미하는 바를 가정하기보다는 그 의미를 깨달을 수 있다. 예를 들어, 만성 질환을 앓는 응답자가 '좋은 날'과 '나쁜 날'에 대해 이야기했을 때, 나는 그들이 좋은 날과 나쁜 날에 대해 당연하게 여기는 의미를 파고들어가 더 많은 질문을 던졌다. 나는 이런 질문을 던졌다. "좋은 날이란 어떤 것인가요?" "좋은 날에 어떤 일을 하나

요?" "그 활동을 나쁜 날의 활동과 비교하면 어떤가요?" 등이었다. 그 결과 나는 좋은 날이란 '질병이 최소한으로 자신을 괴롭히고, 마음, 신체, 행위에 대해 최대한의 통제감을 느끼며, 활동에 대해 보다 나은 선택'을 의미한다는 것을 발견하였다(Charmaz, 1991a: 50). 좋은 날의 의미는 또한 시간과 공간의 지평을 확대하고, 그날의 질과 되고 싶었던 자신을 실현하는 것으로 확장하였다. 만약 내가 이러한 용어의 의미에 대해 추가적인 질문을 던지지 않았다면, 아마 그 말이 가지고 있는 구체적인 속성은 암묵적인 것으로 남아 있었을 것이다. 나는 참여자의 언어에 세심한 주의를 기울인 결과, 시간과 자아가 어떻게 연결되는지 보다 짜임새 있고 밀도 있게 이해할 수 있었다.

텍스트 분석

모든 질적연구는 텍스트 분석을 수행한다. 개중에는 연구자가 부분적으로만 형성한 텍스트를 연구하거나, 아니면 다른 출처를 통해 얻은 텍스트를 연구하는 경우도 있다. 추출된 텍스트elicited texts는 연구자의 요청에 따라 연구 참여자가 자료를 만드는 데 관여하게 하므로 자료를 생성하는 수단이 된다. 기존 텍스트extant texts는 연구자가 직접 만들어 내지 못하는 다양한 기록물로 이루어져 있다. 연구자는 다른—때로는 완전히 상이한—목적을 위해 만든 텍스트이지만, 자신의 연구 질문에 대한 답을 찾기 위해 이러한 텍스트를 자료로 처리하기도 한다. 역사적 인물이나 과거에 보낸 편지와 같은 기록 자료는 기존 텍스트의 주요한 원천이다. 추출된 텍스트나 기존 텍스트 모두 일차적 또는 보충적 자료의 원천으로 사용할 수 있다.

텍스트는 그 작성자가 가정하는 바를 객관적 사실인 양 제시하지만, 객관적 사실을 나타내지 않는다(Prior, 2003). 사람들은 어떠한 목적을 위해 텍스트를 구성하고, 사회적 · 경제적 · 역사적 · 문화적 · 상황적 맥락 속에서 텍스트를 구성하기 때문이다. 텍스트는 특별한 담론을 담고 있고, 그 텍스트가 추출한 것이든 기존의 것이든 간에 행동을 기록하고 탐색하며, 설명하거나 정당화하고 예측하는 내용을 제공한다. 예를 들어, 경찰관은 특정한 위반 사항에 대해 기록하고 교통위반딱지를 발부하지만 사소한 위법 행위에 대해서는 기록하지 않는다. 그들의 기록은 공식적 역할을 수행하기 위한 것이지 연구 자료를 제공하기 위한 것은 아니기 때문이다. 담론으로서 텍스트는 특정한 관습을 따르며 내포된 의미를 가정한다. 연구자는 어떠한 텍스트 재료의 양식, 내용, 지향점, 표현 형태를 그 텍스트가 구성하는 보다 큰 담론과 비교할 수 있다. 일반적으로 텍스트는 어떠한 의도를 말해 주며, 의도한—혹은 의도하지 않은—독자층이 있다.

추출된 텍스트

추출된 텍스트는 연구 참여자가 자료를 작성하는 것을 의미한다. 개방종결형 질문을 포함한 우편설문지나 점차 늘고 있는 인터넷 설문이 이러한 텍스트를 만들어 내는 일반적인 원천이다. 더불어 문화기술지연구자와 면접자도 참여자에게 텍스트를 써 달라고 요청할 수 있다. 참여자에게 가족이나 직장의 이력을 기록하거나 개인 일기를 쓰게 하고, 일지를 작성하거나 설문에 응답하기를 요청하는 모든 것을 통해 추출된 텍스트를 만들어 낸다. 출간된 자서전이 그러하듯 추출된 텍스트는 생각하고 행동하는 대상의 사고, 감정, 관심사를 뽑아낼 뿐만 아니라 그 개인에게 영향을 미치는 구조와 문화적 가치에 대한 아이디어를 연구자에게 제공한다. 추출된 텍스트를 다루기 위한 지침은 상세한 지시부터 최소한의 권고 사항까지 다양할 수 있다.

추출된 기록물과 직접 관찰을 대조한다면 사회심리학의 관점에서 예리한 이야기를 끄집어 낼 수도 있다. 예를 들어, 나는 요양보호시설에서 문화기술지연구를 수행하면서 시설에서의 전형적인 날에 대해 거주자의 관점을 알아내고 싶었다. 그래서 회원에게 수요일과 토요일에 무엇을 했는지에 대해 일지를 써 달라고 부탁한 적이 있다. 전형적인 날을 기록한 일지를 수집한 다음, 한 여성이 독서와 글쓰기의 열정이 담긴 두툼한 일정표를 기록했다는 것을 발견하였다. 하지만 일지를 기록한 기간 동안 내가 본 그녀는 대부분 잠자는 모습이었다. 이후 담당 간호사를 통해 이 여성이 삼 년 전의 전형적 날을 기록했다는 것을 알게 되었다(Calkins, 1970). 과거 책을 출간한 적이 있는 작가로서 그녀는 과거의 자신으로 스스로를 확인하고 싶었던 것이지 현재의 모습은 아니었던 것이다. 만약 내가 일지를 수집하지 않았다면, 아마도 나이 들고 병든 사람 중 누군가는 과거에 실재했던 자신의 정체성을 재구성하여 현재의 가상적 정체성을 구성하려 한다는 것을 놓쳤을지 모른다. 이러한 정체성은 자신에 대한 의미와 선호하는 이미지—완전하게 위치한 것은 아닌—를 반영하고 있다. 이와 유사하게 면접응답자도 호감이 가고, 지적이고, 정치적으로 올바른 사람으로 비춰지기를 바라기에 그러한 선호를 반영한 반응을 보일 수 있다. 면접은 그 이야기를 확인해 볼 수 있지만, 텍스트는 불가능하다.

앞의 예에서, 연구자가 시설에 계속 있었기 때문에 관찰된 실재와 기록된 반응 간의 괴리가 일어난 이유를 탐색할 수 있었다. 하지만 익명으로 추출된 텍스트를 썼을 경우 연구자는 그 사람을 확인해 볼 수 있는 다른 자료와 비교할 방법이 없다.

일지, 기록, 일기, 특정한 질문에 대한 서술식 답변과 같은 추출된 텍스트는 일반적인 설문이나 면접과 비교할 때 장점과 단점이 있다. 질문지와 같이 무기명식 추출 텍스트는 꺼릴 수 있는 사안에 대해 솔직한 개방을 이끌어 낼 수 있다. 수치심, 불쾌감, 실패감이라는 위험 요소가 담긴 비밀을 드러낼 수 있다. 연구 참여자는 가족에 대한 과거사, 성생활, 재정 상황, 직장 문제, 개인적 실패, 감정, 실현되지 못한 희망과 꿈을 말로 하기는 꺼릴 수 있지만, 익명으로 그 사안에 관해 쓰는 것에는 응할지 모른다. 참여자는 자신이 원하는 만큼 자신에 관한 것을 어느 정도 쓸 수 있다. 하지만 이러한 접근은 참여자의 글쓰기 기술이나 수행 능력에 달려 있다. 모든 참여자가 충분한 설명을 글로 쓸 수 있는 기술, 편안함, 자신감을 가지지 못하기 때문이다. 그래서 머피와 딩월(Murphy & Dingwall, 2003)은 추출된 텍스트 또한 면접 자료와 닮은 꼴의 자료를 생성한다고 주장한다―그 말이 사실이다. 참여자에게 행정서식, 간이 조사, 관리 계획안, 사소한 탐구 질문 등의 형태보다는 면접 질문을 닮은 형태로 물어볼 때 그에 상응하는 반응을 얻어낼 수 있다. 따라서 추출된 텍스트는 다루어야 할 주제에 대해 참여자가 중요한 이해관계나 관련 경험이 있거나, 해당 질문을 중요하다고 여길 경우에는 적합할 수 있다.

설문지를 구성하는 것과 마찬가지로 추출된 텍스트를 사용하는 연구자는 질문을 물어본 다음에는 그 질문을 수정하거나 다른 말로 바꿀 수 없다. 심지어 나중에 연구 참여자를 면접할 기회가 있더라도, 진술문을 추가하거나 반응을 격려할 수도 질문을 제기할 수도 없다. 만약 연구 참여 및 수행 협약서에 미리 포함시켜 놓았다면, 연구자는 작성자로 파악된 참여자와 추가적인 이야기를 할 수도 있다. 최근 들어 질적연구자는 연구를 보강할 수 있는 다양한 형태의 자료에 접근할 수 있더라도, 그러한 형태의 자료 수집이나 방법을 수행하지 않고, 오히려 개인적인 설명, 편지, 개방종결형 질문지에 대한 응답, 미디어 자료를 사용하는 추세가 늘고 있다.

기존 텍스트

기존 텍스트가 추출된 텍스트와 다른 점은 연구자가 텍스트의 구성에 영향을 미치지 못한다는 점이다. 공공 기록, 정부 보고서, 조직 기록, 대중매체, 문헌, 자서전, 사적인 답변서, 인터넷 게시물, 자료실의 과거 질적 자료 등이 여기에 포함된다. 과거에는 기존 텍스트를 높이 평가했는데, 그 이유는 상대적으로 용이한 활용 가능성, 비간섭적 방법에 의한 자료 수집, 외형적 객관

성 때문이었다.[5]

연구자가 기존 텍스트를 사용할 경우, 흔히 독자는 이러한 테스트가 실재를 반영한다고 믿는다. 기업의 연례 보고서, 지역별 노숙자 분포에 관한 자료, 인종 구성에 대한 인구센서스 자료 등은 '사실'을 보고한 것으로 여겨질 수 있다. 하지만 이들 자료는 각 주제에 관한 공유된 정의shared definitions와 그것을 강제하는 권력을 반영한다. '이윤과 손실'처럼 겉보기에는 구체적인 범주라도 보고서 작성자가 택한 정의가 독자가 생각하는 의미와 다르거나 심지어 모순될 수도 있다.

의료 기록, 경찰 기록, 학교정책 자료 등과 같은 기존 텍스트는 유용한 자료를 제공하지만 심각한 한계도 있다. 예를 들어, 의료보호시설에서 청구 가능한 의료보험 금액를 알고 있는 직원은 의료 기록에 어떤 사항은 빠뜨릴 수도 있다. 요양시설에서 문화기술지연구를 수행하면서 오랜 기간 간호조무사로 일했던 티모시 다이아몬드(Diamond, 1992)가 환자의 의료 기록을 검토한 적이 있다. 그 결과, 의료 기록에서 과거 진료 차트에 기록되지 않은 사건은 지워졌을 뿐만 아니라 간호조무사의 돌봄 활동은 확인할 수 없다는 것을 발견했다. 현장연구를 통해 다이아몬드는 직원이 무엇을 기록하고, 어떻게 기록을 사용하며, 무엇을 남겨 놓는지에 대해 알게 되었다.

기록물의 목적과 목표를 탐색함으로써 그 자료를 특정 관점에 위치시킬 수 있고, 아마도 다른 출처에서 나온 더 많은 자료를 찾아보게 할 것이다. 기존 텍스트는 문화기술지 및 면접방법과 보완적으로 활용할 수 있다. 다음의 질문을 통해 기존 텍스트에서 얻은 정보를 가치 있는 자료로 만들 수 있다.

---

5. 모든 텍스트가 이와 같지는 않다. 가장 중요한 기존 텍스트가 상대적으로 활용하기 어려울 수도 있고, 그것을 발견하는 데 간섭적인 방법이 필요할 수 있기 때문이다. 또한 기존 텍스트를 획득하는 것이 동의서 규칙과 기관윤리위원회 정책을 위반할 수도 있다. 달튼(Dalton, 1959)의 '관리하는 남자Men Who Manager'는 이와 관련된 고전적인 예다. 달튼은 해당 연구의 가치를 믿는 어떤 비서에게서 관리자의 지위별 특성을 확인할 수 있는 비밀기록물을 넘겨받아 연구를 수행했다.

- 그 정보의 범위parameter는 어느 정도인가?
- 이 정보는 어떠한 사실과 누구의 사실에 기반하는가?
- 그 장면에서 해당 정보는 다양한 참여자나 행위자에게 무엇을 의미하는가?
- 그 정보에서 빠져 있는 것은 무엇인가?
- 그 정보의 사실, 기록, 출처에 대한 접근권은 누가 가지고 있는가?
- 그 정보가 의도하고 있는 독자층은 누구인가?
- 특정한 방식으로 정보의 형태를 만들거나 해석하는 것이 누구에게 이득이 되는가?
- 그 정보는 행위에 어떠한 영향을 미치는가?

연구 대상인 어느 조직에서 모든 보고서를 수집했다고 가정해 보자. 이후 조직의 보고서와 현장 관찰 간에 존재하는 뚜렷한 차이점을 발견할지도 모른다. 예를 들어, 실패한 프로젝트를 관리자가 재정의하면서 연례 보고서에는 성공한 프로젝트로 기록하려 한다는 것을 발견할 수 있다. 이러한 중요한 자료는 중심축에 자리 잡으면서 분석이 나아갈 방향을 지시할 수도 있다.

어떤 연구 프로젝트의 경우, 기존 텍스트는 연구자가 수집한 일차 자료와는 독립적인 자료 출처가 있을 수 있다(Reinharz, 1992). 많은 질적연구자는 관련 주제의 배경지식으로 인구학적 자료를 사용한다. 반면 어떤 이는 자기 주장의 틀을 구성하기 위해 기존 텍스트 자료의 취약점을 탐색하기도 한다. 연구 문제를 제공해 줄 수 있는 이전의 자료를 찾는 연구자도 있다. 나는 만성 질환을 겪는 사람의 개인적 경험에 대한 설명, 출간된 자서전 등을 활용한다. 연구자는 이러한 텍스트를 연구자가 오염시키지 않은 객관적 출처의 자료라고 가정하기보다는 또 다른 출처의 자료로 취급하여 분석할 수 있다. 이들 자료를 통해 연구자는 번뜩이는 아이디어를 얻거나, 직관적 추정의 증거를 제공받을 수도 있다. 혹은 초고를 작성한 지 한참 뒤에 어떠한 분석 지점의 강력한 근거를 제공해 주는 텍스트를 만날 수도 있다. 나는 '과거를 재포착하기recapturing the past'라는 범주를 개발한 후, 캐슬린 루이스(Lewis, 1985)에서 홍반성 루프스lupus erythematosus*에 대한 예리한 설명을 우연히 읽게 되었다. 그녀의 진술은 내가 개발한 범주를 지지하고 있었다.

> 나와 내 가족은 서가에 꽂혀 있는 '오래전의 나old me'를 계속 빼내 보고 있었다. 어느 날 그녀가 다시 돌아와 우리가 과거로 돌아갈 수 있기를 바라면서 말이다. 우리는 한숨을 쉬며 그녀를 다시 서가에 꽂아 놓았다. 그녀는 우리의 기억과 희망 속에서만 머물 뿐이었고, 우리는 있는 그대로 현재를 살아가고 받아들이려는 시도를 거부하였다. 언제나 '내일이면 우리는……', 혹은 '어제를 기억하자, 언젠가는……?'만을 바라고 있었다(p. 45).

질적연구자는 종종 보완적인 자료로 텍스트를 사용한다. 문화기술지연구자는 현장 노트에 대부분 의존하지만 소식지, 기록, 보고서를 사용하기도 한다. 현장 노트와 기록물을 비교하면서 말과 행위 간의 상대적 일치도—또는 불일치—에 대한 통찰력을 얻을 수 있다. 문화기술지연구자는 연구 상황에서 일어나는 일을 관찰하고 해당 지역의 문화를 깨달아 간다. 조직의 수사학적 문구와 보고서는 관찰된 세계를 덜 중요한 것으로 보이게 한다. 따라서 이러한 텍스트는 조직의 외형적 이미지와 공언된 목표—대중에게서 좋은

---

* **역주)** 간단히 루프스라고 부르기도 하며, 류마티스 관절염과 같이 류마티스성 질환이다. 그러나 류마티스 관절염과는 달리 관절과 근육뿐만 아니라 피부, 신경조직, 폐, 신장, 심장과 조혈기관 등 온몸의 모든 조직을 공격 대상으로 삼기 때문에 질환의 진행에 대한 예측이 어렵고, 다양한 증상으로 나타나 임상적으로도 진단과 치료에 많은 어려움을 겪고 있다. 대표적인 증상은 다음과 같다. 가슴 통증이 있다. 간혹이라도 숨쉬기가 힘들고, 가쁘고 짧은 호흡을 하게 된다. 최근 감기는 아닌데 미열(37.5℃ 아래의 열)이 있고, 몸 이곳저곳이 쑤신다. 이유 없이 기분이 가라앉고 우울한 감정을 경험했다. 손, 발 등이 감각이 무디다. 근육이 탄력이 떨어지고, 약해지는 느낌이 든다(출처: Wikipedia. 2011. 10. 10. 추출. URL: http://ko.wikipedia.org/wiki/전신_홍반성_루프스).

평판을 얻기 위한 무대 전면의 모습—에 대한 유용한 진술문을 제공할 수 있다. 중요한 독자가 이러한 진술문을 받아들일 때 그 조직은 무대 뒤에 숨겨져 있는 실재와 보다 근본적인 목표—이를 테면, 새로운 성원의 채용, 조직의 생존, 지배력 같은—를 정밀한 점검에서 은폐할 수 있다.

텍스트 조사하기

가능한 한, 연구자는 텍스트를 맥락 속에 자리 잡게 할 필요가 있다. 현재 인터넷 연구는 텍스트 분석의 무한한 가능성을 제공한다—그리고 수없이 많은 방법론적 주제를 제기하기도 한다. 하지만 맥락이 없는 텍스트가 대부분을 차지한다. 자료는 어디에서 왔는가? 누가 이들 자료를 구성하는 데 참여했는가? 저자는 무엇을 의도했는가? 참여자는 가능한 해석을 하기에 충분한 정보를 제공했는가? 그들의 말을 이해하면서 읽기 위해 관련 세계에 대한 충분한 지식이 있는가? 인터넷에서 참여자는 그들의 반응에 담고 있는 구체적인 내용과 함께 기본적 정보로 정의하는 것—연령, 성, 인종, 민족성 및 사회계층—을 바꿔 버릴 수도 있다.

많은 경우 텍스트 분석은 맥락 없이 이루어지거나, 더 나쁘게는 맥락 밖에서 이루어진다. 어떻게 텍스트를 맥락 속에 둘 수 있을까? 그 출발점은 시간, 행위자, 쟁점에 대한 묘사를 제공하는 것이다. 핵심 참여자의 면접과 같이 복수의 방법을 이용하는 것이 도움이 되며, 여러 형태의 기록물을 사용하는 것 역시 유용하다. 다른 텍스트의 뒷 이야기를 전해 주는 텍스트는 분석을 위한 최소한의 사회적 맥락을 제공해 준다. 텍스트 자체의 상세함과 분석의 철저함 모두가 필요하다. 신시아 보가드(Bogard, 2001)는 뉴욕과 워싱턴에서 노숙자를 둘러싼 맥락에 대한 관점과 각 도시에서 일어난 노숙자 권리 주장의 유형을 재구성하기 위해 기록물, 텔레비전 보도물, 학술적 출간물뿐만 아니라 유력 일간지인 뉴욕타임즈와 워싱턴포스트 신문에서 지역 노숙자를 다룬 이야기를 활용하였다. 신문 기사를 객관적인 역사 기록물로 다루기보다는 '사회 문제에 대한 공적 대화에서 드러나는 지배층과 엘리트층의 목소리이자, 그 결과 현실을 구성하는 중요한 지점'으로 바라보았다(2001: 431). 보가드는 옹호자와 반대자의 주장을 강조하면서 이들 주장이 일어나는 출현적 맥락에 대한 분석을 발전시켰다. 보가드는 텍스트에 대한 심층적이고 포괄적인 정밀 검토를 통해 노숙자에 대한 이해와 함께 사람들이 실재에 대해 주장하는 방식을 이해할 수 있었다.

텍스트를 사용하는 주요한 방식은 텍스트를 확증적 근거라기보다는 분석적 정밀 검토analytic scrutiny를 위한 대상으로 여기는 것이다. 기록물과 대화 기록, 비디오 및 사진, 인터넷 게시물과 그림 등은 다른 질적 방법을 통해서는 쉽게 얻을 수 없는 관점, 실천, 사건에 대한 통찰력을 제공해 준다. 그럼에도 모든 텍스트는 생산된 것이다. 이들을 만들어 내는 과정은 모호하고, 가시적이지 않으며, 아마도 알 수 없을 것이다. 텍스트에 대한 밀착 탐구가 유용하다. 텍스트를 다루면서 다음 질문이 떠오를 수 있다.

- 텍스트는 어떻게 만들어졌는가? 누가 만들었는가?
- 텍스트의 명시적인 목적은 무엇인가? 명시되지 않거나 가정하는 목적이 있는가? 어떠한 것인가?
- 텍스트의 저자가 가정하는 바를 텍스트는 어떻게 제시하고 있는가? 그 안에 내재된 의미는 무엇인가? 그 의미는 특정한 사회적 · 역사적 · 조직적 맥락을 어떻게 반영하고 있는가?
- 텍스트의 구조는 어떠한가?
- 그 구조는 말하고자 하는 바를 어떻게 형태 짓고 있는가? 그 구조에서 어떠한 범주를 분간할 수 있는가? 이들 범주에서 무엇을 뽑아낼 수 있는가? 그 범주는 시간이 지남에 따라 이후의 텍스트에서 변화되고 있는가? 어떠한 변화가 이루어지는가?

- 텍스트가 함축하는 맥락적 의미는 무엇인가?
- 그 내용은 실재의 이미지를 어떻게 구성하는가?
- 텍스트는 어떠한 실재를 제시하려고 주장하는가? 텍스트는 그것을 어떻게 제시하고 있는가?
- 텍스트에서 연구자가 알 수 있는 의도하지 않은 정보와 의미는 무엇인가?
- 어떠한 방식으로 언어를 사용하고 있는가?
- 텍스트를 구성하는 데 어떠한 규칙이 지배하고 있는가? 그 규칙을 어떻게 내러티브 안에서 분간해 낼 수 있는가? 이들 규칙은 묵시적 가정과 명시적 의미 모두를 어떻게 반영하고 있는가? 동일한 주제를 다룬 다른 자료와 어떻게 연관될 수 있는가?
- 이야기하는 바가 텍스트에서 언제, 어떻게 출현되는가?
- 텍스트를 어떻게 비교할 수 있는가? 동일한 주제를 다룬 다른 텍스트를 비교하는 것인가? 조직의 연례 보고서와 같이 상이한 시점에 얻어낸 유사한 텍스트를 비교하는 것인가? 동일한 질문에 답한 상이한 작성자를 비교하는 것인가?
- 텍스트를 통해 이득을 얻는 자는 누구인가? 그 이유는 무엇인가?

대부분의 근거이론가는 텍스트의 내용에서 출발한다. 나 또한 텍스트의 구조를 다루면서 구조와 내용 간의 관계를 함께 다룬다. 텍스트 자료를 분석하는 근거이론은 텍스트의 내용과 형태, 텍스트를 쓰는 사람과 읽는 사람, 텍스트를 만드는 것과 보여 주는 것을 모두 다룰 수 있다.

끝맺는 생각

모든 자료 수집 접근에서 참여자가 자신이 속해 있는 지역문화와 거시적 문화로부터 아이디어, 실천, 설명을 어떻게 가져오는지 생각해 보라. 참여자는 단순히 이러한 문화에서 빌려오거나 재생산하지는 않는다는 것을 기억하라. 참여자는 자신의 목적을 위해 이들 문화를 바꾸어 말하면서 완전히 새로운 것을 만들어 낼 수도 있다. 이와 비슷하게 연구자는 자료를 기록하면서 언어와 의미를 바꾸어 나간다. 자료는 결코 전적으로 날것이 아니다. 자료를 기록한다는 것은 그에 대한 해석을 한다는 것이며, 세계에 대한 이해와 언어의 활용을 통해 그에 대한 어떠한 개념적 틀을 부여하기 때문이다.

자료 수집의 방식과 그를 통해 획득한 자료가 어떠한 것인지에 대해 정밀검토를 한다는 것은 자료가 위치한 바를 확인하는 데 유용하다. 이러한 정밀검토는 코딩과 범주화에도 도움이 되는데, 출현하는 분석을 사회적 맥락 안에 위치시킬 수 있기 때문이다. 그 결과 자료를 코딩하면서 보다 세밀한 비교를 수행할 수 있다. 자신의 방법을 검토하여 방법론적 기술과 자료의 질 모두를 개선할 수 있다. 연구자는 정밀 검토를 함으로써 다른 방법으로 수집한 상이한 유형의 자료가 연구자의 출현적 분석 과정에서 제기된 질문에 대한 해답을 제공하기도 한다는 것을 뒤늦게 깨닫게 된다. 대형 연구프로젝트의 경우 두 개 이상의 자료 수집 접근을 사용할 수 있다. 대규모 지원 연구의 경우, 다중방법 및 다중상황접근multi-method & multi-site이 유용할 수 있다. 만약 여러 연구 상황에서 자료를 수집해야 하는 연구계획서를 작성한다면, 이후에 출현하는 질문을 다룰 방법을 사용하거나 개발하는 데 필요한 유연성을 띠게 된다.

이제 초기 자료에 대한 코딩을 통해 근거이론의 분석 단계로 여정을 옮겨 보자.

근거이론의 코딩

근거이론의 여정에서 분석을 위한 첫 번째 기점은 코딩이다. 근거이론에서 코딩은 자료를 수집한 후 잠시 멈추고 분석적 질문을 던져 보도록 요구한다. 이러한 질문은 연구하고자 하는 삶을 폭넓게 이해하고, 분석 문제와 관련한 추가적인 자료 수집의 방향 설정을 도와준다. 근거이론의 코딩은 최소한 초기코딩 단계와 초점코딩 단계로 구성된다. 초기코딩을 통해서는 단어, 줄, 단락, 사안 등 자료의 단락에 대해 자세하게 조사한다. 때로 참여자가 언급한 용어를 그대로 채택하는 내생코딩을 하기도 한다. 초점코딩에서는 가장 유용한 초기코드를 선택하고, 보다 광범위한 자료를 놓고 검토한다. 이 과정을 통해 자료와 자료를 비교한 다음, 자료와 코드를 비교하게 된다. 코딩을 위한 특별한 절차를 따르거나 기존의 이론적 코드로 옮겨 갈 수도 있지만, 이 경우는 출현하는 분석이 그것을 가리키는 경우일 때뿐이다. 주요한 점검사항과 지침은 코딩을 용이하게 하고, 장애물을 피해 가게 해 준다.

3장 근거이론의 코딩

면접 사례를 하나 참고해 보자. 이 면접 사례는 전신홍반성 루프스systemic lupus erythematosus를 앓다가 최근에는 원반성 루프스discoid lupus*도 앓고 있음을 알게 된 보니 프레슬리라는 여성에 관한 것이다. 면접 당시 보니는 48세로 재혼한 후 다시 이혼한 상태였다. 그녀는 수년 동안 함께 살아 왔던 배우자와 헤어진 후, 현재 고양이 세 마리와 함께 살고 있다. 지난 몇 년 동안 그녀는 병에 따른 마비 증상이 수차례 있었고, 처음 그 일을 당했을 때는 생명이 위독한 상황까지 갔었다. 지금은 거의 석 달 동안 앓다가 기력을 다시 회복하고 있는 중이다. 가까운 이웃인 린다라는 여성이 계속 그녀를 보살펴 주고 있다. 보니가 너무 허약해져 스스로를 돌보기가 힘들어져 린다가 음식과 차를 가져다 주곤 한다.

보니의 딸인 에이미는 근처에 살고 있지만 엄마와 통화를 하거나 방문하는 일은 거의 없었다. 에이미는 몇 년 전만 해도 운동광이었던 엄마가 어떻게 운신조차 힘든 상태가 되었는지 이해할 수 없었다. 비전문가의 눈으로는

---

* 역주) 피부 루프스로 알려져 있으며, 얼굴, 목, 두피 등 주로 햇빛에 노출되는 부위에 붉은 발진이 나타난다. 발진은 두껍고 동전 모양의 붉은색으로 나타나고, 피부에 흉터를 남기며, 탈모 증상과 햇빛에 상당히 민감한 반응을 보인다. 20명 중 1명꼴로 전신홍반성 루프스와 함께 진행되기도 한다.

보니의 증상을 확인하기 어렵기 때문에 겉모습만 보아서는 건강 상태를 가늠키 힘들었다. 발병 초기에 보니는 딸 에이미에게 자신의 병이 얼마나 심각한 것인지 말하기 힘들었다.[1] 에이미는 보니가 처음 발병했을 당시 이사를 했고, 보니 또한 자신에게 어떤 일이 일어나고 있는지 이해하지 못했기 때문에 말하기를 꺼렸다. 보니는 최근의 위기 상황에 대해 딸에게 어떻게 말했는가를 이야기하면서 자신이 처한 현실을 설명했다.

> 며칠 동안 침대에서 일어나지 못했다는 사실을 린다에게서 들은 후, 딸이 전화를 했더군요. "왜 말씀하지 않으셨어요? 린다 아줌마에게서 엄마 소식을 들어야 했잖아요." 그러고는 "지금 어떤 상황인지, 무슨 일이 있는지 왜 얘기하지 않으셨어요?"라고 말하더군요. 그러고 나서 얼마나 지났는지는 모르겠어요.
>
> 얼마 전 아프기 시작한 날이 토요일이었는데, 온종일 상태가 나빴어요. 그때 저는 이런 통증쯤은 참아낼 수 있겠다고 생각했죠. 그래서 진통제를 먹었는데, 별 소용이 없었어요. 그게 아마 오후 1시쯤이었을 거예요. 그런데 숨 쉬는 것도 엄청나게 아플 정도로 상황이 계속 나빠졌어요. 밤 7시나 8시쯤 되었을 때 더 상황이 나빠지면 이제는 숨도 못 쉬겠구나라는 생각이 들면서 무서워졌어요.
>
> 그래서 딸에게 전화를 걸었고, 상황이 어떤지를 얘기했죠. 지금 병원에 실려 가는 중인데, 의사가 자이로케인 주사를 놔주거나 한고비 넘길 수 있게 조치를 취해 숨은 쉬게끔 통증을 없앨 거라고요. 병원에 가면서 딸에게 전화해서 그렇게 말해 줬어요. 저에게 카폰이 있었거든요. 딸이 그러더군요. "알았어요, 엄마. 이따가 전화할게요. 아니면 엄마가 전화해 주세

---

1. 보니 프레슬리가 딸에게 자신의 병을 이야기하면서 겪은 딜레마를 다룬 앞선 이야기는 차마즈(1991a: 132-133)의 연구를 참조하라.

요."라고요. 그 후 전 전화를 안 걸었어요. 그 애도 전화를 안 했고요. 그때가 토요일 밤이었어요.

그 애는 월요일 정오쯤에서야 저에게 전화를 하더군요. 그래서 말해 줬지요. "애야, 이래서 내가 너한테 얘기하지 않은 거란다. 토요일 밤에 말했는데 이제껏 한 번도 전화가 없더구나. 네가 아무런 걱정도 안 하는 것 같고, 그게 내 마음을 너무 아프게 하는구나. 그러자 그 애는, "엄마, 전화 목소리는 정말 별일 아닌 것처럼 들렸어요."라고 말하더군요.

저는 대답했죠. "그럼, 넌 내가 어땠기를 바랐던 거냐? 정신줄을 완전히 놓을 거라고 생각했니?" 그러고 나서, "난 모든 것이 온전한 상태로 평온하도록 노력했어. 흥분하게 되면 숨을 쉴 수가 없을 것 같았거든." 그러고 나서야 그 애는 진짜 저를 이해하려고 노력하기 시작했어요. 제가 죽는 것을 두려워하고, 끔찍한 통증을 앓고 있다는 것을 알았기 때문이었죠. 토요일에 제가 전화했을 때 그 애에게 저는 단지 평상시의 엄마였던 거죠.

보니의 이야기에서 어떤 의미를 찾을 수 있을까? 근거이론을 개발하기 위해 수백 쪽에 달하는 면접 기록, 현장 노트, 기록물 및 기타 텍스트를 어떻게 종합해야 할까? 이야기, 장면, 기록물 등 다양한 자료를 수집하지만 결국 무슨 일이 일어났고, 그것이 의미하는 바를 분석하기 위해 연구자는 이들 자료를 조사하고 규정해야 한다.

분석의 첫 번째 단계는 질적 코딩, 즉 자료가 의미하는 바를 규정하는 과정이다. 코딩은 자료의 각 부분에 대해 범주화, 요약, 설명을 동시에 보여 줄 수 있는 어떤 이름label을 자료의 단락에 붙여 주는 것이다.[2] 코딩은 자료에 있는 구체적인 진술문을 뛰어넘어 분석적 해석의 단계로 옮겨 가는 첫 번째 계단이다. 연구자는 코딩에서 시작하여 조사하고자 하는 삶을 설명해

> 코딩은 자료의 각 부분을 설명하는 동시에 요약해 주는 간단한 이름을 통해 자료의 단락을 범주화한다는 것을 뜻한다. 코드는 자료에 대한 분석적 설명을 시작하기 위해 자료를 선택, 분리, 정렬하는 연구자의 방식을 보여 준다.

주는 해석적 가공interpretative rendering을 수행한다.

표 3-1 근거이론 코딩의 예

건너서 소식 듣기 제외되기Being left out, 반복적인 함구에 대해 엄마 비난하기, (윤리 적 입장에 대한 의문?) 직면 당하 기/자아와 정체성 질문에 직면하 기, 자기개방 및 정보 요구하기 통증 악화의 경험 통증 관리의 기대 통증 통제의 무력화 급속한 통증 악화 참기 힘든 통증 발생 두려움 느끼기, 호흡 위기의 예견 소식 전하기, 딸에게 계획 알리기 앞으로의 치료 설명하기 접촉하기 추후 연락의 여지 남기기 추후 연락 없음 연락 간의 시간 확인	그 아이는 린다에게서 내가 며칠간 침대에 앓아 누웠 다는 것을 알게 되어 나에게 전화를 했다. "엄마는 왜 한 번도 말하지 않았어요. 린다 아줌마한테서 들어야 만 했잖아요." "엄마는 왜 어떤 상태인지 무슨 일인지 저한테 알리지 않으셨어요?"라고 말했다. 그런 일이 있고 난 다음 얼마나 지났는지 모르겠지만, 통증이 막 시작된 것은 토요일이었고 그날 종일 상황 이 계속 나빠졌다. 나는 이 정도는 견딜 수 있다고 생 각했고 그래서 몇 가지 진통제를 먹었지만 아무런 도 움이 되지 않았다. 그러다 오후 한 시쯤이었는데, 상태가 나빠지면서 숨 쉴 때마다 통증은 너무나 끔찍스러웠고, 그날 밤 일곱 시나 여덟 시쯤 상태가 더 나빠진다면 이젠 숨쉬는 것 도 힘들 수 있다는 것을 알았기에 두려워졌다. 그래서 나는 그 아이에게 전화한 후, 무슨 일이 일어나고 있 는지 말해 주었다. 나는 의사에게 실려 갈 터인데, 그곳에 가면 자이로케 인 주사 몇 방을 맞고, 통증이 시작된 곳을 확인할 것 이고, 숨은 쉴 수 있게 통증을 완화해 줄 것이다. 그 아이에게 전화를 해서 이런 이야기를 말해 주었다. 카폰을 가지고 있었는데, 그 아이는 "응, 엄마 이따 전 화할게요. 아니면 엄마가 해 주세요."라고 말했다. 그 날이 토요일 밤이었다. 그 아이는 전화하지 않았고, 월요일 정오쯤에서야 전화가 왔다.

---

2. 범주화에 대한 혁신적인 논의는 보우커Bowker와 스타Star(1999)의 연구를 참조하라.

개방 부족의 설명 돌봄 부족 비난하기 상처 표현: 돌봄 부족의 가정, 부정적인 추론하기(도덕적 지체) 말하지 않은 것의 설명 좋게 들림 딸의 기대에 대한 의문 제기 정서적 통제의 필요 설명 통제력 상실에 따른 생명 위협의 위험 알기 이야기 방식이 현재 상태를 반영하지 않는다는 것 가르쳐 주기 '평상시'의 엄마처럼 들렸음을 앎	결국 나는 "애야, 내가 너한테 말하지 않은 이유가 이거란다. 지난 토요일 밤에 말해 주었는데, 한 번도 전화가 없더구나. 넌 어떤 것도 신경쓰지 않는 것이 내 마음을 아프게 해." 그러자 그 아이는 나에게, "글쎄, 엄마, 전화로는 별일 없이 좋게 들렸어."라고 말했다. 나는 "그럼, 넌 뭘 기대한 거니? 내가 미쳐 날뛰기라도 할 것이라 생각했니?"라고 답해 주었다. "난 모든 게 질서정연하고 평온하고 침착하려고 노력했어. 내가 흥분하면 숨쉴 수 없을 것 같았거든." 그런 다음부터 그 아이는 내가 죽는 걸 두려워하고, 끔찍한 고통 속에 있다는 것을 이해하려고 노력하기 시작했다. 내가 그 아이에게 전화했을 때, 나는 단지 평상시의 엄마였다고 생각한다.

코드는 자료를 분석적으로 설명하기 위해 어떻게 자료를 선택, 분리, 정렬하는지를 보여 준다. 질적 코드는 자료를 단락으로 헤쳐 놓고, 상세한 용어로 이름 붙인 다음, 자료의 각 단락을 해석하는 데 필요한 추상적 아이디어를 개발할 수 있는 어떠한 분석적 도구interpretative handle를 제시하는 것이다. 코딩 작업을 해나가면서 연구자는 다음 질문을 던지게 된다. 이들 진술문은 어떠한 이론적 범주를 가리키는 것일까?

아마도 질적 코드가 어떠한 것이고, 연구자가 질적 코드를 어떻게 구성하는지 궁금할 것이다. 보니 프레슬리의 이야기에 대해 내가 수행한 코딩작업이 그에 대한 답을 어느 정도 알려 줄 것이다(〈표 3-1〉 참조).

〈표 3-1〉에서 사용한 코드는 보니의 이야기에서 나타난 의미와 행위를 보여 준다. 여기에서 보니는 자신과 딸의 관심사를 모두 제시했기에, 두 사람의 관심사가 갖는 의미를 보여 준다. 보니의 이야기는 병을 앓는다는 소식을 전한다는 것이 어떠한 문제를 불러오는지를 보여 준다. 오해와 딜레마가 발생하기도 한다. 망설임도 있다. 비난이 뒤따르기도 한다. 설명을 해야 한

다. 소식을 전하는다는 것은 남이 자신을 볼 수 있도록 개방해야 하고, 정서적 비용을 감수해야 하며, 관계에 대한 질문이 강요되기도 한다. 이야기하지 않거나 뒤로 미루는 것이 유대관계를 찢어 놓거나 깨뜨려 버리기도 한다. 누군가의 관점에서 바라본 가족 간의 실패, 윤리적 힐난, 도덕적 주장이 쌓여 간다. 과장된 표현 방식이 근본적인 심판을 전하는 것으로 받아들이거나 오해받는다. 보니와 에이미 두 사람 모두에게 질병을 털어놓는다는 것은 각자가 상대방에게 어떠한 존재인지를 묻는 질문이 촉발되는 분쟁 영역이 되어 버린다. 보니의 이야기에서처럼 어떠한 사건이 개방을 강요하기도 한다. 사람들이 무엇을 말하는지, 언제 말하는지, 어떻게 말하는지 모두가 중요하다. 보니가 전달한 방식은 딸이 그 소식을 어떻게 이해하고 행동했는가에 영향을 미쳤다. 보니는 정서적 통제를 상실하는 위험을 감수하지 않고자 힘썼지만, 자신이 딸에게 소식을 알려 준 직접적인 방법이 그 일화episode의 심각성을 축소시키고, 오해를 촉발시켰을 수도 있음을 나중에서야 깨달았다. 딸에게 소식을 알려 주면서 정서적으로 평정심을 유지하였기에, 딸은 보니가 '그냥 평상시의 엄마'와 같이 '완벽하게 좋은 것으로' 생각했던 것이다.

코드는 자료에 긴밀하게 밀착되어 행위를 보여 주고, 질병 공개를 둘러싼 딜레마가 어떻게 발생하는지를 가르쳐 준다. '제외되기' '자아 및 정체성 질문의 직면' '자기개방 및 정보의 요구'와 같은 코드는 그 이유를 고려하고, 설명하며, 제공하기 때문에 보니의 이야기를 분석하는 데 중심적이다. '간접적으로 소식 듣기' '통증 관리에 대한 기대' '평상시 엄마처럼 들림'과 같은 코드는 사건을 보존하고, 맥락을 제시하며, 관점을 묘사한다. 많은 코드는 짧다. 코드는 또한 자신과 타인 모두가 정의하기에 이야기와 자아 간의 결정적인 관계를 함축한다. 따라서 코드는 이야기하기, 개방하기, 자아, 정체성 등과 관련된 범주 형성을 제시한다. 나는 두 개의 코드를 괄호 안에 기입하였는데, 다른 것에 비해 명백해 보이지 않았고, 추가적인 자료에서 찾아볼 아이디어임을 표시하고 싶었기 때문이다. 근거이론이 출현을 강조하는 것처럼, 이러한 코드에 대한 질문은 자료에 적용된 초기의 틀에서 도출되기보다는 자료를 읽는 데서 비롯된다.

근거이론의 코딩

근거이론의 코딩은 분석의 뼈대를 만드는 작업이다. 이론적 통합은 이들 뼈대를 작업 중인 골격에 맞추어 조립하는 것과 비슷하다. 따라서 코딩은 시작 이상을 의미하며, 연구자의 분석이 기반하는 분석틀을 형태 짓게 한다. 이에 나는 분석틀 개발을 위한 코딩 전략을 제시하고자 한다. 한번 시도해 보고, 어떻게 진행되는지 살펴보라. 보니 프레슬리의 이야기에 대한 코딩작업에서 본 것처럼, 근거이론의 코딩은 행위와 과정에 대한 연구를 촉발한다.

코딩은 자료 수집과 자료를 설명하기 위해 출현하는 이론의 개발로 이어 주는 중심축 연결pivotal link을 의미한다. 코딩을 통해 자료에서 일어나는 일을 규정하고 그것이 의미하는 바를 찾기 위한 고민이 시작된다. 코드는 자료를 설명하면서 추가적인 자료 수집의 방향을 알려 주는 초기이론nascent theory의 하위 요소라는 형태를 취한다. 연구자는 사려 깊게 코딩을 해 나가면서 근거이론의 두 가닥 씨줄을 엮어 나간다. 특정한 시간과 공간을 초월하여 일반화할 수 있는 이론적 진술, 그리고 행위와 사건에 대한 맥락적 분석이 그것이다.

근거이론의 코딩은 최소한 두 가지 주요한 단계로 구성된다. ① 자료의 단어, 줄, 단락에 이름을 부여하는 초기 단계와, ② 많은 양의 자료를 정렬sort, 종합synthesize, 통합integrate, 조직화하기 위해 가장 의미 있거나 빈번하게 부여되는 초기코드에 초점을 두거나 선별하는 단계다. 초기 단계를 진행하면서 추가적인 자료 수집과 분석을 통해 좇아야 할 분석 아이디어를 얻기 위해 앞서의 자료를 탐색하기도 한다. 보니 프레슬리의 예에서 부여한 코드

코딩은 자료 수집과 이러한 자료를 설명하는 '출현하는 이론'의 개발 과정을 이어 주는 중심축이라고 할 수 있다. 코딩을 통해 자료 속에서 일어나는 일에 대해 정의를 내리고 그것이 의미하는 바를 찾기 위한 고민이 시작된다.

가 가르키는 바와 같이 초기코딩을 위해 자료를 숙독할 필요가 있다. 초기코딩을 하는 동안에는 자료를 읽으면서 찾아낸 가능한 모든 이론적 방향에 대해 개방적인 자세를 유지해야 한다. 그런 다음, 많은 양의 자료 속에서 가장 두드러지는 범주를 찾아내고 개발하기 위해 초점코딩focused coding을 사용할 것이다. 이론적 통합은 초점코딩에서 시작되며, 이후 모든 분석 단계에서 수행된다.

자료를 분석해 가면서 수행하는 실제 연구가 처음 계획과 달라질 가능성이 있다. 연구자는 자료를 조사하면서 배워 나간다. 질적 코딩은 그러한 배움을 안내한다. 질적 코딩을 통해 연구자는 자료에 대해 의미를 부여하기 시작한다. 의미 부여를 어떻게 하느냐가 뒤이은 분석의 형태를 결정한다. 코딩에 대한 사려 깊은 주의를 통해 연구 참여자의 관점에서 행위와 설명, 장면과 정서, 이야기와 침묵 등을 이해하려는 시도가 더해진다. 연구자는 연구 상황, 사람들의 삶, 기록된 자료의 행간 속에서 무슨 일이 일어나는지를 알고 싶어 한다. 그러한 과정에서 연구자는 연구 상황 속에서 일어나는 행위뿐만 아니라 참여자의 관점과 상황을 이해하려 노력한다.

근거이론 코딩의 논리는 자료에 대해 선입견에 기반한 범주preconceived categories나 코드를 적용하는 양적방법론의 논리와는 다르다. 앞서의 예에서처럼 연구자는 자료에서 자신이 본 것을 정의하는 식으로 코드를 창출한다. 코드는 연구자가 자신의 자료를 꼼꼼히 살펴보고 그 안에서 의미를 정의내리면서 출현한다. 이러한 능동적인 코딩작업을 통해 연구자는 자신의 자료와 반복적으로 상호작용하고, 수많은 질문을 물어본다. 그 결과, 코딩은 연구자를 예측하지 않았던 영역으로 데려가고 새로운 연구 문제를 가져다 준다.

연구자가 무엇을 어떻게 코딩하는지와 관련해 결정적 역할을 수행하는 것이 언어다. 경험적 세계는 인간의 경험과 분리된 자연적인 상태로 나타나지 않는다. 그보다 우리는 경험적 세계에 대해 취하는 언어와 행위를 통해 그 세계를 알게 된다. 이러한 점에서 중립적인 연구자는 존재하지 않는데, 언어는 관찰한 실재에 형태와 의미를 부여하기 때문이다. 특정한 언어의 사용은 관점과 가치를 반영한다. 연구자는 동료와 어떠한 언어를 공유하는데, 그것은 아마도 친구와 공유되는 언어와는 다를 것이다. 연구자는 특정한 용어로 언어를 설명하고, 관점을 고수한다. 연구자의 코드는 경험적 세계를 알아 가는 데 필요한 언어, 의미, 관점에서 비롯되는데, 여기에는 연구자뿐만 아니라 참여자의 언어, 의미, 관점도 포함된다. 코딩은 그에 대한 분석을 다듬기 위해 참여자의 언어를 문제 있는 것으로 상정한다. 코딩을 통해 연구자는 참여자가 사용하는 언어뿐만 아니라 연구자 자신의 언어에 깔려 있는 숨겨진 가정을 검토해야 한다.

연구자는 코드를 구성한다. 왜냐하면 연구자가 능동적으로 자료에 이름을 부여하기 때문이다. 심지어 자신의 코드가 연구하는 세계의 행위와 사건에 완벽하게 부합하는 형태라고 믿을 때조차도 코드는 연구자가 구성한 것일 뿐이다. 연구자는 자신의 코드가 경험적 실재를 제대로 포착한 것이라 생각할 수 있다. 하지만 그것은 자신의 관점일 뿐이다. 연구자는 자신의 코드를 구성하는 언어를 선택한다. 따라서 연구자는 자신이 본 것을 자료에서 의미 있다고 정의하고, 자신이 생각한 바가 일어나고 있다고 묘사한다. 코딩은 이와 같이 초기의 축약된 정의내리기defining와 이름붙이기labeling로 구성되며, 이는 근거이론가의 행위와 이해에서 비롯된다. 그럼에도 그 과정은 상호작용적이다. 연구자는 참여자와 상호작용을 하며, 그들의 진술과 관찰한 행위에 대해 연구하고, 그들을 알게 된 장면을 재조망re-envisioning하면서 여러 차례 반복적으로 상호작용하게 된다. 연구자는 자신의 코드를 정의 내리고 아마도 이후에 그것을 수정하면서, 참여자의 관점과 행위를 그들의 관점에서 이해하려고 노력한다. 이러한 관점은 대개 즉각적으로 명백하게 보이는 것보다 훨씬 많은 것을 가정한다. 연구자는 참여자의 암묵적 의미를 해석하기 위해 자료를 파헤쳐 나가야 한다. 이를 수행하는 과정에서 코딩에 대해 세심하게 주의를 기울이는 것이 유용하다.

코딩에 대해 세심하게 주의를 기울이는 것은 근거이론의 첫번째 권고를 따르는 것이다[출현하는 자료를 조사하라Study your emerging data(Glaser, 1978)].

어쩌면 코딩 과정이 낳는 긴장관계를 눈치챘을지도 모르겠다. 묘사된 사건—구술된 설명이거나 기록된 관찰에 상관없이—과 분석적 통찰력 사이에, 정태적인 주제와 역동적인 과정 간에, 참여자의 세계와 전문가의 의미 간에 생기는 긴장관계가 그것이다.

초기코딩

초기코딩의 논리

초기코딩을 수행할 때 연구자는 자료를 통해 어떠한 이론적 가능성도 탐색할 수 있도록 개방적이어야 한다. 초기코딩 단계는 핵심적인 개념적 범주를 규정하는 이후의 결정을 연구자가 내릴 수 있게 한다. 자료와 자료를 비교하면서 연구 참여자가 문제라고 여기는 것을 알게 되고, 그것을 분석적으로 처리하기 시작한다. 초기코딩을 통해 연구자가 물어보는 질문은 다음과 같다.

- 이 자료는 무엇에 대한 연구인가what is this data a study of(Glaser, 1978; Glaser & Strauss, 1967)?
- 자료는 무엇을 제시하는가? 표명하는 바는 무엇인가?
- 누구의 관점인가?
- 특정한 이 자료가 나타내는 이론적 범주는 무엇인가what theoretical cat-

egory does this specific datum indicate(Glaser, 1978)?

초기코딩은 자료에 긴밀하게 밀착되어야 한다. 기존의 범주를 자료에 적용하기보다는 자료의 각 단락에서 행위를 알아내야 한다. 그렇기에 행위를 반영해 줄 수 있는 단어로 코딩하도록 하라. 처음에는 주제를 나타내는 언어 대신 행위를 나타내는 언어를 사용한다는 것이 낯설게 느껴질 수도 있다. 행위를 찬찬히 살펴보고, 최대한 가능한 범위에서 행위로서 자료를 코딩하라. 이러한 코딩방법은 필수적인 분석 작업을 하기 이전에 현존 이론을 채택하거나 개념적 비약으로 건너뛰려는 경향을 억제하게 한다.

학생은 자신의 질적연구를 정당화하기 위해 과거의 주요 개념에 기반해야 하고, 코딩을 시작하기 전에 그 개념을 들먹여야 한다고 종종 믿는다. 이를테면, "막스 베버의 일상화 개념을 사용할 것입니다.""지도교수가 안셀름 스트라우스의 '협상' 개념을 사용하기를 원합니다." 등과 같은 말이다. 이러한 접근은 사건을 코딩해 나가면서 새로운 아이디어를 떠올리는 것을 막는다. 초기코딩의 개방성은 생각을 자극하고 새로운 아이디어가 출현하도록 만든다. 초기근거이론의 규칙은 사전에 개념을 설정하지 않은 채 초기코딩을 수행한다는 것이었다(Glaser, 1978, 1992). 나는 초기코딩을 개방적으로 진행하되, 기존의 아이디어와 기술을 보유하고 있다는 것을 인정하는 글레이저의 접근에 동의한다. 데이(Dey, 1999: 251)의 말처럼, "열린 마음과 텅 빈 머리는 다르다." 코딩을 통해 무엇을 깨달을 수 있으며, 어디로 연구자를 데려갈 것인지를 알아 가는 것에 열린 태도를 유지하도록 노력하라. 팀 연구의 경우, 여러 명이 개별적으로 자료를 코딩하고, 서로 다르게 코딩한 것을 비교하고 결합하기도 한다.

초기코딩은 잠정적이고, 비교 가능하며, 자료에 근거를 두고 있다. 다른 분석이 이루어질 가능성에 대해 열린 태도를 취하고 있으며, 그를 통해 자신의 자료에 가장 잘 부합되는 코드를 만들어 낼 수 있기에 잠정적이다. 연구자는 점차 자료에 부합하는 코드를 따라 진행하게 된다. 그런 다음 탐색할 자료를 수집하고, 이러한 코드를 채워 나가게 된다.

근거이론의 초기코딩은 어느 영역에서 필요한 자료가 부족한지를 알아내는 데 사용할 수 있다. 연구자가 자신의 자료가 가지고 있는 틈—혹은 구멍—을 알아내는 것은 분석 과정의 한 부분이다. 연구 수행을 위한 출현적 방법을 채택할 경우 이는 불가피한 일이다.[3] 결국 연구하고자 하는 세계에 대해 '발견'하고 분석을 구성하기 위해 이러한 발견을 좇아가는 것이 근거이론인 것이다. 이러한 발견은 연구자가 깨달은 바와 그것을 개념화하는 방식을 반영한다. 근거이론 전략의 장점은 연구의 초기 단계에서부터 자료의 틈새와 구멍을 알아낼 수 있다는 것이다. 그렇기에 자료 수집과 분석을 동시적으로 수행한다는 것은 범주의 개발에 대한 참여뿐만 아니라 연구 문제를 보다 깊이 있고 멀리까지 다룰 수 있게 해 준다.

코드는 적합성을 높이기 위해 다른 언어로 재구성할 수 있다는 점에서도 잠정적이다. 코드가 의미와 행위를 포착하고 농축하는 정도가 그 적합성의 일부분이 된다. 따라서 뛰어난 코드는 현상을 잘 포착하며 독자를 사로잡는다.

초기코딩의 실행

신속함과 즉흥성이 초기코딩에 유용할 수 있다. 신속한 작업은 생각을 번뜩이게 하고 자료에 대한 신선한 관점을 낳는다. 어떤 코드는 자료에 부합할뿐더러 독자의 마음을 즉각적으로 사로잡는다. 연구자는 적합성을 높이기 위해 코드를 수정할 수도 있다. 보니 프레슬리의 이야기에서 첫번째 문장에

---

3. 구멍이 있는 자료를 발견하는 일은 질적연구에 국한된 것은 아니다. 표준화된 면접을 수행하는 설문조사 연구자도 응답자와 면접을 하면서 자신의 질문이 의미 있는 영역을 건드리지 못하고 있다는 것을 발견하기도 한다. 그러나 계량적 연구자는 문제가 있어도 동일한 측정 도구를 고수해야 하지만, 질적연구자는 자료 수집을 수행하면서 이러한 문제를 해결할 수 있다.

대해 처음 부여한 코드는 '간접적으로 소식 듣기receiving news indirectly'였다. 이것은 농축된 진술이지만 해당 사안에서 그 강도와 중요도는 제외시킨 중립적인 어구였다. 그래서 '소식 전해 듣기receiving second-hand news'로 바꾸었는데, 이는 소식이 갖는 감소된 의미를 제시하면서, 전해 들은 사람의 축소된 지위, 그녀의 화난 반응을 함축할 수 있게 하였다.

동일한 서열관계에 있는 사안이 담긴 자료를 비교해 보면 자료를 분석적으로 생각할 수 있게 된다. 보니 프레슬리는 딸에게 이야기하는 것을 주저해서 뒤로 미루었고, 힘든 소식은 사무적인 태도로 전하려 했다. 하지만 이따금씩 보니는 병에 대한 소식을 주고받으면서 자신의 문제를 딸과 이야기했다. 보니는 그동안 엄마와 만나지 않았기 때문에 공개하기의 딜레마는 그녀에게 일어나지 않았다. 질병에 대한 어떠한 공개도 없었던 것이다. 보니는 자신을 키워 주셨던 할머니를 매우 좋아했다. 보니는 할머니가 걱정하지 않도록 자신의 상황을 밝게 포장하고, 증상이 갖는 의미를 축소하였다. 나의 자료에는 세대 간 긴장을 보여 주는 다른 사례도 있었다. 자녀가 없고 친밀한 가족 유대가 거의 없는 독신 여성은 대개 엄마와의 관계에서 갈등을 경험하였다. 지리적·정서적으로 거리가 멀어지면서, 소식을 나누는 것은 더욱 힘들어졌다. 앞서의 자료에서 공개 회피하기, 공개 미루기, 정보 통제하기는 모두 두드러진 코드로 출현하였다.

글레이저(1978)는 동명사gerund* 형태의 코딩 방법이 과정을 추적하고 자료에 밀착하는 데 유용하다고 주장한다. 다음의 동명사 형태와 명사 형태 간에 떠올려지는 이미지의 차이를 생각해 보자. 묘사하기 대 묘사describing vs.

---

* **역주)** 영어 문법에서 동명사의 의미를, 한자어가 많은 우리나라 말에서 그대로 나타내기란 힘들다. 한자어로 구성된 단어 중에는 이미 동사의 뜻을 포함한 경우가 많기 때문이다. 예를 들어, 경청이라는 단어에는 '들을 청'이라는 동사가 포함되어 있기에 영어식 동명사를 만들기 위해 '하기'를 붙여도 별다른 의미의 차이가 없을 수 있다. 따라서 지나치게 도식적으로 동명사 형태를 사용하여 오히려 부자연스러운 코드를 만들 위험도 있다.

description, 진술하기 대 진술stating vs. statement, 지도하기 대 지도자leading vs. leader. 연구자는 동명사를 통해 행위와 그 연속성sequence에 대한 강력한 의미를 얻을 수 있다. 명사는 이들 행위를 주제로 바꿔 놓는다. 자료에 밀착하면서 가능한 한 응답자의 단어와 행위에서 코딩을 시작하는 것은 그들 경험의 유동성fluidity을 보존하고 연구자가 새로운 방식으로 경험을 바라보게 해 준다. 이러한 단계를 거치면서 연구자는 참여자의 관점에서 분석을 시작할 수 있다. 이것이 바로 코딩의 요지다. 참여자의 의미와 행위를 무시하거나 윤색하고, 비약한다면 연구자의 근거이론은 내부자의 관점이 아니라 외부자의 관점을 반영하는 것이다. 외부자는 종종 현상을 묘사하기 위해 외계어와 같은 전문적 용어를 가져다 쓴다. 연구자의 자료가 심층적이지 못하고, 코딩에 전력을 기울이지 않는다면, 아마 평범한 근거를 분석적 통찰력으로 오인할 수도 있다. 따라서 참여자에 대해 피상적인 수준에서 조율한 인상을 받아들인다면 외부자의 분석에 그칠 수도 있다.

면접에서 '경험'이나 '사건'과 같은 일반적 용어를 집어내어 코드라고 부른다면 참여자의 의미나 행위에 대해 아무것도 말해 줄 수 없다. 만약 일반적 용어가 의미 있게 보인다면, 그것에 질적인 의미를 부여하도록 하라. 자료를 코드에 맞추기보다는 연구자가 가지고 있는 자료에 코드가 부합하도록 하라. 코딩을 위한 지침은 다음과 같다.

- 열린 태도를 유지하라.
- 자료에 밀착해 있으라.
- 코드는 간단명료하게 하라.
- 짧은 코드를 구성하라.
- 행위를 보존하라.
- 자료를 비교하라.
- 자료 속으로 신속히 이동하라.

간단히 말해, 자료가 제시하는 바에 열린 태도로 그것에 밀착해야 한다. 코드는 짧고, 단순하며, 능동적이고 분석적이게 만들라. 첫 번째와 두 번째 지침은 코딩을 향한 연구자의 태도를 반영한다. 나머지 지침은 코딩을 수행하는 방법에 대한 것이다.

단어코딩

코딩해야 할 자료의 단위 크기가 중요하다. 어떤 근거이론가는 미묘한 뜻을 가진 코딩을 수행하면서 자료를 단어별로 이동하기도 한다. 이러한 접근은 기록물을 다루거나 인터넷 자료와 같이 일회성 기록물에 대해 작업할 때 특히 유용하다. 단어별 분석은 이미지와 의미에 집중하도록 한다. 연구자는 단어의 구조와 흐름에 집중할 수 있고, 이 두 가지가 그 내용과 함께 연구자가 부여하는 의미에 대해 어떻게 영향을 미치는가에 관심을 둘 수도 있다.

줄코딩

많은 근거이론가에게 줄코딩Line-by-Line Coding은 코딩의 첫걸음이다(〈표 3-2〉 참조). 줄코딩은 기록된 자료의 줄마다 이름을 붙이는 것을 뜻한다(Glaser, 1978). 모든 줄에 코딩하는 것이 자의적으로 보일 수도 있다. 모든 줄이 완전한 문장을 포함하지 않거니와 모든 문장이 중요하지 않을 수도 있기 때문이다.[4] 그럼에도 줄코딩은 대단히 유용한 도구일 수 있다. 일반적인 중심주제 분석thematic analysis을 위해 자료를 읽을 때는 연구자의 관심에서

---

4. 글레이저(1992: 40)는 단일 사안으로 떼어놓는 것에 반대하면서 줄코딩에 대한 지지를 철회한 것으로 보인다. 그는 줄코딩이 사안에 대한 과잉 개념화라는 '무질서helter skelter'를 양산하고, 분석 없이 너무 많은 범주와 속성을 양산한다고 서술했다. 그럼에도 불구하고, 연구자는 사안에 대한 줄코딩을 통해 가장 많은 이야기를 담고 있는 코드를 선택하고, 사안 간의 비교를 수행할 수 있다.

벗어난 아이디어가 생겨나기도 한다.[5]

면접, 관찰, 기록, 문화기술지, 자서전 등 다양한 형태의 자료에 상관없이 줄코딩은 근본적인 경험적 문제나 과정을 다룬 상세한 자료에 특히 잘 들어 맞는다. 예를 들어, 전일제 전업주부였던 노인 여성이 어떻게 이혼에 대처하는지 연구한다고 하자. 이 경우 면접, 지지 집단, 직업훈련 프로그램 등에서 연구자가 들은 이야기 중 선명한 의미를 갖기에 탐색해야 할 영역이 무엇인지를 줄별 코딩을 수행하면서 확인할 수 있다.

결정적 영향을 미치거나 그 결과를 보여 주는 장면과 행위를 그대로 드러내 주는 사람, 행위, 연구 상황을 상세하게 관찰한다면 그 자체가 줄별 코딩이 된다. 그와 달리 '단조로운 회합'과 같이 관행적인 관찰을 수행할 경우 코딩해야 할 실체는 거의 갖지 못하게 된다.

신선한 자료와 줄코딩을 통해 연구자는 자료에 대한 개방적인 자세를 유지하고, 그 안에 있는 미묘한 뜻을 알아차리게 된다. 이전에 수행한 심층 면접 자료를 코딩할 경우, 연구자는 참여자가 무엇을 말했는지 면밀히 살펴보면서, 아마도 힘겨운 노력을 기울여야 한다. 이러한 유형의 코딩은 명시적 진술뿐만 아니라 묵시적 관심사를 확인하는 데 도움이 된다. 줄코딩은 이후 면접에서 초점을 조절하는 데 유용하다. 줄코딩을 할 때 도움이 되는 유연한 전략은 다음과 같다.

- 자료를 구성요소나 속성으로 나눠 볼 것
- 구성요소나 속성이 기반하는 행위를 규정할 것
- 묵시적 가정에 대해 살펴볼 것

---

5. 자료를 얻은 후 대부분의 질적연구자가 근거이론 코딩방법으로 사용하는 일반적 중심주제 분석과 비교하면서 줄코딩의 가치를 검증해 보라. 우선 자료를 읽고 그 속에서 주제를 확인하여 기록하라. 그 다음 줄코딩을 수행해 보라. 마지막으로 가장 의미 있는 코드를 목록으로 만든 후 중심주제theme 목록과 비교해 보라.

- 함축적 행위와 의미에 대해 분석해 볼 것
- 어떤 지점의 유의미성을 명료하게 밝혀 볼 것
- 자료를 비교해 볼 것
- 자료의 틈새를 확인해 볼 것

이러한 전략을 유연하게 사용하고 자료 속의 단서를 따라가면서, 코딩작업은 이론적 범주의 개발로—범주 중 일부는 어쩌면 연구자가 초기코딩에서 정의한 것일 수도 있다—이어지게 된다. 자료에서 연구자가 정의한 바를 그대로 유지해야 한다. 매력적인 이론으로의 도약을 위해 근거에 기반을 두면서 한걸음 한걸음 분석을 구축해야 한다. 연구 주제를 말해 주는 신뢰할 만한 규모의 자료를 가질 경우 연구의 토대는 더욱 강화될 수 있다.

연구 참여자는 행위와 진술을 통해 자신의 세계를 연구자에게 가르쳐 주는데, 어떤 경우 참여자가 기대하지 못했던 방식으로 이루어지기도 한다. 줄코딩을 통해 자료를 조사하면서 좇아가야 할 새로운 아이디어가 떠오를 수도 있다. 그러므로 근거이론방법 그 자체는 연구자가 선입견에 기반한 신념을 자료에 그대로 부과할 가능성을 줄여 줄 수 있는 교정 장치가 있다. 줄코딩이 바로 이러한 유형의 초기 교정 장치를 제공한다.

표 3-2 초기코딩: 줄코딩의 예

	발췌 1. 크리스틴 댄포드, 37세, 루프스 증후군, 스조그렌 증후군, 등부상
	루푸스 증후군은 관절, 근육, 신경계와 중요 장기 부위에 영향을 미치는 결합조직에서 발생하는 염증성 자가면역inflammatory autoimmune 질병이다. 스조그렌 증후군 또한 염증성 자가면역 질병으로 눈과 입의 점액건조증이 특징이다.

증상의 이동, 비일관된 나날 경험하기 타인이 떠올리는 자신의 이미지 해석하기 공개 회피하기 거부 예견하기	당신이 루프스병을 앓는다고 해 봐요. 그러면 하루는 간이, 하루는 관절이, 하루는 머리가 아파 오죠. 매일 아픈 부위가 달라지니, 사람들이 진짜 당신을 심인성 환자라고 생각할 거예요. 그러면 아마 당신은 정말 아무 말도 하기 싫을 거예요. 사람들이 '아이고, 저 사람에게 가까이 가지 마. 저 여자는 온종일 불평뿐이야.'라고 생각하기 시작하니까요.
다른 사람에게 알리지 않기 증상을 연결된 것으로 바라보기 다른 사람은 모름 불신 예견하기 다른 사람의 관점 통제하기 낙인 회피하기 공개에 따른 잠재적 상실과 위험 평가하기	내가 어떤 말도 하지 않는 이유는요. 내가 느끼는 모든 고통이 어떤 식으로든 루프스 병과 관계 있는 것 같기 때문이에요. 하지만 대부분의 사람은 내가 루프스 환자란 걸 몰라요. 심지어 그걸 알고 있는 사람도 10가지 다른 증상이 모두 한 가지 이유 때문이라는 것을 믿지 않으려 하죠. 난 사람들이 내가 불평하기 때문에 내 주변에 있기를 원치 않는다고 말하는 것이 싫어요.
	발췌 2. 조이스 마샬, 60세, 미약한 심장 문제, 최근 뇌졸중 앓음
뇌졸중의 의미	그녀는 뇌졸중 때문에 피곤해지면 쉽게 취약해지고, 반응이 둔해졌다.
순간을 하루처럼 살도록 강요받는 느낌 근심스러운 과거가 있었음 과거의 상실	난 뇌졸중을 경고로 받아들여야만 했어요. 자신을 너무 불안하게 할 수는 없잖아요. 순간을 하루처럼 살아야만 하는 거죠. 난 존에 대해 너무 걱정해 왔어요(그녀의 남편인 존은 생명을 위협하는 심장마비를 경험했고, 은퇴하기 3년 전 직장을 잃었다.). 또 직장을 잡기 위해 준비했고요(38년 만에 첫 직장을 얻었다.). 이 모든 스트레스가 너무 힘들어요…….
순간을 하루처럼 살아가기의 어려움: 오늘에 집중하기 미래 지향의 포기 순간을 하루처럼 살아가기를 통해 감정 관리하기 생명을 위협하는 위험 줄이기	그러니 오늘 내가 무얼 할 수 있는지 집중하기가 어려워요. 난 항상 미래를 그려 보곤 했어요. 그런데 지금은 그럴 수 없죠. 그게 저를 너무 화나게 해요. 순간을 하루처럼 살아가야 하니까요. 그렇지 않으면 어떠한 나도 있을 수 없으니까요.

〈표 3-2〉의 줄코딩 예에서, 시간과 자아 개념에 대한 나의 관심사는 발췌 1에서 작성했던 처음 두 개의 코드에서 시작하였다. 내가 어떻게 적극적으로 코딩하고 자료에 밀착했는가를 보라. 초기코드는 다양한 주제에 걸쳐 광범위하게 펼쳐져 있다. 심지어 짧은 진술이나 예화도 여러 가지 요점을 담고 있기에, 여러 개의 다른 범주를 예시할 수 있다. 이를 테면, 〈표 3-2〉의 예를 '질병 공개의 회피'가 '정체성의 통제'에 기여하는 바를 보여 주는 데 활용할 수도 있다. 또한 자신의 질병을 타인이 불가사의한 것으로 보고 있음을 어떻게 깨달아 가는지, 혹은 매일매일이 얼마나 예측 불가능한지를 보여 주는 목적으로도 사용할 수 있다. 한 사람에 대해 여러 번 면접을 수행할 경우, 사회적·정서적 고립이 어떻게 시작되고 진행되는지를 알 수 있다.

'발견'의 논리는 자료를 코딩하는 순간부터 명백해진다. 줄코딩은 자료에 대한 시각을 새롭게 해 준다. 전체적인 내러티브를 담고 있는 현장 노트나 면접 기록을 읽으면서 알게 된 것을 단어별, 줄별, 사안별 코딩을 수행하면서 얻은 것과 비교해 보라. 전체적인 내러티브에서는 몇 가지 주요한 중심주제를 잡아낼 수 있다. 단어별, 줄별, 단락별, 사안별 코딩은 다양한 아이디어와 정보를 생성할 수 있다. 이를 통해 연구자는 이론을 구축할 수 있는 기반이 되는 아이디어를 '발견'하게 된다.

초기코드는 자료를 범주로 분리하고, 과정을 바라보는 데 도움이 된다. 줄코딩은 연구자가 참여자의 세계관에 흡수되어 의심없이 그들의 세계관을 받아들이는 것을 막아 준다. 참여자의 세계관에 함몰되면, 자료를 비판적이고 분석적으로 바라보지 못한다. 물론 자료를 비판적으로 본다는 것이 연구 참여자를 비판적으로 보라는 것을 뜻하지는 않는다. 그보다 비판적인 자세는 연구자가 자료에 대한 질문을 자신에게 던질 수 있게 한다. 이러한 질문은 행위를 바라보고, 의미 있는 과정을 확인하는 데 유용하다. 다음 질문이 그러하다.

- 이곳에서 쟁점이 되는 과정은 무엇일까? 나는 어떻게 그 과정을 정의 내릴 수 있는가?
- 이 과정은 어떻게 발전되고 있는가?
- 연구 참여자는 이 과정에 참여하면서 어떻게 행동하는가?
- 연구 참여자가 이 과정에 참여하면서 생각하고 느꼈다고 공식적으로 주장한 것은 무엇인가? 그들의 관찰된 행동은 무엇을 가르키는 것일까?
- 그 과정은 언제, 왜, 어떻게 변화하는가?
- 그 과정의 결과는 무엇인가?

자료의 각 줄을 코딩하면서, 연구자는 다음번에 어떠한 종류의 자료를 수집할 것인지 통찰을 얻게 된다. 따라서 연구자는 자료 수집의 초기 단계에서 자료의 핵심을 걸러내면서 이후 탐구의 방향을 설정하게 된다. 줄코딩은 좇아가야 할 단서를 제공한다. 예를 들어, 연구자가 열다섯 번째 면접에서 중요한 과정을 확인한다면, 앞서의 응답자에게 돌아가 그 과정이 그들의 삶에서 일어난 사건과 경험을 설명하는지 알아볼 수 있다. 만약 그렇지 않다면, 이러한 과정을 밝혀 줄 수 있는 새로운 응답자를 찾아 나설 수도 있다. 그 결과 연구자의 코딩이 진행되면서, 자료 수집은 초점이 보다 분명해진다.

사안별 코딩

줄코딩을 수행하느냐 안 하느냐는 수집한 자료의 형태, 추상화 수준, 연구 과정의 단계, 자료 수집의 목적 등에 따라 달라진다. 그러다 보니 종종 근거 이론은 줄코딩의 사촌격에 해당하는 사안별 코딩Coding Incident to Incident을 수행하기도 한다. 사안과 사안을 비교하고, 그런 다음 연구 아이디어를 고수하면서, 앞서 코딩한 사안에 대해 개념화한 것을 사안과 비교해 본다. 이러한 방법을 통해 연구자는 출현한 개념emerging concept의 속성을 확인할 수 있다.

비슷한 논리가 관찰 자료에 적용된다. 사안 간 비교 수행이 단어별 코딩 혹은 줄코딩보다 훨씬 잘 이루어질 수 있는데, 이는 일정 정도 연구자가 자신의 언어로 현장 노트를 구성했기 때문이다(Charmaz & Mitchell, 2001 참조). 사안과 사안을 비교해 보라. 사람들의 따분한 행위를 구체적이고 행동주의적인 시각에 입각해 묘사한 경우, 줄코딩은 적절하지 않을 수 있다. 특히, 맥락이나 참여자에 대해 의미를 두지 않고 그들과 상호작용하지 않은 채 어떠한 장면을 관찰할 경우 더욱 그러하다. 학생은 종종 공공장소에서 행동을 관찰하는 것이 가장 쉬운 형태의 질적연구라고 생각한다. 결코 그렇지 않다. 연구자의 자료와 분석 접근 모두는 다른 결과를 가져온다. 초심자의 경우, 행위와 상호작용의 미묘한 의미를 기록할 수 있는 눈과 귀를 갖기는 힘들다. 그러다 보니 대부분의 경우 초심자는 일반적인 방법으로 구체적인 행동을 기록할 뿐이고, 보다 정확한 관찰을 할 수 있는 방법은 서서히 배워 나가게 된다.

그렇지만 상세한 관찰만으로는 통찰력 있는 분석을 보장하지 못한다. 비록 뛰어난 묘사는 가능할지 모르지만 말이다. 결국 분석방법이 중요하다. 비교방법을 통해 연구자는 관찰한 것을 새롭고 분석적인 방법으로 바라보고, 의미를 부여할 수 있게 된다. 공공장소에서 관찰한 사람들의 행위를 하나씩 순차적으로 줄코딩할 경우 신선한 아이디어가 떠오르지 않을 수 있다. 그보다 관찰한 것을 비교해 보면 즉각적인 아이디어는 아닐지라도 따라가야 할 단서를 얻을 수 있다. 만약 조사하려는 사람이 자신의 세계로 연구자를 데려가 준다면, 관찰, 대화, 짧은 일화 속에서 의미로 가득 차 있는 모든 유형의 사안을 현장 노트에 기록할 수 있다. 연구자는 참여자가 일상생활을 어떻게 관리하는지 연구자에게 말하지 않아도 직접 볼 수 있다. 그리고 아마도 연구자는 훨씬 더 많은 것을 깨닫게 될지 모른다.

관찰된 사건이 문제가 없어 보일수록, 즉 일상적이고, 익숙하며, 평범한 것으로 보인다면, 독창적인 개념 분석을 수행하기란 더욱 어려워진다. 일상적 사건의 평범함을 깨뜨리는 데는 노력이 필요하다. 평범한 상황에서 일어나는 일상적 행위에 대한 관찰에서 분석적 통찰을 얻기 위해서는 먼저 유사한 사건을 비교하고 코딩해야 한다. 그런 다음에야 섬세한 양상pattern과 의미 있는 과정을 정의할 수 있다. 이후 유사하지 않은 사건과 비교하여 추가적인 통찰을 얻어낼 수 있다.

비교방법의 활용

코딩하려는 자료의 단위에 상관없이 분석적 차별성을 세우고, 분석작업의 단계마다 비교를 수행하기 위해 근거이론에서는 '지속적 비교방법constant comparative methods'(Glaser & Strauss, 1967)을 사용한다. 이를 위해 우선 유사성과 차이점을 발견하기 위해 자료를 비교한다. 예를 들어, 동일한 면접에서 얻은 진술문과 사안을 비교하고, 다른 면접에서 얻은 진술문과 사안을 비교한다. 연속적인 비교 수행이 유용하다. 한 사람에 대해 이루어진 초기 면접과 후기 면접의 자료를 비교하거나 상이한 시점이나 장소에서 일어난 사건의 관찰을 비교한다. 일상적 활동에 대한 관찰을 수행할 경우, 어떤 날에 발생한 일을 다른 날에 일어난 동일한 활동과 비교해 볼 수 있다.

어떠한 과정, 행위, 신념에 대한 참여자의 관점과는 다른 관점을 연구자의 코드가 정의한다면 그것을 기록하도록 하라. 연구자의 관찰과 아이디어가 정말 중요하다. 연구자의 아이디어가 자료를 그대로 모방한 것이 아니라면, 자신의 아이디어를 버리지 마라. 연구자의 아이디어는 아직 전적으로 표면으로 드러나지 않은 채 감춰진 의미와 행위에 기반할 수도 있기 때문이다. 이러한 직관은 확인해 볼 필요가 있는 또 다른 아이디어를 형성한다. 연구자의 과업은 자료에 대해 분석적 의미를 부여하는 것이고, 이를 통해 당연해 보이는 기존의 이해에 도전할 수 있다.

자료에서 연구자가 본 것은 부분적으로 연구자의 이전 관점에 의존한다.

자신의 관점을 사실로 바라보기보다는 많은 관점 중 하나를 대변한다고 여기라. 그러한 방식을 통해 연구자는 자신이 채택하고 자료에 부여할지 모르는 개념에 대해 훨씬 많은 것을 깨달을 수 있다. 예를 들어, 우리는 어떠한 행동을 이해하기 위해 습관적으로 되뇌는 심리학 분야의 개념 목록을 이미 가지고 있다. 이러한 개념을 코드에 부여하는 것은 현장에서 일어난 일을 예단prejudge하는 것이다. 이를테면, 자신의 삶에 의미 있는 '사실'을 응답자가 억압하거나 부정한다고 가정하지 말라. 연구자는 자신이 한 가정을 통해 참여자의 태도와 행위를 판단하기 전에 참여자가 자신의 상황을 어떻게 이해하는지 살펴보도록 하라. 참여자의 시각을 통해 세상을 바라보고, 그들의 경험이 갖는 논리를 이해하면서 연구자는 신선한 통찰을 가질 수 있다. 이를 통해 설사 연구자가 여전히 자신의 학문 분야 용어를 코드 목록에 넣었다고 하더라도, 이제는 그것을 자동적으로 사용하기보다는 의식하며 사용하게 될 것이다. 그 결과, 연구자는 오직 자료에 부합하는 용어만을 선택할 것이다.

초기코딩의 장점

처음부터 단어별, 줄별, 사안별 코딩을 사려 깊게 수행한다면 연구자는 근거이론 분석을 수행하는 데 필요한 적합도fit와 연관성relevance 기준을 충족할 수 있다. 연구자가 참여자의 경험을 명료하게 밝혀 주는 코드를 구성하고 범주로 개발할 때, 연구는 경험적 세계와 부합된다. 아울러 일어난 일을 해석하고, 묵시적 과정과 구조 간의 관계를 볼 수 있는 정교한 분석틀을 연구자가 제공한다면 그 연구는 연관성을 가지게 된다.

사려 깊게 수행한 코딩은 연구자의 동기, 두려움, 미해결된 개인적 문제를 응답자와 수집한 자료에 삽입하지 못하게 막아 준다. 몇 년 전, 세미나 수업에서 장애의 적응에 대한 연구를 수행한 젊은 연구자가 있었다. 그는 자전거를 타고 가다 교통사고를 당해 지체장애인이 되었다. 그가 수행한 열 번

의 심층 면접에는 장애인의 용기, 희망, 혁신적 변화를 다룬 이야기가 채워
저 있었다. 하지만 그가 수행한 분석을 통해 퍼져 나간 것은 단지 슬픔, 분
노, 상실을 다룬 대화였다. 자신이 분석한 내용이 수집한 자료를 제대로 반
영하지 못한다는 지적을 받고 나서야, 그는 자신의 감정이 장애를 받아들이
는 다른 사람의 지각을 탈바꿈시켜 놓았다는 것을 깨달았다. 그것이야말로
중요한 깨달음이었다. 하지만 보다 사려 깊게 코딩을 수행했더라면, 진작에
그 점을 깨달았을지 모른다. 줄코딩을 통해 그의 면접에 대한 아이디어를 분
석 초기에 바꾸어 놓았을 수도 있었다.

코딩은 연구 참여자의 해석과는 다른 새로운 방식으로 자료를 생각하게
한다. 연구자는 분석적 시각과 학문적 배경을 통해 참여자가 경험할 수 없는
방식으로 그들의 진술과 행위를 바라볼 수 있다. 자료를 조사해 나가면서,
연구자는 근본적인 과정을 명시적으로 보여 주고, 숨겨진 가정을 볼 수 있
게 드러내며, 참여자에게는 새로운 통찰을 제공할 수 있다. 토마스(Thomas,
1993)에 따르면, 연구자는 친숙함, 일상성, 단조로움을 받아들인 다음 그것
을 낯설고 새로운 것으로 만들어야 한다. 종전까지 친숙했던 풍경을 오랜만
에 새로운 눈으로 바라본다고 생각해 보라. 과거에는 한데 섞여 흐릿했던 날
과 달리 낯익은 건물을 선명하게 바라볼 수 있다. 단어별, 줄별 코딩은 친숙
한 것을 새롭게 조명해 보는 데 유용하다. 사안별 코딩은 양상과 차이를 발
견하는 데 도움을 준다. 이를 통해 연구자는 사람들의 행위가 어떻게 조화를
이루거나 갈등에 빠지게 되는지와 관련하여 놀라운 통찰을 얻을 수 있다. 연
구자는 또한 자신의 선입견preconception과 참여자가 당연하게 여기는 가정으
로부터 거리를 둘 수 있어 새로운 시각으로 바라볼 수 있게 된다.

내생코드

근거이론가가 참여자의 특수한 용어를 사용하여 코딩하는 것을 내생코드

In Vivo Codes라 부른다. 참여자의 특수한 용어는 유용한 분석의 출발점을 제공한다. 내생코드를 통해 참여자의 관점과 행위에 대해 그들이 가지고 있는 의미를 코딩 자체에 보존할 수 있다. 코딩을 수행하면서 언어에 관심을 기울이라. 내생코드는 참여자의 말과 의미에 대한 상징적인 표시symbolic markers다. 내생코드가 이후에 이루어질 보다 통합된 분석에서 유용한 코드가 되느냐 여부는 연구자가 내생코드를 분석적으로 처리하는 방식에 달려 있다. 다른 코드와 마찬가지로 내생코드에도 비교와 분석적 처리가 이루어져야 한다. 내생코드는 잡아내기는 쉬울지 모르지만, 그 자체로 강건한 근거이론으로 서 있을 수는 없다. 내생코드 역시 이론으로 통합될 필요가 있기 때문이다. 연구자가 코드를 주의 깊게 탐구할 때, 다음의 3가지 내생코드 유형이 유용할 수 있다.

- 함축되었지만 중요한 의미를 나타내며 모든 사람이 '알고 있는' 일반적 용어
- 의미나 경험을 포착할 수 있는 참여자의 혁신적인 용어
- 특수한 집단의 관점을 반영하는 내부자의 축약된 용어

의미를 함축하는 내생코드는 참여자가 폭넓게 사용하는 용어로 구성된다. 참여자는 모든 사람이 이 용어를 공유한다고 가정하는데, 연구자는 이와 반대로 그 용어를 재생산하기보다는 참여자의 사용이 문제 있는 것으로 받아들여야 한다. 이를 통해 내생코드의 함축된 의미를 살펴보고, 참여자가 어떻게 그 의미를 구성하며 그에 따라 행동하는지 관심을 가지라. 이러한 관심을 통해 연구자는 다음의 질문을 할 수 있다. 내생코드는 어떠한 분석 범주를 제시하는가? 이러한 용어를 분석해 봄으로써 연구자는 함축된 의미와 행위를 이해하고, 출현한 범주로 자료를 비교할 수 있는 좋은 기회를 얻는다.

요즘은 '매맞는 여자battered women'라는 일반적 용어가 의미하는 바를 모

든 사람은 알고 있다. 하지만 어떤 집단에서는 그 용어를 사용할 때 특별한 의미를 가정하는 경우가 있다. 도닐린 로세크(Loseke, 1992)는 사회문제 활동가claim-makers가 이 용어를 사용하는 경우, 신체적 학대로 고통받는 모든 여성에게 부합하지 않는 특성을 가정하고 있음을 발견했다. 이들에게 매맞는 여성이란 반복적이고 심각해지는 신체적 학대로 고통받으면서, 자존감이 낮고 대처 기술이 빈약하며, 공식적·비공식적인 서비스에 기댈 수도 없고, 갈 곳도 없는 경제적·정서적으로 의존적인 여성을 의미하였다. 사회문제 활동가는 누가 서비스를 제공받아야 하고 어떠한 서비스가 포함되어야 하는지 결정할 때 이러한 의미 위에서 행동하였다. 그러다 보니 자식이 없고 나이가 든 부유한 여성의 경우 매맞고 있다 하더라도 이러한 정의에 포함되지는 않았다.

때로 내생코드는 일반적 용어에 포함된 함축된 의미를 보여 주고, 개인의 신선한 관점을 드러내 준다. 갑작스러운 만성 질환의 발병으로 고통받아 온 어떤 환자가 '컴백making a comeback'하기 위해 노력한다고 말한 적이 있다(Charmaz, 1973). 한때 성공한 유명인사가 했던 말에서 빌려 왔지만, 만성 질환에 대처하는 그 환자의 자세를 정의하고 있었다. 다른 참여자의 행동과 진술에서 이처럼 생생한 용어를 찾지는 못했지만, 이러한 자세를 함께 가지고 있다는 것은 알 수 있었다.

내생코드는 사회적 세계와 조직 환경의 특성을 보여 주기도 한다. 예를 들어, 캘빈 모릴(Morrill, 1995: 263-268)은 기업 이사가 갈등을 경험할 때 사용하는 용어를 수집하였는데, 여기에는 그가 이해한 것에 추호의 의심을 달 수 없는 다양한 일반적 용어와 특수한 이름이 포함되어 있다. 이사는 멍청이bozo, 도로차단roadblock, 무단이탈jumping ship과 같이 일상적인 화법에서도 사용할 수 있는 용어도 사용하였다. 하지만 수많은 용어는 그 조직 내에서만 통하는 특수한 의미를 가정하고 있었고, 전투, 폭력, 규칙 위반 등에 대한 은유를 포함하고 있었다. 모릴이 다룬 용어는 다음과 같다.

흑기사black knight	자신을 드러내지 않은 채 상대편에게 맞서는 임원으로 사이가 나쁜 부서 동료를 지지하지 않기도 한다(인수합병 용어에서 흑기사는 합병 대상 기업의 입장에 비우호적인 인수자를 뜻함)
저공비행flying low	오랫동안 부당한 마음을 간직하지만 가해자에게 대적하지 않는 것
강간rape	어떤 임원이 자신에게 도전하는 자에게 대응하지 못한 채 공개적으로 자신을 비판하도록 내버려 두는 것
방화small burst of fire	신속하게 이어져 전달되는 동료의 짧고 공개적인 비판
증발vaporizing	기업에서 임원을 면직 또는 사임하도록 조건을 만들어 내는 것

　조직 또는 집합적 수준의 분석에서 내생코드는 행위를 구성하는 가정, 행위, 명령을 반영한다. 이러한 코드를 연구하고 그 안의 단서를 탐색하면 무엇이 일어나고 그 의미가 무엇인지를 심층적으로 이해할 수 있게 된다. 이러한 내생코드는 참여자의 세계를 분석하는 기준점이 된다. 내생코드는 참여자의 의미와 행위에 대한 연구자의 해석이 겉으로 드러난 진술 및 행위와 어느 정도 일치하는지를 알려 주는 단서를 제공해 준다. 내생코드는 연구자가 의미 있는 것을 포착했는지 확인할 수 있는 결정적인 자료가 되기도 한다. 일라이자 앤더슨(Anderson, 2003)은 과거 시카고 골목길을 배회하던 흑인 남성을 다루었던 자신의 연구(1976)에 대한 문화기술지적 회고를 통해 이 점을 언급한 바 있다. 앤더슨은 세 집단을 발견했는데, '존중받을 만한 자respectables' '존중받지 못하는 자non-respectables' '거의 존중받을 만한 자near-respectables' 등이 그것이었다. 앤더슨은 이 범주에 대해 스승인 하워드 베커Howard Becker에게 자문했는데, 베커는 흑인 남성이 스스로를 무어라 부르는지 되물었다. 그래서 앤더슨은 다시 자료를 검토한 후, 흑인 남성의 용어 중 '평범이regular' '건달hoodlum' '부랑자winehead'가 눈에 띈다는 것을 깨달았다. 이들 용어가 흑인 남성에게 의미하는 바를 명확하게 정리하면서, 앤더슨은

그들의 세계를 이해하는 정도가 극적으로 증가했다고 회고하였다. 근거이론의 관점에서 남성이 각각의 소속범주로 어떻게 정의되는지, 누가 그 범주를 지정하고 실행하는지, 이들 범주가 그들의 행위를 예측 가능하게 하는 과정을 분석하는 것은 매력적인 일이다.

연구자가 수행하는 모든 연구에서 참여자는 의미를 명확히하고 농축하는 방식으로 어떠한 것을 표현하거나 글로 써 내려간다. 그 말을 새롭게 듣고 바라봄으로써 코딩과 뒤이은 자료 수집을 통해 그 의미를 탐색하고, 행위를 이해하는 것이 가능해진다. 영향력 있는 용어를 좇아가라Pursue telling terms. 과거 나의 연구에서 심각한 당뇨병을 앓는 한 젊은 의사가 자신을 '비범한 supernormal' 존재로 설명한 적이 있었다(Charmaz, 1973, 1987). 그와 대화를 해 가면서 비범하다는 말의 의미가 명료해졌다. 그는 아무런 방해 없이 의사로서의 삶을 잘 관리하고 싶어 했을 뿐만 아니라 동료보다 뛰어나고 싶다는 목표를 가졌다. 그의 희망과 계획은 심리적인 선호를 뛰어넘어 사회생활에서의 정체성 목적을 상징하고 있었다. 사람들은 비범해지려는 정체성 목적을 추구한다는 아이디어를 포착한 다음, 나는 이 과정이 다른 참여자의 행위와 진술된 의도에서도 반영되고 있음을 알게 되었다. 이와 비슷하게, 나는 많은 사람이 '하루를 마지막처럼 살아가기taking one day at a time'에 대해 수긍하고 있으며, 자신에게 '좋은 날'과 '나쁜 날'이 있다는 이야기를 듣게 되면서 또 다른 내생코드도 출현하게 되었다. 그 결과, 이러한 용어에 담겨 있던 함축된 의미와 행위를 찾아내어 코딩할 수 있었다.

초점코딩

초점코딩은 코딩의 두 번째 단계다. 단어별, 줄별, 사건별 코딩보다 더 지시적이고, 선택적이며, 개념적인 코딩이다(Glaser, 1978). 초기에 수행한 줄별 코딩을 통해 몇 가지 강력한 분석 방향을 수립한 후, 보다 많은 분절을 종합하고 설명하기 위해 초점코딩을 시작한다. 초점코딩은 가장 의미 있거나 빈번하게 나타난 코드를 보다 많은 자료를 통해 검토하는 것이며, 초점코딩의 목적 중 하나는 이러한 코드의 적합성을 결정하는 것이다. 초점코딩은 정확하고 완전하게 자료를 범주화하기 위해 가장 분석적인 의미를 갖는 초기코드를 결정한다.

> 초점코딩은 가장 의미 있고 빈번하게 나타나는 초기코드를 활용해 많은 양의 자료를 정밀 검토한다는 것을 뜻한다. 초점코딩은 자료를 예리하고 완전하게 범주화하는 데 어떠한 초기코드가 가장 분석적인 의미를 갖는지에 대한 결정을 요구한다.

하지만 초점코딩으로 옮겨가는 과정은 완전하게 일직선으로 이루어지지 않는다. 어떤 반응이나 사건은 이전의 진술이나 사건 속에서 함축하고 있는 것을 명시적으로 드러낼 수 있다. "아하! 이제 이해했어."라는 경험은 연구자가 이전의 자료를 새롭게 연구하게끔 촉진한다. 그 결과, 이전의 응답자에게로 돌아가 그 당시 얼버무렸거나 너무 함축적이어서 식별하지 못했거나 나타내지 못했던 주제를 탐색할 수 있다. 근거이론코딩이 갖는 강점은 과정에 대한 집중적이고 적극적인 관여에서 찾을 수 있다. 연구자는 소극적으로 자료를 읽기보다는 자료에 바탕을 두고 활동한다. 연구자의 활동을 통해 분석을 위한 새로운 실마리가 나타날 수 있다. 사건, 상호작용, 관점이 이전에는 생각하지 않았던 분석적 범위로 쓰이기 시작한다. 초점코딩을 통해 연구자는 주제에 대한 선입견을 확인할 수 있다.

〈표 3-3〉의 첫 번째 예시에서 진술문의 주요한 중심주제를 포착하고 종합하며 이해하기 위해 '질병 공개 회피하기' '공개에 따른 잠재적 손실과 위험에 대해 평가하기'라는 코딩을 선택하였다. 두 번째 예시에서는 '하루를 마지막처럼 살도록 강요받는 느낌' '오늘에 집중하기' '미래에 대해 포기하기' '감정 관리하기' '생명을 위협하는 위험 줄이기' 등의 코딩이 유용할 수 있다. 다시 한 번 강조하지만 나는 적극적으로 코딩을 수행하며 자료에 밀착되도록 노력하였다. 초점코딩을 통해 면접과 관찰을 넘나들 수 있고, 사람들

의 경험, 활동, 해석을 비교할 수 있다. 코드가 어떤 식으로 자료를 농축시키며, 자료를 다룰 수 있는 방법을 제공하는지 확인해 보라.

표 3-3 초점코딩

질병 공개 회피하기	발췌 1. 크리스틴 댄포드, 37세, 루프스 증후군, 스조그렌 증후군, 등부상
	당신이 루프스병을 앓는다고 해 봐요. 그러면 하루는 간이, 하루는 관절이, 하루는 머리가 아파 오죠. 매일 아픈 부위가 달라지니, 사람들이 진짜 당신을 심기증 환자라고 생각할 거예요. 아마 당신은 정말 아무 말도 하기 싫을 거예요. 사람들이 '아이고, 저 사람에게 가까이 가지마. 저 여자가 하는 일이라곤 불평 뿐이야.'라고 생각하기 시작하니까요.
공개에 따른 잠재적 손실과 위험에 대해 평가하기	내가 어떤 말도 하지 않는 이유는요. 내가 느끼는 모든 고통이 어떤 식으로든 루프스와 관계 있기 때문이에요. 하지만 대부분의 사람은 내가 루프스 환자란 걸 몰라요. 심지어 그걸 알고 있는 사람도 10가지 다른 증상이 모두 동일한 이유 때문이라는 것을 믿지 않으려 하죠. 난 사람들이 내가 불평하기 때문에 내 주변에 있기를 원치 않는다고 말하는 것이 싫어요.
하루를 마지막처럼 살도록 강요받는다는 느낌	발췌 2. 조이스 마샬, 60세, 미약한 심장 문제, 최근 뇌졸중 앓음
	난 뇌졸중을 경고로 받아들여야만 했어요. 자신을 너무 불안하게 할 수는 없잖아요. 하루를 마지막처럼 살아야만 하는 거죠.
오늘에 집중하기 미래에 대해 포기하기	난 존에 대해 너무 걱정해 왔어요(그녀의 남편인 존은 생명을 위협하는 심장마비를 경험했고, 은퇴하기 3년 전 직장을 잃었다.). 또 직장을 잡기 위해 준비했고요(38년 만에 첫 직장을 얻었다.). 이 모든 스트레스가 너무 힘들어요. 그러니 오늘 내가 무얼 할 수 있는지 집중하기가 어려워요.
감정 관리하기 생명을 위협하는 위험 줄이기	난 항상 미래를 그려 보곤 했어요. 그런데 지금은 그럴 수 없죠. 그게 절 너무 화나게 해요. 하루를 마지막처럼 살아가야 하니까요. 그렇지 않으면 어떠한 나도 있을 수 없으니까요.

근거이론의 논리에 일치되게 코딩은 하나의 출현적 과정이다. 기대하지 않았던 아이디어가 등장한다. 이러한 아이디어는 계속 나타날 것이다. 자료

를 코딩한 후, 코딩과 자료를 서로 비교해 보라. 하나의 사건이나 진술에 부합하도록 구성한 영향력 있는 코드는 다른 사건이나 진술을 이해하기 쉽게 설명할 수 있다. 이전의 사건이 그 이후의 사건을 예리하게 살펴보게 해 주기도 한다. 나는 배우자의 능력을 장애가 앗아 갔다고 말한 부부에게서 몇 차례 긴장된 순간을 목격한 적이 있다.

내가 안드레이라는 은퇴한 노교수와 한 면접에서 메모해 두었던 현장 노트를 살펴보자. 안드레이는 아내 나타샤와 함께 둘 다 만성 질환을 앓고 있다.

> 안드레이에게 물어보았다. "은퇴한 후에도 전문적인 활동을 계속하고 있나요?" 그가 답하길, "공개 강의를 한 적은 있어요 하지만 예산 문제와 주지사의 반대로 더 이상 공개 강의를 진행할 돈이 없어요." 나타샤가 끼어들었다. "안드레이는 정말 성공적인 강사였죠. 열정적이고 명료하게 강의를 했죠. 하지만 말을 잘할 수 없게 된 문제 때문에 강의를 할 수 없게 됐어요." (안드레이가 천천히 고통스럽게 말했다.) "학교는 돈이 없었어요. ……나도 말을 잘할 수 없게 되었고."
>
> 이때 진심으로 그에게 안타까운 감정을 느꼈다. 그에게 공개 강의 요청이 중단되었을 당시 두 가지 요인 모두가 작용했는지 모르지만, 나타샤가 그 점을 언급했던 시점은 그에게는 비참한 순간이었다. 진짜 이유가 무엇이든 간에, 그 순간 그에게 중요했던 것은 아내가 자신의 훼손된 능력에 대해 생각하고 있던 바를 알았다는 점이었다. 이러한 상황은 마치 자신의 정체성이 허물어지고 있음을 지켜보던 누군가를 바라보는 것과 같다. 비록 그녀가 자신의 정확한 기억력에 집착하는 바람에 정작 남편에게 모멸감을 준 점은 모르고 있다는 인상을 받았지만, 그 일은 안드레이뿐만 아니라 나에게도 고통스러웠다. 자신이 잘 말하지 못한다는 것을 인정하는 것은 이전까지 숨겨 두었던 죄책감이나 열등감을 승인하는 것처럼 들렸다(Charmaz, 1983: 119-120).

나는 이러한 관찰에서 '순간을 확인하기identifying moment'라는 코드를 개발했다. 모든 사례에서 아픈 사람이 되어 버린 사람에게 충격적인 이미지를 전해 주는 심판이 있었다. 그에 따른 불안한 관점은 부정적 변화를 불러왔고, 그 변화가 지속되고 있음을 강조했다. '순간을 확인하기'라는 초점코드는 누군가가 만성 질환을 앓는 사람에게 의미 있는 정체성을 부여하는 또다른 짧은 상호작용을 살펴보게 해 주었다. 몇 년 후 빈곤노인을 보호하는 요양시설에 면접을 하러 갔을 때였다. 안내창구의 직원은 상급자가 자신에게 나의 방문을 알려 주지 않았다고 말했다(실제로는 약속을 잡아두었다.). 휠체어에 앉아 있던 6명의 노인이 벽을 등지고 나란히 있었고, 한 명의 중년 여성이 안내창구로 걸어갔다. 휠체어에 앉은 사람들은 생기가 돌면서 나를 흥미롭게 바라보았다. 방문객이 별로 없는 시설에서 흔히 있는 일이었다. 직원은 쳐다보지도 않은 채로 중년 여성을 향해 고개를 끄덕인 후 말했다. "저기서 메리랑 이야기하실 수 있습니다. 그녀가 제일 똑똑한 축에 들고, 이곳에 그런 사람은 많지 않거든요." 이 말이 끝나기 무섭게, 6명의 고개가 동시에 숙여졌다. 메리라는 여성은 자신이 선택된 것을 자랑스러워했다. 그때 나는 메리에게는 긍정적이지만 다른 거주자에게는 부정적인 또 다른 '순간을 확인하기'를 목격했다.

우리는 자료와 자료를 비교하면서 초점코딩을 개발한다. 그런 다음, 자료를 초점코드와 비교하는데, 이 작업은 초점코드를 다듬는 데 도움이 된다. 첫 번째 예시의 경우, 나는 과거 참여자가 장애에 대해 자유롭게 논의했던 상황과 그렇지 않았던 상황을 비교하였다. 담당 의사는 안드레이가 자신의 언어장애를 인정했던 사건 전에는 손상된 언어능력을 한 번도 공개적으로 논의한 적이 없다고 말해 주었다. 나는 이러한 사건을 강도와 영향이라는 측면에서도 비교하였다. 처음에 그 코드는 단지 부정적인 순간의 확인만을 나타냈다. 하지만 보다 많은 자료를 얻게 되면서, 나는 긍정적인 순간의 확인을 발견하였고, 그것을 정의하였다. 그 결과, '순간을 확인하기'는 하나의 코드가 되었고, 범주로 발전하였다(Charmaz, 1991a). 이후 '순간을 확인하기'는 많은 경험에 반향을 가져왔기 때문에, 윌 반덴 후나드(Hoonaard, 1997)는 이 것을 다른 연구자가 출발점으로 사용할 수 있는 민감한 개념으로 취급하기 도 했다.

축코딩

스트라우스와 코빈(1990, 1998; Strauss, 1987)은 세 번째 형태의 코딩 방법인 축코딩을 제시하였는 데, 이는 범주와 하위 범주 간에 관계를 맺는 것이 다. 즉, 축코딩은 한 범주의 속성과 차원을 식별하 는 것이다.

> 축코딩은 범주를 하위 범주와 연결시키 고, 범주의 속성과 차원을 구체화하고, 초기코드를 통해 나눠진 자료를 출현하 는 분석에 일치하도록 재결합시킨다.

스트라우스(1987: 64)는 "어떤 범주를 '축'으로 하여 그것을 둘러싼 관계 의 조밀한 구조dense texture"를 만들어 내는 것이라 여겼다. 그러므로 축코 딩은 어떤 주요 범주의 개발 뒤에 이루어지는데, 범주 개발의 초기 단계에 서도 이루어질 수는 있다. 축코딩의 목적은 대량의 자료를 정렬, 종합, 조직 화하는 것으로, 개방코딩 이후 새로운 방식으로 자료를 결합시키는 것이다 (Creswell, 1998).

초기코딩은 자료를 개별적인 사건과 고유한 코드로 나눠 놓는다. 축코딩 은 나눠진 자료를 응집된 전체로 다시 되돌려 놓기 위한 스트라우스와 코빈 (1998)의 전략인 셈이다. 스트라우스와 코빈(p. 125)은 축코딩이 '누가, 언제, 어디서, 어떻게, 왜, 무슨 결과를 가져왔는가?'라는 질문의 답이라 보았다. 이 러한 질문을 통해 연구자는 연구하려는 경험을 보다 완전하게 서술할 수 있 다. 물론 코빈과 스트라우스는 범주 간의 관계를 연결 짓는 것은 서술의 수 준보다는 개념적 수준에서 일어난다고 보았다. 두 사람에게 자료의 분석은 텍스트를 개념으로 변환시키는 것을 의미하였고, 이것이 축코딩을 사용하고자 한 스트라우스와 코빈의 의도이기도 했다. 이러한 개념은 보다 큰 범주의 차원을 확인하게 한다. 축코딩은 범주와 하위 범주를 연결짓고자 하며, 또 그것이 어떻게 연결되는지 알아보는 것이다. 클라크Clarke는 축코딩을 범주를 정교하게 하는 것으로 여겼고, 관련 범주를 통합하기 위해 도면화방법 diagramming을 사용하였다.[6] 클라크는 행위에 대한 실체이론을 형성하기 위해 범주를 연결 짓고자 통합적인 도면화방법을 사용하였다.

스트라우스와 코빈은 축코딩을 수행하면서 범주 간의 연결을 가시적으로 만들기 위해 과학적 용어를 사용하였다. 그들은 '누가, 언제, 어디서, 어떻게, 왜, 무슨 결과를 가져왔는가.'라는 질문의 답을 얻기 위해 연구 참여자의 진술을 조직화된 도식organizing scheme의 구성요소별로 묶어 냈다. 이러한 도식에 스트라우스와 코빈이 포함시킨 것은 다음과 같다. ① 조건conditions: 연구 현상의 구조를 형성하는 상황 또는 환경, ② 행위/상호작용action/interaction: 쟁점, 사건, 문제에 대한 연구 참여자의 일상적 또는 전략적인 반응, ③ 결과 consequences: 행위와 상호작용의 산물

스트라우스와 코빈은 '언제, 어디서, 어떻게, 왜'라는 질문의 답을 얻기 위해 조건을 사용하였다(p. 128). 행위와 상호작용은 '누가, 어떻게'라는 질문의 답을 얻기 위함이며, 결과는 행위와 상호작용으로 말미암아 '무슨 일이 일어났는가'라는 질문에 답하고 있다.

축코딩은 연구자가 적용할 수 있는 틀을 제공한다. 연구 주제와 모호성을 감내할 수 있는 능력에 따라 달라지지만, 이러한 틀은 연구자의 시각을 확장하거나 제약할 수 있다. 사전에 정해진 구조로써 작업하는 것을 선호하는 학생의 경우, 어떠한 틀이 있다는 것은 반가운 일이다. 반면 단순하고 유연한 지침을 선호하거나 모호성을 감내할 수 있는 사람이라면 축코딩이 필요치

---

6. 사적인 의사소통, 2004년 9월 20일.

않을 것이다. 이러한 사람들은 자신의 경험적 자료에서 정의하는 단서를 따라갈 수 있기 때문이다.

　나는 스트라우스와 코빈이 제시한 형식적 절차를 따라 축코딩을 사용한 적은 없지만, 범주가 보여 주는 경험을 알아나가면서 범주의 하위 범주를 개발하고, 그들 간의 연결을 보여 주곤 했다. 다음에 제시하는 범주, 하위 범주, 그것 간의 연결은 내가 자료에 대해 어떻게 의미 부여했는지를 반영하고 있다.

　보니 프레슬리와 크리스틴 댄포드의 면접 내용에 대한 코딩 예시를 통해 자신의 만성 질환을 다른 사람에게 말한다는 것은 정서적이며 상호작용적인 딜레마를 가져온다는 것을 알 수 있었다. 이러한 딜레마는 많은 면접에서 확인되었지만, 연구를 위해 미리 계획했던 것은 아니었다. 어쩌면 당연할 수도 있지만, 초기 면접에서 알 수 있었던 2개의 범주는 '질병 공개하기'와 '질병 공개 회피하기'였다. 동일한 유형의 경험과 사건을 다룬 자료를 비교하면서 각각의 속성에 대한 윤곽을 잡아 나갔다. 연구 참여자의 이야기 속에서 명백하게 보이는 아픔은 나로 하여금 '공개하기'란 드러내야 하지만 종종 위험할 수 있는 것으로 바라보게 이끌었다. 보니 프레슬리에게 '공개하기'란 의료적 상황을 악화시킬 수 있는 위험이기도 했다. 또 다른 사람들이 감수해야 하는 위험은 자신을 정서적으로 취약하게 하고, 통제할 수 없는 감정을 느끼는 것이었다. 결국 공개하기란 중립적인 형태의 말하기는 아니었다.

　이후 초기코딩을 수행한 자료를 재검토하였다. 연구 참여자는 질병의 공개를 회피하면서도 그 소식을 사람들에게 말한다는 두 가지 방식으로 자신과 관련된 정보를 처리하였다. 하지만 참여자가 당혹스러운 감정을 느낄 때는 통제가 부족한 상태에서 말하거나 전혀 말하지 않기도 했다. 참여자가 말하는 것에 대해 통제가 부족한 경우에는 자기현시self-revelation를 관리하거나 견주어 보려 하기보다는 자신의 사안을 불쑥 내뱉는 식으로 털어놓았다.

　그에 따라 나는 즉흥적인 진술과 단계적인 표명 사이에 위치한 범위를 코딩하였다. 그런 다음, 말하기 형태를 정보 전달 시 참여자가 가지는 통제력의 상대적 존재 또는 부재와 연결시켰고, 참여자가 명시적인 전략을 촉발하는 정도와도 연결시켰다. 사람들이 다양한 형태의 말하기를 촉발한다는 점을 발견한 후, 나는 다음의 사항을 보다 긴밀하게 살펴보았다.

- 참여자의 말하기와 관련된 자전적biographical 맥락 및 상호작용적 맥락
- 다양한 참여자가 말을 전했던 사람들에게 영향을 미치는 사회적이고 경험적인 조건
- 말하기와 관련된 참여자의 진술된 의도
- 참여자가 다른 사람에게 말했던 바
- 참여자가 다른 사람에게 말한 방식

나는 참여자가 이전의 말하기 형태를 언제, 어떻게, 왜 바꾸었는지에 대해서도 코딩하였다. 이러한 전략은 관찰된 현상의 원인과 조건을 그림으로 그려 보도록 이끌었다. 말하기의 형태에 대한 분석을 통해([그림 3-1] 참조), 말하기와 관련된 참여자의 주관적인 상황은 연구자가 단순한 연속선을 따라 그려 볼 수 있는 수준을 넘어서는 것임을 알게 되었다. 사실 주관성과 객관성은 참여자가 질병을 드러내는 시점에서 만나게 된다. 누군가가 질병을 드러내는 것은 자기수용 및 타인의 수용과 관련하여 미해결된 문제를 야기할 때라는 것이 분명해졌다.

나의 경우, 참여자의 설명과 경험에 대한 분석적 구성을 안내하고, 강조점을 찾게 해 준 명시적인 틀은 없었다. 축코딩은 연구자가 자료를 탐색하는 데 유용할 수 있지만, 어떠한 분석적 틀을 자료에 적용하도록 부추길 수 있다. 그런 점에서 연구자가 축코딩에 지나치게 의존하면 연구하려는 세계에서 알아내고자 하는 바와 그 방법을 제약할 수 있고, 그에 따라 연구자가 구성하는 코드가 제한될 수 있다.

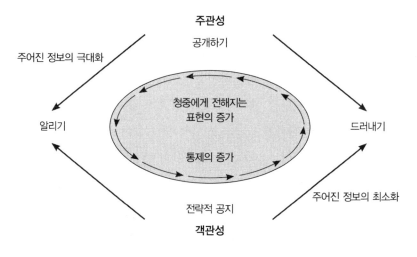

주관성

공개하기

주어진 정보의 극대화

알리기   청중에게 전해지는
                     표현의 증가   드러내기

                     통제의 증가

                                      주어진 정보의 최소화
전략적 공지

객관성

그림 3-1 말하기의 형태

축코딩이 유용한지 아니면 오히려 제약을 주는 것인지에 대해서는 아직 논란이 있다(Kelle, 2005 참조). 축코딩이 세심한 비교보다 어느 정도까지 효과적인 방법이냐는 여전히 논쟁에 부쳐지고 있다. 축코딩은 잘 사용한다면, 출현하는 아이디어에 대한 분석력을 명료화하고 확대하는 데 도움이 될 수 있다. 하지만 최악의 경우, 자료 위에 기술적으로 덧씌우기한 것에 불과할 수 있다. 비록 축코딩은 연구 현상을 보다 완전하게 파악하려는 의도가 있지만, 오히려 근거이론을 번거롭게 할 수도 있다(Robrecht, 1995).

이론적 코딩

이론적 코딩은 초점코딩을 통해 선택한 코드를 따라가는 정교한 수준의 코딩이다. 글레이저(1978: 72)는 "이론으로 통합되도록, 가설로서 실체적 코드가 어떻게 상호 간에 연결되는가를 개념화하는 것"이 이론적 코드라고 소개했다. 요컨대, 이론적 코드는 초점코딩을 통해 개발한 범주가 맺어질 수 있는 가능한 관계를 식별하는 것이다. 글레이저(1992)는 이론적 코딩이 '분절된 이야기를 하나로 엮어 주기에' 축코딩이 필요없다고 주장하였다(Glaser, 1978: 72). 이론적 코딩은 통합적이다. 수집한 초점코드에 형태를 부여하기 때문이다. 이론적 코딩은 연구자가 일관성 있는 분석적 이야기를 말할 수 있게 해 준다. 따라서 이론적 코딩은 실체적 코드가 어떻게 연결되는가를 개념화할 뿐 아니라, 분석적 이야기가 이론적인 방향을 갖게 해 준다.

글레이저(1978)는 18개의 이론적 코딩군을 제시한 바 있다. 여기에는 6C로 표현되는 원인Causes, 맥락Contexts, 수반된 사건Contingencies, 결과Consequences, 공변Covariances, 조건Conditions 등이 포함되며, '정체성 – 자아' '수단 – 목적' '문화' '합의' 군과 같이 주요 개념에서 파생된 것과 함께 '정도degree' '차원' '상호작용적' '이론적' '유형' 등과 같은 코딩군이 있다. 글레이저가 제시한 코딩군coding families은 특정한 분석 범주를 가리키지만 개념적으로 구분되는 것이 합쳐져 있기도 한다. 예를 들어, '단위'군은 집단, 가족, 조직, 총체, 영역, 사회적 지위, 역할 단위와 같은 구조적 단위가 있다. 하지만 글레이저는 상황, 사회적 세계, 사회적 맥락을 단위군에 포함시키고 있는데, 이는 분석의 단위로 활용되기도 하지만 구조적 속성이라기보다는 출현적인 속성을 함축하고 있다. 이후 글레이저는 『근거이론의 수행Doing Grounded Theory』(1998)을 통해 초기코딩군을 확장하여 '반대쌍paired opposite' '제시representation' '척도scale' '무작위 행보random walk'* '구조 – 기능structural-functional' '단위 정체성unit identity' 등의 군을 포함시키고 있다.

이론적 코딩에 능숙해진다면 예리한 분석력으로 연구를 수행할 수 있다.

★ 역주) 어떤 확률 변수가 무작위적으로 변동할 때 랜덤워크(random walk process)에 따른다고 한다. 따라서 서로 독립적이고 무작위로 변동하는 행위 주체의 개별성으로, 주체의 전체 상황은 예측하기 힘들다. 예를 들어, 주식시장에서 개미투자자, 기관투자자, 단기투기자본 등은 개별성에 입각해 각자 합리적 판단을 내리지만, 주식시장 전체로 볼 때 이들의 행위는 나비효과를 일으켜 정확한 예측 판단이 힘들다.

이론적 코딩은 그것이 자료와 실체적 분석에 부합하는 한, 섬세함과 명료함을 더해 줄 수 있다. 이론적 코딩은 분석을 일관되고 포괄적이게 한다. '가지고 있는 자료'와 '자료에서 알아낸 것'에 따라 다르지만, 연구자는 분석에서 몇 가지 코딩군을 고려해야 한다는 점을 깨달을 수 있다. 예를 들어, 연구자가 특정한 현상이 명백하게 나타나는 일반적인 맥락과 특수한 조건을 분명하게 확인하는 경우가 있다. 그 경우 연구자는 현상이 변화하는 조건을 식별하고 그에 따른 결과의 윤곽을 잡아낼 수 있다. 또는 시간적·구조적 서열을 알아낸 다음, 참여자가 그것에 대처하는 전략을 발견할 수도 있다. 만약 연구자가 시간적 서열을 이해한다면, 과정에 대한 분석을 포함시킬 것이다. 실체를 파헤치지는 않았음에도 이 짧은 예에서도 다음의 분석 코딩군이 사용될 수 있다. 6c, '시간적 서열' '서열'[글레이저는 여기에 구조적 서열을 포함시키고 있다(Glaser, 1978: 78).], '전략' '과정' 등이 그것이다. 이들 코드가 제공하는 연결은 연구자가 보완해야 할 영역을 알려 주기도 한다.

　이론적 코드라 할 수 있는 사회적 세계와 사회적 영역을 다룬 스트라우스의 연구(1978a, 1993)에서 영향을 받은 아델 클라크(1998)는 이 개념을 발전시켜 나갔다. 다음의 인용문에서 아델은 자신의 연구 초기에 출현하였던 이론적 개념을 통합 코딩군으로 삼은 명시적인 이유를 제시하고 있다.

　　사회적 세계와 (사회적) 영역에 대한 분석은 학문 분야 형성연구에 많은 분석상의 장점을 가져다 준다. 첫째, 사회적 세계를 분석함으로써 모든 중요한 사회적 세계에 대한 관여와 기여를 포괄하게 되어 내부적·외부적 사안을 연결시켜 준다(내부적·외부적 주제 모두는 연관될 수 있다). 사회적 세계는 본래 사회적 분석 단위이고, 다양하게 적용할 수 있을 만큼 유연하다. 예컨대, 사회적 세계 내부에 존재하는 다양성을 검토하여 집합적인 사회적 행위자가 가지고 있는 전반적인 집합적 관점, 이념, 진행thrusts, 목적 등을 지속적으로 추적, 확인하면서도, 이들을 단일체monolithic인 양

잘못 제시하는 것을 피할 수 있다. 또한 특별한 개인의 활동을 개인적 차원에서 접근하여 분석하는 데 제약받지 않고, 그 활동을 사회적 영역에서 중요한 것으로 분석할 수도 있다. 아마도 가장 중요한 것은 사회적 영역이라는 틀 속에서 시간에 따른 발달에 가장 중요한 결과를 가져온 사회적 세계 내부에서 이루어진 협상 또는 사회적 세계 간에 맺어진 협상을 분석할 수 있다는 점이다(p. 265).

초기에 이루어진 실체 분석은 연구자가 주장하려는 이론적 코드를 나타내야 한다. 간단히 말해, 기존의 다른 개념과 마찬가지로 이론적 코드 역시 근거이론의 방식으로 얻어내야 한다(Glaser, 1978). 분석 양식과 개념적 도구가 해당 학문 분야에서 고수되는 과정을 살펴보면, 그 유행과 흐름을 발견하게 된다. 그런데 이러한 유행과 흐름은 낡은 상자에 자료를 끼워 넣게 할 뿐만 아니라 그 틀에 맞추어 자료를 보는 방식 또한 제한한다. 그러므로 글레이저는 학자가 전략 코딩군strategy coding family*에 과도하게 의존할 경우 참여자가 보유하지 않는 의식적인 의도를 삽입할 수 있다고 지적하였다(p. 76). 이와 비슷한 문제가 다른 이론적 코드에서도 발생한다. 글레이저는 "아마도 연구에서 가장 빈번하게 나타나는 암묵적인 주제는 사회적 질서social order**의 문제(대개는 무질서)다."(p. 78)라고 제시하였다. 그러나 '무질서'의 개념을 이론적 코딩군에 포함함으로써 연구자가 대안적인 사회구조의 형태를 바라보지 못하게 한다는 반대 주장도 있다. 또한 마르크스주의자는 이론적 코드 중 합의 모형이 갈등과 지배를 바라보지 못하게 막고 있다고 주장한다. 몇몇 상징적 상호작용주의자는 상이한 코딩군에 포함되는 '직업경력' '일' '협상' '전략'과 같은 개념을 한꺼번에 자신의 연구에 적용해 왔다(Charmaz, 2005).

---

* **역주)** 전략 코딩군에는 전략, 전술, 조작, 방식, 대처, 도구, 수단, 목적, 배치 등이 포함된다.
** **역주)** 중심선mainline 코딩군에 포함되어 있으며, 그 외에 사회통제, 사회화, 계층화, 지위통과, 사회조직, 사회적 상호작용, 사회적 이동 등이 있다.

예를 들어, 어빙 고프만의 분석(1959, 1967, 1969)은 상대방을 통제하기 위한 전략을 구상하는 사회적 행위자와 상호작용에 대한 전략적 모형을 가정하고 있다.

> 개인이 마음속에 두고 있는 특수한 (상호작용의) 목표나 이들 목표를 세우게 한 동기와 무관하게, 타인의 행동, 특히 자신에 대한 상대방의 반응 방식을 통제하려는 것이 개인의 관심사가 된다. 개인은 대개 어떤 상황에 대해 다른 사람이 형성하려는 정의에 영향을 주면서 이러한 통제를 성취하고자 한다. 이에 덧붙여 개인이 타인의 정의에 영향을 미치는 방식은 자신의 계획에 따라 타인이 자발적으로 행동하도록 이끌어 낼 인상을 갖게끔 자신을 표현하는 것이다. 따라서 개인이 타인 사이에 등장하여 활동을 펼치는 이유는 자신에게 이익이 되는 인상을 타인에게 전달하려는 것이다(1959: 3-4).

앞의 예문에서 여러분은 고프만이 가진 명시적 관심 사안이 전략과 통제였음을 알 수 있다.

종종 이론적 통합은 분석에서 함축적인 의미를 내포하는 이론적 코드를 통해 이루어지기도 한다. 예를 들어, 상징적 상호작용주의는 만성 질환을 앓는 사람에 대한 연구인 『좋은 날, 나쁜 날: 만성 질환자의 자아와 시간*Good days, Bad days: The Self in Chronic Illness and Time*』(1991a)에 대해 배경적인 수준에서 영향을 미쳤다고 할 수 있다. 반면 사람들이 어떤 식으로 질병을 경험하는지를 다룬 실체적 분석은 책의 전면을 차지하면서, 모든 부분에 걸쳐 강력하게 등장한다. 하지만 이러한 과정에서 상징적 상호작용주의의 민감성에서 비롯된 코드는 세부적인 설명을 통합하는 이론적 토대나 개념적 하부 구조를 만드는 데 기여한다. 아마도 다른 학문 분야의 배경을 가진 독자는 연구 작업의 각 부분을 조직화하는 묵시적인 이론적 틀에 대해서는 눈치채지 못할 수도 있다. 예를 들어, 모든 독자는 시간과 자아의 연결이 명확하게 보이는 다음의 인용문을 읽고 이러한 연결을 상징적 상호작용주의로 바라보지는 않을 것이다.

> 과거를 다시 포착하려는 욕망은 잃어버린 자아를 향한 갈망을 반영한다. 그러한 갈망은 질병으로 누적된 상실에 대한 비통함에서 연유한다. 그 지점에서 사람들은 상실을 정의하고 질병을 인정한다. 여류시인 메이 사튼은 뇌졸중 이후 시시각각으로 살아간다는 것을 배웠다고 썼지만, 동시에 그녀는 과거의 자신을 갈망하고 있었다. "지금 저는 내가 내 자신이 아니라는 이유로 두려울 정도로 외롭습니다. 마치 풍선에서 빠져나가는 바람처럼 내 마음이 사라지고 있다고 느끼기에 30분 이상 친구를 바라볼 수 없습니다."(1988: 18)
>
> 과거의 자신으로 인한 슬픔은 자신이 그것을 되찾지 못할 것이라 믿게 될 때 더욱 커져 간다. 심지어 질병이나 치료를 견뎌 내려 노력한 이후에도, 과거의 자신을 다시 찾고 과거를 다시 포착한다는 것이 어려울 수도 있다. 사튼은 "나는 수동적으로 기다리는 삶을 수개월 동안 살아가기 위해 진정한 자신을 파묻어 두어야만 했다. 그리고 이제는 진정한 자신으로 되돌아간다는 것이 그것을 파묻어 버리는 것보다 훨씬 힘들 것이라는 점을 깨달았다."라고 공허한 마음을 털어놓았다(1988: 78)(Charmaz, 1991a: 194).

상징적 상호작용주의가 주장하는 바와 같이, 사튼의 애통함에는 사람의 자아개념은 경계와 내용이 있다는 아이디어가 반영되어 있다. 자아개념은 자신을 알아 가는 방법, 자신에게서 자신의 것과 독특한 것을 분리해 내는 방법을 제공한다. 사튼은 자신의 자아 개념이 과거에 머물러 있으며, 지금 자신의 자아 개념이 힘겨운 상황에서 주어진 자아상과 상충되고 있음을 보여 준다.

　이론적 코딩군으로 무엇을 내세워야 할까? 글레이저(1978)는 코딩군으로 받아들여야 하는 기준을 제시하지 않았고, 코딩군에 대한 자신의 설명을 받아들여야 하는 이유도 제시하지 않았다. 그는 코딩군의 목록에 중첩된 범주를 포함시킨다고 말하면서, 새로운 코딩군이 기존의 코딩군에서 발생할 수 있음을 지적하였다. 그러다 보니 일부 사회과학자는 종종 여러 개의 코딩군을 동시에 활용하는 경우도 있다. 글레이저가 인정했듯이, 코딩군은 모든 것을 포괄하거나 상호배타적이지 않다. 동일한 수준과 유형의 추상성을 반영하지도 않는다. 어떤 코딩군은 인지할 수 있는 분석적 용어를 언급하지만, 다른 어떤 것은 사회학적 개념을 활용하기도 한다. '상호작용적' '독해' '중심선mainline'과 같은 코딩군의 이름은 모호하고 공허하게 보인다. 다른 것과 마찬가지로 그것의 의미는 해당 내러티브 속에 내포되어 있다(p. 76-81을 참조). '상호작용적' 코딩군은 상호작용 그 자체보다는 '상호적 효과mutual effect' '호혜성reciprocity' '상호의존성mutual dependency'을 뜻한다. '독해' 코딩군 reading family은 '개념' '문제' '가설'을 포함한다. '중심선' 코딩군mainline family 에는 '사회적 제도' '사회적 질서'와 같이 지나치게 광범위한 구조적 개념과 관심 사안을 포함하고 있으며, 글레이저가 '단위' 코딩군의 목록에도 올린 '사회화' '사회적 상호작용' '사회적 세계'도 포함하고 있다.

　몇 가지 의미 있는 개념적 코딩군은 글레이저의 목록에서 분명 빠져 있다. 대행자agency와 행위, 권력, 네트워크, 내러티브와 전기biography에 초점을 둔 것이 그것이다. 불평등과 같은 개념은 보다 큰 단위군에 파묻혀 있다. 갈등은 합의라는 대단위 코딩군에 부속되어 있는데, 이는 갈등주의이론가가 맹렬하게 반대하는 일종의 종속관계를 나타낸다.[7] 최근 들어 페미니스트이론

---

7. 이러한 관점은 오늘날도 그렇지만 글레이저가 『이론적 민감성*Theoretical Sensitivity*』을 저술했던 1970년대에도 마찬가지였다. 40여 년 동안 대부분의 사회학이론가는 갈등을 합의의 반대 개념으로 다루었지, 하위 범주로 다루지는 않았다.

과 포스트모던주의와 같은 이론적 흐름은 다른 코딩군을 형성하기도 한다. 이에 대해 글레이저는 새로운 코딩군이 이전의 것에서 출현할 수 있음을 인정한다. 글레이저(1998)가 새로이 추가한 많은 코딩군은 실증주의 개념을 다시 불러들이기도 한다.*

일반적인 근거이론 코드를 축코딩 및 이론적 코드와 어떻게 비교할 수 있을까? '말하기의 형태'라고 이름 붙인 도면([그림 3-1])과 논의를 생각해 보라. 말하기 유형 그 자체는 말하기라는 보다 큰 범주의 차원으로 보일 수 있다. 각 유형은 특수한 속성이 있으며, 즉각적인 상호작용적 상황뿐만 아니라 자아와 정체성에 대한 관점을 반영한다. 어떤 면에서 이러한 유형은 주관성에서 객관성에 이르는 연속선상의 범위를 반영한다. 이들 유형은 다음 영역의 정도에 따라 상이하다. 정서적 느낌의 강도, 말하기의 어려움, 말하기에 대한 정시적 · 정보적 통제, 계획의 양과 종류, 의도한 독자 효과 등이 그것이다. 많은 참여자는 자신의 말하기 형태가 질병의 다양한 지점에 따라 다르다는 것을 알게 되었다. 질병을 진단받거나 처음 증상이 발병할 경우 사람들은 충격을 느끼는데, 이 경우 그 소식을 통제하지 않고 급박하게 이야기한다. 만약 자신의 소식을 말하는 것이 무시되거나 폄하된다고 느낀다면, 사람들은 자신의 말하기를 보다 재단해 보면서, 즉각적인 공개에서 전략적인 정보 제공으로 점차 옮겨 가게 된다. 만약 발병 횟수가 늘어나고 '말하기' 때문에 치뤄야 하는 비용을 발견하게 된다면, 사람들은 간헐적인 전략적 통보를 채택할 수도 있다. 자신의 질병을 누가, 언제, 어디에서, 어떻게 공개할 것인지에 대해 전략적 접근을 취하는 사람은 많지만, 질병을 드러내며 과시하는 사람은 상대적으로 소수다. 이상과 같은 간단한 논의를 통해서도, 연구 수행 과정이 분석에 어떠한 영향을 미치는지 알 수 있다. 말하기 유형에 따른

---

* **역주)** 새로이 추가한 척도코딩군에는 리커트척도, 거트만척도, 누적척도, 무작위행보 척도 등이 포함되어 있고, 평균코딩군에는 평균, 중앙값, 최빈값, 신뢰한계 등이 포함되어 있다.

결과가 다른 형태의 말하기를 선택하는 데 영향을 미치는 조건을 설정할 수 있음을 주목하기 바란다.

앞서의 예에서 나타난 다양한 연결고리는 질병 소식 전하기와 관련된 자료를 조사하면서 출현한 것이다. 말하기 형태에 대한 후속 심층 자료나 추가적인 자료를 통해 보다 많은 연결 고리를 찾아내는 것이 충분히 가능하다. 이제 한 마디 주의를 주고자 한다. 이론적 코드는 분석에 대해 객관성이라는 형체를 가져다 줄 수 있지만, 이론적 코드 그 자체는 학자가 동의하는 객관적 기준이 부족하거니와 무비판적으로 적용할 수는 없다. 연구자의 분석이 이론적 코드를 가리키는 경우, 분석을 명료하고 예리하게 하는 데 도움이 될 수 있다. 하지만 이론적 코드를 통해 강제된 틀을 자료에 부여하는 것은 피해야 한다. 그러므로 이론적 코드가 모든 자료를 해석하고 있는지 스스로 탐문하는 것이 유용하다.

코딩에서 문제점 줄이기

선입견과의 싸움

근거이론을 설명하는 문헌에서 코딩과 관련하여 강조하는 바는 선입견 preconception에 기반한 코드를 주의하고 범주에 맞추어 자료를 코딩하지 말라는 것이다. 연구자가 가질 수 있는 선입견 중에 가장 으뜸은 기존 이론이다. 연구자는 자신이 가지고 있는 선입견에 코딩하고자 하는 자료를 꿰맞추는 것을 경계해야 한다. 앞선 예에서 장애에 대한 자신의 관점을 면접 자료에 꿰맞추려 했던 학생은 사회학자가 말하는 '상식적 이론화common sense theorizing'를 시도한 것이다(Schutz, 1967). 그의 추론은 세상이 움직이는 방식에 대한 자신의 관념과 장애가 있는 남자로서의 경험에서 비롯된다. 다른 연구자와 마찬가지로 근거이론연구자 역시 특정한 경험이 의미하고 포괄하는 바에 대한 자신의 선입견에서 어쩔 수 없이 출발한다.

계층, 인종, 성, 연령, 전형성, 역사성과 같은 관점에서 생겨나는 선입견은 연구자가 의식하지 못하는 사이에 분석에 스며들 수 있다. 그럴 경우, 보이지 않는 관점은 분석틀의 외부에 머물러 있으면서 그러한 관점을 가지고 있는 연구자에게는 근본적으로 문제없는 것으로 남아 있게 된다. 그에 따라 이들 연구자는 선입견의 존재를 부인할 수도 있다.[8]

모든 연구자는 관심을 기울이는 대상과 그것에 대해 의미를 부여하는 방식에 영향을 미치는—하지만 결정적이지는 않을 수 있는—선입견을 가지고 있다. 자본주의, 경쟁주의, 개인주의는 세상을 바라보는 방식의 틀로 자리 잡았기에, 서구 사회과학자의 분석에 그림자를 드리우고 있다는 것을 깨닫지 못할 수도 있다. 어빙 고프만은 섬세한 현장 작업, 밀착된 관찰, 매력적인 범주를 통해 20세기 뛰어난 사회과학자 중 한 명으로 자리 잡았다. 그렇지만 분명 초기 연구물에서 고프만은 백인 중심의 성공 지향적인 중산층 남성이라는 1950년대 미국인의 문화적 개념에 부합하는 인간 본성을 부각시켰는데, 여기에는 개인주의, 경쟁, 전략, 위계적이라는 인간 본성이 담겨져 있다(Charmaz, 2004). 이와 같이 당연하게 받아들이는 가정은 연구자의 관심사와 그에 대해 의미를 부여하는 방식에 영향을 미친다. 아래의 인용문을 통해, 고프만은 뛰어난 문화기술지 작업 수행과 관련하여 정곡을 찌르는 조언을 한 바 있다. 그의 조언이 분명하듯, 우리 역시 그가 가진 선입견의 단면을 분명하게 확인할 수 있다.

대학원생이라면 똑똑하고, 발표에 적극적이며, 방어적이면서(사람들이 대

---

8. 도로시 스미스Dorothy Smith(1987), 낸시 하트삭Nancy Hartsock(1998), 패트리샤 힐 콜린스Patricia Hill Collins(1990)와 같은 페미니스트 이론가는 이와 같은 '숨겨진 가정'을 강력하게 주장한 바 있다.

개 그러하듯), 올바른 교우관계를 형성하는 것에만 흥미를 느낀다. 하지만 좋은 현장연구를 하려 한다면, 무시를 당해 보아야 한다고 생각한다.

일상적인 삶에서 여러분이 접하지 않는 방식에도 자신을 개방해야 한다. 모욕을 당하는 것에도 자신을 열어 놓아야 한다. 그리고 자신이 얼마나 똑똑한지를 보여 주기 위해 점수 쌓는 일은 그만두어야 한다. 이것은 대학원생에게(특히 미국 동부 연안의 대학원에 재학 중이라면) 힘든 일이다. 이제 여러분은 기꺼이 멍텅구리horse's ass가 되어야만 한다(Goffman, 2004: 127-128).

자신이 가진 선입견은 당연하게 여기는 관점이 도전받을 경우에만 분명하게 드러난다. 이스라엘 키부츠 공동체에 대해 문화기술지연구를 수행한 로잔나 허츠Rosanna Hertz(2003)는 그 연구를 수행한 지 20여 년이 지난 후 이러한 도전에 직면하였다고 술회하였다. 키부츠 공동체에서 자원봉사자로 지내며 친해진 부부의 아들이 성장한 후, 미국에 있는 그녀를 방문해 함께 지낼 수 있는지 물어본 것이다. 이러한 요청을 담은 편지를 받고 나서, 허츠는 이들 가족이 자신과의 관계를 '가족'으로 정의하고 있음을 깨달았다. 반면 그녀는 그 관계를 키부츠 공동체에서 과거 거주했던 기간으로 한정된 '상호교류transaction'로서 여겨 왔다.* 이러한 도전을 통해 허츠는 "현상에 대한 지각이 얼마나 까다로우며, 심지어 연구자의 개방성을 위한 열정적인 노력도 뿌리 깊은 가정과 이념적 선호로부터 도전받을 수 있다(p. 474)."는 점을 깨달았다고 서술하였다.

이러한 선입견을 드러내게 하는 몇 가지 전략이 있다. 연구 현상에 대해 친밀한 익숙함intimate familiarity을 얻는 것이 선결요건이다. 친밀한 익숙함은 현상을 이야기하는 사람들에 대한 심층적인 지식뿐만 아니라 이들의 경험을 꿰뚫어 볼 수 있는 수준의 이해를 필요로 한다. 이러한 수준에 도달하게 되면 연구 참여자도 자신과 마찬가지로 동일한 사물을 당연하게 받아들인다는

인식을 넘어설 수 있다. 초기코딩은 연구 참여자가 가지고 있는 해석의 준거
틀—연구자의 준거틀이 아닐 수 있는—과 씨름하게 유도하여 이러한 방향
으로 연구자가 나아갈 수 있도록 해 준다. 허츠가 그러했듯이 연구자는 이러
한 도전에 대해 성찰적 자세를 취하면서 자신의 관점과 실천에 대해 의문을
가질 수 있어야 한다.

근거이론의 관점에서 볼 때, 선입견에 기반한 모든 아이디어가—선행 연
구를 통해 떠오른 아이디어를 포함해—분석에서 각기 자신의 몫을 다하는
지 검토해야 한다(Glaser, 1978). 이는 우선적으로 새로이 과중한 분석 작업
을 수행해야 함을 의미한다. 나는 선입견에 기반한 이론적 개념이 자료를 바
라보는 출발점은 제공할 수 있지만, 자료 분석을 위한 코드를 자동적으로 제
공하지는 않는다고 주장한 바 있다. 예를 들어, 계층, 인종, 성, 연령의 문제가
분석적 관심이 필요할 정도로 대두되었는지 스스로에게 물어보라. 만약 자
신이 속한 학문 분야에서 어떠한 이론적 개념을 가져왔다면, 이들 개념이 잘
들어맞는지 확인해야 한다. 이론적 개념을 강제적으로 부여하는 것을 막을
수 있는 몇 가지 유용한 보호책이 있다. 다음 질문을 고려해 보라.

- 이론적 개념이 자료가 나타내는 바를 이해하는 데 도움이 되는가?
- 그렇다면 얼마나 도움이 되는가?
- 이들 개념을 통해 자료의 단락과 부분에서 일어나고 있는 바를 명확하
  게 설명할 수 있는가?
- 이들 개념을 사용치 않고서도 자료의 해당 단락을 적절히 해석할 수 있
  는가? 이들 개념은 무엇을 더해 주고 있는가?

---

* **역주)** 허츠(2003)는 1977~1978년에 참여 관찰을 위해 키부츠 공동체에서 운영하던 어린이집의 자
원봉사자로 일했다. 이를 통해 그녀는 키부츠 공동체에서 알게 된 가족에게서 연구 자료를 얻고, 자신은
영어를 가르쳐 주거나 키부츠 밖의 세상을 알게 해 주는 기회를 서로 주고받는 상호교류로 여긴 것이다.

기존의 개념이 자료를 이해하는 데 통합되지 않는다면, 코딩이나 이후 분석에서 차지할 자리는 없다. 자료에서 발생하는 일을 연구자가 처음으로 정의하는 것이 가장 좋은 방법이다.

선입견은 우리가 생각하고 글을 쓰는 방식에도 작용한다. 자신이 객관적인 사회과학자라고 믿는 연구자는 참여자에 대해 내리는 자신의 판단이 올바르다고 가정한다. 이러한 자세는 자신이 가지고 있는 검토되지 않은 가정을 사실인 양 받아들이게 한다. 자료가 연구자의 주장을 뒷받침하지 않는 한, 의도, 동기, 전략이라는 용어는 조심스럽게 사용해야 한다. 다른 사람의 마음속에 있는 바를 가정할 수는 없다. 그들이 연구자에게 말하지 않은 것이라면 더욱 그러하다.[9] 사람들이 '생각하는' 바를 말한다면, 사회적 맥락, 시간, 장소, 생애, 청중 등이 반영된 설명을 제공하는 것임을 기억하라. 연구 참여자가 자신이 '생각'한 바를 말하는 것과 관련해 그들이 진술하지 않은 목적은 진술한 생각보다 더 중요할 수 있다. 만약 참여자의 진술을 의도라는 용어에 부합하도록 재구성한다면, 연구자는 자료를 선입견에 기반한 범주에―연구자의 범주이지 참여자의 것은 아닌―꿰맞추는 것이다. 사람들이 말하고 행하는 것과 관련된 자료를 비교하는 것은 암묵적 의미에 대한 연구자의 주장을 강화시켜 준다.

자료의 해석은 이미 존재하는 틀을 부여하는 것과는 완연하게 다르다. 코딩을 수행하면서 다음과 같은 문제가 발생할 수 있다.

- 지나치게 일반적인 수준으로 코딩하는 것
- 행위와 과정 대신 주제만을 확인하는 것
- 사람들이 행위와 과정을 구성하는 방식에 대해 간과하는 것

---

9. 어떠한 설명이 갖는 상대적인 진실성은 상황적이며 구성적이다. 이러한 설명에 대한 가공 역시 추가적인 구성물이 된다.

- 참여자의 관심 사안보다 학문적 또는 개인적 관심 사안에 주의를 기울이는 것
- 맥락에 벗어나는 코딩을 수행하는 것
- 분석이 아니라 요약하기 위해 코딩을 사용하는 것

근거이론 워크숍에서 임상 현장의 전문가에 관한 자료를 코딩해 보는 연습을 진행한 적이 있다. 거의 모든 진술에 대해 코딩을 하면서, 자료에서 나타난 사안을 '스트레스'로─심지어 차별화되지도 검토되지도 않은 스트레스로─기술한 참가자가 있었다. 스트레스를 의미 있게 바라보는 그 사람의 이유는 이해할 수 있지만, 자신을 사로잡은 주제에 대해 너무 일반적인 수준에서 코딩하였을뿐더러 현장 노트에 담겨진 행위와 과정은 고려하지 못했다. 반면 다른 참가자는 보다 자료에 밀착하여 코딩 작업을 수행하였다. 그 결과 자료에서 발생한 일에 대해 자신이 알아낸 바를 종합한 의미 있는 코드를 만들어 냈다.

자신의 코드가 누구의 관점을 반영하는지, 어떠한 범주를 나타내고 있는지, 추상적인 아이디어를 언제 가지게 된 것인지 등을 검토해 보는 자세를 취하도록 하라. 코딩에 대한 이와 같은 자세는 연구 참여자의 아이디어뿐만 아니라 자신의 아이디어도 문제가 있는 것으로 여기게끔 한다. 코딩 방식을 검토하기 위해서 다음 질문을 고려해 보라.

- 나의 코딩 방식은 사건이나 서술된 경험을 어떻게 반영하고 있는가?
- 나의 분석적 구성물이 이러한 방식에서 비롯되었는가?
- 자료와 코드를 분명하고 명백하게 연결시켰는가?
- 연구하려는 경험을 참여자의 세계에 부합시키기보다 내가 속한 학문과 관료적 세계에 더 부합하는 생명력 없는 언어로 작성하고 퍼뜨리지는 않았는가?

우리는 당연히 목격한 자료에 다양한 관점을 가져온다. 그렇기에 참여자는 볼 수 없는 것을 우리는 보게 된다. 우리의 코드가 추상적일수록, 모든 참여자가 공유하지는 않지만 그들에게 반향을 갖는 분석적 용어로 표현된다. 앞서 예시한 '순간을 확인하기'와 같이 말이다. 코드는 경험을 이해하기 쉽게 설명해 줌으로써 서술된 자료와 출현하는 분석 사이에 다리를 놓게 된다.

자료를 코드로 전환하기

코딩은 굳건한 양질의 자료에 달려 있다. 연구자가 무엇을 어떻게 기록하느냐에 따라 코딩해야 하는 것이 달라진다. 점차 심층 면접과 초점집단 면접을 활용하는 질적연구가 늘고 있다. 면접 축어록 대신 현장 노트에 기반해 코딩 작업을 수행하는 것을 지지하는 질적연구자는 줄어들고 있다. 연구자라면 중요한 지점을 포착하고 혼돈을 제거해야 한다. 이러한 접근은 참여자가 말하고 행하는 바에 대해 객관적 투명성objective transparency을 가정하는 것이다. 또한 예민한 면접자라면 가장 영향력 있게 이야기되는 바를 기록하고 또 그것을 잘 기록할 것이라고 가정한다. 이는 연구자의 현장 노트와 코드가 참여자의 관점과 행위를 포착해 낸다는 가정을 담고 있다. 하지만 이중 어떠한 가정도 사실이—심지어 숙련된 연구자의 경우에도—아닐 수 있다.

완전한 면접 축어록을 코딩하는 작업은 다른 방식을 통해서는 자칫 놓칠 수 있는 아이디어를 얻거나 이해할 수 있게 해 준다. 따라서 자료 수집의 방법은 분석 자료를 형성할 뿐만 아니라 코드의 틀거리도 만들어 준다. 완전한 축어록의 코딩은 자료를 심층적인 수준에서 이해할 수 있게 해 준다. 반대로 현장 노트에 기반한 코딩은 넓은 시각을 제공해 줄 수 있다. 하지만 이 방법은 근거이론연구자를 연구하려는 현상 내부로 들여보내기보다는 주변부에 머물게 할 수 있다. 상세함과 체계적인 조사 대신 추상적 개연성을 강조하여 피상적인 분석에 그칠 위험이 있다.

　　전체 면접 내용과 현장 노트를 풀어 쓰는 작업은 몇 가지 드러나지 않는 장점이 있다. 즉, 자료를 처음 읽고 코딩한 것이 최종적인 산물이 아닐 수 있다. 풍부하고 상세한 자료는 많은 연구 문제를 낳을 수 있다. 이러한 자료는 여러 가지 분석이 가능한데, 연구 초반에는 이를 알 수 없다. 이후에 발전시킬 수 있는 관련 코드를 저장해 놓을 수도 있다. 이전 자료로 돌아가 다시 코딩할 수도 있다. 어느 쪽이든 연구자의 코드에서 새로운 아이디어를 떠올릴 수 있다. 어쨌든 완전한 기록은 이후에 촉발될 새로운 아이디어를 위한 세세한 자료를 담아 두고 있다. 하나의 연구 자료에서 다양한 아이디어를 얻을 수 있다는 점에 놀랄 것이다. 따라서 여러 번 수행된 코딩작업은 새로운 방향으로 연구자를 이끌 뿐만 아니라 새로운 범주를 위한 이론적 표집으로 이어질 수 있다. 초기에 이루어진 이론적 표집은 여러 실체적 현장을 옮겨 다닐 수 있게 하는 추가적인 보상을 제공해 준다.[10]

　　자료 수집방법은 코드를 부여할 대상을 틀 지어 버린다. 문화기술지연구자는 듣는 것보다는 보는 것에 더 많이 의존하며, 면접자는 종종 듣는 것에만 의존한다. 연구자라면 듣는 것과 함께 보는 것도 기록해야 한다. 면접자는 어느 장면과 그 안에서 최소한 한 사람을 보게 된다. 면접자가 코딩해야 할 자료는 그 모든 관찰에 대한 기록이다. 소말리아 이주자와 면접을 수행한 아브디 쿠소(Kusow, 2003)가 가진 자료의 대부분은 그가 관찰한 것이었다. 쿠소는 면접의 잠재적 참여자일 수 있는 많은 사람이 소말리아의 폭압적인 정치 상황 때문에 면접을 거부한다는 것을 알았다. 한 참여자가 면접에 동의한 젊은 여성을 소개해 주었다. 쿠소가 그녀 집에 도착했을 때 그녀는 어린 자녀와 함께 텔레비전을 크게 틀어 놓고 시청하고 있었다. 그녀는 방에서 나

---

10. 점차 기관윤리위원회는 연구자에게 힘겨운 장애물과 시간 손실을 야기하고 있다. 연구 상황을 옮겨 다니기 위해서는 각 연구 상황에 대한 접근권을 얻어야 하는데, 이는 이론적 표집을 수행하려는 연구자의 계획을 가로막을 수 있다. 따라서 다시 코딩한 자료의 수집 단계부터 시작하면서 다른 연구 상황에 대한 후속연구를 제안하는 것이 윤리위원회를 통과하기 위해 연구 계획의 범위를 제한하고 진행 보조를 맞출 수 있는 효율적인 방법이다.

가자는 제안도 하지 않은 채 계속 텔레비전을 시청했고, 면접 질문에는 건성으로 대답했다. 쿠소는 그녀의 반응이 '기본적으로 어떠한 정보도 자신에게 주지 않겠다는 그녀의 방식'(kusow, 2003: 596)임을 깨달았다. 쿠소가 겪은 일화는 면접의 기본 원칙을 일깨워 준다. 면접뿐만 아니라 연구 상황, 장면, 참여자에 대한 관찰도 코딩하라. 자료를 드러내는 일은 이러한 관찰을 통해 이루어진다.

끝맺는 생각

코딩은 연구의 초기 단계에 있는 연구자에게 분석의 방향을 제시해 준다. 연습을 통해 근거이론코딩에 친숙해질 수 있고, 잘 이루어지고 있는지 평가해 볼 수 있다. 연구 상황에서 접하는 진술과 사건에 개방적인 만큼 자료에 대해서도 개방적인 자세를 유지한다면, 연구자는 미묘한 의미를 발견하고, 새로운 통찰을 얻을 것이다. 나는 자신이 가진 자료와 과업에 가장 잘 부합하는 수준에서 초기코딩을 완수해 보기를 권유한다.

코딩은 부분적으로 보면 작업이지만 또한 유희이기도 하다. 자료에서 얻은 아이디어를 이리저리 가지고 놀아 보아야 한다. 우리가 자료에 관여한 만큼 자료에서 배울 수 있다. 코딩은 자료를 초점을 두고 바라보는 방법을 제공해 준다. 또한 코딩을 통해 무언가 발견하고, 경험적 세계를 심층적으로 이해하게 된다.

연구자는 이론적인 유희를 통해 자신의 아이디어를 시도해 보면서 자신이 어디로 가는지 알 수 있다. 코딩은 연구자에게 예비적인 아이디어를 제공해 주며, 연구자는 그 아이디어를 메모로 작성하면서 탐색하고 분석적으로 검토할 수 있다. 근거이론의 코딩은 유연하다. 원한다면 자료로 돌아가 새로운 코딩을 해 볼 수 있기 때문이다. 혹은 코드에 관해 메모를 작성하거나 그 중요성을 따져 보는 다음 단계로 넘어갈 수도 있다.

　코딩은 구체적인 사건과 그에 대한 묘사로부터 이론적 통찰과 이론저 가능성의 단계로 도약하는 여정의 첫 부분이다. 근거이론코딩은 자료를 옮겨 다니고, 정렬하며 종합하려는 목적이 있는 일반적인 질적 코딩보다 더 많은 것을 수행한다. 사실 연구자는 자료와 코드가 담고 있는, 가능한 이론적 의미를 염두에 두고 있기에 근거이론코딩을 통해 자신의 아이디어를 분석적으로 통합하기 시작한다. 연구자가 어떤 코드를 가지게 된다면, 이제 그것을 발전시키기 위해 메모 작성 단계로 나아가야 한다. 다음 장에서 메모를 작성하는 데 유용한 아이디어를 다루어 보도록 하자.

메모 작성

연구 과정을 통해 진행되는 여정은 연구자가 분석을 멈추고 비공식적인 분석 노트를 작성하는 지점에서 잠시 숨을 고르며 휴식을 취하게 된다. '메모'라고 부르는 분석 노트는 연구에서 이루어진 주요한 분석 단계를 도면화하고 기록하며 상세하게 해 준다. 연구자는 코드와 자료에 관해 기록하는 메모 작성을 통해 이론적 범주를 끌어올리기도 하면서, 연구 과정 전반에 걸쳐 메모를 지속적으로 작성한다. 메모 작성은 분석 작업에 박차를 가하며 생산성을 증대한다. 이 장에서는 메모 작성 방법을 제시하고, 이를 쉽게 수행할 수 있는 2가지 작성 전략을 소개한다. 그런 다음 초점코드를 개념적 범주로 끌어올릴 수 있는 메모 활용방법을 제시하고자 한다.

4장

메모 작성

메모 작성은 자료 수집과 보고서 초고 사이를 넘나드는 중추적 역할을 담당하는 단계다. 메모를 작성하는 과정에서 연구자는 기존의 분석을 잠시 멈추고 그 순간 자신에게 떠오른 다양한 방법으로 코드에 관한 아이디어를 분석한다(Glaser, 1998). 메모 작성은 연구 과정 초기부터 코드와 자료에 대한 분석을 촉진하기 때문에 근거이론의 중요한 방법이다. 연속적으로 작성한 메모를 통해 연구자는 분석을 지속적으로 수행할 수 있고, 아이디어의 추상 수준을 끌어올릴 수 있다. 지속적으로 메모를 작성하면서 두드러지는 코드는 이론적 범주로서 형태를 갖추게 된다.

메모를 통해 연구자는 생각을 끌어내고, 비교해야 할 내용과 연결해야 할 것을 찾아내며, 앞으로 좇아가야 할 방향과 질문을 명료하게 할 수 있다. 또한 연구자는 메모를 작성하고, 자신과 대화를 해나가면서 새로운 아이디어와 통찰이 생겨 나기도 한다. 종이에 적어 내려가는 메모를 통해 분석작업

> 메모 작성이란 자료 수집과 보고서 초고 사이를 넘나들며 중심축 역할을 하는 중간 단계다. 연구과정 초기부터 코드와 자료에 대한 분석을 촉진하기 때문에 근거이론에서 매우 중요한 방법이다.

은 점차 구체적이게 되고 관리하기 쉬워지며 흥미로워진다. 작성한 메모는 당장 사용할 수 있거나 이후를 위해 저장해 놓을 수 있다. 요컨대, 메모 작성

을 통해 연구자는 적극적으로 자료에 관여할 여지를 가지고, 아이디어를 발전시키며, 이후의 자료 수집을 보다 정교하게 다듬어 나갈 수 있다.

　메모 작성을 통해 연구자는 범주를 설명하고 채워 나가기 위한 분석 노트를 만들게 된다. 먼저 초점코드를 개발하는 것부터 메모를 작성하기 시작하라. 메모는 자료와 자료, 자료와 코드, 코드와 코드, 코드와 범주, 범주와 개념을 비교하고, 이러한 비교에 대한 추측을 정교하게 하는 공간과 장소를 제공한다.

　아래의 속성 메모quick memo는 고통과 도덕적 지위 간의 관계를 탐색한 것이다. 나는 낙인stigma에 대해 수행한 어빙 고프만(Goffman, 1963)의 강력한 분석을 선호했는데, 실제 그의 개념은 이후 사회과학과 간호학 분야에서 많은 연구자가 만성 질환과 장애를 연구하게 이끌었다. 그런데 내 연구의 참여자는 낙인을 느끼는 상황에 대해서는 이야기했지만, 고프만이 제시한 낙인의 개념으로는 내가 보고 들은 모든 것을 충분히 표현할 수 없었다. 만성 질환자의 표정과 목소리에 담겨진 고통과 슬픔이 참여자의 이야기에 짙은 그림자를 드리웠다. '고통'이라는 용어로 자신을 언급한 사람은 거의 없었지만, 그 개념은 그들의 이야기에 가득 차 있었다. 또한 '도덕적 지위'라는 용어도 그와 유사하게 참여자의 입에 오르내리지 않았지만, 그들의 경험에서 그 의미를 찾아내는 것은 어렵지 않았다.

표 4-1 메모의 예시 – 고통

도덕적 지위로서 고통받음
고통은 근본적으로 신체적 경험이자 도덕적 지위다. 고통의 이야기는 도덕적 지위를 반영하고 재정의한다. 도덕적 정의와 더불어 도덕적 권리와 자격은 고통과 함께 온다 – 이때가 고통이 정당화되는 때다. 그에 따라 개인은 자신에게 부여된 특정한 도덕적 주장과 도덕적 판단을 하게 된다. • 정당한 자격이 있음 • 의존적임

• 도움이 필요함

고통은 한 개인에게 상승된 도덕적 지위를 가져올 수 있다. 이를 통해 고통은 성스러운 지위를 얻게 된다. 그 사람은 이제 보통 사람은 가지지 못한 것을 보았거나 알게 된 사람, 혹은 성스러운 장소에 있게 된 사람이 된다. 그들의 이야기는 경외감과 경이로운 반응을 통해 받아들여진다. 그들 자신 또한 상승된 지위를 얻게 된다. 화자stroyteller는 특별한 존재가 된다. 관심과 흥미를 끄는 이야기를 통해 화자 역시 그러한 특질을 부여받는다.

예) 베시와 딸. 베시는 부엌 탁자 옆 휠체어에 구겨질 듯이 앉은 채 생명을 위협했던 병 때문에 급속하게 쇠약해졌던 일을 말했다. 그녀가 위험했던 수술 당시의 순간을 이야기했을 때, 중년의 딸 셸마는 바로 옆 방에서 부엌 세간을 정리하다가 우리에게 합류했다. 베시는 심장이 멈춰서 거의 죽을 뻔했던 경험을 말했다. 셸마는 흥미와 경외심을 보이며 얘기를 들었다. 딸은 수없이 들은 이야기였지만, 듣는 매 순간이 새로웠다. 베시는 어둡고 긴 터널 속에 있다가 한 줄기 아름다운 밝은 빛을 보았다는 이야기를 들려주었다. 아마 그건 하나님의 얼굴에서 비춰지는 표정이라 베시는 믿었다. 셸마는 어머니의 이야기를 다시 들으면서 존경 어린 빛으로 어머니를 바라보았다. 셸마는 이 사건을 통해 엄마의 영혼이 얼마나 부흥되었으며, 질병을 대하는 어머니의 태도가 얼마나 변화되었는지를 강조했다.

고통은 또한 모든 역경에서 승리하며 등장하는 영웅의 신화를 재현할 기회를 제공한다. 그렇기에 마치 힘든 전장에서 등장하는 영웅처럼 그를 바라보게 되면서 고통은 또 다시 그의 지위를 상승시키고 그 사람을 두드러지게 한다. 그는 위험을 감수하면서도 행동하여 죽음과 사투를 벌었고, 아마도 의사에게도 도전했을 것이다. 종종 동년배보다 먼저 질병과 죽음을 맞닥뜨릴 때 영웅의 지위가 뒤따른다. 투병에 관한 이야기는 이제 관심과 선언을 담은 이야기가 된다. 이야기는 청중의 관심을 끌고 자신의 변화된 정체성을 공표하게 된다. 영웅적인 투쟁을 통해 그 사람과 상황 모두가 변화되는 것이다.

고통은 처음에는 상승된 도덕적 지위를 부여하지만, 점차 그를 바라보는 관점도 변하게 된다. 고통에서 비롯된 도덕적 주장은 그 폭과 힘에서 협소해지는 것이 전형적이다. 그 의미가 갖는 영역도 위축된다. 도덕적 주장에 포함되어 전해지는 자아에 대한 이야기는 잠시 동안 주목을 끌고 즐거움을 주지만 그 역시 시간이 지남에 따라 점차 빈약해진다 – 그 사람이 상당한 영향력이나 권력을 가지지 않는 한 말이다. 그 결과 도덕적 주장의 영향권 안에는 대부분 의미 있는 타자만이 남게 된다.

고통의 도덕적 주장은 오직 건강한 사람의 도덕적 주장에 대해서 우월하고, 총체적 위기와 그에 따른 즉각적 결과에 대해서만 그러하다. 그렇지 않은 부분과 관련해서 질병을 가진 사람의 도덕적 지위는 점차 낮아진다. 가치 절하WORTH LESS. 처음에는 떨어져 있던 이 두 단어는 질병이 심각해지고 나이가 들수록 변화된다. 그러다 결국 두 개의 분리된 단어는 합쳐져 '무가치함worthless'으로 끝날 수 있다.

고통의 도덕적 지위는 그에 따른 예의와 존엄성의 기준이 있다. 그렇기에 개인은 이러한 기준에 맞추어 살아야 하거나 그 결과에 따른 고통을 받아야 한다. 그 기준은 대개 당연하게 받아들여지는 것인데 집단과 과거의 경험에 따라 상대적이다. 한 집단의 기준을 촉구하는 것이 다른 집단을 소외시킬 수 있다.

크리스틴은 침묵하고 있다가 감정을 폭발시켰다. 침묵은 어떤 맥락에서는 잘 들어맞지 않지만, 다른 맥락에서 작동되는 유일한 전략일 수 있다. 감정 폭발은 관심을 끌 수는 있지만 그 사람을 소외시킬 수도 있다.

병든 사람은 공유되거나 혹은 공유되지 않은 기준을 당연한 것으로 받아들일 수도 있다. 한 사람의 도덕적 지위는 배우자, 부모, 성인 자녀 등과의 사적인 관계에서 드러날 수 있다. 반면 공적인 관계에서 도덕적 지위는 점차 수모를 받을 수 있다. 한 예로 수년 동안 같은 동료와 한 팀으로 일했던 수위가 있었다. 동료애를 나눈 가까운 사이였지만, 이제 동료는 항상 두세 명 몫의 일로 여겼던 바로 그 일과 관련해 병든 동료를 도와주기를 거부했다. 또 다른 예로 교수 인력이 부족한 학과의 한 교수가 급격하게 병세가 악화되어 동료가 자신의 강의를 맡게 되었다. 동료는 기꺼이 그 일을 맡아 주겠다고 했지만, 그는 동료 교수가 대단히 부담스러워하고 있으며, 그들이 결국엔 자신을 도와주지 못할 것이라고 느꼈다. 어느 정도 시간이 지나면 동료는 학과장실 문 앞에 모여 "어떻게 하면 그를 여기서 내몰 수 있을까?"라고 말할 것이다.

크리스틴은 도덕적 주장을 하고 있다. 고통의 도덕적 주장뿐만 아니라 인간PERSONHOOD으로서의 도덕적 주장에도 부합하는 주장을 말이다. 그녀는 자신이 말할 권리가 있고 의료기관과 직장 모두에서 공정하고 공평하게 대우받을 권리가 있는 사람이다(메모 1-04-98).

부정의injustice, 정당성, 고통받음이라는 것을 분석의 준거로 삼지 않았음에도, 초기 면접은 '낙인 받기' '자아의 상실' '믿음의 상실' '무가치하다고 느낌' 등과 같은 코드를 품고 있었다. 특정한 사안이 이러한 관심사를 직접 말해 준 것은 그 이후였다. 나는 낙인, 자아의 상실, 고통받음의 관계에 대해서는 훨씬 이전부터 깨달았고(Charmaz, 1983), 다른 사람이 만성 질환자를 대하는 방식에서 많은 고통이 비롯된다는 것 또한 알았다. 그럼에도 처음에는 고통받음을 명시적으로 분석하기보다는 자아의 상실에 초점을 두었다. 이후 자료를 숙독하면서 도덕적 지위를 가르키는 다수의 지표가 드러났지만, 처음부터 도덕적 지위에 대한 아이디어를 갖지는 않았다. 이와 관련해 초기 면접을 녹음한 테이프와 축어록이 대단히 유용하였다. 아마도 그러한 자료를 가지고 있지 않았다면, 미묘한 뜻을 담고 있는 진술과 쉽게 알아차리기 힘든 단서를 대부분 놓쳤을 것이다. '도덕적 지위로서의 고통'이라는 범주를 찾아내면서 코드를 분석적으로 처리할 수 있는 개념의 수준으로 끌어올렸다. 그런 다음, 개념을 고유한 것으로 받아들였고, 자료에서 분간해 낸 속성을 구성하였으며, 초기코드를 세밀히 검토하고 결합하여 개념으로 종합하였다. 그 결과 이 범주를 구성하였고 나의 자료에 천착한 채 범주에 대한 추상적 분석을 발전시켜 나갔다.

〈표 4-1〉의 메모는 여러 아이디어의 윤곽을 보여 주고, 아이디어들에 대한 논의를 이끌어 내고 있다. 나는 범주, 코드, 자료에 대해 생각나는 모든 것을 재빨리 적어 나갔다. 자료를 코딩하면서 범주에 대한 아이디어가 생각났고, 비행기로 미국 대륙을 횡단할 때 즈음 글쓰기를 멈췄다.* 계속 메모를 써내려 가면서 고통과 도덕적 지위 간의 연결이 보다 명료해졌다. 그때 나 자신에게도 이렇게 되물어 본 것 같다. "이게 내가 찾아내려고 했던 것이야! 왜 더 빨리 생각해 내지 못했을까?" 나는 짧은 메모를 써내려 갔고 집으로 돌아와 타이핑해서 정리했다. 초고를 베껴 쓰면서 메모를 정돈하고 중요한 부분은 노란색 형광펜으로 굵게 표시해 갔다(나는 아이디어를 강조하기 위해 처음부터 이러한 시각적 전략을 사용한다.). 이 방법은 나에게 몇 가지 시사점을 안겨 주었고, 좇아가야 할 단서를 보여 주었다. 그리고 몇 가지 추가적인 사

★ **역주)** 메모의 예로 든 차마즈(1999)의 연구는 1998년 2월 캐나다 밴쿠버에서 열린 질적 보건연구 학술대회Qualitative Health Research Conference의 기조강연으로 준비한 것을 출간한 것이다. 따라서 학술대회 발표 후 귀가하는 동안 메모 작성을 계속하면서 논문을 수정해 갔음을 의미한다.

안을 통해 핵심 사항이 명료해졌다.

메모를 통해 나는 처음으로 '도덕적 지위로서의 고통'을 분석해야 할 범주로 설정할 수 있었다. 나는 신체적 고통과 분노 그 이상의 것을 생각할 필요가 있고, 도덕적 삶과 도덕적 가치에 대해 살펴보아야 한다고 여겼다. 그래서 나는 고통이란 한 개인의 도덕적 지위를 문제로 만드는 것이라고 잠정적 정의를 내렸다. 연구 참여자는 상실과 그에 따른 낙인의 결과를 다룬 도덕적 이야기에 대해 말했다. 그들의 이야기에 담겨진 어조와 몸짓은 고통과 의미를 표현하였고, 때론 말보다 더 많은 것을 담고 있었다. 하지만 참여자의 이야기 또한 도덕적 권리와 정당한 도덕적 지위에 대한 암묵적 주장을 품고 있었다.

'도덕적 지위로서의 고통'이라는 범주는 어떠한 코드를 포함하였을까? 이러한 코드는 어떻게 그 범주로 합쳐졌을까? 나는 무시되고, 불신받고, 차별받았다고 느낀 경험에 대한 참여자의 반응과 가치폄하를 함축하는 많은 초기코드가 이 범주에 포함된다고 보았다. 나는 권리, 주장, 부당함의 개념을 고통과 도덕적 지위에 연결시키기 시작했다. 메모 작성은 고통 속에서 도덕적 지위가 어떻게 변화되는가를 명확히 파악하는 데 도움을 주었다. 도덕적 지위가 추락하는 조건과 더불어 상승할 때의 조건을 더 살펴보도록 부추겼다. 나는 고통의 도덕적 위계를 정리하고, 묵시적 규칙이 도덕적 위계에서 차지하는 지위에 어떠한 영향을 미치는지 추적하기 시작했다. 메모는 자료와 출현한 분석 사이를 넘나들게 하였고, 다른 범주와 연결하도록 해 주었다.

메모는 아이디어와 몇 가지 이야기를 포함하지만 그 목적은 보다 상세해질 필요가 있다. 나는 몇 년 동안 다양한 참여자가 처한 상황을 비교해 왔다. 3장에서 언급한 크리스틴 댄포드의 이야기를 떠올려 보라. 〈표 3-2〉의 줄코딩은 몇 가지 잠재적인 범주를 만들어 냈는데, '도덕적 지위로서의 고통' '도덕적 주장하기' '폄하된 도덕적 지위 갖기' 등이 그것이다(Charmaz, 1999, 2001). 몇 년에 걸쳐 크리스틴은 독립된 존재로 남아 있기를 바랐고, 스스로

병을 관리하며, 그 세계에서 어떤 장소를 차지하기 위해 투쟁한 이야기를 선명하게 전해 주었다. 몇 가지 주요한 사안은 그녀에 대한 처우와 관련하여 크리스틴의 도덕적 분노감에 불을 붙였고, 도덕적 권리에 대한 관심사를 키워나가도록 촉발했다. 이러한 사안은 부당함에 대한 생각을 키웠을 뿐만 아니라 자신에 대한 비하감을 갖게 하였다.

나는 고통과 도덕적 지위 간의 관계를 정의하는 데 메모를 사용하였다. 그래서 먼저 사회적 반응을 포함하는 확장된 정의definition로 고통을 규정하고, 이 정의가 자아와 갖는 관계를 주장하였다. 많은 사람과 이야기를 나눠 본 결과, 다른 사람이―전문가와 가족을 포함해―자기 증상의 존재와 정도에 대해 부인하거나 의심한 경험이 대부분 있다는 것을 알게 되었다. 내 연구의 참여자는 정당한 관심사가 있는 사람으로 대우받으려 했던 시도를 이야기해 주었다. 3장에서 자신의 질병에 대해 공개하기를 미루었던 보니 프레슬리의 이야기에서처럼, 자신의 질병을 공개할 것인가, 한다면 언제 할 것인가는 다른 사람이 그들을 바라보고 처우하는 방식에 영향을 미쳤다. 고통은 이보다 더 복잡하게 얽혀 있을 수 있다. 건너서 소식을 듣는 것은 사랑하는 사람에게 상처를 줄 수 있고 그들에게 고통을 안길 수 있다. 따라서 정당성, 공개, 공정함, 고통은 서로 얽힌다.

'도덕적 지위로서의 고통'이란 범주는 어떠한 유형의 이론적 분석에 속하는 것일까? 메모는 어떠한 유형의 개념적 연결을 제시하는 것일까? 분명 구조, 과정, 경험에 대해 말해 줄 것이다. 지위라는 용어는 구조를 가정한다. 이 경우 사회적 가치의 위계적 층화를 가정하고 있다. 구조는 메모에서 암묵적인 채로 남아 있지만 나는 그것의 존재와 함의를 주장하고 있다. 높은 도덕적 지위를 보유한다는 것을 낮은 도덕적 지위를 보유하는 것과 어떻게 비교하는지 보라. 나는 높은 도덕적 지위의 취약함을 지적하면서 그것이 어떻게 약화되는가를 제시하고 있다. 이 과정에는 자아와 정체성에 대한 심대한 함의가 있다. 이 과정은 사람들의 감정을 뒤흔들고, 정체성에 영향을 미치며,

그들의 상황을 재정의하고, 관계를 변화시킨다. 범주는 유사한 경험뿐만 아니라 완전히 상이한 경험도 통합한다. 범주는 시간적 순서와 전환점을 제시하고, 특정한 행동을 촉진하며, 특정한 조건에 부합하거나 그 조건하에서 출현하고, 그에 따른 결과를 갖는다.

메모는 어떻게 민감한 개념이—오랫동안 침묵한 채로 있던—코딩과 분석의 와중에서 목소리를 내는지 알려 준다. 나의 연구에서 탈코트 파슨스(Parsons, 1953), 어빙 고프만(1959, 1961, 1963, 1967), 에밀 뒤르켕(Durkheim, 1893/1964, 1912/1965, 1925/1961)—고프만에게 영감을 불어넣어 준—등의 희미했던 목소리가 메모를 통해 되살아났다. 파슨스가 언급했던 병자의 역할the sick role 개념은 비록 배경에 머물러 있지만, 도덕적 기대와 도덕적 명령이 흘러나오는 도덕적 지위에 영향을 미치고 있다. 도덕적 삶과 도덕적 의미를 다룬 고프만의 연구가 도덕적 위계, 그 안에서의 도덕적 지위, 고통 사이를 연결지어 보도록 나를 일깨워 주고 이끌어 간 것은 의심할 나위 없다. 하지만 메모 작성을 위해 이들 이론가를 미리 살펴보지도 않았고, 메모를 쓰는 도중에도 이들을 생각한 적은 없었다. 그럼에도 메모가 이들의 아이디어와 어떻게 보완되는지는 알 수 있다. 고프만과 뒤르켕 모두 도덕적 규율, 도덕적 권리, 도덕적 책무와 씨름했다. 고프만은 사람들이 타인에게 자신을 어떻게 드러내고, 타인이 가지는 인상을 어떻게 관리하며, 상호작용을 통해 어떻게 역할을 수행하는지를 폭넓게 다루었다. 고프만에게 상황situation은 그 자체의 도덕적 규율이 있고, 사람들은 그 안에서 자신을 도덕적 존재로 설정하고자 하였다. 뒤르켕은 규율이 갖는 도덕적 위력, 성스러움sacred과 불경스러움profane의 의미를 분석하였고, 이는 사회적 유대와 공유된 가치가 가진 숨겨진 힘을 설명해 주고 있다.

나의 메모는 몇 가지를 추가하여 학술대회 발표 후 논문으로 출간될 기조강연의 분석적 핵심으로 자리잡았다. 자료로 되돌아가서 기조강연 원고를 손보기까지 몇 달이 흘렀다. 다른 많은 저술가가 그러했던 것처럼 나 또한 범주의 완결성에 대해 오판했다. 구체적이지 못한 대략적인 윤곽만이 있었을 뿐이었다. 범주는 좀 더 채워질 필요가 있었다. 그래서 범주를 보다 명료하게 한 다음, 더 많은 아이디어를 얻기 위해 현장으로 돌아갔다. 다음에 제시한 출간본(〈표 4-2〉)은 메모를 부드럽고 결속력 있게 묶어 주면서도, 메모에서 사용한 원래 언어를 대부분 채택하고 있다. 기조강연을 위해 이 메모를 선택한 이유는 나의 아이디어와 그 아이디어를 불러왔던 이야기를 이어 주는 연결관계를 청중도 들어보길 바라서였다. 나는 또한 청중이 도덕적 지위의 상실에 뒤따르는 고통을 조망해 보길 원했다. 메모의 초고를 작성한 지 5주가 지난 후 이러한 출간본을 제시했을 즈음, 나는 명시적인 도덕적 위계를 분명하게 표현할 수 있었다. 출간본의 메모에서 도덕적 위계의 구조를 보여 주는 그림은 아래로 하강하는 움직임을 보여 주고 있다. 도덕적 지위가 하락하면서 무가치함worthlessness이 만성 질환을 앓는 많은 사람을 뒤덮게 된다.

표 4-2 고통받음에 대한 메모의 출간판

도덕적 지위로서 고통받음
도덕적 지위의 위계 고통은 근본적으로 신체적 경험이자 도덕적 지위다. 도덕적 지위는 상대적인 인간의 가치를 나타내고, 그렇기에 받아 마땅한 가치나 가치폄하의 잣대이기도 하다. 고통을 다룬 이야기는 이러한 도덕적 지위를 반영하고, 재정의하거나 그것에 저항한다. 고통의 이야기는 옳고 그름, 도덕적 미덕과 흠결, 이성과 합리화 등을 다루는 도덕적 훈화parable를 형성한다. 이와 관련해 클라인만 등(Kleinman et al., 1991)은 현재 고통을 묘사하는 집합적이고 전문적인 언어는 고통이 도덕적이고 종교적 의미를 표현하기보다는, 합리화되고 관례화된 형태를 취한다고 주장한다. 당연히 고통이 갖는 도덕적 의미는 직접적으로 명백하게 나타나거나 표현되지 않을 수 있다. 그럼에도 고통이 갖는 도덕적 의미는 여전히 생각과 행위에 영향을 미치고 있다. 도덕적 정의definitions와 더불어 도덕적 권리와 자격은 고통과 함께 온다 – 만약 고통이 정당한 것으로 고려된다면 말이다. 따라서 병약한 사람은 자신에게 부여된 도덕적 주장

을 할 수 있고, 특정한 도덕적 판단을 내릴 수 있다. 이를 테면 다음과 같은 존재로 판단한다.

- 정당한 자격이 있는 존재
- 의존적 존재
- 도움이 필요한 존재

고통은 개인에게 상승된, 심지어 성스러울 수도 있는 도덕적 지위를 내려 준다. 이제 성스러운 장소에 있었던 사람, 보통의 유한적 존재가 가지지 못한 것을 보았거나 알고 있는 사람이 되는 것이다. 그의 이야기는 경외심과 경이로움으로 받아들여진다. 자신 또한 상승된 지위를 얻게 된다. 그 사람은 특별한 존재가 된다. 관심과 흥미를 끄는 이야기를 통해 화자stroyteller 역시 그에 상응하는 질을 부여받기 때문이다.

베시 해리스의 경험은 그녀의 도덕적 지위를 변화시켰고, 고통에 대한 자신의 관점을 바꿔 놓았다. 그녀는 폐기종emphysema과 심장 질환으로 완전한 장애 상태로 추락했다. 베시를 방문했을 때, 그녀는 부엌 탁자 옆 전동휠체어에 구겨질 듯이 앉아 있었다. 그녀는 자신이 위중한 질병으로 급속히 쇠약해졌음을 말해 주었다. 베시가 자신이 받은 위험한 수술에 대해 말하기 시작했을 때, 중년의 딸인 셀마는 옆 방에서 부엌 세간을 정리하고 있다가 우리와 합류했다. 베시가 심장이 멈춰 거의 죽을 뻔했던 경험을 이야기했다. 셀마가 흥미와 경외감을 가지고 그 말을 듣고 있었다. 이전에도 수없이 들은 이야기였지만, 매순간이 새로웠다. 베시는 수술을 받던 중 자신이 어둡고 긴 터널 안에 있다가 아름다운 밝은 빛을 보았다고 말했다. 그녀는 그 빛이 하느님의 얼굴에서 비춰나온 것이라고 믿었다. 셀마는 어머니의 이야기를 다시 들으면서 깊은 존경심을 담은 얼굴로 어머니를 바라보았다. 그런 다음 셀마는 이 경험을 통해 베시의 영혼이 부흥되었고, 병에 대한 태도 또한 좋아지게 했다고 이야기했다.

고통은 모든 역경에서 승리하며 등장하는 영웅의 신화를 재현할 기회를 또한 제공한다. 그렇기에 마치 힘든 전장에서 등장하는 영웅처럼 그를 바라보게 되면서 고통은 또 다시 그의 지위를 상승시키고 그 사람을 두드러지게 한다. 그 사람은 위험을 감수하면서도 행동하여 죽음과 사투를 벌였고, 아마도 의사에게도 도전했을 것이다. 종종 동년배보다 일찍 질병과 죽음을 맞닥뜨릴 때 영웅의 지위가 뒤따른다. 투병에 관한 이야기는 청중의 관심을 끌어들이고 자신의 변화된 정체성을 공표하게 된다. 영웅적인 투쟁은 그 사람과 상황 모두를 변화시킨다.

50세 된 여성이 동년배 사이에서는 흔히 찾을 수 없는 조건에서 어려운 수술을 경험했다. 그녀는 "전쟁터에 나가 상처를 입고 돌아온 셈이죠."라고 말했다. 그러자 그녀의 배우자는 존경심에 가득찬 채, "휴, 나라면 그 모든 일을 헤쳐나갈 수 없었을 거예요."라고 말했다.

상승된 도덕적 지위는 변화한다. 시간, 고생, 그리고 다양한 문제가 높은 도덕적 지위를 갉아 먹는다. 그러면서 고통에서 비롯된 도덕적 주장은 그 폭과 힘에서 좁아진다. 이러한 도덕적 주장 내에서 자신의 이야기는 상당 기간 주목받고 즐거움을 주지만, 시간이 지남에 따라 그 또한 점차 줄어든다―그 사람이 상당한 영향력이나 힘을 가지고 있지 않다면 말이다. 그가 속한 사회적 모임도 대부분 가장 의미 있는 타자로 협소해진다. 사랑, 권력, 돈, 또는 특별한 지식이 도덕적 지위를 유지시킨다. 이러한 결정적인 요소를 잃게 된다면 그 사람의 도덕적 지위도 내려간다.

고통에서 도덕적 지위가 갖는 암묵적 위계는 존재한다([그림 4-1] 참조).

- 상위의 도덕적 지위 – 정당화된 도덕적 주장

  의료적 응급 상황

  비자발적 발병

  조건에 대한 무책망blamelessness

- 유지된 도덕적 지위 – 수용된 도덕적 주장

  만성 질환

  협상된 요구

  현재 또는 과거의 권력과 호혜성

- 감소된 도덕적 지위 – 의심받는 도덕적 주장

  개인의 가치

  가치 절하

  가치 절하

  가치 절하

  무가치함

그림 4-1 고통에서 도덕적 지위의 위계

위기와 그에 따른 즉각적인 결과는 고통으로 인한 도덕적 주장이 건강한 사람과 그 전체의 도덕적 주장보다 우월하게 해 준다. 그렇지 않다면 이제 그 사람은 점점 덜 가치 있게 된다. 가치 절하WORTH LESS. 두 단어는―처음에는 떨어져 있던―병이 심각해지고 나이가 들면서 변화할 수 있다. 이 단어는 결국 합쳐져, 그 사람은 무가치한 존재worthless로 끝나게 된다.

고통이 갖는 도덕적 지위는 위계상의 지위를 반영하는 예의와 존엄의 기준을 가져다준다. 그 사람은 이러한 기준을 충족하거나, 그 결과로 고통을 겪는다. 하지만 이러한 기준은 대개 당연하게 받아들여지는데, 집단과 과거의 이해에 따라 상대적이다. 한 집단의 기준을 촉구하는 것이 다른 집단을 소외시킬 수 있다. 크리스틴 댄포드는 침묵하다가 감정을 폭발하는 것으로 바뀌어 나갔다. 침묵은 어떤 맥락에서는 잘 작동되지 않는다. 다른 맥락에서만 통하는 전략일 뿐이기 때문이다. 감정의 폭발은 타인의 관심을 요구하지만, 소외시킬 수도 있다.

병약한 어떤 사람은 공유되거나 혹은 공유되지 않은 기준을 당연하게 받아들일 수 있다. 누군가의 도덕적 지위는 배우자, 부모, 성인 자녀 등과의 사적인 관계에서 출현할 수 있다. 또한 그것은 공식적 상황이나 직장에서 일어날 수도 있다. 어떤 사람은 점차 미세한 폄하를 느끼거나 명백한 수모를 경험하기도 한다. 한 예로 수년 동안 같은 동료와 한 팀으로 수위로 일해 온 사람이 있다. 그들은 동료애를 나눈 사이였지만, 이제 동료는 과거 두세 명 몫의 일이라 받아들였던 과업에 대해서 그를 도와주지 않겠다고 한다. 또 다른 예로 교수 인원이 부족한 학과의 한 교수는 급격히 쇠약해져서, 동료 교수가 그의 강의를 맡게 되었다. 동료 교수는 기꺼이 맡아 주겠다고 말했지만 그는 그들이 얼마나 부담스러워하는지 눈치챘고 결국엔 자신을 도와주지 못할 것이라고 느꼈다. 아마도 얼마 지나지 않아 동료는 학장실 앞에 모여, "어떻게 하면 그를 여기서 몰아낼 수 있을까?"라고 말할 것이다. 고통의 도덕적 지위가 그 사람의 공적 지위를 오랫동안 보존시키지는 못한다.

도덕적 주장과 도덕적 지위는 경합하게 된다. 크리스틴 댄포드의 삶에서 거의 모든 부분은 문제에 봉착하고 있다—주거 여건, 가족, 의료, 소득 수준, 직장관계 등에서 말이다. 병가 휴직이 끝난 다음 그녀는 직장으로 돌아갔다. 그녀는 이렇게 말했다.

반드시 그럴 필요는 없었지만 3월 1일에 직장으로 복귀했어요. 제가 직장에 도착했을 때 사람들은 장시간 회의를 했고, 제가 그날부터 더 이상 쉬지 못할 것이라 말했죠. 제가 휴식을 취했던 유일한 시간은 점심시간이었고, 그것은 정당한 제 시간이었죠. 그 시간엔 문을 닫고 일을 안 하거든요. 그런데 상급자가 더 이상 그럴 수 없다고 말하더군요. 그래서 저는 "그 시간은 제 시간이에요. 저에게 누울 수 없다고 말할 순 없어요."라고 말했어요. 그러자 그들은 "글쎄, 거기에 있는 소파에 누울 수는 없어. 다른 직원이 불편해해."라고 말했어요. 그래서 저는 다른 직원에게 가서 말했어요. 그랬더니 그들 모두 "아니야, 그렇게 말한 적 없어. 절대 그런 일 없어."라고 말하더군요. 그래서 저는 다시 상급자에게 돌아가 말했어요. "보시다시피 다른 직원에게 말하고 왔어요. 당신 말고는 아무도 문제된다고 하지 않더군요. 게다가 당신은 점심시간에 여기에 있지도 않잖아요." 하지만 여전히 제가 더 이상 그렇게 할 수 없다는 말만 계속 하더군요. 그러고 나서 몇 달이 지나고, 다른 직원 중 한 명이 점심시간에 눕기 시작했어요. 그래서 제가 말했지요. 집작하겠지만, "이건 공정치 못해, 그 여자는 장애도 없는데 누워 있잖아."라고요. 그래서 저도 그렇게 하기 시작했죠.

크리스틴은 고통을 겪는 사람에게 부합할 뿐만 아니라 한 인간으로서 부합되는 도덕적 주장을 했다. 그녀는 말할 권리, 의료적 공간과 직장 모두에서 공정하고 공평한 처우를 받을 권리에 대해 주장했다.

역설적이라 할까? 크리스틴은 장애인 옹호서비스를 제공하는 비영리기관에서 일했다 (Charmaz, 1999: 367-370).

초기 메모의 생명력은 연구를 출간할 때까지 이어질 수 있다. 아이디어에 대한 추가적인 분석과 개발을 통해 또 다른 작업을 만들어 낼 수 있다. 어떤 메모는 수많은 아이디어를 떠올리게 하며, 다양한 목적으로 사용될 수 있다. 메모가 등장하는 학술지 논문은 책으로 묶일 전조를 보여 준다. 기조강연문을 출간한 다음, 나는 고통에 대한 아이디어의 일부분을 수정하였다. 자료에서 차이를 보여 주는 정의가 개인이 경험하는 도덕적 위계의 하락을 어떻게 가속화하는지를 반영하기 위해서였다. 그 결과, 자료에 있던 사안을 비교하면서, 계급과 연령의 차이가 어떻게 상호작용을 하며, 도덕적 위계에서 어떻게 나타나는지 더 많이 깨닫게 되었다(Charmaz, 2005 참조).

메모 작성방법

메모를 작성하는 방법은 기계적이 아니라 얼마나 즉각적spontaneous으로 수행하느냐에 달려 있다. 근거이론을 배우기 전이었다면, 아마도 메모를 기업에서 사업상 필요한 의사소통 수단쯤으로 생각했을 것이다. 이 메모는 대개 공식적인—대부분 의미를 알 수 없는—관료주의적 용어로 쓴 정책, 절차, 제안을 기술하고 있다. 하지만 근거이론가는 이와 달리 앞서의 예에서 본 바처럼 메모를 분석의 목적을 위해 사용한다. 메모는 사적인 용도를 위해 비공식적이며 비사무적인 언어로 쓰인다. 나는 코드와 관련해 떠돌아다니는 나의 아이디어를 붙잡고 자료를 탐침하기 위해 앞서 제시한 메모를 썼을 뿐이지, 누군가와 공유하기 위해 쓴 것이 아니다.

　메모 작성의 올바른 방법을 찾기란 거의 힘들다. 연구자에게 잘 맞는 방법을 사용하는 것이 정답이다. 메모는 자유롭게 흘러가듯이 쓴다. 대개 메모는 짧고 자의식을 드러낸다—특히 연구자가 새로운 분석 영역에 진입하면 그러하다. 중요한 것은 종이 위에 적어내고 컴퓨터 파일에 저장하는 것이다. 연구자가 써 내려가는 방식이나 생각을 이끌어 내는 방식에 상관없이 계속 작성해 가야 한다.[1]

표 4-3　메모 작성방법

선행 조건: 출현하는 자료를 조사할 것!
연구자가 말하고자 하는 바를 확인하라–가능한 구체적으로 메모의 제목을 붙이라. 선택한 단어가 그 의미를 정확히 포착하지 못한다고 느낄 수 있다. 그런 것에 표시를 하라. 고민해 보라. 이후에 수정하라. 지금은 작성하라!

초기 메모

자료에서 일어나고 있다고 본 것을 기록하라. 초기 메모는 질적 코드를 탐색하고 채워 넣기 위해 사용하라. 추가적인 자료 수집의 방향과 초점을 가지기 위해 사용하라. 다음의 질문이 유용할 수 있다.

- 현장 또는 면접에서 무슨 일이 일어나고 있는가? 그것을 어떤 구체적 범주에 집어넣을 수 있는가?
  예: '공개 회피하기' '하루를 마지막처럼 살기' '질병에 항복하기'
- 사람들은 무엇을 하고 있는가?
- 그 사람이 말하는 바가 무엇인가?
- 연구 참여자의 행위나 진술은 무엇을 당연하게 받아들이고 있는가?

---

1. 신속하게 이루어지는 예비적 언급이나 공동 저자와 나눈 대화를 기록하는 메모는 안셀름 스트라우스(1987: 111-112)의 책을 참조하라.

- 구조와 맥락은 그들의 행위와 진술을 어떻게 지지, 유지, 은폐, 변화시키고 있는가?
- 어떠한 연결을 만들 수 있는가? 확인해 볼 필요가 있는 것은 무엇인가?

근거이론연구는 과정을 살펴볼 수 있게 해 준다. 다음 질문이 과정에 대한 초점을 유지하는 데 유용하다.

- 여기에서 쟁점은 무엇인가?
- 이 과정은 어떠한 조건에서 발전되는가?
- 연구 참여자는 이 과정에 관여하면서 어떻게 생각하고 행동하는가?
- 그 과정은 언제, 왜, 어떻게 변화하는가?
- 그 과정의 결과는 무엇인가?

출현한 범주 간에 그리고 자료에서 관찰하고 예측한 관계를 그려 보기 위해 메모를 구조화하라.

고급 메모

- 주제가 포함하는 자료를 추적하고 범주화하라.
- 범주가 어떻게 출현하고 변화하는지 기술하라.
- 범주를 지지하는 신념과 가정을 확인하라.
- 주제가 다양한 관점에서 어떻게 보이고 느껴지는지 말하라.
- 그것을 주장 안에 위치시키라.
- 비교하라.
  - 다른 사람과 비교하라(그들의 신념, 상황, 행위, 설명, 경험을 비교하라).
  - 동일한 사람의 다른 시점에서 얻은 자료를 비교하라.
  - 범주를 비교하라.
    예: '질병을 수용하기'를 '질병과 타협하기'와 어떻게 비교하는가? 어떠한 범주가 주요한 영역이 될 것인가? 어떠한 것이 부수적 지위로 내려가야 하는가?
  - 부합도를 위해 하위 범주를 보편적 범주와 비교하라.
    예: '질병을 수용하기'는 어디로 보내야 하는가? 어떠한 지점에서 쟁점이 되는가? 질병의 경과 과정에 부합하는 곳은 어디인가?
  - 보편적 범주 내에서 하위 범주를 비교하라.
    예: '순간을 확인하기'와 '의미 있는 사건' 간의 차이는 무엇인가?
  - 개념 또는 개념적 범주를 비교하라.
    예: '과거의 자신'과 '현재의 자신' 간의 차이를 확인하라. '침해적 질병'을 경험하기와 '질병으로 몰입'을 비교하라.
  - 전체 분석을 기존 문헌이나 현장의 지배적 아이디어와 비교하라.

- 분석의 결과를 수정하라.

출처: Charmaz, K. (1995). 'Grounded Theory'(pp. 27-49) In Jonathan A. Smith, Rom Harre & Luk Van Lagenhove(Eds.), *Rethinking Methods in Psychology*. London: Sage

메모 작성은 다른 활동을 중단하게 한다. 어떤 범주에 관심을 가지게 된다면, 그 범주의 안팎과 주변을 자유롭게 돌아다니면서 연구자에게 떠오르는 무엇이든 기록하라. 그 점이 바로 메모가 탐색과 발견을 위한 공간과 장소를 만들어 내는 이유다. 연구자는 자신이 보고, 듣고, 느끼고, 코드했던 것에 대한 아이디어를 발견할 시간적 여유를 가져야 한다.

메모 작성은 연구자가 범주를 정의한 후, 내디뎌야 하는 다음 순번의 논리적 단계다. 하지만 메모는 연구의 시작부터 작성해야 한다. 메모는 연구자가 분석 과정의 초기부터 내러티브 형태로 아이디어를 개발하고 충만하도록 박차를 가해 준다. 연구자의 메모는 이후 코딩을 명료하게 하고 방향을 세우는 데 도움이 된다. 메모 작성은 범주와 코드에 담겨져 있는 과정, 가정, 행위를 정교하게 하도록 촉발한다. 메모는 출현한 범주를 분리하고, 그 구성요소로 나누도록 해 준다. 메모는 또한 어떠한 코드를 분석 범주로 처리해야 할지 확인하는 데 유용하다. 특히 연구자가 이미 범주를 정의하지 않은 경우 그러하다(그럴 경우 더 많은 메모 작성을 통해 이러한 범주를 추가적으로 개발할 수 있다.).

유용한 메모를 정의하는 단 하나의 기계적 절차는 없다. 연구자가 가지고 있는 자료에 대해 가능한 것은 무엇이든 하라. 메모는 다양할 수 있지만, 다음의 것을 수행할 수 있다.

- 분석 속성으로 각 코드나 범주 정의하기
- 코드나 범주가 포함하는 과정을 솎아 내고 상세하게 기술하기

- 자료와 자료, 자료와 코드, 코드와 코드, 코드와 범주, 범주와 범주 비교하기
- 원자료를 메모에 가져오기
- 연구자가 내린 범주의 정의와 그에 대한 분석적 주장을 지지하는 충분한 경험적 근거 제공하기
- 현장에서 확인해야 할 추측 제시하기
- 분석의 틈새 확인하기
- 질문을 통해 코드나 범주에 대해 탐문하기

근거이론가는 심지어 단일 사례에 초점을 둘 때에도 양상patterns을 살펴본다(Strauss & Glaser, 1970). 양상을 확인하는 데 강조를 두기에 근거이론가는 일반적으로 핵심 사항을 예시하기 위해 응답자의 이야기를 가져다 쓴다. 어떠한 경험에 대한 완전한 내러티브나 그들의 삶에 대한 완전한 묘사를 제공하지는 않는다.[2] 원자료를 메모로 바로 가져올 경우, 처음부터 분석 아이디어를 지지하는 효과적인 증거를 보존하게 된다. 충분한 축어록 자료를 제공하여 추상적 분석의 '근거'를 갖게 하고, 그에 대한 주장의 토대를 쌓는다. 상이한 출처에서 얻은 축어록 자료를 포함시키는 것은 상세한 비교를 메모에서 바로 수행하게끔 해 준다. 이러한 비교를 통해 경험적 세계에서 양상을 정의할 수 있다. 따라서 메모 작성은 연구 작업이 개별 사례에 머물지 않고 그 이상의 영역으로 옮겨 가게 해 준다.

제목을 붙여가면서 메모를 시작하라. 연구자가 설정한 코드가 분석해야

---

2. 이러한 점에서 근거이론가는 다른 질적 접근에 비해 묘사를 적게 하고 현장 삽화를 거의 포함시키지 않는다. 우리는 종종 개발 중인 분석에 도움이 되는 행위, 사건, 참여자의 이야기를 분절화fragment한다. 글레이저(1998)는 이러한 분절화가 이론을 진전시키는 데 필수적인 것으로 높게 평가했다. 반면 내러티브 분석가, 현상학자, 몇몇 포스트모더니즘 연구자는 참여자의 이야기를 파편화하는 것에 반대한다. 그 이유는 이야기는 온전하게(비록 집약된 형태일 때가 종종 있지만) 보존될 필요가 있으며, 내용뿐만 아니라 이야기가 취하는 형태가 그 의미에 중요한 통찰을 줄 수 있다고 믿기 때문이다.

코드와 자료에서 정의를 형성하는 것은 현상의 표면을 꿰뚫도록 한다. 범주에 대해 내린 연구자의 정의는 그 속성이나 특성을 명시적인 것으로 만드는 데서 시작한다.

할 제목일 수 있기에 이 작업은 쉽게 이루어진다. 이를 통해 연구자는 이미 방향과 초점을 가지게 된다. 다루려는 범주를 정의하도록 하라. 참고로 내가 고통이 왜 도덕적 지위인지 정의내린 방식을 고려해 보도록 하라. 할 수 있는 한 연구자의 정의를 취하도록 하라. 연구자의 코드와 자료에서 정의를 형성하는 것이 현상의 표면을 꿰뚫도록 해 준다. 비록 현상을 다룰 수 있는 도구를 얻기 위해 예비적이고 잠정적인 정의를 설정했지만, 재료에 밀착해 포착하는 정의는 묘사를 뛰어넘는 분석으로 연구를 옮겨 가게 해 준다. 따라서 범주에 대한 정의는 그 속성이나 특성을 명시화하는 데서 시작한다.

다음으로 그 정의가 포함하는 범주와 자료 모두가 연구자를 어디로 이끄는지에 대해 생각해 보라. 그것이 무엇이든 간에 그 단서를 따라가라. 나는 그 범주에 내재된 채 대개는 진술되지 않거나 기저에 깔려 있는 가정을 살펴본다. 더불어 그 범주가 언제 어떻게 발전하고 변화하며 왜 그러한지, 그 범주가 현장에서 누구와 연관성을 갖는지 보여 주려 한다. 나는 의학적 위기로 고통받거나 지속적으로 불확실한 상태에 직면한 사람들이 "하루를 마지막처럼 살아간다livng one day at a time."는 말을 자주 언급하고 있음을 발견하였다. 이후 나는 '하루를 마지막처럼 산다.'는 것이 그들에게는 어떤 의미인지를 물어보기 시작했다. 나는 참여자의 응답과 자서전에 쓰인 설명에서 그 범주와 특성을 정의하기 시작했다. '하루를 마지막처럼 살아가기'라는 용어는 일련의 묵시적인 의미와 가정을 농축한 것이다. 이것은 혼돈스러운 감정을 다루고, 이제는 통제할 수 없는 삶이지만 약간의 통제력을 행사하려 하며, 불확실성에 직면하고, 예측컨대 눈 앞에 닥친 미래를 다루려는 전략이 된다.

메모 작성은 묵시적이고 진술되지 않으며 농축된 의미를 파헤치도록 도와준다. 농축된 의미를 포함하는 코드를 살펴보라. 이러한 코드는 분석에 보상을 제공하고 개념에 무게를 더해 준다. 〈표 4-4〉의 메모에서 내가 이러한 의미를 어떻게 얻어 내려 했는지 알아보라.

표 4-4 메모 작성의 예

하루를 마지막처럼 살아가기
하루를 마지막처럼 살아가기는 만성 질환자와 다른 누군가가 질병에 대처할 때, 미래에 대한 계획, 심지어 일상적 활동도 중단한 채, 매일매일의 기준에서 질병에 대처해 나간다는 것을 의미한다. 하루를 마지막처럼 살아갈 때 사람들은 자신의 미래가 흔들리고 있고, 미래를 예측할 수 없으며, 미래가 있기는 할까라는 감정을 느낀다. 하루를 마지막처럼 살아간다는 것은 두려움이나 미래에 대한 암시 때문에 완전하게 꼼짝 못 한 채로 있지 않으며, 질병, 치료, 치료 계획에 초점을 두게끔 한다. 사람들은 현재에 집중함으로써 죽음에 대한 생각이나 죽을 가능성에 대한 생각을 피하거나 최소화할 수 있다.
시간에 대한 관점과의 관계
하루를 마지막처럼 살아가는 것과 관련된 정서적 욕구는 종종 그 사람이 가지고 있는 시간에 대한 관점을 급격하게 변화시킨다. 하루를 마지막처럼 살아가기는 그 사람을 현재로 끌어 오고, 지나간 미래past future(발병 전 또는 질병의 현 단계 전에 그려 보았던 미래)를 뒤로 밀어놓게 만들어 (잃어버린 것에 대해) 슬퍼하지 않고 물러날 수 있게 한다. 이렇게 지나간 미래는 아마도 대부분 누구도 알지 못한 채 사라져 갈 수 있다(나는 응답자의 상황, 진술문, 시간의 관점들에 대해 비교하려 한다.).

좇아가야 할 어떤 아이디어와 범주를 정리하자마자 메모 작성을 시작하라. 만약 무엇을 써야 할지 혼란스러우면 가장 빈번하게 나타난 코드를 명확하게 만들라. 자료를 계속 모으고, 코딩을 계속 수행하며, 더 많이 추가적으로 발전시킨 메모 작성을 통해 연구자의 아이디어를 개선시키라. 근거이론방법을 사용하는 연구자 중에는 자료 수집의 초기에 몇 가지 흥미로운 점을 발견하고는 연구를 중단하는 사람도 있다. 이 경우, 이들의 작업은 로플랜드와 로플랜드(1995)가 좋은 질적연구의 기준으로 제시한 바 있는 자신의 연구 상황이나 경험에 대한 '친밀한 익숙함intimate familiarity'이 부족하게 된다. 글레이저(2001)는 조직폭력배 집단 속에서 '일탈적 개인주의defiant individualism'

라는 개념을 찾아낸 마틴 얀코브스키(Jankowski, 1991)의 연구에 확실한 찬사를 보냈는데, 그 이유는 그가 수백 개의 시안을 비교했기 때문이다.[3] 충분한 사례를 탐색하고 범주를 충분하게 개발하여 주제를 심층적으로 다루도록 하라.

메모 작성은 범주에 대한 연구자의 아이디어를 자유로이 탐색할 수 있게 해 준다. 메모를 부분적이고, 예비적이며, 잠정적인 것으로 취급하라. 메모는 즉각적으로 수정이 가능하다. 굳건한 기반 위에 서 있는 곳과 추측을 하는 곳을 표시하라. 그런 다음 현장으로 돌아가 그러한 추측을 확인하라.

> 메모 작성은 연구자가 범주에 대한 아이디어를 자유롭게 탐색하도록 해 준다. 메모를 부분적이고, 예비적이며 잠정적인 것으로 취급하라. 메모는 즉각적으로 수정이 가능하다. 굳건한 기반 위에 서 있는 곳과 추측을 내리는 곳을 기록하라. 그런 다음 추측을 확인하기 위해 현장으로 돌아가라.

메모는 사적이고 공유되지 않은 채로 남겨둘 수 있다. 이러한 점을 고려해 가능한 신속하고 명료하게 아이디어를 써 내려가라. 문법상의 시제, 과도한 수식 문장, 만연체의 긴 문장을 두려워하지 말라. 메모의 목적은 자료를 가공하기 위해 작성하는 것이지, 독자와 의사소통하기 위함이 아니다. 메모 작성은 아이디어를 발견하고 탐색하기 위해 사용한다. 그리고 나중에 메모를 수정할 수 있다.

메모를 편집하지 않으면서 신속하게 작성하는 이유는 연구자의 자연스러

---

3. 글레이저(2001)는 사안별 비교에 대한 자신의 입장을 명확히 밝혔지만, 소규모 표본이 사안을 제약하는 것은 아니라고 주장했다. 그 이유는 사람들은 길게 이야기할 수 있고 면접을 다시 할 수 있기 때문이다. 하지만 실제에서도 그의 논리가 맞고 잘 작동하는지는 경험에 비추어 봤을 때 의문이 든다. 사안을 이야기하는 것은 자료 수집과 분석을 수행하는 동안에는 분명하지만, 모든 참여자에게 영향을 미치지 않을 수 있는데, 그렇기에 비교의 출처를 제약할 수 있다. 대부분은 아니지만 많은 근거이론연구는 1인당 1회의 면접에 의존한다(Creswell, 1998 참조). 따라서 연구자는 비교의 원천을 제공해 줄 수 있는 참여자의 또 다른 사안을 발견하지 못할 수도 있다. 또한 연구자는 원래 관심을 가졌던 사안에 대해 더 많은 질문을 할 기회를 잃어버릴 수 있다. 소규모 표본으로 수행되는 근거이론연구는 에드워드 스피들링(Speedling, 1982)이 수행한 세밀한 사례연구에서 보여 준 통찰력을 갖지 못할 수 있다. 스피들링은 심장마비 증상으로 입원한 8명의 남자와 그 가족에 대해 입원 기간과 그 이후 기간을 연구하였다. 그는 연구 대상자를 선택하기 전부터 수개월 동안 병원에 참여 관찰자로 있었다. 그는 연구 참여자가 될 남성을 선별한 후, 중환자실에 도착할 때부터 회복 후 집으로 돌아가 삶을 재구성하기까지 수차례에 걸쳐 그와 가족을 방문하여 면접을 실시하였다.

운 목소리를 개발하고 보존하기 위해서다. 빈틈없는 사회과학자보다는 살아
있고, 생각하며, 감정을 느끼는 인간이 쓴 것처럼 메모가 읽혀야 한다. 연구
자는 구체적인 것에서 고도로 이론적인 것까지 다양한 추상적 수준으로 메
모를 작성할 수 있다. 메모 중 어떤 것은 별다른 노력 없이도 분석의 초고에
직접적으로 활용할 수도 있다. 상이한 초점을 가진 것은 일단 묻어 둔 다음,
이후에 개발하도록 하라.

　연구자가 작성한 메모의 대부분은 글레이저와 스트라우스의 지속적 비
교방법을 따라 비교에 활용하게 된다. 연속적으로 작성한 메모를 통해 연구
자는 각 범주가 가리키는 사안을 비교할 수 있고, 사안의 비교를 통해 범주
를 통합할 수 있으며, 그 관계를 상세하게 밝혀낼 수 있거나 범주와 개념 간
의 비교를 통해 출현한 이론의 폭과 범위를 한정짓고, 이론을 써 내려갈 수
있다. 연구자는 동일한 연구영역에서 개발된 다른 이론과도 비교할 수 있다.
그렇기에 어느 응답자의 믿음, 자세, 행위를 다른 응답자의 그것과 비교하거
나 어떤 경험을 다른 경험과 비교하면서 개발한 코드를 정교하게 할 수 있
다. 만약 종단적 자료를 가지고 있다면, 참여자의 반응, 경험, 상황을 다른 시
점 간에 비교해 볼 수 있다. 이를 통해 연구자는 보다 분석적이게 되고 몇 가
지 잠정적인 분석 범주를 가질 수 있기에 새로운 자료와 비교하게 된다. 이
러한 단계는 범주를 한정 짓고 그 속성을 정의하는 데 유용하다.

　범주를 개발하면서 범주를 상세하게 비교하기 위해 추가적인 메모를 작
성하라. 이러한 메모는 자료를 예리하게 처리해 주는 독특성을 찾는 데 도움
이 된다. 또한 이들 메모는 연구자가 범주에 대해 중요성을 부여하고 서로의
관계에 따라 위치를 부여하는 데 도움이 된다. 메모 작성을 통해 연구자는
대범주major categories와 소범주minor categories를 구분하고 그들이 어떻게 관
련되는지를 상세히 밝히게 된다. 이를 통해 연구자는 범주가 하나의 이론적
진술문으로 구성될 수 있는 틀을 만들기 시작한다. 연구자는 메모를 통해 출
현한 분석의 모양과 형식의 방향을 정하게 된다.

메모 작성에서 이루어지는 보다 분석적이고 추상적인 수준마다 분석으로 자료를 즉각 가져와야 한다. 모든 메모에서 자료에 대한 분석을 어떻게 수행했는지 보여 주라. 자료를 메모 작성의 수준마다 가져오는 것은 궁극적으로는 시간을 절약하게 한다. 연구자의 관점을 예시하기 위해 자료 뭉치를 파헤칠 필요가 없기 때문이다. 앞서 제시한 메모의 예에서, 처음 '하루를 마지막처럼 살아가기'라는 범주를 정의하고, 그 범주의 주요한 속성에 대한 개요를 작성했음에 주목하라. 그런 다음 나는 '하루를 마지막처럼 살아가기'가 갖는 여러 측면을—이를테면 시간의 관점, 감정의 관리와 갖는 관계—개발하였다. 또한 메모를 통해 사람들이 어떠한 방식으로 하루를 마지막처럼 살아가는지 다루었고, 그에 따라 해결되고 제기된 문제, 그러한 방식으로 살아가는 데 따른 결과를 다루었다. 메모 작성은 다음의 유용한 점이 있다.[4]

- 잠시 멈추고 자료에 대한 생각을 하게 한다.
- 질적 코드를 분석해야 할 범주로 처리하게 해 준다.
- 작성자의 목소리와 서술의 리듬감을 발전시킬 수 있다(메모는 절친한 친구에게 쓴 편지처럼 쓰고, 단조로운 학술논문투로 쓸 필요는 없다.).
- 현장에서 확인할 아이디어가 떠오를 수 있다.
- 기존 개념과 이론에다 자료를 강제하는 것을 피할 수 있다.
- 신선한 아이디어를 개발하고, 새로운 개념을 창출하며, 흥미로운 관계를 발견할 수 있다.
- 범주 간의 연결을 보여 줄 수 있다(예를 들어, 경험적 사건과 사회구조, 거대집단과 개인, 채택된 신념과 행위 간의 연결).
- 자료 수집의 틈새를 발견할 수 있다.

---

4. Charmaz, K. (1999). Stories of suffering: subjects' stories and research narratives. *Qualitative Health Research*, 9, 362-382.

- 자료 수집을 자료 분석 및 보고서 쓰기와 연결시킬 수 있다.
- 보고서의 전체 서술 영역을 구축할 수 있다.
- 연구와 저술에 지속적으로 관련되게 한다.
- 스스로에 대한 확신과 유능감을 증가시킨다.

적용 가능한 메모 작성의 두 가지 전략:
미리 써 보기 연습

메모를 작성하는 일은 어떠한 속박에서 벗어나는 것일 수 있다. 메모 작성은 학문적 글쓰기의 구조에서, 전통적인 조사연구 절차라는 제약에서, 교수와 상급자의 통제에서 벗어나게 해 줄 수 있다. 하지만 정말 그러할까? 항상 그렇지는 않을 것이다. 몇 가지 문제점이 연구자 내부에서 발생하기도 하고, 어떤 문제점은 연구자 외부에서 발생하기도 한다. 메모 작성의 자유로움이 신념과 실천의 불안한 비약을 가져오기도 한다. 메모 작성은 연구자가 모호함을 견뎌낼 것을 요구한다. 예측 가능한 시작, 중간, 종결에 대한 개요로 작성하는 연구자의 경우, 곧바로 보고 단계로 옮겨 가서는 글쓰기를 통한 발견과 탐색 단계를 놓쳐 버릴 수도 있다. 메모 작성은 발견 단계의 전형적 예다. 그렇기에 이러한 연구자의 경우 전체적인 그림이 머릿속에 자리 잡기 전까지는 글을 쓰기 힘들 수 있다. 그들은 기다리고 또 기다릴 것이다. 어떤 이들은 글쓰기를 지루하고 단조로운 일로 여길 수도 있다. 그러다 메모 작성의 주변만 서성이다가 글쓰기를 두려워할 수도 있다.[5]

---

5. 스스로를 자책하지는 말라. 몇몇 훌륭한 저자도 늑장을 부리고, 천천히 한 단어씩 써 내려간다. 연구자는 전의식 수준에서 재료에 빠져 있을 수 있고, 아이디어를 한데 묶어내기 위해서는 시간이 필요할지 모른다. 그저 글쓰기 과정의 흐름에 맡기고, 자신의 유형을 인식하면서 글쓰기를 진척시키는 데 유용한 몇 가지 전략과 단계를 세우도록 하라.

주변을 서성이거나 두려워한다는 것이 당신의 이야기로 들린다면, 모호함을 견뎌 내기를 배우고 글쓰기를 즐기기 위해 예행 연습을 해 보는 것이 도움이 될 수 있다. 예행 연습은 기존의 저자가 사용하는 전략으로 구성되어 있다. 근거이론과 직접적으로 관련된 방법은 아니지만, 근거이론을 위한 메모 작성에 도움이 될 것이다. 연구와는 관련이 없는 일종의 몸풀기 연습으로 활용할 수 있거나 메모 작성을 시작하는 데 도움을 주는 도구로 사용할 수 있다.

간혹 선임연구원이나 교수는 근거이론 메모를 분석적 탐색을 위한 사적인 도구로 보기보다는 임시적이며 타인과 공유할 수 있는 메모로 여긴다. 이 경우 메모를 작성하려는 연구자의 노력을 억누르는 상황이 예견될 수도 있다. 메모를 통해 연구의 질을 평가하는 것이 그것이다. 개인적인 분석 기반을 쌓는 것이 메모의 목적인데, 메모를 평가받는다면 탐색을 위한 자연스러운 메모를 작성할 수 있겠는가? 아마도 메모 작성을 위한 자발성과 창의성을 잃어버릴 가능성이 높을 것이다. 감시의 눈초리로 누군가 어깨 너머로 쏘아보고 있다면, 메모의 초안을 작성하는 데만 오랜 시간이 걸릴 수도 있다.

선임연구원이나 교수의 관점에서 보면 메모를 평가해야 할 마땅한 이유가 있다. 교수가 대규모의 까다로운 연구 과제를 단계별로 나눌 경우 많은 학생이 참여할 수 있다. 하지만 이러한 교육을 위한 방법이 전통적인 질적연구설계와 다수의 질적연구에는 부합할지 모르지만, 메모 작성에는 어울리지 않는다.

이러한 문제는 이제 전문적 영역으로 확대되고 있다. 대규모 재정지원을 받는 프로젝트에서 근거이론방법을 채택하는 경우가 점차 늘고 있다. 협동 연구 과제는 과업과 아이디어를 공유하는 것이 중요하다. 책임 연구자는 연구진이 각자 자신의 강점을 보여 주기를 기대한다. 그럴 경우 연구진이 메모가 아닌 다른 방법으로 자신의 강점을 보여 줄 수 있는 좋은 방법이 있을까? 연구진이 출현한 분석을 공유하지 않고서 어떻게 협동 연구를 수행할 수 있을까? 이러한 상황은 연구자에게 압박을 줄 수 있는 또 다른 문제점을 던져 주고 있다. 어떻게 하면 압박받지 않으면서, 제시간에 과업을 완수하고, 분석의 자율성을 고수할 수 있을까?

다시 메모 작성의 예행 연습으로 돌아가 보자. 예행 연습은 메모 작성을 시작하고 쉽게 할 수 있게 도와준다. 연구자는 자신의 메모를 보다 명료하게 정리하고 조직화하기 위해 나중에 수정할 수 있다. 지난 10여 년 동안 나는 예비 작성을 위한 2가지 연습방법을 소개해 왔다. 근거이론 워크숍을 통해 소개한 2가지 방법은 집락법과 자유작성법이다.⁶ 관련 워크숍에 참석했던 사람들의 경우, 이 방법이 근거이론을 시작하는 데 유용하며, 아이디어를 재검토하고 조직화하는 데 도움이 되었다고 밝히고 있다. 피터 엘보우(Elbow, 1981)가 제시한 자유작성법을 위한 지침은 메모 작성과 여러 면에서 닮았지만, 자료에 대한 자유작성에 국한되지는 않는다. 집락법과 자유작성법은 비선형적이기에 선형적 논리와 조직화라는 굴레에서 자유로울 수 있다.

집락법

집락법clustering은 근거이론을 시작할 때 사용할 수 있는 간단한 예비작성 기법이다. 리코(Rico, 1983)가 설명했던 것처럼, 집락법은 비선형적이고, 시각적이며, 유연한 기법으로 연구자의 자료를 이해하고 조직화하는 데 유용하다. 이 기법은 연구자의 작업을 위해 임시적이고 변경 가능한 도표나 지도를 만들 때 사용할 수 있다. 자유작성법도 마찬가지이지만, 집락법의 중요한 목적은 창의성을 발현시키는 것이다. 연구자는 중심적인 아이디어, 범주, 과정을 쓴 다음, 그것을 둘러싼 원을 그리고, 속성, 속성 간의 관계, 상대적 중

---

6. 글쓰기를 꾸준히 가르쳐 온 우리들도 이러한 기법을 사용하고 있다. 보다 많은 아이디어와 뛰어난 조언을 바란다면, 아이디(Eide, 1995)와 플라워즈(Flowers, 1993)를 참조하라.

요도 등을 보여 주는 작은 원과 바퀴살처럼 선을 그어 가는 것이다.

집락법은 관계를 도면으로 보여 주기 때문에, 근거이론에서 사용하는 개념적 지도 또는 상황 지도situational mapping 방법과 유사한 점이 있다(Clarke, 2003, 2005; Soulliere, Britt & Maines, 2003). 집락법은 집락의 배치 구성을 통해 연구자의 주제가 다른 현상과 얼마나 부합하며 어떠한 관계를 맺고 있는지를 보여 준다. 집락법은 능동적이고, 신속하게 이루어지며, 변화 가능하다. 연구자는 하나의 집락에 몰입하지 않을 수 있다. 다양한 방법으로 퍼즐 조각을 맞추어 가듯이 상이한 몇 가지 집락을 만들어 볼 수도 있다. 이러한 형태의 예비작성법은 연구자의 아이디어를 신속하게 교정할 수 있는 방법을 제공해 준다. 또한 집락법은 메모 작성을 부담스러워하는 사람에게는 그 부담감을 덜어 줄 수 있고, 좋아하는 사람에게는 그 과정을 신속하게 해 주는 장점이 있다. 초심자의 경우, 집락법이 메모의 형태와 내용을 신속하게 배치하도록 도와줄 것이다.

메모 작성을 수행하기 전부터 연구자는 파편적인 이미지를 가지고 있기에, 집락법을 통해 그에 대한 통제력을 얻을 수 있다. 의미 있는 집락을 합쳐 가는 작업을 통해 초심자는 다양한 측면을 탐구하는 데 필요한 자신감을 가질 수 있다. 집락법은 작성할 필요가 있는 메모에 대한 예비적인 윤곽을 잡게 해 준다. 이후 연구자는 논문의 각 부분이 얼마나 잘 부합하는지 확인하기 위해 집락법을 사용할 수 있다.

분석 작업의 다양한 수준에서 이루어지는 모든 유형의 글쓰기 과업에 집락법을 사용할 수 있다. 집락법의 일반적인 접근은 다음의 지시로 구성된다. 처음 코드를 탐색하고자 할 때 이들 지시 중 몇 가지를 따를 수도 있다.

- 중심주제나 아이디어로 시작하라.
- 신속하게 작업하라.
- 핵심 집락에서 보다 작은 하위 집락으로 이동하라.

- 관련된 모든 자료는 동일한 하위 집락에 모아 두라.
- 모든 아이디어, 코드, 범주 간에 명확한 연결을 설정하라.
- 연구자의 모든 지식을 소모할 때까지 계속 가지를 뻗어 나가라.
- 동일한 주제에 대해 상이한 집락을 묶어 보도록 시도해 보라.
- 자료와 함께 즐길 수 있도록 집락을 사용하라.

코드와 같은 핵심적인 단어가 가장 기본적인 집락을 구성한다. 집락을 구성한 다음, 그것이 연구자를 어디로 데려가는지 확인하라. 과정을 다룬 집락은 구조보다는 행위에 대한 연구로 나아가게 해 준다. 출현하는 양상의 각 부분을 연결선으로 이어 보도록 하라. 이 작업을 끝낼 즈음이면 다음 진행을 위한 계획을 세우게 될 것이다. 이 계획을 따르느냐와는 관계없이 연구자는 자료를 넘나들고 관통하는 길을 만들어 낸다. 연습 삼아 연구와 무관한 주제를 집락해 보도록 하라. 이를 테면, 어떤 사건, 영화, 책에 관한 생각을 탐색해 보라.

글쓰기의 심각함을 덜어낼 수 있는 그리 중요치 않은 일인 양 집락법을 대하라. 자료를 가지고 즐길 수 있게 도와준다면 훨씬 좋을 것이다. 저자는 글쓰기 부담과 맞서 싸우기 위해 집락법을 사용한다. 집락법은 연구자가 출발할 수 있게 도와주며 지속적으로 나아가게 해 준다. 집락법의 자발성과 상상력은 글을 쓸 때 필요한 감정, 상상, 리듬감을 발전시켜 줄 수 있다.

집락법은 연구자가 핵심을 정의 내릴 수 있게 도와준다. 집락법은 혼돈을 허용하며, 그 속을 뚫고 나갈 길을 만들도록 도와준다. 연구자는 범주에 대한 어떠한 양상을 만들어 낼 때 자료를 검토하고 정렬할 수 있는 방법을 얻게 된다. 집락법은 뒤에 숨겨져 있던 무언가를 전면으로 뛰쳐 나오게 만들 수 있다. 집락법은 무언가를 명시적이게 하며, 연구자의 주제에 질서를 부여할 수 있다. 집락법은 오로지 마음속에만 떠오르는 심상image과 대비되는 직접적으로 볼 수 있는 상을 제공한다. 이를 통해 연구자는 집락 내부의 사항과 그 관계의 상대적 중요성을 평가할 수 있다.

집락법은 신속하고 유동적이며, 유용하다—또한 재미있다. 집락법이 도움이 된다면 받아들이라. 나는 이 기법을 근거이론방법과 함께 사용하고 있다. 연구자는 하나의 코드에서 집락을 시작한 후, 코드 간의 관계를 집락하는 것으로 옮겨 가고, 그런 다음 코드와 범주 간의 관계를 집락하는 것으로 나아가고 싶어 한다. 어떠한 경우에도 앞서 제시한 방법 또는 다음에서 내가 적용한 것처럼 집락법에 대한 일반적 접근을 시도해 보라. 8~10분 동안 집락을 해 본다면, 범주에 대한 글쓰기를 어떻게 시작해야 할지 감을 잡을 수 있다. 그 다음으로 연구자는 초점 자유 작성 또는 메모를 시작할 수 있게 된다.

다음은 집락법에 대한 지침이다. [그림 4-1]이 그 예다.

- 주요한 코드를 충분히 둘러쌀 정도로 원을 그리라.
- 이 집락의 중심에 원으로 둘러싼 코드를 놓으라.
- 코드의 정의된 속성을 보여 줄 수 있도록 원을 둘로 나누라.
- 의미 있는 관계라고 여기는 코드와 연결되도록 선을 그으라.
- 주요한 코드가 잘 부합되는지, 다른 범주와 잘 연결되는지 시각적으로 보여 주도록 집락을 배치하도록 하라.
- 코드의 상대적인 경험적 강도를 반영하도록 원의 크기를 고려하고 그리라.
- 연결선의 굵기로 코드 간의 관계가 갖는 상대적 강도를 나타내라.
- 집락 간의 비선형적 관계를 허용하라.
- 신속히 작업하고 과정과 관련되도록 하라.
- 최대한으로 가능한 집락을 취하도록 하라.
- 집락은 유연하고 변화 가능하며 개방적인 것으로 다루라.
- 집락을 계속하라. 동일한 코드에 여러 가지의 집락을 시도해 보고, 그것을 비교해 보라.

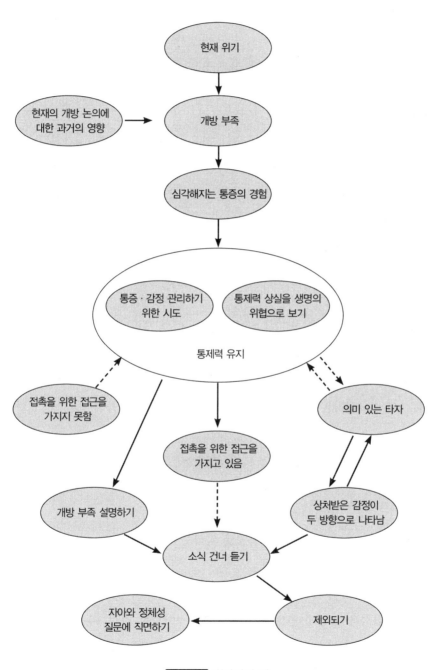

그림 4-1 집락법의 예

자유 작성

자유 작성freewrite은 종이 위에 펜을 올려놓거나 손가락을 키보드에 올려 놓은 후 8분에서 그 이상을 연습 삼아 쓰는 것이다. 자유 작성은 ① 신선한 재료에 대해 쓰도록 하고, ② 과거의 고정적인 습관을 잊게 하며, ③ 자연스러운 목소리를 글로 나타나게 해 준다. 자유 작성은 연구자의 생각과 감정을 자유롭게 해 준다. 자유 작성은 효과적인 몸풀기 연습이자 이름 그대로 자유롭게 쓴 결과물을 가져온다. 10분간 쓴 자유 작성은 텅 빈 스크린만 몇 시간이고 노려 보는 것을 막아 줄 수 있다.

작문수업의 교사도 자유 연상을 위해 의식에 떠올려지는 무엇이든 글로 써 보는 자유 작성을 권장한다. 이런 유형의 자유 작성은 우리의 마음을 열게 해 주며 상상력을 풀어 놓는다. 자유 작성은 세상을 받아들이는 마음을 키워 주고 글쓰기를 편안하게 여기게 한다. 다른 사람이 부과하여 내면화시킨 고정된 제약을 풀어놓을 수 있다. 정기적으로 자유 작성을 수행한다면 유연하게 글을 쓸 수 있고, 감정과 상상에 대해 보다 많이 깨달을 수 있다. 자유 작성을 수행하는 방법은 무엇인가? 다음의 지침을 따라해 보라.

- 종이에다 자신의 아이디어를 최대한 빨리 그리고 충분하게 쓰도록 하라.
- 자신의 내면에 대해 써 보도록 하라.
- 자유롭게 그리고 나쁘게 쓰는 것도 허용하라.
- 문법, 조직화, 논리, 증거, 독자를 의식하지 말라.
- 말하듯이 써 보도록 하라.

자유 작성을 하는 동안에는 가급적 수용적이도록 하라. 마음에 떠오르는 어떤 것도 받아들이라. 계속 쓰도록 하라—한 가지를 쓰면 다른 것으로 연결될 것이다. 그 과정이 드러나도록 하라. 순간적으로 떠오른 아이디어와 즉각적인 생각의 파편을 따라가라. 바로 지금 말이다. 그것에 대한 평가는 나중에라도 할 수 있다. 지금은 깨달았거나 느낀 것에만 집중하라.

정확한 문법은 중요치 않다. 완벽한 맞춤법, 논리적인 조직화, 명료한 주장도 중요치 않다. 단지 중요한 것은 자신의 아이디어를 종이 위에 옮겨 쓰는 것에 익숙해지는 것이다. 자유 작성은 마치 자신과만 공유하기 위해 만든 비밀 일지처럼 오직 연구자만 볼 수 있다.

일단 자유 작성에 편안해지면, 연구자의 자료와 범주를 다루어 보는 초점 자유 작성focused freewrite을 시도해 보라. 앞에서 제시한 지침을 따르면서 열려 있는 태도를 유지하라. 초점 자유 작성은 봉착 상태를 벗어나게 해 주며, 메모 작성을 위한 전초 작업으로 직접 기여할 수도 있다. 이렇게 작성한 자유작성을 조사해 보라. 왜냐하면 위대한 메모를 위한 씨앗을 품었을 수도 있기 때문이다. 이제 이 과정에 한 두 단계만을 추가하면 이제 곧 연구프로젝트에서 능수능란하게 메모 작성을 해낼 수 있게 된다.

자신의 스타일에 맞는 방식으로 작업하라. 노트에 연필로 작성하거나, 컴퓨터를 이용해도 상관없다. 나는 논평문을 위해 목소리로 작동하는 자유 작성 프로그램으로 작업해 보았다. 어떠한 매체가 이보다 더 빠르거나 보다 즉각적인 반응을 보일 수 있을까? 하지만 언제나 일어나는 기록상의 오류는 말하는 속도로 받아 적는 유용성보다 더 나를 힘들게 했다. 다음은 그 프로그램이 내 말을 잘못 알아듣고 적은 오류 중 몇 가지다.

- '질적 방법qualitative methods' 대신 '잘 의도된 방법well-intentioned methods'
- '분석의 깊이the depth of the analysis' 대신 '분석의 죽음the death of the analysis'
- '실용주의 전통the pragmatist tradition' 대신 '파편적인 이 전통the fragment-this tradition'

〈표 4-5〉'초점화된 자유 작성의 예'는 보니 프레슬리의 면접 자료에서 뽑

아낸 집락에 대해 대략 12분 동안 작성한 것이다. 자유 작성에 또 다른 면접 자료를 곧바로 가져온 점을 주목하라. 코드에 대한 글쓰기 행위는 다른 연구 참여자와 비교해야겠다는 생각을 불러왔다. 예시한 초점 자유 작성은 일반적으로 내가 작성한 자유 작성보다는 더 일관된 내용으로 쓰였다. 그 이유는 아마도 집락를 먼저 완료했고, 다른 형태의 글쓰기보다는 더 쉽게 자료를

표 4-5 보니 프레슬리의 면접 코드에 대한 초점화된 자유 작성

위기는 개방에 따른 딜레마와 사건의 연결 고리를 풀어놓는다. 하지만 개방을 둘러싼 문제와 관계의 과거사는 현재의 위기에 여전히 잔상을 드리운다. 개방의 부족은 다른 행위 또는 무행위의 결과이거나 명백한 선택일 수 있다. 다양한 참여자는 어떤 사람의 개방 부족에 대해 가정을 한다. 얼마나 지속되었는지, '실제' 그것이 의미하는 바가 무엇인지에 대한 것 말이다. 보니의 사례에서 개방의 부족은 통증이 심해지고, 발생한 일에 대한 관리, 대처, 통제를 위한 노력이 증가하는 것과 동시에 일어났다. 만약 그러하다면 과거의 모든 갈등, 실망, 정서적 지지의 부족이 다시 일어났을 때, 개방은 통제력을 상실할 수 있는 위험을 암시한다. 밥이 겪은 또 다른 상황에서 개방은 도움을 얻는 것과 관련된 과거의 모든 문제와 그가 느낀 당혹감, 도움을 요청하는 것에 대한 수치심을 뜻한다. 개방과 관련된 이러한 문제는 모든 유형의 밀착된 친밀감의 문제와 관계상의 의무를 새롭게 제기한다. 밥은 관계상의 의무란 절대적으로 필요한 경우가 아니라면 도움을 요청하지 않는 것이라고 정의하고 있다. 반면 보니는 자신과 마찬가지로 딸과의 정서적인 붕괴를 회피하는 것으로 보고 있다.

어떤 의미에서 밥은 도움과 접촉을 위해 단지 부분적이고 잠정적인 접근을 하고 있다. 그것은 주어진 것이 아니다. 보니는 그것을 실현시키기 위해 적극적이어야 함에도 불구하고 접촉에 대한 접근을 하고 있다. 딸인 에이미가 간헐적으로 방문을 하거나 전화를 하고 있다. 딸인 에이미는 이웃 친구인 린다만큼 보니의 일상에 정례적인 부분이 아닌 것이다. 보니의 사안은 마음의 상처가 어떻게 두 가지 방향으로 나아갈 수 있는지 보여 준다. 그 각각의 위에 오해가 쌓여 있다.

가족이나 친구의 관점에서 소식을 건너 듣는다는 것은 자신 또는 자신의 위치와 의미를 알려 주는 것이다. 제외되었다는 것은 뼈아픈 일이다. 자신과 그 관계가 환영받지 못하는 심상이 떠오른다. 그것은 앤의 사례에서처럼 가족의 위계와 과거 가족의 불화를 재확인하게 할 수 있다. 이에 정체성의 질문이 출현하게 된다.

찾았기 때문일 것이다. 집락법은 여러 가지 흥미 있는 코드가 보니의 상황과 이어질 수 있는 관계를 뽑아내는 데 도움이 되었다. 집락법은 특히 시각적 이미지에 관심을 갖는 사람에게 유용하다. 많은 저자는 먼저 자유 작성을 수행하거나 두 가지 기법을 모두 사용한다. 자유 작성과 집락법을 시도한 후, 자신에 어떤 방법이 더 잘 맞는지 확인해 보라.

메모의 활용: 초점코드를 개념적 범주로 끌어올리기

처음부터 코드에 메모를 작성하는 것이 현장에서 일어나는 바를 명료하게 파악하는 데 도움이 된다. 근거이론에서 메모 작성은 분석해야 할 개념적 범주로 몇몇 코드를 취급하는 것에 달려 있다. 글레이저와 스트라우스 (1967: 37)는 '어떤 이론을 구성하는 하나의 개념적 요소'로 범주를 정의한 바 있다. 그렇지만 범주란 무엇으로 나타낼 수 있을까? 도대체 무슨 말인가? 걱정할 필요는 없다. 앞서 언급한 바와 같이 연구자는 이미 초점코드를 가지고 있기 때문이다.

초점코딩을 수행하면서, 연구자는 갓 출현한 이론의 형태와 내용에 대한 윤곽을 잡아나가기 시작한다. 초점코드를 범주로서 다루려는 시도는 범주의 개발과 정교화를 촉발한다. 그런 다음 이러한 잠정적 범주가 진정한 범주인지를 평가하고 결정할 수 있다. 만약 이들 코드를 범주로 받아들인다면, 그것이 무엇으로 구성되는지를 명확하게 파악하고, 그들 간의 관계를 구체화해야 한다.

첫째, 자료에서 일어나고 있는 바를 가장 잘 대표하는 코드가 무엇인지를 평가하라. 연구자가 개발 중인 분석틀을 위해 메모에 있는 코드를 개념적 범주로 끌어올려라―이들 코드에 개념적 정의와 내러티브 형태의 분석적 처리를 한다는 것이다. 따라서 연구자는 자료를 바라보고 종합하는 묘사의 도구 이상으로 코드를 사용하게 된다.

범주는 무슨 일을 할까? 범주는 자료에서 일어나는 아이디어, 사건, 과정을 상세하게 보여 준다—영향력 있는 단어의 형태로 그릴 수 있다. 어떤 범주는 여러 가지 코드를 통해 공통된 중심주제와 양상을 포함하기도 한다. 예를 들어, 내가 수행한 연구에서 '질병 담아두기keeping illness contained'라는 범주는 '개인적 삶과 같은 구체적 현실로 질병을 통제하고, 한정지으며, 경계짓는 것'으로 질병을 다루는 '질병 포장하기packaging illness'와 '질병 감추기, 평상시 보이는 모습 유지하기, 병에 걸리지 않은 동년배처럼 행동하기'와 같은 '지나치기passing'라는 코드가 포함되어 있다(Charmaz, 1991a: 66-68).

범주를 최대한 개념적으로 만들라—추상적 힘, 보편적 영향권general reach, 분석의 방향성, 구체적인 단어를 갖추도록 말이다. 동시에 자료와 일치하도록 유지하라. 초점코딩을 능동적이고 정밀하게(사람들이 행하는 바와 일어나는 일을 반영할 수 있도록), 또 간략하게 만들 경우, 잠재적인 범주로서 초점코드를 처리할 수 있게 된다. 코딩작업을 하면서 연구자는 스스로에게 질문을 던져 보았을 것이다. 자료 중 이 부분은 어떠한 범주를 가르키는 것일까? 이제는 다음과 같은 질문을 던져 보아야 한다. 이 코드가 가리키는 것은 어떠한 범주일까? 자료 수집과 초기코딩에 약간의 시간과 거리를 두는 것이 또 다른 개념적 단계로 옮겨가는 데 도움이 된다. 연구자가 코드를 능동적으로 만들어 갈 때, 과정이 눈에 보이게 된다. 간단명료한 초점코드는 예리하고 명료한 범주를 이끌어 낸다. 그러한 방식으로 연구자는 추가적인 비교를 하기 위한 범주의 기준을 세울 수 있다.

근거이론가는 자신의 코드에서 개발한 실체적 과정substantive processes을 찾고자 한다. 앞서의 예에서 든 '질병 담아두기' '질병 포장하기' '하루를 마지막처럼 살아가기' 등이 그러한 세 가지 과정인 셈이다. 연구 상황에서 일어나는 일을 설명하는 개념적 도구를 만들어 내면서, 근거이론가는 일반적 과정generic processes을 정의하는 것으로 나아간다(Prus, 1987). 일반적 과정은 상이한 경험적 상황과 문제를 관통할 수 있다. 다양한 실체적 영역에 적용할 수 있기 때문이다. 3장에서 예시했던 두 가지 코드인 '질병 공개하기' '공개에 따른 잠재적 손실과 위험 평가하기'는 개인의 정보 통제와 관련된 근본적이고 일반적인 과정을 반영한다. 이 과정은 질병에 걸린 사람들이 자신과 관련된 정보를 공개할 때 내리는 선택을 묘사하고 있지만, 상이한 문제가 있는 사람들도 비슷한 방식으로 정보의 통제를 다룰 수 있다. 사회학자에게 일반적 과정은 사회적 삶의 기본이 되며, 심리학자에게는 심리적 존재의 근간이 되고, 인류학자에게는 지역문화를 뒷받침하는 것이다. 그 근본적인 특성으로 일반적 과정은 다양한 전문직과 현장에 적용할 수 있다. 근거이론가는 이러한 과정이 명백하게 드러나는 다양한 영역에서 많은 자료를 수집하여 일반적 과정을 정교하게 다듬고 수정할 수 있다. 예를 들어, 개인정보의 통제 및 공개의 선택은 만성 질환자뿐만 아니라 동성애자, 성폭력피해 생존자, 약물사용자, 알코올중독 치유자, 전과자 등에게도 종종 문제가 될 수 있다. 코드를 통해 연구자가 정의하는 일반적 과정을 분석하는 데 집중해 보라. 그에 따라 관련 코드는 그 과정을 설명하고 범주를 예측하는 이론적 범주theoretical categories로 끌어올려질 수 있다.[7] 코드를 범주로 끌어올리면서 메모에다 다음과 같은 내러티브 진술문을 쓰게 된다.

- 범주 정의하기
- 범주 속성을 명확하게 하기
- 범주가 발생하고, 유지되고, 변화하는 조건 구체화하기
- 결과에 대해 기술하기

---

7. 데이(Dey, 1999)는 원안자가 제안한 것보다 근거이론에서의 범주화가 보다 복합적이며 문제를 안고 있다고 주장한 점은 올바르다. 나는 범주화가 정렬과 함께 추론을 포함한다는 점에 대해 데이와 의견을 같이한다.

• 그 범주가 다른 범주와 어떻게 연결되는지 보여 주기

범주는 응답자의 담론에서 직접적으로 취하는 내생코드로 구성할 수 있
거나, 자료에서 일어나는 일에 대한 이론적 또는 실체적 정의를 반영할 수
있다. 내가 사용한 '좋은 날과 나쁜 날' '하루를 마지막처럼 살아가기'는 응
답자의 목소리에서 직접 나왔음을 상기하라. 반대로, '과거를 재포착하기'
'함몰된 시간과 시간속으로의 함몰time in immersion and immersion in time'은 행
위와 사건에 대한 이론적 정의를 반영한다. 나아가 '끌어당기기pulling in' '의
존과 대면하기' '손익 상쇄하기making trade-offs' 등은 심각한 질병과 싸워나
가는 실체적 현실을 다룬 것이다. 이러한 코드를 만들어 범주로 사용한 것은
나였지만, 이들 코드는 연구 참여자의 관심사와 행위를 반영한 것이다. 초심
자는 자신이 대부분 내생코드와 실체적 코드에 의존하고 있음을 발견한다.
그러한 결과가 종종 가져오는 것은 근거이론이라기보다는 근거 묘사grounded
description다. 그럼에도 이러한 코드가 어떻게 범주로 합쳐지는지 연구한다면
코드를 보다 이론적으로 다루는 데 도움이 될 수 있다.

초점코드에 대해 작성한 메모를 통해 연구자는 범주가 포괄하는 모든 자
료를 검토하고, 범주 내부 및 다른 범주 간에 존재하는 다양한 차이를 확인
하면서 범주를 명료하게 구축할 수 있다. 연구자는 또한 분석의 틈새를 알
게 된다. 예를 들어, 나는 '하루를 마지막처럼 살아가기'라는 범주가 쇠약해
져 가는 사람이 느끼는 절망감의 수준을 다루지 못한다는 것을 깨닫고는 '하
루하루 살아남기existing from day to day'라는 범주를 개발하였다. 이를 통해 '하
루를 마지막처럼 살아가기'라는 최초의 범주가 포함하지 못했던 '생존을 위
한 매일매일의 투쟁'을 다룬 자료를 가지게 되었다. 〈표 4-6〉은 완성된 내러
티브의 첫 문단이다.

표 4-6 초기 메모에 대한 조사가 촉발한 메모의 예 – '하루하루 살아남기' 범주

> 하루하루 살아남기는 사람들이 연이은 위기로 추락하여 삶이 깨져 버릴 때 일어난다. 이
> 것은 건강에 대한 통제력과 삶을 유지하는 데 필요한 금전적 상실을 반영한다.
> 하루하루 살아남기는 일상생활의 생존을 위한 지속적인 투쟁을 뜻한다. 가난과 지원의
> 부족이 그러한 투쟁을 유발하고 어렵게 한다. 그래서 대개 관심을 갖는 가족이 있는 부
> 유한 사람들에 비해 가난하고 고립된 사람들이 더 깊이, 더 빨리 추락한다. 통제력의 상
> 실은 필수품―식품, 주거, 난방, 의료―을 얻기 어려워진다는 것을 말한다.
> 살아남기 위한 투쟁은 사람들을 현재에 머물게 한다. 특히 중산층 성인이라면 당연히 받
> 아들일 기본 필수품을 얻는 데 지속적인 문제가 있다면 더욱 그러하다. 하지만 질병보다
> 다른 문제가 더 큰 의미가 있을 수 있다―폭력적인 남편, 가출한 아이, 알코올중독에 빠
> 진 배우자, 밀린 집세와 같은 것 말이다.
> 하루를 마지막처럼 살아간다는 것은 하루하루 살아남기와는 다르다. 하루를 마지막처럼
> 살아가기는 정서를 통제하고, 삶을 영위하며, 불확실하게 미래를 보며, 고통스러운 기간
> 을 헤쳐 나가기 위한 전략을 제공한다. 여기에는 스트레스, 질병, 치료 계획을 관리하는
> 것과 함께 최선을 다해 이러한 일을 통제하기 위해 매일매일 대처해 나가는 것이 포함된
> 다. 그것은 지금 여기에 집중하면서 그 외의 다른 목적, 추구, 의무는 제거해 나간다는 것
> 을 뜻한다(Charmaz, 1991a: 185).

표의 예에서 두 가지 범주를 비교한 것에 주목하라. 초점코딩을 통해 범주
를 생성하기 위해 연구자는 자료, 사안, 맥락, 범주를 비교할 필요가 있다. 이
와 관련하여 〈표 4-3〉 메모작성방법의 '상급 메모 작성writing advanced memos'
항에서 제시한 비교방법을 수행해 보도록 하라.

몇 가지 예가 도움이 되기도 한다. 캐롤린 위너(Wiener, 2000)는 전문적
제공자, 의료보호 관리자, 의료산업 규제자가 보호의 질과 책무성을 어떻게
정의하는가를 비교하였다. 나는 사건에 대한 개인의 묘사와 상이한 시점에
서 그 사람이 사건에 대해 보이는 반응을 비교해 본다(시계열적인 면접 자료
의 비교가 갖는 장점은 오래전의 사안을 재구성한 이야기가 아니라, 최근의 사건에
대한 응답자의 이야기를 연구자가 결합할 수 있다는 점이다.). 사건과 사안을 비
교하는 것에 덧붙여 나는 사람들이 질병의 상이한 단계를 어떻게 경험하는

가를 비교하였다.

　나는 다른 사람의 경험을 비교하면서 사람들이 처한 상황이 현재의 상태로 내몰고 있다는 것을 깨닫게 되었다. 그 결과 나는 '하루를 마지막처럼 살아가기'라는 범주가 그들에게 어떻게 적용되지 못했는지를 알게 되었다. 그래서 나는 앞서의 면접을 재검토하였고, 비교를 명확하게 해 줄 수 있는 질병 내러티브를 담은 설명을 찾기 시작했다. 두 가지 범주 간의 차별성이 나의 예에서 분명해진 것처럼, 초점코딩은 연구자가 범주 간의 관계와 양상을 확인해 보도록 촉발한다.

끝맺는 생각

　연구자의 메모는 근거이론의 핵심을 형성하게 된다. 메모를 작성하면서 떠오른 아이디어와 질문에 따라 연구작업이 진행될 것이다. 이제 연구자는 끝내도 될 메모는 옆으로 쌓아 두고 여전히 까다로운 질문이 남아 있는 메모에 작업을 집중할 수 있다. 메모는 연구와 분석 과정에 대한 기록을 제공한다. 각각의 메모 복사본을 시간 순서대로 묶어 놓은 다음, 폐기했던 초기의 아이디어를 다시 끄집어 낼 수도 있다. 연구를 진행해 나가면서 비판적 시각으로 메모를 다시 읽고, 검토하고 수정할 수 있다. 연구자는 약간의 시간과 거리를 두면서 메모에서 틈새와 허점을 발견할 수 있다. 메모로 돌아가서 즉각적으로 다음 단계를 확인할 수 있고, 자신의 아이디어를 보다 추상적인 분석 수준으로 끌어올릴 수도 있다.

　메모를 조사하는 것—특히 초기 메모—은 분석 문제를 해결하기보다는 연구에서 채워 넣어야 할 틈새를 알려 준다. 연구자의 아이디어는 잠정적이며, 메모는 연구자의 범주를 강화시키기 위해 더 많은 작업이 필요하다는 것을 보여 준다. 범주가 취약하거나 불완전하다는 것을 깨달을 때, 연구자는 더 많은 자료를 찾을 것이다. 그런데 어떻게 그 일을 해내야 할까? 어떠한 자료를 찾아야 할까? 새로운 자료가 분석상의 문제를 어떻게 해결해 줄까? 다음 장은 근거이론연구자가 이러한 문제를 다루고 해결하는 방식을 보여 줄 것이다. 경험적 세계로 돌아갈 계획을 세우라. 물론 그동안에도 메모는 계속 써야 한다.

이론적 표집, 포화, 분류

연구의 여정에서 만나는 갈림길은 어디로 나가야 할지, 얼마나 빨리 진행해야 할지, 도착 시 무엇을 얻을 수 있을지에 대한 의문을 던져 준다. 이론적 표집은 잠정적인 범주와 출현했지만 불완전한 아이디어를 가지게 되었을 때 지나온 단계를 되짚어 보거나 새로운 경로를 택할 수 있게 해 준다. 경험적 세계로 돌아가 범주 속성에 대한 자료를 더 수집하면서 자료의 속성을 포화시키고, 더 많은 메모를 작성할 수 있다. 이 일을 진행하면서 연구는 보다 분석적이게 된다. 이후 이론적 범주에 대한 메모를 정렬하고 통합할 준비가 이루어진다. 이 여정을 도면과 지도로 그려 두면 현재 자신에게 있는 것과 어디로 가고 있는지를 알 수 있어 유용하다.

5장

이론적 표집, 포화, 분류

연구자가 몇 개의 예비적인—어쩌면 잠정적인—범주에 도달했다고 가정해 보자. 앞서 수행한 자료의 비교를 통해 몇 가지 초점코드를 선택하고 그에 대한 메모를 작성했다. 이제 몇몇 범주는 자료를 분석적으로 다듬기 위한 그럴듯한 추상적 도구처럼 보일 것이다. 하지만 이 메모를 재빨리 읽어 본 후에는 이런 생각이 들지 모른다. "이 범주는 흥미롭지만 얄팍해. 아직까진 범주와 그 속성을 명확하게 정의하지 못했어. 너무 많은 부분이 여전히 가정의 상태이고, 알지 못한 채 남아 있고, 의문스러운 상태로 있어." 사실 연구자는 유동적이지 않으면서 굳건한 근거 위에 서 있는 강건한 범주를 원한다. 이 단계에서 어떠한 근거이론의 전략이 분석적 사고를 이끌어 낼 수 있을까?

그 대답은 범주와 속성에 초점을 둔 자료를 보다 많이 얻는 것이다. 이러한 전략이 이론적 표집이며, 출현된 이론에서 범주를 정교화하고 다듬기 위해 적절한 자료를 탐색하고 수집하는 것을 뜻한다.

이론적 표집은 새로운 속성이 등장할 때까지 범주의 속성을 개발하기 위해 표집하는 것을 뜻한다. 따라서 자료로 범주가 포화되고 뒤이어 출현된 이론을 통합하기 위해 범주를 정렬하고 도면화한다.[1] 이론적 표집은 연구자가 초점화되지 않은 분석에 매몰되지 않도록 해 준다. 글레이저와 스트라우스

> 이론적 표집은 출현하는 이론을 개발하기 위해 적절한 자료를 찾아니기는 것을 뜻한다. 이론적 표집의 주요한 목적은 이론을 구성하는 범주를 정교하게 다듬고 수정하는 것이다. 즉, 이론적 표집은 더 이상 새로운 속성이 출현하지 않을 때까지 범주의 속성을 개발하기 위해 표집하는 것이다.

(1967; Glaser, 1978, 1998, 2001; Strauss, 1987)는 이론적 표집, 포화, 정렬의 전략을 만들었다. 하지만 이론적 표집과 포화가 담고 있는 바를 설명하기 위해 글레이저가 지속적으로 노력했고, 스트라우스와 코빈(1990, 1998)이 설명했음에 불구하고, 이러한 전략을 사용하는 방법에 대한 오해가 존재한다.

이 장은 이론적 표집, 범주의 포화, 통합된 이론적 진술이 되도록 범주를 정렬하는 지침으로 구성되어 있다. 나는 이론적 표집을 예시하기 위해 여러 출간물과 함께 제인 후드Jane Hood의 책 『맞벌이 가족되기Becoming two-job family』(1983)와 그녀와의 면접[2]을 활용하였다. 후드는 근거이론 분석과 방법 모두를 명시적으로 보여 주는 몇 안 되는 저자 중 한 명이다. 질적연구자라면 '포화saturation'라는 용어를 관례적으로 받아들이므로, 나는 근거이론에서 이론적 포화가 갖는 의미를 규정하고, 일반적으로 이해하는 바와 다른 점을 보여 주고자 한다. 그런 다음 몇몇 근거이론연구자가 잘못 이해하고 있는 점을 지적한 후, 이론적 정렬의 수행방법에 대한 논의로 끝맺고자 한다.

아래의 면접 내용에서, 제인 후드는 자신의 연구에서 근거이론 전략을 사용한 방법을 자세히 설명하고 있다. 그녀는 책을 통해 자신의 연구 대상이 처음부터 맞벌이 가족이 아니었음을 설명하고 있다. 최초 연구 대상은 배우자 모두 직장에 다니고 있거나 외벌이one-career-one-job 가구인 중하계층 가족이었다. 하지만 초기 자료를 연구하면서 후드는 핵심적 연구 내용을 바꾸었다. 원래는 출산 후 직장으로 복귀하는 기혼 여성의 자기 개념과 친구관계

---

1. 스트라우스(Strauss, 1987; Strauss & Corbin, 1990, 1998)는 개념적 관계를 보여 주는 방법으로 도면화를 강조하였다. 그 이후 이 접근은 아델 클라크(2003, 2005)의 작업에서 가장 발전하였다. 나는 대학원생 시절 '개념 지도 만들기Conceptual Mapping'라는 논문에서 개념 간의 관계를 보여 주고, 그들의 상대적 중요성을 시각적으로 보여 주기 위해 이론적 분석을 통합하는 방법을 다루었다.

2 제인 후드와의 면접, 2004년 11월 12일

망을 연구하려고 계획하였다. 하지만 현장 작업 초기에 그녀는 그러한 가족이 가지고 있던 흥미로운 문제를 발견하게 되었다. 아내가 직장으로 복귀할때, 부부가 가사와 양육 부담을 협상하는 방식이 그것이었다. 후드의 자료는 ① 소규모 예비 연구에서 얻은 자료, ② 16명의 아내와 수행한 일차 심층 면접, ③ 2차 심층 면접, ④ 남편과의 면접 자료, ⑤ 6년 후 실시할 추후 조사 설문 자료, ⑥ 면접, 조사 상황setting, 전화 접촉, 비공식적 만남 등을 기록한 현장 노트 등으로 구성되었다.

후드와 나눈 대화에서 그녀는 연구 초기부터 근거이론 전략을 채택한 이유를 다음과 같이 설명하였다.

> 이들 자료에 뭔가 있는 것처럼 보였습니다. 이를테면 내 연구에는 자신이 정말 원해서 일을 하고 있는 여성이 있었습니다. 맞벌이 가족에 대한 연구에서 자신이 원해서 일하는 여성은 가사에 대한 남편의 도움을 그다지 많이 못 받고 있었습니다. 그래서 어쩔 수 없이 일해야 하고, 아내의 수입을 중요하게 여기는 남편을 둔 여성은 남편에게서 더 많은 도움을 받고 있는지 궁금해졌습니다. 하지만 최초 표집을 했던 방식은 전업주부로 있다가 직장으로 복귀한 경험에 대해 면접자원자에게 물어보는 것이었습니다. 그렇기 때문에 면접자원자는 일한다는 것이 얼마나 경이로운 경험인지를 말하려는 사람들이 대부분이었습니다. 어쩔 수 없이 일을 해야 하는 사람들은 만나지 못한 것이죠. 그렇지만 직장에 복귀한 여성이 자녀양육과 가사에 대한 도움을 놓고 배우자와 어떠한 방식으로 협상하는지에 관심을 가지게 된 다음부터는 보다 많은 협상력을 가진 여성, 즉 남편이 아내가 일하는 것을 필요로 했기에 직장에 나갔던 여성을 만나 보는 것이 중요해졌습니다. 그래서 저는 이러한 여성을 찾아 나섰고, 그 점이 큰 차이를 불러 온다는 생각을 하게 되었습니다.

나는 어쩔 수 없이 일해야만 하는 한두 명의 아내와 예닐곱 번의 면접을 수행한 초기 자료를 이미 가지고 있었고, 이들 자료를 통해 일해야만 하는 상황이 중요한 구분점이 될 것이라는 실마리를 얻었습니다. 그래서 그러한 대상 범주를 확장해 갔고, 그것이 이론적 표집이 되었어요. 자아실현을 원해서 직장으로 복귀한 여성이라는 한 범주와 가족이 돈이 필요해서 직장으로 복귀한 다른 범주를 가지고 있었죠.

그 범주는 자료를 분석하면서 나타났어요. 그분들께 "왜 직장으로 돌아가려고 하죠?"라고 물었어요. 그러자 몇몇 여성은 "글쎄요. 집안 일이 따분해져 직장으로 돌아갔어요." 또는 "습진을 앓아서 직장으로 복귀했어요. 의사에게 찾아 갔더니 집에서 나오라고 하더군요." "단지 집에 머물러 있는 것보다 그 이상의 뭔가를 진실로 원했기 때문이에요."라고 답하더군요. 자아실현이 이유인 것이죠.

직장으로 복귀하는 이유를 코딩했습니다. 아울러 남편에게서 받은 도움의 종류와 가족 수입에 대해 남편이 언급한 유형에 대해서도 코딩했습니다. 자신이 원했기에 직장으로 복귀한 경우 남편이 많이 보인 반응은 "글쎄, 정말 당신이 일을 할 필요는 없어. 혹시 집안 일을 제대로 꾸려 나갈 수 없다면, 그때는 그냥 일을 그만두어야 할 수도 있어."라는 것이었죠. 남편이 여성의 수입을 필수적이라 인식하지 않았기에 이들 여성은 많은 협상력을 가지지 못했어요. 자아실현을 위해 직장으로 복귀한 것이죠.

그런데 제가 남편에게 "아내 분이 일을 그만둔다면 어떻게 될까요?"라고 묻자, "글쎄요, 제가 부업을 하나 더 해야 하겠지요."라거나 "아내가 일을 그만둔다면 어떻게 해야 할지 모르겠어요."라는 대답을 그들에게서 얻었을 때 저는 깨달았습니다. 이러한 대답을 한 남편의 경우 "아내가 원한다면 언제든지 일을 그만 둘 수 있어요."라고 대답할 수는 없다는 것이었죠.

"아내가 원한다면 언제든지 그만 둔다quit whenever she wants."라는 분석코드는 자아실현 대 경제적 필요라는 직장 복귀의 이유만큼이나 중요하게 되었습니다. 두 가지 이유 모두에 해당하는 소수의 부부가 있긴 했지만요. 하지만 진짜 중요한 것은 아내의 수입 없이는 순탄하게 살 수 없음을 인식하고 그 점을 기꺼이 말한다는 것이었습니다. 그리고 그럴 경우 주요한 변화를—어쩌면 집을 팔거나 지출의 많은 부분을 줄이든가 하는—경험해야만 한다는 것이죠. 아내가 일을 그만 둘 경우, 그들의 생활에서 주요한 변화죠. 만약 아내가 원한다면 언제든지 그만둘 수 있다거나, 남편이 기본적으로 말한 바가 그것일 때, 남편은 아내의 수입을 '금상첨화icing on the cake'라고 표현했지요. 그것이 나의 연구에서 개발된 또다른 범주였습니다. 흥미롭게도 많은 남자가 아내의 수입을 '있으면 좋은 것' '사소한 부수입'이라는 식으로 말했어요. 남편이 아내의 수입을 그런 식으로 생각할 경우, 아내를 공동부양자로 보지 않았습니다. 부차적인 부양자라는 것이고, 아내의 수입을 '금상첨화'라고 표현했죠. 심지어 아내의 수입이 주택담보 대출금을 낼 수 있을 정도였어도, 어떤 남편은 자신이 가족의 진짜 주소득원이라고 답했습니다. 여성을 가계의 필수적인 부양자로 인식하는 가족에서 여성이 얻는 수입과 동일한 규모의 소득을 그 아내가 벌어 왔는데 말입니다. 그는 부양자의 역할을 내놓으려 하지 않은 것이죠.

이 점이 근거이론의 다른 점이라 생각합니다. 범주를 개발하고 분석을 수행할 때, 코딩해 가면서 자료를 면밀히 살펴보았고, 근거에 기반한 개념을 개발했습니다. 우리는 그것을 범주라 불렀지만 정말로 자료에 기반한 것이었습니다.

후드가 수행한 코딩과 표집방법은 그녀의 실제 연구 형태를 초기부터 규정지었다.[3] 그녀는 여성의 자아개념과 친구관계망의 변화를 연구하려고 했

---

3. 후드가 활용한 이론적 표집은 근거이론 지침에 따라 직접적으로 구축되었다. 하지만 그녀의 코딩전

기 때문에, 1차 면접 기간 동안에는 아내만 면담하였다. 하지만 초기 분석을 통해 가계 재정의 압박을 직장 복귀의 이유로 든 여성에 대해 초점을 두게 되면서, 남편과의 면접이 필요한 것으로 드러났다. '원한다면 언제든지 그만두기'와 '금상첨화'와 같은 내생코드in vivo code는 아내가 일하는 것에 대한 남편의 태도를 보여 주는 선명한 지표다. 이러한 코드는 남편의 관점이 어떠한 방식으로 부부 간의 상호작용에서 작동하는지 살펴보는 데 강력한 실마리를 가져다주었다.

여성이 협상력을 획득하는 조건을 후드가 어떻게 추적했는지 보자. 자신의 자료에서 정의한 바에 따라, 후드는 부부간 역할과 협상력을 연결시켰다. 후드의 책에서 결혼생활에서의 역할 분석은 지배적인 중심주제로 출현한다. 그녀의 작업은 역할에 대한 이론적 코드군과 부합하며, 부부가 각자의 역할을 수행하는 방식을 알려 준다. 당연히 연구자는 자신이 자료에서 본 것에 따라 다른 방식으로 구성할 수 있다. 예를 들어, 어떤 연구자는 협상의 문제를 확인할 수 있지만 그에 대한 분석은 협상에 대한 배우자의 감정이라는 다른 방식으로 수행할지 모른다. 혹은 젠더gender의 개념이나 관습적인 성역할을 받아들이지 않는 동성애자 커플을 면접할 수도 있다. 풍부한 자료는 다양한 탐구의 방향을 촉발할 수 있다.

후드는 부부의 역할에 대해 관심을 두었고 결혼이라는 맥락 내에서 협상력의 위치를 확인하려는 이론적 틀을 개발하면서 검증 가능한 가설을 제시

략은 달랐다. 그녀는 개방코드에서 시작하였다가 보다 일반적 범주로 자료를 정렬하고 조직화하기 위해 코드표code sheets를 사용하는 형식적 절차로 재빨리 옮겨 갔다(1983: 200-202). 후드는 에스노그래프 Ethnograph라는 컴퓨터 프로그램을 사용했더라면, 조금은 다르게 수행했을 것이라 진술했다. 그녀는 자료를 '면접'하는 방법으로 코드표를 사용하였고, 범주의 속성을 확인할 뿐 아니라 자료 속의 유형에 대한 설명을 고수하는 방식으로 사용하였다고 진술하였다. 코드표의 사용은 설문 조사의 코딩과 유사하게 보일 수 있지만, 수를 세기 위한 것이 아니라 범주 경계를 수립하는 데 목적을 두었기 때문에 설문 조사식 코딩은 사용하지 않았다고 말했다. 사회과학자는 연구 문제와 연구자의 선호에 따라 여러 가지 방법론적 접근을 동시에 활용하기도 한다. 이와 관련해 몇몇 간호학 연구자는 이러한 방법론적 통합주의methodological ecumenicalism를 '방법의 두루뭉실함method slurring'이라고 평가절하한다(Baker, Wuest, & Stern, 1992).

하였다. 그녀는 부부관계에 대한 배우자의 헌신 및 투자, 직장과 가정의 우선순위, 아내의 역할분담 정도, 부부의 갈등해결 방식 등에 따라 아내의 협상력이 어떻게 달라지는가를 보여 주었다. 후드의 작업은 분석 단계별로 이루어진 비교를 통해 근거이론을 구성하면서 이론 및 실질적 관심사에 따라 어떠한 방식으로 연구를 수행하고 자료에 관여하는지를 밝혀 주고 있다. 후드는 자신의 책에서 언급한 결론을 통해 다음과 같이 말하고 있다.

> 보다 평등한 가사노동 분업을 받아들이기 위해 맞벌이 가족이 되기로 결정한 부부는 아무도 없었다. 그보다는 아내가 가정을 벗어날 필요가 있거나 가족이 돈이 필요한 경우 혹은 그 두 가지 모두가 필요했기에 맞벌이 부부가 되었다. 맞벌이 가족이 되는 과정에서 어떤 부부는 결혼생활에서 보다 평등한 권력 균형과 가사노동의 평등한 분할을 이루기도 했다. 하지만 이러한 평등을 향한 변화는 맞벌이 부부가 되는 결정에서 전혀 예측하지 못했고 의도하지도 않았던 결과다.
>
> 의도적으로 역할분담을 결정한 부부는 최소한 한 가지 중요한 측면에서 '역할분담을 실제 고려하지 않은 채' 역할분담을 시작한 부부와 유사했다. 즉, 대부분의 부부가 역할분담에 따른 새로운 공동기반을 발견했고, 역할분담의 관계를 유지하는 데 필요한 의사소통의 증가는 부부를 보다 친밀하게 했다(1983: 197-198).

이론적 표집

이론적 표집의 차별성

이론적 표집Theoretical Sampling을 이해하고 활용하기 위해서는 표집에 대한 기존의 선입견을 버려야만 한다. 출현하는 이론적 범주를 개발하기 위한 표집방법이라는 점에서 이론적 표집은 다른 형태의 표집방법과 구분된다. 그런데 질적연구자가 이론적 표집을 사용한다고는 하지만 근거이론의 논리를 따르지 않을 때도 있다. 이들이 범하는 실수는 다음과 같은 형태의 표집을 따르기 때문이다.

- 최초의 연구 문제를 해결하기 위한 표집
- 모집단 분포를 반영하는 표집
- 반대 사례negative cases를 발견하기 위한 표집
- 새로운 자료가 나타나지 않을 때까지 표집

이러한 표집 전략은 통상적인 질적연구 접근에서 이론적 표집과 관련해 범하는 실수다. 물론 연구계획서를 작성하는 연구자라면 자신의 연구 문제와 관련된 자료를 찾고자 한다. 하지만 이러한 표집은 하나의 초기 형태일 뿐이다. 최초 표집은 출발점을 제공하는 것이지 이론의 정교화elaboration와 세련화refinement를 가져오지는 않는다. 연구자는 사전에 미리 범주를 안다고 가정할 수 없다. 즉, 근거이론이 전제하는 논리는 자료 분석을 위한 비교방법을 통해 범주를 구성한다.

최초 표집에서 사용한 기준은 이론적 표집에서 이끌어 낸 기준과는 다르다는 것을 기억해야 한다. 최초 표집은 연구자가 출발하는 곳이지만, 이론적 표집은 어디로 가야 할지를 가르쳐 준다. 최초 표집을 통해 연구자는 현장으로 진입하기 전에 개인, 사례, 상황, 세팅 등과 관련한 표집의 기준을 수립한다. 연구자는 자신의 연구가 개인, 연구 상황, 혹은 정부기관, 조직 등과 같은 큰 구조로 이어지는지 관련된 자료를 확인할 필요가 있다.

> 근거이론에서 최초 표집이 연구자가 출발하는 지점이라면, 이론적 표집은 연구자가 어디로 가야 할지 그 방향을 알려 준다.

예를 들어, 기업의 고객서비스 관계 부서를 연

구한다고 한다면 실제 고객과의 접촉 장면을 관찰할 수 있는 접근권을 얻는 것이 필수적이다. 당연히 연구자가 보고 듣고자 하는 바는 조직 내에서 연구자가 점하는 지위와 협상하는 방식에 따라 다를 것이다. 경우에 따라서는 부분적으로 제한된 접근권을 얻을 수도 있다.[4] 예를 들어, 고객서비스 요원과의 면담은 허락받았지만 관찰하는 것은 허용되지 않았다면, 연구는 전혀 다른 방향으로 나아갈 것이다.

얼핏 보기에는 분명한 주제가 머지않아 복잡하게 되는 경우도 있다. 예를 들어, 장애인의 음주를 탐색하려는 경우, 적어도 '장애'라는 용어가 포괄하는 바를 잠정적으로 정의하기 시작해야 한다. 그런 다음, 음주—그리고 장애—가 연구 참여자에게 의미하는 바를 확인할 필요가 있고, 그들의 가족, 친구와 대화할 필요가 있는지 확인해야 한다. 또한 자신이 알코올중독에서 회복하는 중이라고 생각하는 장애인을 포함시킬 것인가도 결정해야 한다. 누군가는 만나야 하지만 다른 누군가는 만나지 않아도 되는 주제의 선정은 연구자가 다루어야 할 바를 미리 한정짓는다. 그래서 연구자는 음주에 대한 선입관을 명확히 해야 하며, 그러한 자신의 선입관을 점검하는 것은 연구자의 중요한 과업 중 하나다.

이론적 표집은 전통적인 계량연구설계에서 사용하는 표집기법과는 다른 논리를 따른다. 이론적 표집의 목적은 범주를 명확하게 하는 데 도움이 되는 자료를 얻는 것이다. 충분하게 채워진 범주는 응답자가 했던 경험의 질을 반영하고, 그것을 이해하는 유용한 분석 도구를 제공해 준다. 요컨대, 이론적 표집은 개념과 이론의 개발에만 국한된다. 모집단의 대표성이나 결과의 통계적

---

4. 고객서비스 책임자가 연구자를 관리자 측 정보원으로 규정했다면 아마 직원은 자신의 관심사나 일상적인 업무 수행을 숨길 것이다. 나아가 직원은 연구자를 포함해 해당 연구를 조직 내 지배관계의 확장된 형태로 바라볼 수 있다. 도로시 스미스Dorothy E. Smith(1999)는 이 경우, 연구자는 참여자가 이미 그 상황에서 경험하고 있는 지배관계를 재생산할 것이라고 경고한 바 있다. 반대로 직원이 연구자를 동료로 바라본다면 연구자는 완전히 다른 그림을 얻을 수 있으며, 그들이 경험한 바를 바탕으로 소비자와 이야기를 나눠 본다면 또 다른 관점을 얻을 수도 있다.

일반화를 증가시키기 위함이 아니다. 많은 계량연구는 모집단을 대표하는 특성이 있는 사람들을 무작위 표집할 것을 요구한다. 양적 연구자는 표적 집단에 대한 통계적 추론을 위해 자료를 사용하는 반면, 근거이론가는 출현한 자신의 이론을 자료와 부합시키려고 한다. 양적 연구자는 선험적 가설precon-ceived hypotheses을 검증한다. 근거이론가는 다른 연구자가 좇아갈 수 있는 출현적 가설emergent hypotheses의 근거를 제공한다.

계량연구의 논리를 따르는 동료 연구자나 교수는 종종 질적연구자에게 모집단의 분포를 대표하는 표본을 만들라는 잘못된 조언을 한다. 이러한 잘못된 조언은 질적연구가 일반화를 목적으로 한다는 가정에 기인한다. 대표성을 가진 표집 전략은 최초 표집에는 유용할지 몰라도, 근거이론의 논리에는 부합하지 않으며, 불필요하고 개념적으로도 얄팍한 자료를 수집하는 결과를 가져온다.[5] 이에 제인 후드는 이론적 표집의 이해를 위해 다음과 같이 언급하였다.

> 이론적 표집을 제대로 이해하는 사람은 극소수다. 나는 일종의 수공예 작업이라 생각한다. 이론적 표집은 유목표집purposeful sampling과 미묘한 차이가 있으므로 이론적 표집방법을 배워 나갈 때 피드백을 줄 누군가가 필요하다. 이론적 표집은 유목표집이긴 하지만, 연구자의 분석에서 개발된 범주에 따른 유목표집이다. 이들 범주는 할당에 기반하지 않으며, 이론적 관심사에 기반한다. 방법론 교재의 저자는 표집 기준을 두고 있지 않다. 그들은 아마도 "오, 여성의 수가 충분하지 않군요. 더 많은 여성을 모으세요."라고 말할 것이다. 하지만 이것은 이론적 표집이 아니다. 기본적으로 할당표집이거나 인구학적 특성에 기반한 표집이다. 이런 방식으로

---

5. 박사과정 학생들은 연구계획서에 여러 단계의 자료 수집 방법을 설정하여 지도교수와 타협할지 모른다. 그럴 경우 학생들은 모집단의 분포를 고려하여 연구를 시작하지만, 이후 출현하는 분석에서 나타난 단서를 따라가는 계획을 세울 수 있다.

출발하는 것이 잘못된 것은 아니지만, 단지 첫걸음일 뿐이다. 이론적 표집은 실제 근거이론을 특별하게 하는 주요한 강점이다. 이론적 표집은 코르크 따개라 부르기도 하는 해석의 나선hermeneutic spiral을 단단하게 만들어 자료와 완벽하게 부합하는 이론으로 연구를 끝맺게 해 준다. (이론적) 분석에 기반해 다음 사례를 찾거나 대화할 다음 사람을 선택하므로 연구자는 개발하려는 이론과 무관한 것에 시간을 허비하지 않는다.[6]

후드가 언급한 바와 같이 많은 연구자는 경험적 분포나 상황을 반영하기 위해 상이한 상황이나 개인을 표집한다. 하지만 이것은 이론적 표집이 아니다. 예를 들어, 조직연구 전문가가 경직된 권위 체계와 느슨한 권위 체계에서 수행하는 상이한 사업을 표집할 계획을 세울 수 있다. 이러한 표집 계획을 통해 흥미로운 대조를 보여 줄 자료를 얻을지는 모르지만 이것은 이론적 표집이 아니다. 다시 말해, 연구자가 자료에서 개념적 범주를 구성하고 이들 범주를 개발하기 위해 표집한 것이 아니라면 이론적 표집이 아니다.

반대 사례*를 찾는 일은 이보다 더 모호한 의문을 야기한다. 반대 사례의 표집이 근거이론을 보완하는 것인지 아니면 상충되는 것인지는 상황에 따라 다르다. 질적연구자는 종종 새로운 변인을 찾거나 개발 중인 이론에서 대안적 설명을 제공하기 위해 반대 사례를 이용한다. 반대 사례의 논리는 분석과 부합하지 않는 개인, 상황, 주제 등이 자료에 포함되었는지 묻는 것을 가정한다. 버지니아 올러슨Virginia Olesen은 여기에 덧붙여 "이러한 사례를 발견하기 위해 노력했는가?"라는 질문을 추가하고 있다(사적인 의견 교환, 2005. 6.).

반대 사례의 출처와 연구자가 반대 사례를 활용하는 방식에 따라 반대 사례가 근거이론에 부합하는 정도가 달라진다. 이러한 사례가 자료에서 나타

---

6. 보다 명료한 표현을 위해 제인 후드가 편집하였다.

* **역주)** 예측한 방향대로 응답하지 않거나, 다수의 응답과는 반대의 반응을 보이는 참여자를 지칭한다.

났는가? 아니면 연구자가 마치 추가적인 이론적 표집을 한 것인 양 연구 과정에 이들 사례를 가져 왔는가? 만약 자료에 대한 비교 분석을 통해 반대 사례를 정의하지 않았다면, 그러한 사례를 찾는 작업은 해당 사례를 추가시킨 결과만 낳을 것이다. 반면 반대 사례가 자료에서 출현한 것이라면 이들 사례에 대한 검토는 범주나 과정의 다양한 차이variation와 근거이론의 분석적 밀도를 강조한 것이라 할 수 있다(Strauss & Corbin, 1990). 베커(Becker, 1998)는 몇몇 연구자가 가설적인 반대 사례를 고려하거나 가능성 있는 가상의 이야기fiction를 활용하기도 한다고 지적한다. 이러한 경우 경험적 세계에서 연구자가 벗어나는 만큼, 가설적 반대 사례는 그 세계에 대한 분석 위에 구축된 근거이론과 일치하지 않게 된다.[7]

아마도 가장 일반적인 오류는 연구자가 동일한 양상이 재발생할 때까지 자료를 수집하는 것으로 이론적 표집을 혼돈할 때 일어난다. 이러한 전략 또한 이론적 표집이 아니다. 연구 세계에 대한 분석에서 도출된 이론적 범주의 명시적 개발이 자료 수집의 목적이 아니기 때문이다. 사실 재발생되는 양상의 발견은 연구하려는 세계의 경험적 중심주제를 기술할 뿐이다.

다른 것에 비해 이론적 표집에 훨씬 가깝게 보이는 표집 형태가 있을 수 있다. 예를 들어, 퍼티 알라수타리(1996)가 수행한 표집 전략은 이론적 표집과 유사하다. 그는 자신이 수행한 사례연구에서 사용한 전략적인 사례 선택이 이론적 표집을 닮았다고 기록한다. 하지만 그 목적은 다르다. 알라수타리가 수행한 핀란드의 어느 지역 주점에 대한 문화기술지연구는 과음하는 일반 남성의 삶에 초점을 두었다. 그는 음주 연구를 통해(1992, 1995) "사람들

---

7. 연구자가 가상의 이야기를 대체된 실제로 보지 않고 분석 텍스트로 다룰 때, 모든 유형의 연구에서 가상의 이야기는 엄청난 자료를 제공할 수 있다. 예를 들어, 가상의 이야기 저자가 여성과 남성, 집합적 가치, 특정한 기간 동안의 개별적 탐색 여정 등을 어떻게 제시하는가를 살펴볼 수도 있다. 가설적인 반대 사례는 더 위험할 수 있다. 그렇기 때문에 연구 세계에 대해 연구자의 지식과 이들 사례를 어떻게 활용하는가가 중요하다. 피상적 지식과 부족한 탐구는 근거이론 분석을 잘못된 방향으로 이끌어 갈 수 있다. 가설적인 반대 사례에 의존하는 연구자는 탁상공론에 빠질 위험을 안고 있다.

의 생생한 경험을 통해 동일한 역사적 구조의 조건을 바라본 다음, 그 안에 존재하는 상이한 문화적 논리에 대해 통합된 얼개"를 얻고자 하였지, 일반적 이론을 개발하려는 것은 아니었다(1996: 373). 그럼에도 문화적 논리에 연구 의 초점을 둠으로써 음주에 대한 정교한 문화이론을 이끌어 내었다. 이 연구 의 수행 과정과 관련하여 알라수타리는 이렇게 언급하였다.

> 문화기술지연구에서 가설 검증은 단지 정보원이 데려온 대상이나 연구 자가 관찰한 것에 그치는 것이 아니라 보다 더 많은 자료를 다루어야 한 다는 것을 의미한다. 단주 모임 연구에서 내가 수행했던 것처럼, 연구자는 연구 결과에 기반하여 새로운 자료를 수집할지를 결정할 수 있다. 핀란드 의 A길드(자조 집단)가 일지 기록을 가지고 있다는 것을 알았을 때, 나는 탐페레Tampere 지역에서 발견했던 '치료 철학treatment philosophy'이 지역 적 현상인지 아니면 전국적인 현상인지 결정하기 위해 길드가 가지고 있 던 모든 과거의 기록을 살펴보는 것이 좋은 생각이라 여겼다(1995: 172).

이론적 표집의 논리

이론적 표집은 자료에서 출발하고, 자료에 대한 잠정적 아이디어를 구축 하며, 그런 다음 추가적인 경험적 탐구를 통해 그 아이디어를 검토하는 것이 다. 후드(1983)가 자신의 연구를 통해 어떻게 자료 수집과 분석 사이를 넘나 들었는지 생각해 보라. 코드는 범주가 된다. 초기의 범주는 제안적이지만 아 직 확정적이지 않다. 추가적인 자료 수집은 이들 범주를 튼튼하게 해 주었 는데, 후드는 그때 초기 분석에서 나타난 새로운 틈새를 알아차렸다. 그래서 현장으로 돌아가 추가적인 질문을 해 보았다—글쓰기와 분석을 계속 진행 하면서 말이다.

메모 작성은 이론적 표집으로 직접 이어진다. 이론적 표집은 전략적이고,

구체적이며, 체계적이다. 연구자는 이론적 범주를 정교하게 하고 수정하기 위해 이론적 표집을 사용하기 때문에, 이론적 표집은 이미 확인한 범주를 가지고 있느냐에 따라 달라진다. 범주에 중심축을 두고 자료 수집을 오가는 이러한 근거이론 전략은 범주의 속성과 그 다양한 차이의 범위를 상세히 기술하고 개발하는 데 유용하다.

메모 작성을 통해 연구자는 이미 불완전한 범주와 분석상의 틈새를 표시하였다. 그래서 이론적 표집을 시작할 때 그 틈새를 채워 넣고 범주를 포화시키기 위해 어디에서 어떻게 필요한 자료를 찾을 것인지 예측할 수 있다. 후드의 직관적 추정처럼, 연구자의 예측은 즉각적인 분석 작업에서 비롯된다. 그렇다고 고민 없이 이루어지는 자동적인 추측은 아니다. 그보다는 초기 자료에 대한 근거 기반의 비교 분석을 통해 나타난다. 범주를 명확히 설명해 줄 자료가 있는 장소에 대한 직관적 추정을 따라가서 자료를 수집하라. 그런 다음, 이들 자료에 대해 부여한 코드를 비교하고, 앞서의 코드를 출현한 범주와도 비교하라. 새로운 비교를 기록해 가면서 점차 추상적이고 개념적인 메모를 작성해 가라—그리고 범주를 채워 가면서 얻게 되는 모든 통찰을 메모로 작성하라. 이론적 표집은 연구자가 충분하고 강건한 범주를 구축하도록 보장하며, 범주 간의 관계를 명료하게 하도록 이끈다.

이론적 표집은 주요한 범주의 속성을 채워 나가는 데 유용할 뿐만 아니라, 기본적 과정이 어떻게 발전하고 변화하는지를 보다 잘 알게 해 준다. 이론적 표집을 시작하면서 연구자는 범주를 명확히 설명해 줄 수 있는 진술문, 사건, 사례를 찾게 된다. 후드처럼, 연구자는 새로운 참여자를 추가하거나 새로운 연구 상황에 대한 관찰을 더해 나간다. 가능한 경우 이전에는 발견하지 못한 경험을 추가적으로 질문하거나 탐구하기 위해 연구에 참여했던 사람들에게 돌아갈 수 있다.

이론적 표집은 어떤 방식으로 처음부터 분석에 이득을 가져오는 것일까? 연구 과정 초기부터 연구자는 자료 간 비교를 수행하면서 출현하는 질문을 확인한다. 후드가 초기 자료를 서로 비교함으로써 범주에 대한 추측이 가능해졌고 이러한 범주를 확인하기 위해 추가적인 자료를 수집했던 것에 주목해야 한다. 후드가 사용한 이론적 표집 방법에 대한 이야기는 그녀가 분석질문을 어떻게 형성하였고, 연역적 논리를 어떻게 사용했는지를 보여 준다. 예를 들어, 후드는 여성의 가계 재정 기여도에 대한 남편의 인식과 공개적인 인정이 기혼 여성의 협상력을 증가시킬 것으로 예측하였다. 그래서 후드는 자신의 직관적 추정을 검토한 후, 뒤이은 자료 수집을 통해 확인할 수 있었다. 이런 점에서 이론적 표집은 귀납적 추론과 연역적 추론이라는 두 가지 추론 방식을 모두 아우른다.

근거이론에서 언급되는 특수한 형태의 추론 방식이 있는데 바로 가추법abduction이다. 이는 근거이론이 이론적 추정을 할 때 경험에 기반해 추론한 다음, 추가적인 경험을 통해 확인하기 때문이다.[8] 자료에 대한 가추적 추론은 자료에서 출발하여 가설 형성으로 옮겨 간다(Deely, 1990; Fann, 1970; Rosenthal, 2004). 간단히 말해, 가추적 추론은 자료에 대한 모든 가능한 이론적 설명을 고려한 후, 각각의 가능한 설명에 대해 가설을 형성하고, 자료 검토를 통해 이들 가설을 경험적으로 확인하여, 가장 설득력 있는 설명을 좇아간다.

> 가추적 추론은 자료에 대해 모든 가능한 이론적 설명을 고려한 후, 각기 가능한 설명에 대한 가설을 형성하고, 자료 검토를 통해 이들 가설을 경험적으로 확인하여, 가장 설득력 있는 설명을 좇아간다.

이 지점에서 연구자는 경험에서 솟아난 아이디어를 취하고, 그에 따른 가설을 형성한 다음, 이들 가설을 경험에서 확인하기 위해 되돌아간다(Pierce, 1958). 따라서 사례를 검토한 후에 사례의 관계에 대한 이론적 해석을 제공하는 논리적 추론을 내린다. 그런 다음 이러한 추론을 확인, 평가하기 위해 현장으로 돌아간다. 이러한 과정이 이론적 표집에서 중요한데, 이는 이론적

---

8. 찰스 샌더스 피어스(Peirce, 1958)가 가추법 추론을 발전시켰다. 문제 해결을 위한 실용주의적 전통에 근간을 두며 과학적 발견과 정당화 간의 경계는 불분명하다는 명제를 지지한다.

표집의 수행 과정을 설명한 후드와의 면접에서도 명백하게 드러난다.

> 자료 수집과 분석 사이를 넘나들고, 지속적 비교방법을 통해 이론을 개발하면서, 연구자는 이론 개선을 위해 수집할 필요가 있는 자료가 무엇인지를 단계마다 알게 됩니다. 내가 근거이론을 귀납적 작업과—어느 정도까지는—연역적 작업과의 결합이라고 본 것처럼, 이론을 귀납적으로 개발한 다음, 연구자는 최소한 자신의 직관적 추정을 지속적으로 시험해 보려 합니다. 이 방법을 가추법이라 부를 수 있겠지요. 이론의 검증이 뜻하는 바가 다를 수 있기 때문에 나는 이론을 검증한다고는 말하지 않겠지만, 우리는 직관적 추정을 검증하는 것이죠.

후드의 언급이 암시하는 바와 같이 이론적 표집의 수행은 분석을 향상해 준다. 동시에 초점 없는 자료 수집이나 혼란스러운 분석에 빠지지 않게끔 해 준다. 이론적 표집을 사용해서 다음과 같은 출현적 목표를 향해 지속적으로 전진할 수 있다.

- 범주의 속성을 명확히 서술하기
- 범주에 대한 직관적 추정 확인하기
- 범주의 속성 포화시키기
- 범주 구분하기
- 출현하는 범주 간의 관계를 명확히 하기
- 과정에서의 다양한 차이 확인하기

이론적 표집은 출현적이다. 잠정적인 범주를 구성한 다음에 나타난다. 연구자는 분석을 실시하기 전에는 표집할 필요가 있는 아이디어가 무엇인지 알 수 없다. 이론적 표집을 수행하는 구체적인 이유는 연구자가 해결하고자 하는 분석상의 문제에 따라 다르며, 야기되는 아이디어, 틈새, 모호함, 의문점이 무엇인가에 따라 다르다.[9]

문제를 확인하고 그 해법을 찾는 것은 상당한 정도의 솔직함과 기간을 필요로 한다. 연구자의 범주가 분석적으로 얇은가? 불충분하게 지지되는가? 범주의 관계에 대한 아이디어가 공허한가? 아이디어가 불분명하지만 일면 암시적인가? 좋은 연구자는 이러한 분석상의 문제를 인식하고, 그것을 해결하기 위해 작업한다. 근거이론에서 이론적 표집은 분석을 발전시키고 문제점을 교정하는 유용한 도구다. 분석 문제와 씨름하는 것은 연구 과정의 일부분이다. 혼돈스럽고 불확실하다는 느낌―하지만 그 모호함을 참아내는 것 또한 배워야 한다―은 연구자로서 성장하고 있음을 의미한다. 이러한 모호함이 없이 처음부터 쉽게 지각할 수 있는 것transparent으로 분석 과정을 처리하는 연구자는 종종 피상적인 분석에 머문다.

이론적 표집은 연구자로 하여금 분석에서 나타난 단서를 따라가게 해 준다. 그 결과 연구자는 다음 활동을 통해 자신의 연구를 향상해 나갈 수 있다.

- 범주의 관련 속성 명세화하기
- 범주의 세밀함 증가시키기
- 자료에 대한 묘사에서 분석으로 옮겨 가게끔 실체 제공하기
- 보다 추상적이고 일반화된 분석 수행하기
- 연구자의 추측에 대한 근거를 자료에서 찾기
- 범주 사이의 분석적 연결고리를 명확하게 하기
- 이론적 진술의 간명성 높이기

---

9. 앞 장에서 지적한 것처럼, 연구자는 새로운 아이디어라는 조준점으로 이전의 자료로 돌아가 다시 코딩작업을 할 수 있으며, 이는 새로운 범주를 위한 이론적 표집을 앞당길 수 있다.

이론적 표집은 범주의 속성을 상세하게 기술할 수 있는 자료를 제공해 준다. 심각한 만성 질환을 앓는 사람들이 자신의 질병을 어떻게 경험하는지 밝혀 내려 했을 때, 그들의 설명은 힘든 나날, 고통스러운 증상, 잃어버린 시간 등에 국한되어 있었다. 이러한 설명을 비교하면서 나는 '침해적 질병intrusive illness 경험하기'라는 범주를 고안했다.[10] 분명 이 범주 자체는 진술된 질병에 국한되고 단조로웠다. 하지만 나는 다음 질문을 하게 되었다. 이 범주는 무엇을 포함하고 있을까? 어떻게 그 범주를 개념화할 수 있을까? 원치 않는 침해를 경험한다는 것은 질병을 넘어서는 어떠한 유형의 경험과 관련성이 있는 것일까?

이론적 표집을 통해 더 많은 자료를 모은 다음, 나는 침해적 질병이라는 범주가 지속적인 관심, 할당된 시간, 강요된 조절 등의 요구라는 분석 속성을 띤다고 정의하였다. 이들 속성이 다음 설명과 어떻게 부합하는지 보라.

> 할 수 없는 일이 많죠. 야간 학교에 가려면, 등교 전에 집으로 곧장 와서 누워 있어야 하죠. 그렇지 않으면 학교에 갈 수가 없어요. 몇 년 전에는 그럴 필요가 없었는데 말이에요…….
>
> 그리고 조명에 대한 문제가 정말 심각해졌죠. 특수 안경 없이는 밝은 조명이 있는 방에 있을 수가 없어요. 그래서 야간 수업 때는 선글라스를 쓴 채 앉아 있어야 하지요. 그러면 그게 더 피곤하게 해요. 눈을 더 감기게 하죠. 그래서 3번이나 수업에 빠져야 했어요. 전에는 한 번도 빠진 적이 없었는데 말이죠(Charmaz, 1991a: 43).

많은 사례와 사안을 검토하면서, 사람들이 취하는 행위가 침해적 질병이

---

10. 나는 당시(1991a) 초점을 질병 경험하기에 두었는데, 그 이유는 시간에 초점을 둔 것보다는 광범위한 독자를 대상으로 삼았기 때문이다. 그렇지만 이러한 초점을 통해서도 시간과 자아에 대한 분석을 발전시킬 수 있었다.

라는 범주의 속성에 반영되도록 하고, 그 범주에 부여하는 의미를 드러내도록 하였다. 그들의 관점에서, 질병의 침해성은 이전의 삶을 비슷하게 유지하려 할 경우 특별한 요구를 부과하였다. 이 범주의 속성은 간단하게 보이지만 시간과 자아에 대한 추상적 진술을 할 수 있는 바탕이 된다. 나는 '침해적 질병 경험하기'에 대한 이론적 표집을 수행하면서, 자신의 순탄치 못한 나날을 사람들이 어떻게 정의하고, 그 날을 잘 보내기 위해 질병과 관련된 과업에 할당한 시간이 무엇을 의미하는지, 질병에 맞춰 가도록 강요받는다고 느낄 때가 언제인지, 그 결과 어떠한 부분을 조절해야 하고, 스스로를 어떻게 바라보는지 알기 위해 많은 자료를 수집했다. 예를 들어, 어떤 여성은 자신이 처한 조건이 동료에게 알려지는 것을 원치 않았다. 그래서 그녀는 피곤이 엄습하기 전에 그 날의 할당작업을 일찍 끝내야 한다고 느꼈고, 오후에는 자신의 증상을 숨기려 하였다. 근무 일과와 관련된 문제가 늘어나면서, 8년 뒤에 있을 은퇴까지 계속 일하고 싶다는 희망을 더 이상 가질 수 없음을 깨달았다. 그러한 조절과 관련해 그녀에게 몇 가지 물어본 질문이 많은 이야기를 끌어냈다. 나아가 침해적 질병이 연구 참여자에게 어떠한 영향을 미치는지를 보여 주는 사건을 목격했고, 분석을 발전시켜 나가면서 그들의 묵시적인 관점과 행위를 꿰뚫어 볼 수 있게 되었다.

이론적 표집은 이론적 범주를 서로 비교할 수 있게 하는 재료를 제공해 준다. 개별적이고, 고유한 범주로 구성해야 할 속성을 하나의 범주 아래로 합쳐 놓지는 않았는지 생각해 보라. '침해적 질병 경험하기'는 질병을 경험하는 두 가지 다른 방식—단절interruption 또는 함몰immersion—과는 다르다.* 각 범주를 그 속성으로 정의하면서, 나는 범주의 추상적 수준을 끌어올렸고 각 범주에 대한 정의를 선명하게 다듬을 수 있었다.

---

* **역주)** 차마즈(1991a)는 질병을 경험하는 방식을 단절, 침해, 함몰 등 3가지 방식으로 확인하였다. 장차 자신이 질병에서 회복하거나 최소한 신체적으로 괜찮은 수준에 도달할 것이라 믿는 사람들은 자신의 질병을 단절이라 정의한다. 즉, 자아 또는 미래의 관점에서 어떠한 변화도 없이 단지 일상적 생활을

관점과 행위 간의 고리를 상세하게 기술하는 것은 아이디어를 예리하게 하는 한 가지 방법이다. 그 결과, 단조로웠던 현장 경험에 대한 분석이 보다 분석적이고 추상적이게 되며, 일반화할 수 있는 잠재력도 가지게 된다. 이론적 표집은 연구자의 작업에 분석의 깊이와 상세함을 가져다준다. 이론적 표집을 통해 연구자의 작업은 즉각적인 주제를 뛰어 넘는 명료함과 보편성을 얻게 된다. 하나의 경험적 주제가 아닌 이론적 범주에 초점을 두면서, 이론적 표집은 다양한 실체적 영역에 걸쳐서 표집을 하게끔 한다. 따라서 이론적 표집을 통해 연구자의 이론은 다양한 실체적 영역을 가로지르는 보다 추상적인 수준의 형식이론이 된다.

예를 들어, 질병이 가져다준 침해적 경험에 대한 분석을 다양한 실체적 영역에 적용해 본다면 어떠한 영역에 가능할까? 확실히 어떤 유형의 돌봄활동은 심각한 질병을 앓는 사람에게서 나타나는 바와 유사하게 지속적인 관심, 할당된 시간, 강요된 조절을 요구한다. 암에 걸려 죽음을 앞둔 아버지를 돌보던 한 여성이 나의 책을 읽게 되었다. 그녀는 시간을 다룬 나의 분석이 자신의 아버지가 처한 상황과 자신의 돌봄 경험에 어떻게 적용되는지 말해 주었다. 예측하지 못했던 불쾌한 법적·행정적 싸움에 빠진 사람도 침해적 경험이 자신의 삶에 어떻게 침투하는지 통찰할 수 있다. 개인정보 유출로 신분 도난을 경험하거나 학습장애 아동이 특수교육 서비스를 얻어내는 경험도 이러한 예가 될 것이다. 각각의 상황에서 우리는 원치 않은 상황을 지속적으로 경험한다는 것의 속성이 시간의 질에 어떻게 영향을 미치는지를 탐색할 수 있다―아울러 그에 따른 자신과 상황의 변화에 미치는 영향도 탐색할 수 있

중단time-out했다고 본다. 하지만 질병이 삶 속에 다양한 침해를 가져오면서, 사람들은 점차 질병을 받아들이고, 그 안에서 자아와 삶을 재구축하려 한다. 또는 질병을 감추거나 자신의 관점에서 분리하려 하기도 한다. 즉, 질병이 가져다준 현재의 충격을 견뎌 내고 타협해 가며, 최소한 현재의 자아를 유지하려 노력한다. 그러나 질병이 미치는 영향력이 더욱 확산, 심화되면서 이 또한 어려워진다. 결국 개인은 질병에 함몰되어 끝이 없고 달라지지 않아 보이는 시간 속에서 자아를 상실해 버리는 함몰을 경험하게 된다.

다. 우리는 원치 않으며 때로는 충격적인 중단으로 시작하는 상황과 불편하고 침해적인 것으로 시작하는 상황을 비교할 수도 있다. 또한 침해적 경험이 사람들의 삶을 어떻게, 언제 장악하는지 살펴볼 수 있다. 그것이 개인의 삶에 미치는 정도에 따라 다르겠지만, 삶의 변화는 개인의 자아 발달과 관련된 결과를 가져온다. 나는 질병의 경험을 넘어서는 의미로 자아와 시간을 분석했기에, 하나의 형식이론을 구성할 수 있었다.

연구자의 범주가 하나의 굳건한 실체적 기반을 가지게 되면, 다른 실체적 영역의 어디에서 어떻게 연구를 진행할지 단서를 얻을 수 있다. 제인 후드의 연구는 가사노동에 대한 부부 협상을 다룬 실체적 근거이론을 제공하였다.[11] 이러한 후드의 분석은 다양한 현장에서의 후속 연구를 통해 침묵과 전략적 협상에 관한 형식이론을 생성할 수 있는 토대가 되었다. 예를 들어, 후드는 점진적인 조정과 명시적인 협상을 양 끝에 두는 이론적 연속성을 수립할 수 있다. 어떤 경우에서든, 후드는 협상과 관련된 새로운 개인과 집단을 찾아낼 수 있는 초기 재료를 가지고 있다. 그에 따라 참여자 간의 균형 또는 불균형적인 권력관계 및 협상의 산물에 대한 상이한 이해관계가 협상의 진행 방식과 결과에 어떠한 영향을 미치는지 확인할 수 있다.

이론적 표집의 활용

연구자는 연구의 초기와 후기 단계 모두에서 이론적 표집을 사용할 수 있다. 단, 표집의 방향을 알려 주는 범주가 있어야 한다. 출현하는 범주에 대한 초점을 좁혀가는 전략이자 범주를 개발하고 수정하는 기법으로 이론적 표집

---

11. 중산층 맞벌이 가족의 경우 여성이 시간 협상의 주도권을 갖고, 가사일에 대한 통제력을 간접적으로 유지하고 있다는 케리 데일리(Daly, 2002)의 연구를 참조하라. 이 연구에 참여한 부부는 1주일에 50시간 이상을 일하는 관리직 또는 전문직에 종사하였다. 데일리는 가사일 시간대의 통제를 통해 여성이 자녀 양육과 가사일에 대한 남편의 참여를 얻어내고 있다는 점을 발견하였다.

을 활용하라. 몇 개의 예비 범주를 개발하고자 할 때 이론적 표집을 시작하라. 이론직 표집은 범주의 경계를 확인하고, 사격을 부여하며, 정교하게 다듬고, 범주의 관계를 명세화하는 데 도움이 된다. 초기 단계에서의 이론적 표집은 범주의 속성을 채우는 데 유용하므로 연구자는 범주를 분석적으로 정의하고 명시화할 수 있다. 후기 단계에서의 이론적 표집은 범주의 연결 고리를 보여 주는 데 유용하다.

이론적 표집을 수행하려는 시도 중에는 특별히 이론적이지 않은 방법도 있다. 이런 경우 연구자는 흥미로운 발견물을 좇아가지만, 그 중요성을 이론화하지 못할 수 있다. 결국 실체적 발견의 경계를 세우지 못하고, '그래서 뭐 어떻다는 것인가So what?'라는 질문에 답하지 못하게 된다. 이 발견은 보다 크고 추상적인 이론적 범주나 문제 중 어떤 것의 일부분인가? 이론적 표집은 호기심을 자아내는 초기코드를 따라가는 것—이는 좋은 연구자라면 늘상 하는 것이다—이상을 뜻한다. 보다 많은 자료로 탐침해야 할 영역을 가르쳐 주는 아이디어를 정의하고, 잠정적으로 개념화한 후 이론적 표집을 수행하라. 그렇지 않으면, 이론적 표집은 다음과 같은 근거이론의 함정에 빠질 수 있다.

- 분석 범주의 미성숙한 종결
- 진부하거나 중복적인 범주
- 범주를 정교화하고 점검하기 위해 명시적 진술문에 대한 과도한 의존
- 초점이 없거나 구체적이지 못한 범주

근거이론 교재의 저자는 이론적 표집을 연구자가 면접을 통해 수행하는 절차로 다루고 있다. 이론적 표집은 명시적인 절차라기보다는 연구자가 촉발하여 연구에 맞추어 가는 전략이다. 그러므로 이론적 표집을 수행하는 방법은 다양하다. 이론적 표집은 이론적 범주에 대한 초점을 둔 면접 또는 재

면접뿐만 아니라 기록물을 조사하고, 관찰을 수행하며, 새로운 사회적 세계에 참여하는 것까지를 포함한다.

이론적 표집을 통해 무엇을 살펴보고, 어떻게 수행하는가는 이론적 표집의 목적에 달려 있다. 근거이론의 논리를 따른다면 이론적 표집은 출현하게 된다. 연구자가 개발한 아이디어는 이론적 표집을

> 이론적 표집을 통해 살펴보아야 할 것과 어떻게 수행할 것인가는 이론적 표집의 목적에 따라 다르다. 근거이론의 논리를 따른다면 이론적 표집은 출현하게 된다. 연구자가 개발한 아이디어는 이론적 표집을 하면서 연구자가 해야 할 일, 건드려 볼 영역, 던져 볼 질문을 결정한다.

하면서 연구자가 해야 할 일, 건드려 볼 영역, 던져 볼 질문을 결정한다.

나는 만성 질환자가 시간의 경과를 어떻게 정의하는지를 파악하려고 이전에 면접했던 참여자에게 다시 돌아갔다. 그런 다음 그에게 과거 위기의 시간을 어떻게 지각했는지, 그리고 시간이 느리게 혹은 빠르게 지나가거나, 표류하거나 끌려가는 것처럼 보일 때가 언제인지 물어보았다. 이 주제가 자신의 경험에 반향을 불러왔기에 그는 이 난해한 질문에 답해 주었고, 시간적인 경과가 갖는 의미에 대한 다양한 통찰을 제공해 주었다. 예를 들어, 그들의 이야기를 연구했을 때 나는 만성 질환자가 과거, 현재, 또는 미래 중 어느 한 곳에 자신의 자아 개념을 암묵적으로 두고 있음을 깨달았다.[12] 이러한 시간 틀은 자아의 형태와 내용을 반영하였고, 자아에 대한 신념과 이해뿐만 아니라 자신이 품고 있는 희망과 꿈을 비추어 주었다. 그 결과, 나는 '시간 속의 자아'라는 주요 범주를 만들어 냈다. 뒤이어 나는 더 많은 사람에게 과거, 현재, 미래와 관련하여 자신을 어떻게 바라보는지 물어보았다. 그러자 노동자 계층에 속한 한 노인 여성이 주저 없이 이렇게 말했다.

나는 이제 미래의 나를 바라보아요. 만약 여덟 달 전에 자신을 어디에

---

12. 거브리엄(Gubrium, 1993)은 요양원 거주자가 이와 유사하게 시간 속에 자신을 위치시킨다는 것을 관찰하였다. 어떤 이는 과거 속에서 자신의 삶을 바라보았고, 다른 이는 현재의 요양원 경험에 뿌리를 내리기도 했지만, 여전히 미래를 위해 현재 상황을 간과하는 사람들도 있었다.

서 바라보는지 물어봤다면, 아마도 '과거'라고 말했겠지요. 나는 너무나 열심히 살아왔기에 그때는 너무나 빠르게 인생의 언덕길을 내려간다는 것이 정말 화가 났죠. 나는 삶이 너무나 잔혹하다고 느꼈죠. 하지만 이제 나는 미래에서 내 자신을 보아요. 주님께서 제게 원하시는 일이 있기 때문이죠. 이곳에서는 스스로 아무 것도 할 수 없어 이 의자에 뭉개져 앉아 있지만, 분명 내가 여기에 있는 목적이 있겠지요. (웃음) 난 그게 무얼까 궁금해요(Charmaz, 1991a: 256).

　이론적 표집을 통해 연구자는 범주의 의미를 세련되게 다듬을 수 있고, 범주 안에서 다양한 차이를 발견하며, 범주의 틈새를 정의할 수 있다. 범주의 틈새란 연구자의 현재 범주가 모든 범위에 걸친 경험을 설명하지 못한다는 것을 뜻한다. 이론적 표집은 이러한 틈새를 발견하고 그것을 채워 넣는 법을 발견하기 위해 비교방법에 의존한다. 이 방법은 연구자가 전환기적 경험liminal experience과 암묵적 관점에 대해 분석할 때 특히 유용하다. 예를 들어, 나는 질병과 시간에 대한 경험에 대해 이야기하고, '시간 속에 자신을 두기'라는 속성에 대해 메모를 써 내려가면서, 과거가 갖는 의미가 상이하다는 것을 깨달았다(Charmaz, 1991a). 어떤 사람에게 과거는 자신이 사로잡혔다고 느끼는 뒤엉킨 그물과 같았다. 그들은 자신을 지금의 현재로 끌고 온 과거의 사건을 설명하려고 했다. 다른 사람의 경우, 현재는 너무나 낯설고 설명할 수 없기에 친숙한 과거에 자신을 두려 했다. 또한 여전히 동일시하지 못하고 있는 현재와 대비하면서 행복함, 충만함, 생동감으로 밝게 빛나는 것으로 재구성한 과거에 자신을 두는 사람도 있었다. 사람들이 자신을 과거에 어떻게 위치시키는가의 차이점을 분석하면서, 나는 과거를 묘사하는 하위 범주인 '뒤엉킨 그물 같은 과거past as a tangled web' '친숙한 과거와 불가해한 현재familiar past and inexplicable present' '재구성된 과거reconstructed past' 등을 통해 과거 속의 자아라는 큰 범주를 개선시켰고, 과거 속에 산다는 것이 얼마나 다양한지를 보여 주었다.

다양한 차이의 발견

어떠한 과정 안에 존재하는 다양한 차이는 이론적 표집을 수행해 가면서 명백해진다. 예를 들어, 사람들이 자신의 신체적 손상에 대해 어떻게 느끼고 행동하는가에도 상당한 차이가 있음을 알 수 있다. 신체적 손상을 무시하거나 최소화하려 하고, 그에 대항해 싸워 나가거나 타협하기도 하며, 포용하거나 적응하기도 한다.[13] 손상을 입은 후 삶을 살아가는 방식은 사람마다 다양할뿐더러 동일한 사람이라도 시간에 따라 달라질 수 있다. 나는 시간에 따라 어떠한 변화가 일어나는지 알고 싶었기에 수년간에 걸쳐 면접 참여자 집단과 대화를 나눴다. 어떠한 자료를 좇아가고 어디에서 찾아야 하는지를 선택하는 것은 연구 과정에서 다양한 차이를 보는 데 도움을 준다. 이론적 범주가 언제, 어떻게, 왜 달라지는지 이해하기 위해서는 개인 그 자체가 아니라 어떠한 행위, 경험, 사건, 문제 등에 초점을 두어야 한다. 하지만 특정한 개인에 대한 관찰과 대화를 통해 이론적으로 다루려고 하는 경험, 사건, 문제에 대해 보다 많은 지식을 얻을 수도 있다. 예를 들어, 나의 주된 범주 중 하나는 '질병 속으로의 함몰'(Charmaz, 1991a)이었다. 함몰의 주요 속성은 질병을 둘러싼 삶의 재조형recasting, 질병이라는 일상으로의 미끄러짐, 자신의 내적 영역으로 끌어당겨짐, 의존성과의 대면, 대체된(느려진) 시간 관점의 경험 등을 포함하고 있다. 모든 유형의 활동에 소요되는 시간은 더 오래 걸렸고, 질병 속으로 함몰하고 있음에도 불구하고 모든 사람의 시간 관점이 변화한 것은 아니었다.

---

13. 나는 이들 하위 범주를 참여자의 진술과 행위에 대한 묘사를 바탕으로 개발하였다. 따라서 하위 범주는 질병과 손상에 대한 전문가 담론에 퍼져 있는 수용과 부인이라는 심리학적 개념과 비교할 때 전문가의 함축적 판단은 거의 반영되지 않았다.

이러한 현상을 어떻게 설명할 수 있을까? 무엇이 평범했던 이전의 시간 관점을 유지하게 했을까? 자료 속으로 되돌아가서 나는 몇 가지 단서를 얻었다. 그런 다음, 시간 관점에 영향을 미친 구체적인 경험과 사건에 대해 많은 사람들과 대화를 했다. 이론적 표집은 분석을 수정하고 보다 복합적으로 만드는 데 유용했다. 이후 질병 속으로의 함몰에서 나타나는 다양한 경험을 강조하고 설명하기 위해 '함몰의 다양한 차이variation in immersion'라는 범주를 추가하였다.

초기 면접 자료는 질병 속으로의 함몰이 다양하며, 시간의 경험에 영향을 미치고 있다는 징후가 있었지만, 이러한 다양한 차이의 중요성은 질병 속으로 함몰이라는 보다 큰 범주를 개발하고 난 다음에야 떠올랐다. 나는 질병 속으로의 함몰이 어떠한 것인지 그 다양한 차이를 살펴보기 시작했고, 상이한 질병, 상이한 삶의 상황, 상이한 연령대의 사람을 대상으로 그들이 겪은 유의미한 사건과 특정한 경험을 비교하였다. 예를 들어, 어두운 방에서 몇 달 동안 생활한 사람은 질병과 시간을 다르게 경험하는지 알아보기 위해 그들을 표집했다. 또 점차 나아질 것이라 예측하거나 아니면 자신의 상황을 지속적인 불확실성과 대면하는 것이라 정의했을 때 양자가 얼마나 다양한 차이를 보이는지 알아보기 위해 이들 집단을 표집했다. 사람들이 점차 소수의 활동을 하고, 드물게 친구관계를 맺고, 최소한의 책임을 지게 될 때 시간의 경계선은 다양하게 뻗어 나갔다. 연속적인 메모를 통한 명시적인 비교를 수행하면서 초기에는 구분하지 못했던 연결관계를 그려보는 것이 가능해졌다. 이 메모는 다음에 제시한 바와 같이 내 책의 한 부분이 되었고, 각각의 사항을 상세하게 채우는 작업은 계속 진행되었다.

함몰에서의 다양한 차이

질병 속으로 함몰이 길어지면서 일상적 삶의 형태를 결정짓고 시간을 경험하는 방식은 영향을 받는다. 반대로 시간을 경험하는 방식은 질병 속으로의 함몰이 갖는 질에 변증법적인 영향을 미치게 된다. 앞서 함몰과 시간에 대한 묘사에서 그 과정의 개요를 선명하게 보여 준 바 있다. 그렇다면 다양한 차이를 가져오는 어떠한 출처가 함몰과 시간의 구도를 약화시키거나 바꾸는 것일까? 그 관계의 구도는 개인의 ① 질병의 형태, ② 약물 종류, ③ 초기에 가졌던 시간 관점, ④ 삶의 상황, ⑤ 목적에 따라 다양할 수 있다.

질병의 형태는 시간과 관련된 경험과 방식을 결정짓는다. 확실히 당뇨병을 관리하려면 일상적 활동의 시점에 대한 인식 수준을 높여야 할 필요가 있다. 하지만 질병의 효과는 훨씬 더 미묘한 의미를 가진 채 남아 있을 수 있다. 스조그렌 증후군* 환자의 경우 자신을 둘러싼 세계와 완전하게 동기화되지 못했다고 느꼈을 때 혼란스러운 시기를 가질 수 있다. 그들에게 모든 일은 너무 빨리 일어나지만, 몸과 마음은 너무나 느리게 움직인다. 그 결과, 그들은 자신을 보호해 줄 수 있는 일상으로 후퇴할지 모른다. 루프스 환자는 대개 햇빛을 견딜 수 없기에 위축되어 있다. 새라 쇼는 엄청난 통증을 느낄 때면, 검은 담요로 창문을 덮어 버렸다. 그에 따라 낮과 밤이 질병에 따른 무한한 흐름 속으로 합쳐지면서 그녀의 시간 감각은 더욱 왜곡되어 갔다(Charmaz, 1991a: 93).

이론적 표집은 연구의 핵심 범주를 개선하기 위해 추가적으로 필요한 자료 수집에 초점을 둔다. 그를 통해 연구자는 해당 범주를 명시적으로 정의 내릴 수 있고 그 속성과 범위를 확인할 수 있다. 그 결과, 메모 작성은 보다 상세하고 분석적이며 명확해질 수 있다. 이론적 표집을 통해 연구자는 표적을 가진 자료 수집과 분석적 메모 작성 사이를 계속 넘나든다. 연구자는 단서를 따라가고, 직관적 추정을 확인하며, 연속적인 메모에서 나타난 아이디어를 수정한다. 이론적 표집은 직접적인 경험적 실제와 견주어 아이디어를 확인하기에, 연구자는 작업해야 할 굳건한 자료와 건강한 아이디어를 얻게 된다. 연구자는 자신의 자료를 지각하며 그것을 이론화하는 것에 대한 확신

---

* **역주)** 스조그렌 증후군은 염증성 자가면역질병으로 눈과 입의 점액건조증이 특징이다.

을 얻게 된다.

　이론적 표집의 논리는 세밀하게 지정된 자료를 수집하기 위한 신속하고 초점 잡힌 방법을 뜻한다. 그래서 어떤 근거이론가는 이론을 정제하는 어렵지 않은 단계로 이론적 표집을 제시하기도 한다. 하지만 이론적 표집의 수행은 단순한 기법과 분석 절차보다 더 많은 것을 포함한다. 이론적 표집은 모호함과 긴장감을 가져다주는 경험적 세계로 연구자를 다시 데려가 준다.

　경험적 세계는 그 자체의 규칙과 전통이 있다. 이론적 표집이 그것에 부합하지 않을 수 있다. 이론적 표집을 설명하는 교재는 상호작용적 호혜성과 상황의 요구를 거의 다루지 않고 있다. 교재에서 제공하는 기법적 설명은 현장에서의 관계와 호혜성을 무시하고 있으며, 정보에 접근하기 위해서는 모든 실질적 작업이 필요하다는 점도 무시한다. 연구자는 현장으로 돌진해 필요한 자료를 움켜쥔 다음, 자신의 책상으로 돌아 나오는 것이 불가능할 수도 있다. 현장연구에서 참여와 거리두기의 경계선은 종종 불분명하며 지속적인 재협상을 필요로 하기도 한다. 인간이란 존재는 연구자가 자신을 자료 추출의 대상으로 취급하는 것을 반기지 않는다는 것을 기억하라. 호혜성은 중요하며, 그곳에 있으면서 경청한다는 것이 호혜성에 포함된다. 어떤 연구자는 연구의 권위와 특권이라는 기반 위에서 접근을 명령할 수도 있다. 하지만 많은 연구자는 그럴 수 없다. 사실 대부분의 연구자는 관계와 호혜성을 수립하면서 나타나는 신뢰를 통해 접근권을 얻는다. 이러한 호혜성을 무시하는 것은 영향력 있는 자료를 얻을 기회를 약하게 만들뿐더러 나아가서는 연구 참여자를 비인간화하고 연구자 자신도 그렇게 만들 것이다.

　정당성, 공식적 접근, 진입을 얻어 내는 절차도 문제를 야기할 수 있다. 근거이론을 발표한 곳에서 이런 질문을 받은 적이 있다. "기관윤리위원회IRB의 승인을 얻기 위해서는 이론적 표집을 어떻게 해야 합니까?"[14] 좋은 질문이

---

14. 이 질문은 2004년 9월 7일 캘리포니아 대학교 샌프란시스코 분교에서 열린 AIDS 예방연구센터

다. 연구 참여자와 연구자 상황에 따라 이론적 표집의 수행을 위해 연구윤리위원회의 추가적인 승인이 필요할 수도 있다. 실험에 대한 생의학적 모형에 기반해 운영되는 기관윤리위원회가 있을 수 있다. 그런 경우, 위원회는 자신의 결정을 통해 연구대상자에게 아무런 해를 입히지 않으며, 잠재적 피해를 예측하여 일어날지 모르는 피해를 최소화하고, 대처 전략을 정교화하는 원칙을 실행하려 한다. 재정지원을 받는 연구계획서의 경우, 연구자가 어떠한 자료를 수집하기 전에 먼저 정밀 검토를 받아야 한다. 대부분의 연구자와 학생은 재정지원 없이 연구를 수행하지만, 그들 또한 연구를 진행하기 전에 연구윤리위원회의 승인을 받아야 한다. 연구에 대한 기관 및 위원회의 제약은 근거이론을 수행하면서 출현하는 과정과 어떻게 타협될 수 있을까?[15]

기관윤리위원회를 통과해야 하는 경우, 많은 질적연구자는 가능한 모든 우발적 가능성을 예측하고 연구계획서에 그것을 설명하려고 노력한다. 이 경우, 이론적 표집은 말 그대로 연구자의 핵심 범주가 눈 앞에 어떻게 나타날지 예측할 수 없기에 장애물이 될 수 있다. 하지만 이론적 표집의 논리를 설명하거나 앞으로 나타날 핵심 범주를 사전에 명세화하지 않고도, 이후 이론적 표집의 활용을 정당화할 수 있는 기준을 세울 수 있다. 처음부터 두 번째 면접과 관찰의 가능성에 대해—혹은 세 번째 것까지 포함시켜—승인을 얻도록 하라. 연구방법론의 일부분으로 면접과 현장 참여 관찰을 포함시키는 것이 유용하다. 복수의 면접과 관찰에 대한 계획은 연구자가 윤리위원회로부터 접근권을 얻게 해 준다. 물론 연구계획서의 승인을 얻기에 충분할 정도로 명료하고 확고한 담론을 제시해야 한다. 핵심적인 근거이론 단계를 상세히 서술하여, 출현하는 아이디어에 대한 개념적 상세함을 어떻게 증대시킬 것이며, 이를 위해 자료 수집에서 어디에 초점을 둘 것인지를 설명하는 계획을 보여 주어야 한다. 즉, 이후에 있을 관찰, 면접, 사례, 기타 자료 등이 개념적 문제를 다루기 위해 세밀하게 지정된다. 간단히 말해, 원래의 계획안에 현장과 중요 '정보원'으로 되돌아갈 계획을 수립함으로써 범주의 속성을 개발하기 위해 추가 자료를 수집하려는 경로 변경을 허락받을 수 있다. 비슷하게 면접 연구를 설계할 때도 주요 아이디어에 대한 추가 면접 계획을 수립해 놓는 것이 이론적 표집을 가능케 해 준다.

연구계획서에 '참여자 점검member-checking'이란 말을 채택하는 것도 유용할 수 있다. 참여자 점검은 많은 문헌에서 언급되고 있으며 연구 과정에서 예측할 수 있는 수행 방법이다. 비록 참여자 점검은 일반적으로 연구 참여자의 점검을 위해 아이디어를 그들에게 제시해 주는 것을 말하지만, 범주를 명료화하려는 목적으로 자료를 수집하기 위해 참여자를 재방문하는 것으로도 사용할 수 있다. 쉐릴 앨버스Cheryl Albas와 댄 앨버스Dan Albas는 범주를 확인하고 수정하는 현명한 방법을 고안한 바 있다.[16] 그들은 주요한 범주를 참여자에게 설명하고 난 뒤, 이 범주가 각 참여자의 경험에 부합하는지, 그리고 부합한다면 어느 정도인지를 탐구하였다. 앨버스와 앨버스는 대화 속에 나타나는 참여자의 표현을 관찰하고, 그 속에서 부지불식간에 분출되는 것을 관찰하였다. 이후 그들은 자신의 범주가 참여자의 경험이 갖는 본질을 반영하지 못한다는 결론을 내렸다. 그 결과, 범주의 범위나 새로운 속성을 창출하기 위해 참여자를 논의에 참여시켰고, 이러한 기법을 통해 최적의 자료를 얻어냈다고 보고하고 있다.

알라수타리(1992, 1996)도 비슷한 전략을 제시했는데, 이 방법은 정반대의 방향으로 접근한다는 점에서 차이가 있다. 앨버스와 앨버스처럼 연구자

---

16. 2004년 3월 29일 사적인 의사소통. 앨버스와 앨버스는 이 방법을 통해 매우 흥미로운 자료를 얻었고, 동시에 자신이 분석을 신속하게 수행하고 강화시켰음을 발견했다. Albas, D., & Albas, C. (1988, 1993), Albas, D., & Albas, C. (1988)을 참조하기 바란다.

가 간과했거나 과소 분석했을지도 모르는 것을 발견하려고 하기보다는, 연구 참여자가 자신의 묵시적 행위와 직면하게 하였다. 이 방법은 참여자가 간과했거나 과소 진술한 것을 확인하는 것을 목표로 한다. 이를 위해 알라수타리는 정보원이 의미는 있지만 부분적인 해석을 제공했음을 연구자의 관점에서 지적했다. 연구자는 보다 완전한 설명을 개발하기 위해 보다 심층적으로 파고 들어야만 한다는 것이다. 알라수타리의 전략은 이론적 표집과 닮았다. 그가 어떻게 자신이 관찰한 바를 참여자에게 들려주었는지 살펴보자.*

특별한 대화를 통해, 나는 회원이 최고 주량가라는 평판을 얻기 위해 왜 그리도 열심히 경쟁하고 동시에 다른 사람의 주량에 대해 폄하하는가 라는 쟁점을 제기하였다.

알라수타리: 이 집단에 약간은 이런 감정이 있다고 느껴요. 다른 사람과 견주어 술을 많이 먹지 않았거나 술 마신 기간이 더 짧은 사람에 대해, 여러분은 그 사람의 음주 문제를 무시하려는 것 같아요. 그건 아무것도 아니라고, 나는 그 친구보다는 더 마셨어라고요.

A: 그 말 어디서 들었소?

---

* 역주) 이 책에서 소개한 내용은 알라수타리가 1992년 출간한 『욕망과 갈망: 알코올중독의 문화이론 *Desire and Craving: A cultural theory of alcoholism*』의 일부분이다. 알라수타리는 주점, 치료시설, 길드라 부른 자조 집단을 이용하는 노동자계층 남성의 음주 문제에 대한 질적 연구를 수행했다. 그는 어빙 고프만의 프레임 분석을 적용하여, 병리적 알코올중독주의alcoholism라는 프레임과 일상생활everyday-life의 프레임을 대조시켜 보았다. 병리적 관점에서 알코올중독은 의지박약 또는 질병이며, 일과 후 빈번하게 술을 마시러 가는 행위는 갈망과 중독의 증거이자, 절제 능력의 부족이다. 반면 핀란드에서 음주는 힘든 일과후 동료와 함께하는 사회적 상호작용의 하나이다. 이에 알라수타리는 사회적 상호작용이 이루어지는 일상에서 음주가 갖는 기능과 공간에 초점을 둔 일상생활의 프레임에서 음주 문제를 해석하고자 하였다. 일상생활의 프레임에서 음주는 자유와 이완이며, 일로부터 휴식을 상징하며, 일상의 의무에 필요한 자기절제로부터의 안식이기도 하다. 음주 행위의 사회적 맥락과 의미에 관심을 가진 알라수타리는 서유럽의 가치에 경도된 알코올중독주의에서 벗어나, 대안적 관점에서 남성 음주 행위에 대한 문화이론을 만들고자 하였다.

알라수타리: 그냥 들었어요.

B: 그렇군.

알라수타리: 심지어 지금 이 모임에서도 그렇지요.

C: 도움을 청하는 것을 빨리 깨달을수록 항상 좋은 거지. 그렇고 말고.

A: 그건 맞는 말이야.

C: 더 오래 술을 마실수록 더 멍청한거야. 그 점은 확실하지.

알라수타리: 하지만 당신은 더 멍청하다는 것을 자랑스러워하잖아요?

C: 사람들은 조금은 잘 보이려는 경향이 있죠. 이를 테면 '너보다는 더 오래 술마셨다는 것이지. 넌 고작 일 년 동안 술을 마셨지만, 나는 2년을 그 상태로 있었어.'라고. 일 년 동안 술 마신 사람이 자신이 도움을 요청할 때가 바로 지금이라는 것을 알게 말이죠. 난 너무 바보 같아서 도움을 청해야 한다는 것을 깨닫지 못하고 계속 그랬다는 거죠. 도움을 받았어야 했는데 말이에요. 그러니 이게 내가 상황을 설명하는 방식이죠. 내가 조금은 더 낫다고 말이에요. 이런 일은 내가 더 알고 있다고, 조금 더 말이에요.

내가 이 질문을 던졌을 때, 처음 성원은 나의 해석을 부인하려 했다. 심지어 현장 노트에 이러한 상황을 보여 주는 명확한 예가 있었는 데도 말이다. 마침내 이러한 현상이 실제로 존재한다는 것을 인정했을 때, 성원 C는 자신의 음주 문제의 심각성을 강조하는 것은 실제적인 경험에 대해 보여 주는 존경심과 관련되어 있다는 나의 해석에 (그의 말 중 강조한 부분에서) 추가적 지지를 보내 주었다.

이 예에서 알라수타리는 해석을 제시하고 그에 대한 대화dialogue[17]를 이끌어 냈다. 그는 자신의 관점을 확인한 후 동일한 대화 과정을 통해 이후 더 몰아 붙였다. 내가 보기에 알라수타리의 방법이 효과적일 수 있었던 이유는 두 가지다. 바로 집단 성원과의 강한 유대감과 말하고 있는 바를 뒷받침하는 굳건한 자료다. 성원과의 강력한 유대감은 신뢰를 구축하여, 통상적으로는 말하지 않는 영역에 대해서도 연구 참여자와 열린 대화를 할 수 있게 한다. 굳건한 자료는 질문이 갖는 도발적인 특성에도 불구하고 질문을 뒷받침한다. 미숙련 관찰자에게는 선험적인 유도 질문일 수 있지만, 노련한 문화기술지 연구자에게는 정밀한 전략이 될 수 있다. 흥미롭게도 알라수타리는 자신의 해석에 대한 남자의 지지를 액면 그대로 받아들이지 않았다. 그 대신 추가적인 몇 가지 분석 단계를 더 밟았다. 그는 확인받은 해석을 집단 문화의 맥락에 위치시켰고, 아울러 실무자와 집단 성원 간의 모순적 관계, 전문가에 대한 신뢰 부족을 반영한다고 결론내렸다.

이론적 범주의 포화

언제 자료 수집을 멈추어야 할까? 어떤 기준을 사용해야 하는가? 그 기준에 대한 표준적인 근거이론의 짧은 답은 이렇다. 범주가 '포화'되었을 때 멈추라. 보다 길게 답변한다면, 범주가 '포화'되었다는 것은 새로이 수집한 자료가 더 이상 새로운 이론적

> 신선한 자료의 수집이 더 이상 새로운 이론적 통찰력을 불러오지 않거나 핵심적인 이론적 범주의 새로운 속성을 드러내지 않을 때 범주는 '포화'된 것이다.

통찰을 촉발하지 않거나, 핵심적인 이론 범주의 새로운 속성을 드러내지 않을 때다.

위에서 의미하는 바처럼, 근거이론의 포화는 동일한 사건이나 반복되는 이야기를 목격하는 것과는 다르다. 비록 많은 질적연구자가 기술된 사건, 행

---

17. 알라수타리의 전략은 중립적 면접의 실행이라는 교재의 지침을 지나치게 진지하게 받아들이지 말라는 안셀름 스트라우스의 조언과 닮아 있다. 스트라우스는 때때로 도발적인 질문이 들어 맞을 때가 있으며, 현장 연구자는 쫓겨나지 않을 정도에서 도발적 질문을 사용할 수 있다고 언급하였다.

위, 진술문의 반복을 포화와 헷갈려 하지만 말이다. 포화라는 용어는 새로운 것이 일어나지 않는다는 것을 의미한다. '계속 같은 유형만을 발견하고 있다.'는 말이다. 반대로 글레이저(2001)는 일반적인 연구 용어의 의미보다 좀 더 정교한 관점에서 포화를 바라보고 있다.

> 포화는 동일한 양상pattern을 반복적으로 확인하는 것이 아니다. 그 양상의 새로운 속성이 더 이상 출현하지 않을 때까지 상이한 속성을 보이는 사안을 비교한다는 것을 개념화한 것이다. 포화는 개념적 밀도를 부여하므로 가설로 통합될 때 이론적 완결성을 띤 근거이론의 본체를 구성한다(p. 191).

포화에 대한 글레이저의 관점은 근거이론에서 이론적 개념을 다루는 토대를 형성한다. 범주를 이론적으로 다루고자 할 때, 연구자는 범주가 자료와 맺고 있는 독특한 연결을 유지하면서 범주를 추상적이고 일반적인 수준으로 끌어올린다. 범주가 포화되었는지 평가하기 위해서는 다음의 질문을 던져보는 것이 좋다.

- 범주에 대해 그리고 범주 내의 자료에 대해 어떠한 비교를 수행하는가?
- 이러한 비교를 통해 어떠한 의미를 얻는가?
- 그 의미가 연구자를 어디로 이끄는가?
- 비교의 작업이 이론적 범주를 어떻게 설명해 주고 있는가?
- 비교의 작업이 연구자에게 또 다른 방향을 제시하는가?
- 연구자가 알 수 있는 새로운 개념적 관계는 무엇인가?

근거이론의 논리에서 범주에 적용하는 기준은 포화다. 따라서 몇몇 근거이론가(Glaser, 1992, 1998, 2001; Stern, 2001)는 연구자의 범주가 포화될 때까지 계속 표집을 수행해야 하고, 이러한 논리가 표본의 크기보다 중요하다고 주장한다―그렇기에 경우에 따라서는 표본 크기가 매우 작을 수도 있다.

하지만 표본 크기보다 중요할 수 있는 또 다른 고려 사항이 있다. 포화에 대한 주장이 연구의 신빙성에 어떠한 영향을 미치는지 고민해 보아야 한다. 그저 그런 주장을 담고 있는 소규모 연구라면 일찍 포화를 선언할지도 모른다. 하지만 강력한 주장을 하려는 연구자라면 자기 자료의 철저함과 분석의 엄밀성에 대해 자신해서는 안 된다. 스물다섯 번의 면접이 소규모 연구에는 충분할지 모르지만, 연구자의 주장이 인간의 본질을 다루고 있거나, 기존 연구와 모순되는 것이라면 회의적인 반응을 불러올 것이다.

이론적 포화는 원칙적으로 근거이론이 목표로 삼는―혹은 반드시 목표로 삼아야 하는―바다. 하지만 근거이론가는 종종 '포화'라는 용어를 무비판적으로 사용한다. 그래서 포화의 의미에 대한 다양한 의견 불일치가 존재한다. 포화의 활용 의미에 대해 살펴본 재니스 모스(Morse, 1995)에 따르면, 연구자는 종종 자신이 포화에 도달했음을 증명하지 않은 채 포화를 선언한다. 따라서 다른 질적연구 접근처럼 근거이론 접근 역시 범주가 포화되지 않았는데도 포화되었다고 가정하는 위험을 안고 있다.

이와 관련해 초기 연구의 질문 유형과 그에 따른 범주의 분석 수준이 중요하다. 단조로운 연구 문제는 신속하게 포화를 가져올 수 있지만, 상식적이거나 사소한 범주를 가져올 수 있다. 예를 들어, 비만 여성의 낙인 경험을 연구하는 연구자가 자신이 수행한 모든 면접을 통해 연구 참여자가 낙인을 경험하고 있음을 발견할 수 있다. 그 결과 그는 낙인이 의미하는 바가 무엇이며, 낙인이 어떻게 실행되는지 분석을 시작하지도 않은 채 '낙인 경험하기'라는 범주가 포화되었다는 주장을 할 수 있다. 무비판적이거나 제한된 분석 수행 또한 범주의 조기 포화를 가져올 수 있다. 신선한 연구 질문은 복합적인 범주와 지속적인 탐구를 필요로 한다.

데이(Dey, 1999)는 두 가지 측면에서 포화라는 용어에 도전하고 있다. 포화의 의미와 그 결과가 그것이다. 첫째, 그는 근거이론가들이 부분적인— 포괄적이지 않은— 코딩을 통해 범주를 만들어 내고 있음을 지적한다. 데이는 부정확하게 사용하고 있다는 이유로 '포화'라는 용어를 '또 다른 부적절한 비유another unfortunate metaphor'(p. 257)라 본다. 그의 주장에 따르면, '포화'라는 용어는 '모든 자료에 대한 코딩을 부족한 채 멈추는'(p. 257) 절차와는 양립하지 못하며, 대부분의 근거이론에서 포화는 범주의 속성이 포화되었다는 연구자의 추측에 의존한다고 보았다. 간단히 말해, 연구자는 관련된 작업을 수행하지 않은 채 포화되었다는 추측을 지지하는 증거를 얻어낼 수 없다. 즉, 자료가 포화시킨 범주를 수립했다기보다 단지 자료가 제시하는 범주를 가진 것이라고 데이는 주장한다. 이에 포화에 도달하였다는 주장 대신, 데이가 선호하는 '이론적 충분성theoretical sufficiency'(p. 257)이라는 용어가 근거이론을 수행하는 방식에 보다 적합하다고 보았다.

둘째, 데이는 근거이론방법을 따르다 보니 범주의 포화라는 예기치 않은 결과로 이어질 수 있음을 지적한다. 그는 범주의 포화 그 자체가 근거이론가가 어떤 식으로 자료 수집에 초점을 두고 관리하느냐에 따른 인위적 산물이 될 수 있음을 우려한다. 이러한 고민은 또 다른 질문을 야기한다. 범주가 포화되었다는 주장이 정당한 것인가? 만약 그렇다면 그때가 언제인가? 그 방법은 폐쇄적인 목적론적 체계인가? 연구자가 근거이론의 지침을 하나의 처방전처럼 취급한다면 자료를 탐색하지 못한 채 새로움의 가능성을 압류당할 수 있다. 스트라우스와 코빈(1990, 1998)의 축코딩 행렬axial coding matrix이 자료를 선입견의 틀에 강제로 끼워맞추는 것이 될 수 있고, 글레이저의 이론적 코드군도 그러할 수 있다. 이러한 틀을 채택하고 적용하는 것이 근거이론에 내재한 초점을 취하고, 지시적이고 예단적인 가공물을 가져올 수 있다. 그 결과, 연구자는 자신의 분석이 갖는 가치와 정당성을 훼손하게 된다.

데이의 주장은 분석적 가능성을 압류하고 피상적 분석을 구축하는 것과 관련한 나의 우려와 동일선상에 있다. 나의 해법은 무엇이냐고? 현장에서 일어나는 일에 열려 있고, 기꺼이 그 일을 다뤄 가는 것이다. 난관에 봉착할 경우 앞서의 자료로 돌아가 코딩을 다시 하여 새로운 단서를 정의하고 있는 지 알아보라. 근거이론의 지침은 재료를 다룰 도구를 제공하는 용도로 활용 하라. 연구자를 대신하여 작동하는 기계는 아니다.

이론의 정렬, 도면화 및 통합

작성한 메모를 정렬sorting, 도면화diagramming, 통합integrating하는 작업은 상호 연관된 과정으로 이루어진다. 정렬 작업은 분석을 통합하는 것이고, 하나의 도면을 만들어 내는 것은 정렬과 통합을 동시에 수행하는 것일 수 있다. 도면의 시각적 형상은 그 형태뿐만 아니라 분석의 방향과 내용을 제시할수도 있다. 모든 질적연구자는 자료를 정렬, 도면화, 통합하는 데 이러한 방법론적 전략을 사용한다. 하지만 근거이론가는 분석을 통한 이론 개발을 위해 이러한 전략을 사용한다. 이들 작업은 근거이론의 실행에서 서로 얽혀 있지만, 보다 명료한 설명을 위해 개별적으로 설명하고자 한다.

이론의 정렬

분석 메모는 논문의 초고 내용을 작성하는 데 포함될 실질적인 내용을 제공한다. 각각의 분석 단계에서 메모 작성은 분석을 보다 강력하고, 명확하며, 이론적이게 한다. 연구자는 작성된 메모를 통해 이미 범주를 만들어 냈고, 그범주의 제목을 가능한 구체적이고, 특수하며, 분석적인 용어로 이름 붙였을 것이다. 그렇다면 이제 연구자는 그것을 정렬할 준비를 다 마친 것이다.

근거이론에서 정렬은 하나의 논문, 장, 책을 조직화하려는 첫 걸음 이상의 의미를 갖는다. 정렬은 이론의 출현에 기여하기 때문이다. 정렬은 이론적 고

> 근거이론의 정렬은 연구자에게 분석을 조직화하는 논리를 제공하며, 범주의 비교를 촉발하는 이론적 연결고리를 만들고 세련되게 만드는 방식을 제공한다.

리를 만들고, 세련되게 하는 수단이다. 정렬을 통해 연구자는 범주의 이론적 통합을 수행한다. 따라서 정렬은 추상적 수준에서 범주를 비교하도록 촉발한다.

출현된 이론의 논리를 생각해 보라. 만성 질환의 경험을 다룬 나의 연구에서도 명확하게 확인할 수 있는데, 만성 질환의 발병과 같은 특정한 사건은 발생 후 오랫동안 사람들의 의식에 반향을 불러일으키고 전환점이 되었다. 나는 이러한 사건을 '의미 있는 사건significant events'이라 명명하고, 주요한 범주로 취급하였다. 이들 사건은 시간과 자신에 대한 의미를 만들어 내기 때문이었다. 이러한 범주를 다룬 나의 방식은 다음과 같다.[18]

전환점으로서 의미 있는 사건

다시 체험하는 순간relive moments, 되새겨 본 이야기, 되느껴 보는 감정, 의미 있는 사건은 기억 속에서 메아리친다. 그것이 올바른 것이든, 또는 완전히 잘못된 것이든 간에 하나의 의미 있는 사건은 현재 혹은 미래의 자아상을 드러내고 감정을 떠올려 준다. 그렇기에 이러한 사건은 시간에 표시를 남기고 전환점이 되어 버린다.

의미 있는 사건은 기억 속에 도드라지는데, 사건은 경계와 강도, 정서적 힘이 있기 때문이다. 나아가 의미 있는 사건은 감정을 사로잡거나 경계 짓고 강렬하게 해 준다. 대개 이러한 감정은 당혹감, 모욕감, 수치심, 배신감, 상실감 등과 같이 불행한 것이다. 이러한 사건은 감정을 불사르며 틀을 지운다. 하나의 사건이 가져오는 정서적 반향은 현재와 미래에 울려 퍼지며, 그렇기에 미세하지만 자신에 대한 생각과 감정을 줄이고, 시간의 의미를 바꾸어 놓는다(Denzin, 1984 참조).

의미 있는 사건은 사건 속의 행위자와 그 사건이 일어나는 무대를 초월한다. 이러한 사건은 출현하는 실재이자, 그 자체로 고유한 사건events sui generis이다. 왜냐하면 이들 사건은 부분으로 환원될 수 없기 때문이다(Durkheim, 1951). 따라서 어떤 의미 있는

---

18. '순간을 다시 체험하기relived moments'와 '감정의 재발생recurring feelings'이라는 단어를 편집자가 상의없이 변경했다. 이곳에 나의 원래 결과물을 포함시켰다.

> 사건은 하나의 관계나 다른 사람의 행위 그 이상의 것을 반영한다. 사건이 언제, 어디서, 어떻게 일어나며, 누가 그것에 참여하는가에 따라 그 사건의 힘은 달라지며, 그에 대한 해석에도 영향을 미친다. 사건이 의미하는 바를 정렬하고, 사건에 대해 가지고 있는 '정확한' 감정은 자아상과 자기 가치에 영향을 미친다.
> 의미 있는 사건은 시간 속의 어떤 순간을 정지시키고 확대시킨다. 자신에 대한 본래적이거나 잠재적인 의미가 그 사건 내부에 담겨 있기에 사람들은 의미 있는 사건을 견고한 것으로 받아들이고, 의미 있는 사건을 구체화한다. 그들에게 그 사건은 과거의 의미를 대체하고 미래의 자신을 알려 준다(Charmaz, 1991a: 210).

앞의 내러티브에서 나는 범주의 속성을 풀어 내었다. 그런 다음, 범주가 포함하는 두 가지 과정을 다루었다(긍정적 사건 발견하기와 부정적 사건 다시 체험하기가 그것이다). 연구 참여자가 특정한 긍정적 또는 부정적 사건을 스스로에게 의미를 갖는 전환점으로 정의할 경우 의미 있는 사건으로 취급하였다. 이후 나는 사람들의 현재 감정이 과거의 자신과 어떻게 연결되고 있는지를 숙고해 보았다. '현재 감정과 과거의 자신 경험하기'와 '과거 감정 뛰어넘기transcending past emotions'라는 하위 범주가 담긴 메모를 통해 과거에서 현재까지를 분석하게 되었기에 직설적인 논리로 진행했던 정렬 작업이 보다 복합적이게 되었다.

연구자는 자신이 메모를 정렬하고 병합하는 방식을 구성한다. 연구자의 정렬이 경험의 흐름에 대한 서술을 잘 반영할수록, 정렬 작업의 결과는 연구자와 독자에게 매끄럽게 보인다. 말이 되는 논리를 연구자가 가지고 있을 때, 메모의 정렬과 통합은 제자리를 찾게 된다. 연구자가 여러 개의 과정을 포함시키거나 다수의 범주를 좇아갈 경우, 메모를 정렬하고 통합하는 방식은 항상 간단명료하지 않을 수 있다. 여러 가지 다른 방식의 정렬을 시도하고 각각의 정렬이 분석을 어떻게 보여 주는지를 고민해 보라. 각각의 정렬 방법이 갖는 함의를 정리하려면 그에 대한 도면을 그려 보는 시도가 도움이 된다.

메모의 정렬, 비교, 통합은 단순한 단계처럼 보인다. 어떤 범주에 대한 메모는 논문 초고의 한 영역이나 하위 영역이 될 수도 있다. 그럴 경우, 메모의 통합은 단지 분식의 이론적 논리나 어떠한 과정의 단계를 재생산하는 것에 불과할 수 있다. 하지만 메모의 정렬, 비교, 통합은 훨씬 복잡할 수 있다. 메모 뭉치 속에서 하나를 골라 다른 것과 비교하고, 또 다른 것과 비교해 보라(Glaser, 1998). 메모를 어떻게 비교해야 할까? 이러한 비교를 통해 새로운 아이디어가 떠오르는가? 만약 그렇다면 또 다른 메모를 작성해야 한다. 메모의 새로운 관계를 식별하는가? 메모를 정렬하여 어떠한 단서를 얻었는가? 만약 그것이 유용하다면, 관련된 메모를 고른 후 속성 군집quick cluster을 만들어 보라. 군집은 얼마나 잘 부합하는가? 의미를 가지고 있는 것은 무엇인가? 어떤 메모의 군집은 잘 부합하기에 명백하게 보이는 답을 제시하기도 한다. 하지만 많은 분석의 경우 연구자는 순서를 짜고 독자를 위해 연결시켜야 한다. 따라서 논문의 초고는 연구자가 어떠한 일관된 순서에 의거해 메모를 정렬하고, 비교하며, 통합했는지를 보여 준다.

연구자는 어떻게 메모를 정렬, 비교, 통합해 나가는가?

- 각 범주의 제목에 따라 메모를 정렬하라.
- 범주를 비교하라.
- 범주를 조심스럽게 활용하라.
- 정렬, 비교, 통합에 사용한 순서가 조사한 경험을 얼마나 반영하는지 숙고하라.
- 그런 다음 메모의 순서가 범주의 논리와 얼마나 부합하는지 생각하라.
- 조사한 경험, 범주, 그에 대한 이론적 진술 간에 최적의 균형을 이루도록 하라.

도움이 될 만한 몇 가지 실용적인 조언이 있다. 우선 메모를 잘 볼 수 있고 섞어 놓을 수 있는 장소에서 직접 손으로 메모를 정렬하라. 그동안 컴퓨터는 꺼놓도록 하라. 넓은 탁자가 제격이다. 정렬한 결과를 망쳐 놓을 고양이나 아이가 없다면 바닥도 좋을 수 있다. 나는 메모 제목을 써놓은 카드를 벽에다 붙여 본 적도 있다. 메모를 여러 가지로 배열해 보는 실험을 기꺼이 시도해 보라. 이러한 배열을 잠정적인 것으로 취급하면서, 그 작업을 즐겨 보도록 하라. 여러 가지 다른 방식으로 메모를 정리해 보라. 메모를 연결 짓는 몇 가지 도면을 그려 보도록 하라. 괜찮아 보이는 정렬을 만들어 냈다면, 그것을 적어 보고 도면화하도록 하라.

메모를 정렬하는 동안에도 범주를 지속적으로 비교하라. 정렬은 범주의 비교 결과를 개선해 준다. 정렬을 통해 연구자는 범주가 맺은 관계를 보다 명료하게 볼 수 있다. 예를 들어, 시간과 자아에 대한 메모의 정렬은 만성 질환을 앓는 사람이 자신을 바라보는 방식에서 생겨나는 주요한 전환을 명확하게 해 주었다. 나는 지금 점점 힘들어지면서, 사람들이 현재에서 살아가려는 노력에서 과거 속에 자신을 위치시키는 것으로 얼마나 쉽게 옮겨 가는지를 알게 되었다. 범주의 관계는 연구자가 무엇을 다루고 있고, 어떻게 다루고 있는지에 대한 전반적인 개요를 형성한다. 그러한 관계는 미래의 독자에게 중요한 정보를 주게 된다. 범주를 조사하고 정렬하는 작업을 통해 연구자는 언제, 어디에서 자신이 헤매고 있는지를 깨닫게 된다.

도면화

도면화Diagramming는 아이디어의 구체적인 이미지를 제공할 수 있다. 도면의 장점은 범주와 범주 간의 관계를 시각적으로 제시해 준다는 것이다. 많은 근거이론가, 특히 클라크(Clarke, 2003, 2005), 스트라우스(1987), 스트라우스와 코빈(1998)에게서 영향을 받은 사람들은 출현한 이론의 시각적 이미지를 만들어 내는 것을 근거이론방법의 고유한 부분으로 받아들였다. 이들은 분석을 수행하면서 관계를 가지런하게 정리하고, 완결된 작업으로써 이 관계를 보여 주기 위해 지도, 도표, 그림 등과 같은 다양한 유형의 도면을 사용하였다.

도면은 분석에서 나타난 범주의 상대적 힘, 범위, 방향성과 함께 이들 간의 연결 관계를 보여 준다. 도면은 모든 분석의 단계에서 유용하고 다양한 목적으로 이용할 수 있다. 범주에 대해 초기에 속성 집락한 것을 그 범주의 속성을 보여 주는 도면을 통해 보다 정확한 형태로 개선할 수 있다. 또는 개념의 위치를 정하고, 개념 간의 이동을 표시하는 개념 지도conceptual map를 개발할 수도 있다.

지도는 위치와 과정을 보여 준다(Clarke, 2003, 2005). 개념 지도는 관계의 상대적 강약을 표시할 수 있다. 아델 클라크(2003, 2005)는 기본적 사회 과정을 강조하는 초기 근거이론의 참신한 대안으로서 정교한 상황 분석situational analyses방법을 만드는 데 지도를 사용하였다. 클라크의 주장에 따르면, 공식적으로 자료를 수집하기 전부터 우리는 이미 연구 장면과 연구 문제에 대해 많은 것을 알고 있으며, 지도는 이러한 지식을 알차게 사용할 수 있는 하나의 방법이다.

상황, 사회적 세계와 그 영역, 담론에서의 위치 등을 나타내는 지도를 통해, 클라크는 경험적 실재와 복잡성을 보존하는 방법으로 근거이론방법을 개발하고자 했다. 오래 전부터 글레이저(1978)가 근거이론에서 필수적이라고 주장한 기본적 사회 과정에 완전하게 의존할 필요도 없고, 환원주의적 분석으로 재정렬할 필요도 없다는 것이다. 사회적 영역과 사회적 세계의 분석 수준을 명확하게 하려는 목적뿐만 아니라 전통적인 근거이론 메모의 분류를 위해서도 클라크의 기법을 고려해 보라([그림 5-1]과 〈표 5-1〉).

클라크의 상황 지도는 글레이저(1998)의 격언인 "모든 것이 자료다."를 진지하게 받아들인다. 이는 구조적 속성을 지도 속에 곧바로 구축하면서 사회적 세계와 영역 속에 위치하기 때문이다. 연구하고자 하는 상황에 영향을 미치며 조건을 부여하는 구조적 요인이 지도 위에 표시될 수 있다. 클라크의

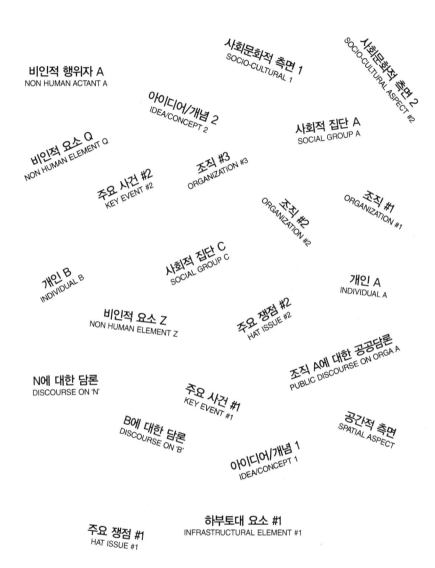

비인적 행위자 A
NON HUMAN ACTANT A

사회문화적 측면 1
SOCIO-CULTURAL 1

사회문화적 측면 2
SOCIO-CULTURAL ASPECT #2

아이디어/개념 2
IDEA/CONCEPT 2

사회적 집단 A
SOCIAL GROUP A

비인적 요소 Q
NON HUMAN ELEMENT Q

주요 사건 #2
KEY EVENT #2

조직 #3
ORGANIZATION #3

조직 #2
ORGANIZATION #2

조직 #1
ORGANIZATION #1

개인 B
INDIVIDUAL B

사회적 집단 C
SOCIAL GROUP C

개인 A
INDIVIDUAL A

비인적 요소 Z
NON HUMAN ELEMENT Z

주요 쟁점 #2
HAT ISSUE #2

N에 대한 담론
DISCOURSE ON 'N'

주요 사건 #1
KEY EVENT #1

조직 A에 대한 공공담론
PUBLIC DISCOURSE ON ORGA A

B에 대한 담론
DISCOURSE ON 'B'

공간적 측면
SPATIAL ASPECT

아이디어/개념 1
IDEA/CONCEPT 1

주요 쟁점 #1
HAT ISSUE #1

하부토대 요소 #1
INFRASTRUCTURAL ELEMENT #1

그림 5-1 추상적 상황지도: 혼란스러운 초기작업 형태

출처: Clark. (2003).

전략은 미시적 분석 수준에서 조직이라는 분석 수준으로 옮아갈 수 있게 하며, 눈에 보이지 않는 구조적 관계와 과정을 볼 수 있게 가공해 준다. 아울러 대개는 감춰져 있는, 상이한 사회적 세계와 영역 간의 관계와 과정을 드러낼 수 있게 해 준다. 그 결과 상황 분석은 연구하고자 하는 사회적 세계의 구성에 대한 잠정적이고, 유연하며, 해석적인 이론화를 가능케 해 준다.

스트라우스와 코빈(1990, 1998)은 경험적 세계에서 관찰된 상호교류trans-actions, 상호작용, 상호관계를 시각적으로 표현하는 방법으로 조건-결과 매트릭스conditional/consequential matrix를 소개한 바 있다. 그들은 특히 연구하려는 상황에 영향을 줄 수 있는 미시적·거시적 관계를 고려할 수 있는 분석 도구로 이 매트릭스를 제시하고 있다. 그들은 1998년 판에서 개인individual을 중앙에 위치 짓는 동심원이지만 연결된 원으로써 조건-결과 매트릭스를 제시하였다(1990년 판에서 행위action를 중앙에 둔 것과는 대조적이다).* 이러한 동심원은 점차 큰 사회적 단위를 나타낸다.

조건-결과 매트릭스의 주요한 목적은 연구자가 미시적인 사회구조와 근접적인 상호작용을 넘어서서 보다 큰 사회적 조건과 결과를 생각하는 데 도움을 주려는 것이다. 스트라우스와 코빈은 조건-결과 매트릭스가 조건이 발생하는 맥락과 경로를 확인하는 것뿐만 아니라 이론적 표집을 위한 결정에도 도움이 된다고 제언한다. 그들은 연구자의 작업을 현상에 대한 묘사 이상으로 끌어올려 주는 이론 개발의 수단으로 이러한 매트릭스를 제시하였다. 그렇기에 조건-결과 매트릭스는 일종의 적용이 이루어지는 기법이다. 따라서 이 방법은 연구자의 자료와 분석을 사전에 설정한 방향으로 움직이도록 강제할 수 있다. 하지만 출현한 분석을 통해 이러한 방식으로 조건, 맥락, 결과를 지도처럼 만드는 작업이 자료에 부합한다면, 연구자는 조건-결과 매트릭스를 사용하고 싶을지도 모르겠다.

---

* **역주)** 코빈을 제1저자로 한 3판(2008년 출간)에서는 다시 행위를 동심원의 중심에 두고 있다.

표 5-1 추상적 상황지도: 질서를 갖춘 형태

인적 요소 및 행위	비인적 요소
예) 개인	예) 기술
집합적 행위자	물질적 하부토대
특정 조직	특수한 지식
	물질적 '사물thing'
정치적 · 경제적 측면	
예) 국가	사회 문화적 측면
특수한 산업	예) 대중매체
지역적 · 국지적 · 전지구적 질서	종교
정당	인종
	민족성
시간의 차원	
예) 역사적 측면	공간의 차원
계절적 측면	예) 지리
위기	
	인간 행위자의 담론적 구성
비인적 행위물의 담론적 구성	상황에서 발견한 바
상황에서 발견한 바	
	추가적인 상징적 차원
주요 쟁점 · 논쟁(경합되는 것)	예) 미학적 요소
상황에서 발견되고, 지도상의	정서적 · 감흥적 요소
위치에서 알 수 있는 바	도덕적 · 윤리적 요소
기타 요인	담론
상황에서 발견한 바	예) '행위자' '행위물' '기타 특정 요소'의 규범적
	기대, 대중적인 문화담론, 특수 상황에 따른 담론

출처: Clarke. (2003).

메모 종합하기

메모를 어떻게 종합해야 할까? 파편적인 메모를 묶는 분명한 해결책은 과정에 따라 정렬하는 것이다. 어떤 주요한 범주에 대해 논문을 작성한다면,

그 범주에 관한 메모를 가장 좋게 묶어내는 법을 결정해야 한다. 과정 분석 processural analyses은 내재된 논리적 순서기 있지만, 분석 범주는 독자에게 의미를 갖게 하는 미묘한 것일 수 있다. 예를 들어, 질병의 공개에 대한 분석에서 '질병 공개 회피하기'에 대해 먼저 말하고, '공개의 위험성 평가하기' '질병 공개하기'가 뒤따르는 순서가 의미 있었다. 이러한 예를 다른 영역에 적용해 보면 대인관계, 전문직, 조직 등 모든 종류의 작업 환경에서 공개의 회피와 위험은 발생할 수 있다. 인원 감축이 임박했음을 알고 있는 기업의 관리자는 공개를 먼저 회피할 것이다. 그런 다음, 신뢰하는 부하직원에게 인원 감축을 알려 준 이후에 전략적인 공시를 진행할 것이다. 이런 경우, 공개의 딜레마는 정보의 공개 유형과 내용, 또는 숨겨진 정보의 잠재적 발견, 공개에 영향을 미치는 기타 조건과 관련이 있다.

많은 근거이론 문헌은 단일한 범주에 대한 글쓰기를 강조한다. 하시만 여러 개의 범주를 견주어 볼 필요도 있다. 그럴 경우 범주의 정렬은 이들 범주가 함께 잘 부합하는지―혹은 그렇지 못하는지―에 관심을 쏟게 된다. 그 결과로서 종합된 범주는 경험적 세계에서 연구자가 발견한 것을 반영할 수 있다. 종합은 관계에 대한 깨달음을 가져온다. 초기 근거이론연구는 인과 관계를 강조했지만, 현재의 많은 연구자는 해석적 이해를 목표로 한다. 이러한 이해는 맥락적 조건에 따라 수반되는 것contingent이다.

메모의 정렬과 종합을 통해, 연구자는 깨닫지 못한 채 채택한 묵시적인 이론적 코드를 명확하게 설명해 낼 수 있다. 더불어 이러한 전략은 묵시적인 채 남아 있는 범주 사이의 이론적 연결고리에 대해 생각해 보게 한다. 도면화는 이론적 범주의 관계를 선명하게 해 준다. 정렬, 도면화, 종합이라는 세 가지 전략은 보고서를 구성하고, 서론의 형태를 만들며, 이론적 틀을 작성하는 데 필요한 아이디어를 떠올려 줄 수 있다.

끝맺는 생각

코딩 및 메모 작성과 마찬가지로, 이론적 표집은 근거이론에서 중요한 위치를 점한다. 우수한 질적연구자조차 따르고는 있지만 제대로 정의 내리지 못하는 활동을 명료하게 한다. 이론적 표집을 통해 범주와 자료를 넘나들면서, 범주의 개념적 수준을 끌어올리고, 범주의 포괄 범위를 확장시킬 수 있다. 또한 범주를 개발해 나가면서 주요한 범주로 다루어야 할 것이 무엇인지 알 수 있다.

이론적 표집, 포화, 정렬 작업을 통해 강건한 범주와 파급력을 갖는 분석을 만들어 낼 수 있다. 보다 추상적인 메모에서 연구자가 얻어낸 바를 포착하여 완료된 작업의 초고를 위한 재료를 제공한다. 분류와 도면화는 초기 분석틀을 제공한다. 이제 연구자는 보고서 초고를 쓸 준비는 되었다. 하지만 그에 앞서 근거이론에서의 이론화에 대해 조금 더 생각해 볼 필요가 있다.

근거이론연구를 통해 본 이론의 재구성

근거이론연구자는 이론과 이론 구성에 대해 주로 이야기한다. 그렇다면 이론과 이론 구성은 무엇일까? 이 장에서는 이론이 의미하는 바와 근거이론가가 이론화 작업을 실제로 어떻게 하는지 알아보기 위해 잠시 여정을 멈추도록 하자. 일단 근거이론연구에서 이론화를 보여 주는 예시로 시작한 다음, 뒤로 물러서서 물어볼 것이다. 이론이란 무엇인가? 구성주의와 객관주의 근거이론이라는 관점에서 이론의 정의를 살펴본 뒤, 두 가지 전통적 관점의 선구자가 이러한 전통을 어떻게 반영시켰는지 정리하고자 한다. 근거이론에 대한 비판을 살펴보는 것도 생각을 새롭게 다듬고 이론적 과업을 재확인하는 데 도움이 될 것이다. 이론적 민감성을 발전시킬 수 있도록 이론이 다루는 영역을 확장시켜 나가면서 아이디어의 깊이를 헤아릴 수 있는 방법을 제안하고자 한다. 3가지 상이한 근거이론연구의 이론화 작업을 검토하고, 근거이론가가 어떻게 이론화 작업의 일부분이 되어가는지 성찰하는 것으로 이 장을 마무리하고자 한다.

6장 근거이론연구를 통해 본 이론의 재구성

근거이론에서 이론은 무엇을 뜻하는가? 연구자는 어떻게 근거이론 분석을 이론적으로 만들어 나가는가? 즉, 분석의 과정에서 근거이론의 생성으로 어떻게 옮겨 가는가? 일반적으로 근거이론이 취하는 방식은 무엇인가? 근거이론연구가 진정성bona fide 있는 이론을 어떻게, 왜, 언제 제시하는지를 평가하기 위해서는 잠시 물러서서 다음 질문의 답을 찾아야 한다.

이론은 무엇인가? 이론이란 용어는 근거이론의 담론에서 명확하게 정의되지는 않는다. 많은 근거이론가가 이론에 대해 이야기하지만, 그 정의를 내리는 연구자는 드물다. 많은 연구자가 자신이 이론을 구성했다고 주장하지만, 실제 그러한지는 잘 모르겠다. 보다 세밀한 관찰이 도움이 될 수 있다. 몇 개의 근거이론을 분석하면서 그들의 논리를 재구성해 보고자 한다.

우선 근거이론연구의 이론을 재구성하기 위해 만성 질환의 경험을 다룬 내 연구를 살펴보겠다. 이것은 명시적인 이론적 논리를 포함하고 있는 논문의 일부분이다. 분석 과정에서 나는 심각한 만성 질환을 앓는 사람이 자신의 자아를 보다 가치 있게 하기 위해 어떻게 싸워 나가는지에 초점을 두었다.[1] 그들은 자신을 규정하는 방식뿐만 아니라 다른 사람이 자신에게 정체성을 부여하는 방식에 맞서 싸워 나갔다. 나는 신체적 상실로 고통받는 사람들이—특히 신체적 상실감이 짧은 시기 동안 발생했을 때—미래를 위한 정체성 목적identity goals을 개발하고자 한다는 것을 알게 되었다. 나는 때때로 정체성 목적이 가지고 있는 명시적인—종종 묵시적이기도 한—의미와 함의를 이론으로 다듬어 내기 위해 노력했다. 많은 사람은 질병에 맞서 싸우고 관습적 세계에서 이겨 내려 한다. 질병과 장애를 처음 경험하는 사람은 이러한 정체성 목적을 강력하게 내세운다. 하지만 시간이 지남에 따라 정체성 목적은 점차 축소된다. 아래의 짧은 예는 정체성 목적과 출현한 정체성 위계 간의 관계를 설명하는 실체이론의 논리를 보여 준다.

시간이 지남에 따라 질환이 있는 사람이 상이한 형태의 선호하는 정체성을 선택하면서, 정체성의 위계는 점차 뚜렷해진다. 이는 특정한 열망과 목표를 달성하는 데 따르는 어려움이 상대적으로 다르다는 것을 반영한다. 선호하는 정체성의 유형은 정체성 위계 내에서 특정한 정체성 수준을 구성한다. 정체성 수준에는 다음의 것이 포함된다. ① 비범한 사회적 정체성supernormal social identity으로 일상적 세계에서 매우 특별한 성취를 요구하는 정체성, ② 회복된 자아restored self로 질병을 앓기 전의 정체성을 재구성하는 것, ③ 미래의 상황에 따라 개연적인 개인 정체성contingent personal identity으로 앞으로의 질병으로 인해 불확실하지만 가능할 수 있는 정체성, ④ 구원받은 자아salvaged self로 신체적 의존이 심해지면서 가치 있는 활동이나 속성에 기반했던 과거의 정체성을 고수하는 것이다. 진행성 질병을 경험한다는 것은 정체성 목적을 축소해 나가고, 정체성 위계에서 더 낮은 수준의 목표를 잡게 된다는 것을 의미한다. 간단히 말해, 정체성 목적의 축소는 덜 선호하는 정체성을 목표로 삼는다는 것을 뜻한다

---

1. 이 자료에 대해 책의 한 장 분량은 될 만한 분석을 1983년에 끝낸 후 1987년에 출간했다. 나의 학위논문(1973)에서 중심이 되는 아이디어를 이미 정리한 바 있지만 해당 범주를 보다 세련되게 하기 위해 더 많은 자료를 수집했다.

(Charmaz, 1987: 285).

내 연구에서 참여자는 병약한 사람이 되기를 원치 않기 때문에 가치 있
는 자아를 위해 싸워 나간다고 지적한 바 있다. 그들에게 병약한 사람invalid
이 된다는 것은 유효하지 않은 사람invalid person이 된다는 것을 의미하기 때
문이다. 이러한 가정은 그들이 만들고 취한 정체성 목적과 행위를 알려 주
었다. 정체성 위계의 중요한 속성은 그 안에서의 이동이다. 사람들은 정체성
위계 안에서 항상 하락하지는 않는다. 어떤 이는 정체성 수준을 높이기도 한
다. 나는 희망적이지 않은 심각한 질병을 앓는 사람이 질병으로의 함몰에서
특별한 성취의 달성이라는 수준으로 옮겨 가는 것을 목격하기도 했다. 사람
들은 자신의 상황을 어떻게 정의하느냐에 따라 다른 지점에서 출발할 수 있
다. 그들은 질병의 진행 과정을 통해 정체성 위계를 올라가거나 내려가기도
한다.

내가 수행했던 과업 중 하나는 만성 질환자의 정체성 목적과 그것을 실
현하기 위해 취한 행위에 대한 설명을 얻는 것이었다. 이에 나는 다음의 목
표를 달성하고자 하였다. ① 정체성 위계의 각 범주 속성을 개발하고, 범주
의 적합성을 보여 주는 것, ② 선호하는 정체성을 선택하게 하는 조건의 명
세화, ③ 정체성 목적을 실현하기 위해 만성 질환자가 동원할 수 있는 자원
의 고려, ④ 정체성 위계의 이동에 대한 확인, ⑤ 선호하는 잠재적인 정체성
을 수립하고 타협하는 시도와 관련된 사회적 맥락을 명료하게 서술하는 것,
⑥ 상이한 정체성 수준이 상이한 자아를 어떻게 이끌어 내는지에 대한 제시
등이 그것이었다. 이러한 분석 목표는 이론적 수준과 밀도 있는 분석에 도움
이 되었다. 다음은 이러한 목표를 논문 속에 어떻게 반영했는지를 보여 주는
예문이다.

사람이 자아에 대해 하는 기대는 미래의 선호하는 정체성을 규정하는

중요한 원천이다. 사람들은 자신의 행위뿐만 아니라 기대를 통해 자아의 일관성과 지속성을 유지한다. 연령은 그 하나만으로도 이러한 기대에 영향을 미친다. 젊은 성인은 직업, 친밀감, 생활 방식 등과 관련해 동년배 집단에게 있는 모든 평범한 정체성의 문제와 맞닥뜨린다. 젊은 성인은 자신이 선호하는 정체성을 실현하기 위해 많은 노력을 기울인다. 병약한 삶이라는 위협에 뼈 속 깊숙이 불안해 하면서도, 그들은 자신의 나이에 그러한 위협은 어울리지 않는 것이라 생각한다. 병을 앓는 많은 젊은이는 이 여성의 말을 메아리처럼 되뇌인다. "내 나이 일흔다섯 즈음이면 만성 질환으로 고통을 받을 것이라 기대했어요. 하지만 스물아홉 살이라뇨? 누가 생각이나 했겠어요?"(p. 292)

  정체성 위계의 상하향 이동에 대한 나의 분석은 중립적이고 객관적인 언조를 취하고 있다. 이 예문에서 구성주의적 시각은 불분명해 보인다. 왜냐하면 나는 이 연구 이후부터 구성주의적 시각을 보다 가시적으로 드러냈기 때문이다. 내가 가진 중립적인 글쓰기 방식은 정체성 위계에 대한 아이디어를 분석적 구성과는 분리시키면서 이론적 개념으로는 연결시키고 있다. 분석적 담론에서 많은 질적연구가 취하는 중립적 어조는 그 담론을 만들어 낸 해석적 행위를 지워 버리는 것이며, 더 나아가 연구 장면과 분석적 처치analytic treatment 모두에서 모호성을 제거해 버린다(Charmaz & Mitchell, 1996).

  이제 앞서 언급한 예문을 좀 더 탐문해 보면서 분석을 이론으로—또는 이론적이게—만드는 것은 무엇인지를 물어볼 필요가 있다. 이러한 유형의 분석은 이론에 대한 전제로 무엇을 가정하는 것일까? 근거이론을 개발하는 창의적인 과정은 이론을 보고하는 객관주의적 제시와 어떻게 타협할 수 있는가? 구성주의적 방향에서 근거이론을 어떻게 얻어낼 것인가? 이론화 작업을 보다 투명하게 하는 이 질문의 답을 얻기 위해서는 우선 근거이론가가 어떻게 이론을 구성하는지 알 필요가 있다.

이론이란 무엇인가

사회과학적 사고에서 이론이 의미하는 바는 무엇인가? 하나의 근거이론으로 예시되는 '진정한' 이론은 무엇으로 규정되어야 하는가? 근거이론의 수행방법과 완성된 이론이 어떠해야 하는지 합의되지 않는 이유는 어쩌면 이론이 의미하는 바가 합의되지 않았기 때문이다. 이러한 합의의 부재로 근거이론가는 자신의 인식론적 기반을 제시하지 않는다는, 사회과학계의 비판—그리고 이념적인 충돌—이 야기된다. 특히 근거이론을 구성하는 방법에 대한 논의와 방향에서 이러한 의견 불일치는 더욱 심화되고 있다. 그러한 논의를 파헤쳐 보면, 근거이론연구자 사이에서도 이론에 대해 상이한 의미를 부여하고 있음을 알 수 있다. 이론에 대한 어떤 정의는 강고한 반면, 어떤 것은 절충적이다.

근거이론에서 이론의 개념을 생각해 볼 때, 사회과학이 이론에 대해 내리고 있는 광범위한 정의를 살펴보는 것이 유용할 수 있다. 이에 전통적인 사회학이론과 문화연구에서 취하는 이론에 대한 관점을 다루고자 한다. 이들 관점은 각 연구 분야에서 취하는 주요한 연구 주제를 확인하고 이론에 대한 폭넓은 정의를 예시하는 데 도움이 된다.

이론에 대한 실증주의의 정의

아마도 이론에 관한 한 가장 두드러진 정의는 실증주의에 기반하는 정의다. 실증주의에서는 이론을 광범위한 경험적 관찰을 포괄하는 추상적 개념의 관계를 진술하는 것이라 정의한다. 실증주의자는 이론적 개념을 변인을 통해 바라보며, 정확하고 반복 가능한 경험적 측정을 통해 가설을 검증하기 위해 이론적 개념에 대한 조작적 정의를 내린다. 이러한 정의는 두 가지 이유로 상당한 영향력을 행사한다. ① 다양한 분야에 통용된다. ② 연구방법론 교재의 서사가 폭넓게 채택하고 확신시킨다.

> 실증주의 이론은 원인을 추구하고 결정론적 설명을 선호하며, 일반화와 보편성을 강조한다.

이러한 관점에서 이론의 목표는 설명과 예측이다. 실증주의 이론은 간명성, 일반화, 보편성을 추구하며, 동시에 경험적 대상과 사건을 개념을 통해 추정할 수 있도록 환원시킨다. 실증주의 이론은 원인을 추구하고, 결정론적 설명을 선호하며, 일반화와 보편성을 강조한다. 요컨대, 실증주의 이론은 아래의 사항을 목적으로 하는 상호 연관된 명제로 구성된다.

- 개념을 변인으로 취급한다.
- 개념 간의 관계를 명세화한다.
- 개념 간의 관계를 설명하고 예측한다.
- 지식을 체계화한다.
- 가설 검증을 통해 이론적 관계를 증명한다.
- 연구의 가설을 일반화한다.

간명성을 강조하는 실증주의 이론은 형식의 측면에서 매력적이고 진술도 직접적이다. 하지만 행위에 대한 단순화된 모형이므로 협소하고 환원론적 설명에 빠질 수 있다.

이론에 대한 해석학적 정의

이론에 대한 대안적 정의는 설명보다는 이해를 강조한다. 이러한 관점을 지지하는 입장은 이론적 이해를 추상적이고 해석적인 것으로 바라본다. 즉, 이론에서 얻은 이해는 현상에 대한 이론가의 해석에 의존한다. 해석학적 이론은 인과성보다는 비결정성indeterminancy을 허용하며, 선형적 추론linear rea-soning보다는 양상과 연관성을 보여 주는 것을 우선시한다. 전통적인 사회학 이론의 준거틀(추상적, 일반적 개념을 가정하는)을 논한 조지 리처George Ritzer 와 더글라스 굿맨(Goodman, 2004)은 이러한 관점을 잘 설명하고 있다. 이들에 따르면, 이론은 광범위한 영역에서 폭넓은 적용이 가능하고 사회적 삶의 근본적인 쟁점을 다루어야 한다. 아울러 이론은 시간에 따른 시험에도 성공적으로 견뎌낼 수 있어야 한다. 이러한 정의는 설명과 예측을 목적으로 하는 이론과는 대비된다. 리처와 굿맨의 정의는 이해와 영역scope를 강조하는 해석학적 요소를 담고 있다.

해석학적 이론은 현상에 대한 상상적 이해imagina-tive understanding를 필요로 한다. 이러한 유형의 이론은 출현적이며, 다중실재성과 비결정성을 가정한다. 즉, 사실과 가치는 밀접하게 연결되어 있으며, 진실은 잠정적provisional이고 사회적 삶은 과정적proces-sual이라고 본다. 따라서 해석학적 이론은 이러한 가

> 해석학적 이론은 현상에 대한 상상적 이해를 요청한다. 이러한 유형의 이론은 출현성, 다중실재성, 비결정성을 가정한다. 사실과 가치는 연결되어 있고, 진실은 잠정적이며, 사회적 삶은 과정적이라고 가정한다.

정을 공유하는 조지 허버트 미드George Herbert Mead의 상징적 상호작용주의와 완전하게 양립한다. 미드는 행위에 대한 정교한 관점을 분석의 출발점으로 취하며, 이 관점에 상호작용을 통해 타인의 역할과 반응을 받아들이는 개인의 상상적 이해를 포함시키고 있다.

연구자는 참여자의 의미와 행위를 해석하며, 그들도 연구자의 의미와 행위를 해석한다. 이론에 대한 해석학적 입장은 사회구성주의의 원칙이 다양한 학자에게서, 특히 1960년대 이후 지지를 얻게 되면서 관심을 받게 되었다. 이러한 이론적 접근은 실천과 행위를 강조한다. 사회구성주의자는 현실을 설명하기보다 다중적인 실재를 바라보며, 그에 기반해 다음과 같이 질문한다. 사람들이 현실이라고 가정하는 바는 무엇인가? 사람들은 현실에 대한 자신의 관점을 어떤 식으로 구성하고 그에 따라 어떻게 행동하는가? 이에

지식과 이론은 특별한 지위, 관점, 경험이라는 상황을 따르며 그 속에 위치한나. 요컨대, 해석학적 이론은 다음을 목적으로 한다.

- 추상적 용어로 이해하기 위해 현상을 개념화한다.
- 영역, 깊이, 권력, 관련성과 연결되는 이론적 주장을 명료화한다.
- 이론화의 주관성을 인정하므로 타협, 대화, 이해의 역할을 받아들인다.
- 상상적 이해를 제공한다.

해석학적 이론은 실증적 이론과 대비되어 사용된다. 이는 구성주의적 근거이론과 객관주의 근거이론에 대한 이후의 논의에서 다룰 것이다. 현재로는 근거이론을 실증주의와 해석학적 요소를 모두 포함하는 것으로 간주하자.

글레이저(1978, 1992, 1998, 2003)가 이론을 다루는 방식은 실증주의적 입장에 강하게 경도되어 있다. 글레이저는 변인으로 사용 가능한 이론적 범주의 개발을 강조하였고, 지표-개념 접근indicator-concept approach을 가정하면서 맥락에서 자유롭지만 수정 가능한 이론적 진술을 추구하였으며, '간명하면서 광범위한 설명력의 성취achievement of parsimony and scope in explanatory power'를 목적으로 삼았다(1992: 116). 글레이저는 비교 방법의 활용을 강조하였고, 이론을 위한 분석적 개발은 이러한 비교작업에서 출현하는 것으로 보았다. 하지만 출현한 범주의 대부분은 자동적인 결과에 따른 산물로 본 것이 사실이다. 해석학적 이해에 대한 글레이저의 입장은 실증주의 요소보다는 덜 명확하다.

스트라우스와 코빈(1998)의 이론에 대한 관점은 실증주의에 다소 경도되었지만, 개념 간의 관계를 강조하고 있다. 그들에게 이론은 '관계의 진술을 통해 연결되어 있는 잘 개발된 개념의 집합a set of well-developed concepts related through statements of relationship'이라는 의미를 가졌다. 이러한 개념은 함께 현상을 설명하거나 예측하기 위해 사용될 수 있는 통합적 틀을 구성한다. 하지만 이론의 구성에 대해 두 사람은 해석학적 관점을 인정하는 입장을 취하고 있다. 코빈(1998)의 경우, 분석이란 연구자가 자료를 해석하지만, 그러한 해석에는 피할 수 없는 한계가 있다고 보았다. 코빈은 "어떻게 비교 과정에서 누군가와 무엇을 떼어낼 수 있겠는가? 분석가는 단지 자신이 자료를 읽는 방식에 기반해 비교를 할 뿐이다. 자료에 천착한다면, 누군가는 분석가를 해석의 과정에서 분리시킬 수 있을 것이라 희망하지만, 이런 일은 거의 일어나기 힘들다."(p. 123)고 말한 바 있다. 스트라우스와 코빈은 이론과 묘사description를 분명하게 구분 지었는데, 어떤 사람이 대상, 사건, 경험에 대한 정신적 상mental image을 불러오기 위해 단어를 사용하는 것이 묘사라고 보았다. 반면 이론은 그보다는 훨씬 더 추상적이고 설명적인 것으로 받아들였다.

이와 관련해 문화이론으로 넘어가 보면, 알라수타리(1996)는 일반인이 자신의 세계에 일상적으로 의미를 부여하는 방식은 이론이라는 개념이 의미하는 바와는 다르다고 보고 양자를 구분하고 있다. 슈츠(Schutz, 1967)의 입장을 따르며 이론에 대한 정교한 관점을 채택하고 있는 알라수타리는, 이론가는 일반인이 사용하는 해석의 법칙을 검토하고, 그들이 가지고 있는 개념을 넘어서는 영역으로 옮겨 간다고 주장한다.

> 소속 성원의 관점에서 한발짝 물러난 위치에 서 있어 보자. 그들의 관점이 협소하거나 잘못되었다고 주장하는 것이 아니라, 사회적 현실을 구성하는 데 그 관점이 어떻게 작동하는지 연구하기 위해서다. 그러므로 이론은 우리가 현실을 구성하는 방식과 사회적 조건 및 그러한 현실에서의 주체인 우리를 해체하는 것이다. 이론은 소속 성원의 일반적인 생각과 경쟁하지 않는다. 왜냐하면 이론의 목적은 바로 다양한 형태와 상이한 예시로 나타나는 그 생각에 의미를 부여하는 것이기 때문이다(1996: 382).

국지적이고 특수한 현상을 설명하기 위해 연구자는 보편적 세계에서 가

설을 연역해 내고, 이론은 그 보편적 세계에 대한 일반화된 진술이라고 보는
정의에서 알라수타리는 분명 벗어나 있다. 그에게 이론은 현실을 바라보는
해석적 틀을 제공해 주는 것이다. 비록 알라수타리는 일반인과 연구자는 상
이한 해석적 틀을 가지고 있다고 인정하지만, 양자 모두 일반인의 아이디어
와 행위 모두에 대해 의미를 부여한다는 것에 주목할 필요가 있다.

　이론화 작업과 결부시켜 국지적 장면과 구체적인 사건을 사려 깊게 설명
함으로써 알라수타리의 연구는 이론적 폭과 깊이를 더할 수 있었다. 그의 연
구는 훌륭한 근거이론가의 이론적 민감성과 숙련된 문화기술지연구자의 감
수성이 결합된 것이라 할 수 있다.

이론화의 수사학, 영향권 및 실행

　실증주의든 해석주의든 이론가는 수사적rhetorical이다. 물론 해석주의 이
론가가 실증주의 이론가에 비해 이러한 입장을 더 인정하는 편이지만 말이
다. 이론가는 일련의 전제에서 이끌어 낸 결론을 독자가 받아들이도록 노력
을 기울인다(Markovsky, 2004). 따라서 이론가는 세계와 그 속에서 이루어지
는 관계에 대한 주장을 제시한다. 하지만 이러한 주장은 때때로 맥락이 지워
지거나 중립적으로 보이는 진술로 축약되기도 한다. 객관성에 대한 실증주
의적 주장을 지지하는 사람에게 맥락 제거와 중립성은 오로지 그들 주장의
설득력을 더해 줄 뿐이다.

　실증주의 또는 해석주의 이론 중 하나를 고려할 때, 학문 분야의 내·외
부 및 다른 분야 간에 미치는 이론적 영향권과 힘을 생각해 볼 필요가 있다.
랜달 콜린스Randall Collins는 "당신이 기억하는 것은 이론이다."(2004a; Davis,
1971을 보라)라고 말했다. 이론은 번뜩이는 통찰을 내비추고, 혼탁한 생각과
뒤엉킨 문제에 의미를 부여한다. 생각이 맞아떨어지게 한다. 이전에는 느낌
으로만 다가왔던 현상과 그 관계를 또렷이 볼 수 있게 해 준다. 이 외에도 이

론은 훨씬 많은 것을 해낼 수 있다. 이론은 관점을 바꾸게 하고, 의식을 변화시킨다. 이론을 통해 세상을 다른 시각으로 볼 수 있고, 새로운 의미를 낳을 수 있다. 이론은 내적인 논리를 가지고 있으며, 응집되어 있던 것에 불과하던 논리를 일관된 형태로 만들어 낸다.

이론화theorizing―이론이 아니라―에 대한 나의 입장은 해석주의다. 이론화는 실천이다. 그것은 세상에 관여하고 세상과 그 내부에 대한 추상적 이해를 구성하는 실천적 활동을 담고 있다. 근거이론방법이 제공하는 근본적인 기여는 이론적 산물에 대한 청사진을 제공하는 것이 아니라 해석주의에 입각한 이론적 실천을 이끄는 지침을 제공하는 데 있다.

해석학적 이론화는 상징적 상호작용주의, 문화기술지방법론, 문화연구, 현상학적 담론, 내러티브 연구에서 사용하는 사회구성주의적 가정에 기반한다. 이러한 이론화 작업은 개별 행위자나 미시적 상황에 국한되지 않는다. 그렇게 할 수도 없다. 해석학적 이론화는 개인의 상황과 즉각적인 상호작용 이상의 것을 다룬다. 메인즈(Maines, 2001)는 상징적 상호작용주의에 대한 언급을 통해 이러한 주장을 한 바 있으며, 알라수타리(1995, 1996, 2004)가 언급한 문화연구에서의 조준점도 이와 일맥상통한다. 이론가의 입장에서 콜린스(2004b)는 19세기 고전이론과 현대의 이론적 문제를 이어 주는 이론적 연속성을 위해 개인보다는 상황을 그 출발점으로 삼아야 한다고 주장한 바 있다. 그는 개인 속에서 사회를 바라보았으며, 다양한 강도를 갖는 의례rituals가 어떻게 사회적 참여의 형태를 결정하고, 국지적 수준의 생각이 보다 큰 사회구조에 어떻게 집합적으로 관련되는지를 탐구하였다. 협상된 타자negoti-ated others(1978; Strauss, Schatzman, Bucher, Ehrlich, & Sabshin, 1963)와 사회적 세계(1978a)를 분석한 스트라우스의 연구는 조직과 집합적 수준에서 이루어진 해석적 탐구의 시발점이라 할 수 있다. 스트라우스 등(1963)은 병원 구조를 정태적으로 보지 않고, 병원 내의 다양한 조직 수준에 위치한 사람과 부서 간에, 또는 부서 내에서 이루어지는 협상을 분석하여 그것의 역동적이고 과정적인 본질을 밝혀 냈다. 병원을 협상된 질서로 해석하여 분석함으로써 스트라우스 등은 개별적 행위와 집합적 행위라는 구성체와 이들 양자 간의 교차 영역을 어떻게 연구할 수 있는지 보여 주었다. 그런 점에서 이연구는 상당히 중요한 의의가 있다.

해석학적 이론화는 관점에 의미를 부여하는 도구로서 네트워크 분석과 접맥될 수 있다. 이와 관련하여 콜린즈(2004b)와 클라크(2003, 2005)는 중간체계 및 거시 체계 수준의 연구를 위한 방법론적 전략을 제안한 바 있다. 콜린즈는 상황연구에서 네크워크 분석을 사용하는 것을 지지하였다. 비록 근거이론가는 특수한 맥락과 상호작용의 유형을 다루는 데 클라크의 방법을 사용하는 것이 훨씬 용이하다고 보았지만 말이다. 클라크의 상황 분석situ-ational analysis과 위치 지도position mapping 방법 모두를 사용해 본다면, 이 접근이 네트워크 분석을 확장시키면서도 해석학적 입장의 수용이 가능하다는 것을 알 것이다.

구성주의적 근거이론과 객관주의적 근거이론

지금까지 나는 근거이론방법의 활용과 이론화를 사회적 행위로 바라보았다. 즉, 연구자는 특정한 장소와 시간 속에서 타인과 관련되어 구성해 나가는 사회적 행위를 수행한다. 연구 참여자뿐만 아니라 동료, 교사, 학생, 기관위원회 그리고 언급되지 않은 많은 사람은 연구를 수행하는 우리의 마음 속에 살아 있으며, 직접적인 접촉 이후에도 오랫동안 연구를 수행하는 방식에 영향을 미친다. 연구자는 자료와 상호작용하며, 그에 대한 이론을 창출한다. 연구자는 결코 사회적 진공 속에 존재하는 것이 아니다.

연구와 이론에 대해 연구자가 가지는 개념은 연구자가 행하는 바와 연구자가 견지하려는 충실성allegiance에 어떻게 영향을 미칠 수 있을까? 근거이론에 대한 많은 논란과 비판은 다양한 연구자가 해석학과 실증주의적 전통 중 무엇을 취하느냐의 입장에서 비롯된다. 나는 구성주의와 객관주의 근거 이론의 차이점을 명확히 하기 위해 두 가지 근거이론은 그 시작부터 조금은 상이한 형태를 취한다고 본다(Charmaz, 2000, 2001). 구성주의적 근거이론은 해석학적 전통의 일부분이었고, 객관주의적 근거이론은 실증주의에서 출발하였다. 나는 보다 명료하게 볼 수 있도록 두 가지 형태를 대비시켜 보겠다. 하지만 어떤 연구가 구성주의인지 아니면 객관주의인지 판단하느냐는 그 연구의 핵심적 특성이 어떠한 전통을 더 따르는가에 달려 있다.

> 나는 보다 명료하게 볼 수 있도록 객관주의와 구성주의적 근거이론을 대비하였다. 하지만 어떤 연구를 구성주의 혹은 객관주의로 판단하는 것은 그 연구의 핵심적 특성이 어느 쪽 전통을 더 따르는가의 정도에 달려 있다.

구성주의적 근거이론

　지금까지 일관되게 서술한 바와 같이, 구성주의적 접근은 연구 현상에 우선권을 둔다. 아울러 자료와 분석 양자 모두는 참여자 및 다른 원천의 자료와 맺는 공유된 경험과 관계shared experience and relationships에서 창출되는 것으로 본다(Charmaz, 1990, 1995b, 2000, 2001; Charmaz & Mitchell, 1996). 그렇기에 구성주의적 근거이론은 한치의 의심 없이 해석학적 전통에 위치한다.

　구성주의자는 참여자가 구체적인 상황 속에서 의미와 행위를 어떻게 구성하는가—때로는 왜 그러한 의미와 행위를 구성하는가—를 연구한다. 2장에서 설명한 바처럼, 우리가 그것에 가까이 다가감에 따라 경험의 내부에서 무언가를 얻어낼 수는 있지만, 연구 참여자의 경험을 재현할 수는 없음을 깨닫게 된다. 구성주의 접근은 개인이 자신의 상황을 어떻게 바라보는가를 살펴보는 것 이상의 의미를 갖는다. 연구 참여자가 행하는 해석적 작업을 이론화하는 것뿐만 아니라 그 결과로서의 이론 또한 해석임을 인정한다(Bryant, 2002; Charmaz, 2000, 2002a). 이론은 연구자의 관점에 따라 달라진다. 이론은 연구자의 관점 밖에 있지 않으며 그럴 수도 없다. 당연히 다양한 연구자가 비슷한 아이디어로 시작할 수 있지만, 그들이 이론적으로 다듬어 내는 방식은 다를 수 있다.

근거이론은 대화 분석conversational analysis을 관찰한 실버만(Silverman, 2004)의 통찰을 얻어 낼 수 있을 것이다. 실버만에 따르면, 사람들이 의미와 행위를 구성하는 방식을 분석가가 수립한 후에만 왜 그들이 그러한 방식으로 행동하는지를 좇아갈 수 있다. 분명 사람들이 의미와 행위를 구성하는 방식에 대해 정교하게 분석하는 작업은 그 이유를 밝혀 내려는 근거이론을 이끌어 낼 수 있다. 물론 이유에 대한 답은 종종 어떻게라는 질문의 답과 함께 드러나기도 하지만 말이다.

> 구성주의적 접근은 연구 현상에 우선순위를 두며 자료와 분석 모두가 참여자와 공유된 경험과 관계로 만들어진다고 본다.

구성주의 접근은 논리적으로 확장해 보면 연구하려는 경험이 어떻게, 언제, 어떠한 정도로 보다 넓거나—대개는—숨겨진 지위, 네트워크, 상황, 관계 속에 내포되었는지 알아낼 수 있다. 그 결과 개인 차이와 구분뿐만 아니라 그러한 차이와 구분을 유지시키고 고착화하는 권력, 의사소통, 기회의 위계도 볼 수 있다. 구성주의 접근은 개인 차이와 구분이 시작되고 유지되는 조건에 대해 촉각을 곤두세운다. 경험을 지지하는 자료를 갖는다는 것은 풍부한 자료를 취하고, 충분한 지식을 쌓는다는 것이며, 그렇기에 차이와 구분을 알아낼 수 있다. 그런 점에서 근거이론연구가 매우 작은 규모로 이루어질 경우, 사회적 맥락과 상황에서 유리될 수 있는 위험을 안고 있다. 이 경우 연구자는 분리되고, 분절적이며, 하나의 원자인 양 경험을 다루게 되어 근거이론 분석의 잠재력을 감소시킬 수 있다.

구성주의적 근거이론가는 연구 과정과 산물에 대한 반영적 입장reflexive stance을 취하며, 자신의 이론이 어떻게 발전해 왔는가를 생각한다. 이러한 점에서 연구자와 연구 참여자 모두 의미와 행위를 해석한다는 나의 주장은 반영성을 포함하고 있다. 구성주의적 근거이론가는 자료와 분석 모두가 그

생산물이 포괄한 바를 반영하고 있는 사회적 구성물이라고 가정한다(Bryant, 2002, 2003; Charmaz, 2000; Hall & Callery, 2001; Thorne, Jensen, Kearney, Noblit & Sandelowski, 2004). 이러한 관점에서 볼 때 어떠한 분석이든 시간, 장소, 문화, 상황이라는 맥락에 위치하고 있다. 구성주의자는 사실과 가치가 연결된 것으로 보기 때문에, 자신이 보는 것—혹은 보지 않는 것—은 가치에 따라 달라진다는 것을 인정한다. 따라서 구성주의자는 자신의 전제에 대해 인지하려고 노력하고, 자신의 가정이 연구에 영향을 미치는 방식을 다루기 위해 노력한다. 역설적이지만 자신의 출발 가정을 인지하지 못할 때, 선입견에 기반한 아이디어가 자신의 연구에 포함될 수 있음을 근거이론가는 알고 있다. 그러므로 구성주의는 연구 참여자의 해석뿐만 아니라 연구자 자신의 해석에 대한 반영적 성찰을 촉구한다.

객관주의적 근거이론

근거이론에 대한 객관주의 접근은 구성주의 접근과는 대별된다. 객관주의적 근거이론은 실증주의 전통에 바탕을 두고 있기 때문에 자료를 실재하는 것으로 받아들이며 자료의 생산 과정에 대해서는 다루지 않는다.

이러한 입장은 자료가 출현하는 사회적 맥락, 연구자의 영향, 근거이론가와 연구 참여자 간의 상호작용 등은 고려하지 않는다. 따라서 출간보고물에서 볼 수 있는 대부분의 면담 자료는 면담자와 연구 참여자가 자료를 어떻게 생산해 내는가에 대해 알려 주지 않는다. 객관주의적 근거이론의 경우 자료는 알 수 있는 세계에 대한 객관적 사실을 대표하는 것이라 가정한다. 자료는 이미 세상 속에 존재하는 것이다. 따라서 연구자는 자료를 찾아내고, 그것에서 이론을 '발견'해야 한다.

> 객관주의적 근거이론은 실증주의 전통에 바탕을 두기에 실재하는 것으로 자료를 취급하며, 그 자료의 생산 과정에는 관심을 두지 않는다.

이러한 접근에 기반하여 근거이론가는 자료에 부여하는 개념적 의미를 자료에서 도출한다. 의미는 자료 속에 본래 존재하는 것이며, 근거이론가는 그것을 발견할 뿐이다(Corbin & Strauss, 1978; Glaser & Strauss, 1967). 이러한 관점은 발견을 기다리는 외적 실재external reality와 사실을 기록하는 편견 없는 관찰자를 전제하고 있다. 객관주의 근거이론가는 자신의 방법을 사려 깊게 적용한다면 이론적 이해가 가능하다고 믿는다. 그렇기에 연구자의 역할은 연구 과정의 창출자라기보다는 연구 과정의 연결자conduit라고 본다. 이러한 전제 아래 객관주의 근거이론의 지지자는 구성주의자보다 근거이론의 절차를 보다 엄밀히 따를 것을 주장한다.[2]

객관주의 근거이론가는 비록 관찰의 방법을 채택하지만, 연구 참여자와 그들의 실재물에서 분리된 채 거리를 둔다. 하지만 가치에서 자유로운 중립성value-free neutrality이라는 주장은 역설적으로 가치에 기반하고 있다. 중립성의 가정을 고수하는 한, 근거이론가는 연구 참여자를 보고서에 묘사하는 방식이 문제없는 것으로 간주한다. 그 결과 연구자는 객관주의 관점을 연구에 불어넣는 권위적 전문가authoritative expert로서의 역할을 가정한다.

글레이저(1978, 1992, 1998, 2001, 2003)는 객관주의적 입장의 핵심적 측면을 강조하여 설명한다. 비록 정확한 자료의 탐구에 대해 폄하하고, 근거이론은 입증verification을 위한 방법이 아니라는 주장을 견지하지만 말이다.[3] 나는 입증의 문제와 관련해서는 글레이저의 입장에 동의한다. 나의 관점에서 직관적 추정을 검토하고 발현된 아이디어를 확인하는 것은 입증과는 다르기 때문이다. 특히 연구 이전 단계에서 현상에 대한 확고한 정의 수립을 전제로

---

2. 구성주의와 객관주의 근거이론의 차이를 비교한 보다 충실한 자료는 차마즈(2000, 2006)를 참조하라.
3. 나는 글래이저가 자신의 저서 '근거이론의 발견'(1992)에서 제기한 입증과 관련한 논쟁에 대해 그 모양새는 좋지 않았지만 그의 입장에는 동의한다. 직관적 추정을 검토하고 아이디어를 확인하는 것은 나의 관점에서 볼 때 입증과 동일한 것은 아니다. 근거이론가는 입증된 지식으로 기여하기보다는 진실일 수 있는 설명을 제시하는 것이다.

하는 체계화된 계량적 절차를 입증이라 정의 내린다면 말이다. 나의 경우 근거이론가가 기여하는 바는 입증된 지식이라기보다는 합리적이고 진실일 수 있는 설명plausible accounts을 제시하는 것이라 본다.

글레이저(2002)는 자료를 연구자에게서 분리된 것으로 간주했고, 유능한 연구자의 해석이 더해지지 않은 것으로 보았다. 하지만 그는 만약 우연하게도 연구자가 자신의 자료를 해석한다면, 그때부터 많은 사례를 살펴보면서 이들 자료를 '객관적으로 다듬어 내야rendered objective' 한다고 주장했다. 이러한 관점은 포화와 관련된 논의에서 그가 소표본에 대해 보여 준 강력한 옹호와는 모순되는 것이다. 물론 사례수가 항상 표본의 크기와 동일하지는 않지만, 많은 근거이론연구에서 사례와 표본 크기는 밀접하게 관련되어 있고, 그 차이는 무시할 수 있을 정도로 미미하다.

많은 사례를 연구한다는 것은 중요하다. 왜냐하면 이를 통해 연구자는 연구 주제에 대한 자신의 선입견을 알게 되기 때문이다. 그렇다고 많은 사례를 연구한다는 것이 연구자의 근본적 가정, 세계를 알아가는 방법, 그 안에서의 행위 등에 대해 도전하지는 않는다. 연구자가 가지고 있는 강고한 가정은 세상을 바라보는 렌즈를 깎아 내고, 그 결과로 세상을 비추어낸 상을 걸러 낸다. 그렇기 때문에 무엇을 자료라고 규정하고, 그 자료를 어떻게 바라보는가는 중요하다. 이러한 행위는 우리가 바라보고 알게 되는 것의 형태를 좌우하기 때문이다. 이러한 반영성을 고려하지 않는다면, 연구자는 자신만의 암묵적인 가정과 해석을 '객관적'인 위치로 끌어올릴지도 모른다. 연구자가 가지고 있는 가정, 상호작용―그리고 해석―은 탐구의 각 단계를 구성하는 사회적 과정에 영향을 미치고 있다.

많은 사례를 연구하는 것의 가치에 대한 글레이저의 주장은 옳다. 검토되지 않은 가정에 기반해 자신이 바라보는 것에 대해 미리 결정짓는 사람을 포함해 연구자는 많은 사례를 바라보는 것에서 이득을 얻을 수 있다. 경험적 세계를 포착하는 힘을 강화시킬 수 있고, 범주 속의 다양한 차이를 구분해

낼 수 있기 때문이다. 분명 우리는 연구를 진행해 나가면서 배워 나간다. 특히 연구 참여자가 무엇을 말하고 행동하는지, 그들의 세계는 어떤 모습인지를 알아내려고 절실히 노력할 때 그러하다.

구성주의 접근은 변인 분석이나 현상에 대한 유일한 기본 과정 내지 핵심 범주를 찾아내려는 실증주의적 입장을 고수하지 않는다. 구성주의자의 관점은 강고하지만 항상 변화하는 세계를 가정한다. 아울러 다양한 국지적 세계와 다중적 실재를 인정하고, 사람의 행위가 그들의 국지적 세계와 보다 큰 세계에 영향을 미치는 방식을 다룬다. 그렇기에 구성주의 접근을 취하는 연구자는 특정한 세상, 관점, 행위의 복합성을 보여 주고자 한다.

근거이론에서의 이론화

비판과 개선

근거이론에서 이론은 어디에 위치하는가? 많은 연구자는 실체 또는 형식 이론을 구성하였다고 고백하기보다는 근거이론방법을 사용했다고 주장한다. 하지만 대부분은 이론에 속해 있는 몇 가지 개념을 다루고 있을 뿐이다.

근거이론을 충실하게 따랐다고 주장하는 논문이 완결된 근거이론을 어떻게 하였는지 살펴본다면 다음과 같은 유형을 발견할 것이다. ① 실증적 일반화, ② 범주화, ③ 소인predisposition, ④ 과정에 대한 설명, ⑤ 변인 간의 관계, ⑥ 설명, ⑦ 추상적 이해, ⑧ 묘사 등이 그것이다.

최근 글레이저(2001)는 근거이론이란 다양한 방법으로 이론적 코드가 될 수 있는 '주요 관심사를 해결하는 이론theory of resolving a main concern'이라 말한 바 있다.[4] 근거이론에서 이론이 뜻하는 바와 관련해 많은 주장이 존재하지만, 근거이론가가 어느 범위까지의 이론을 만들어 내는지 평가하기란 더욱 어려워지고 있다. 몇몇 연구자(Becker, 1998; Charmaz, 1995b; Silverman, 2001)는 근거이론의 이름으로 행한 연구를 살펴본 뒤, 대부분의 연구가 이론적이라기보다는 묘사에 그치고 있다고 보고하였다. 물론 묘사는 개념화를 포함하고 있지만 이론적 처리theoretical treatment는 분석적이고 추상적이어야 한다.

근거이론의 논리를 살펴본 연구자도 있다. 많은 연구자(Atkinson, Coffey, & Delamont, 2003; Bulmer, 1979; Dey, 1999, 2004; Emerson, 1983, 2004; Layder, 1998)가 선입견preconception, 순수 귀납pure induction, 절차 등과 관련되어 근거이론에서 발견한 전제presupposition와 규정prescriptions에 대해 도전적인 비판을 가하였다. 또한 다른 입장을 가진 근거이론가가 서로의 접근에 대해 비판을 가하기도 했다. 그 내용은 이 책 전반에 걸쳐 소개되고 있다(Bryant, 2002, 2003; Charmaz, 2000, 2001c, 2005; Clarke, 2005; Corbin, 1998; Glaser, 1992, 2002, 2003; Melia, 1996; Robrecht, 1995; Stern, 1994a; Wilson & Hutchinson, 1996).

논의에 도움이 되는 몇 개의 비판을 소개하면 다음과 같다. 뷰러워이(Burawoy, 1991)는 근거이론이 실증적 일반화를 낳고 있으며, 이를 통해 시간과 장소에서 분리된 일반화된 설명을 이끌어 낸다고 비판하였다.[5] 이러한 비판과 관련하여 세 가지 사항을 언급하고 싶다.

첫째, 뷰러워이의 지적과 상반되게 근거이론의 최대 강점은 다양한 실체적 영역에 대한 적용 가능성에 있다. 물론 우리는 분석으로 언제 어떻게 옮겨 가는지 고려해야 하며, 분석으로 옮겨 가기 전에 현상에 대해 친밀한 익

---

4. 글레이저(2001)는 이제 연구자는 주요한 관심사를 확인하는 것이라고 주장한다. 그런데 이것은 연구자는 상황에서의 주요한 관심사를 분석해야 하고, 참여자는 그것이 무엇인지 말해 줄 것이라는 종전의 주장(1992)과는 상당히 다르다.

5. 뷰러워이는 이후 『전지구적 문화기술지Global Ethnography』(2000: 34)라는 책을 통해 '근거기반의 세계화grounded globalization'와 '세계화의 근거쌓기grounding globalization'를 위한 의제를 주장한다. 비록 그 개념이 근거이론과는 흡사하나, 그가 근거이론을 수행하거나 인용한 적은 없다.

숙함intimate familiarity을 얻었는지를 물어보아야 한다.[6]

둘째, 뷰러워이는 근거이론과 달리 지신의 사례연구방법(1991)을 통해 상황의 특수성을 발견할 수 있고, 거시적 토대가 상황을 어떻게 형성하는지 설명하며, 지구화의 재생산 및 유지의 근거를 제시한다고 주장한다(Burawoy, 2000). 그는 근거이론이 탈구조화된 분석astructural analyses을 이끌어 낸다고 보며, 그 이유는 근거이론의 귀납적 방법과 탈맥락적인 일반화에 있다고 간주한다.

하지만 근거이론은 할 수 없다고 뷰러워이가 제시한 것이야말로, 근거이론이 제공한 방법을 통해 우리가 수행할 수 있는 것이다(Charmaz, 2005). 권력, 전지구적 영향권, 차이와 같은 개념을 민감한 개념으로 받아들여 맥락화된 근거이론을 시작할 수 있으며, 귀납적 분석을 통해 국지적 세계와 보다큰 사회적 구조를 연결 짓는 이론화를 수행할 수 있다.

탈맥락화된 분석과 관련된 쟁점은 뷰러워이가 언급하지 않은 몇 가지 사안을 제기한다. 실제 근거이론가는 탈맥락화된 분석을 수행할 가능성이 있다. 연구자가 해당 현상의 맥락에 관심이 없거나, 알지 못하고 불분명해하는 경우 그럴 수 있다. 이런 경우 그 분석은 근거이론에서 구성주의적 요소의 중요성을 감추어 버린다. 객관주의적 근거이론가는 전형적으로 일반성과 탈맥락화된 결과를 얻어 내려 힘쓴다. 여러 현장을 옮겨 다니며 탈맥락화된 분석을 구축하면서 이들은 아이러니하지만 자신의 자료를 이전의 일반화된 결과에 꿰맞추려 한다. 새로운 자료의 근거가 되는 충분한 맥락이 부족하기 때문이다. 비슷하게 탈맥락화된 일반성을 추구한다는 것은 이론적 복잡성을 얻을 수 있는 기회를 감소시킬 수 있다. 탈맥락화는 과대 단순화를 가져오기 때문이다.

셋째, 특정한 연구에서 얻어낸 경험적 일반화가 보다 거대한 실재에 대

---

6. 앞서 언급한 실버만(2004)의 주장을 보완한 것이다.

한 일반화된 진술로 받아들여진다고 말한 뷰러워이의 지적은 맞다. 그런 점에서 우리는 이러한 일반화가 이론적 지위를 얻게 되는 지점이 어디인지를 생각해 볼 필요가 있다. 누가 이론적 지위를 승인하는가 - 혹은 부인하는가? 어떠한 목적으로 승인(또는 부인)하는가? 이론화에 대한 강조는 누가 이론화를 수행하며, 어떤 종류의 권위를 갖는 주장이 이루어지는지, 또는 어떠한 권위를 부여받았는지에 대한 고려로 이어진다.

뷰러워이는 근거이론이 미시적 맥락에서의 권력을 고려하지 않으며, '미시적 영역에서의 변화를 제약하고, 지배력을 낳는 거시적 힘'을 고려치 않는다고 주장한다(1991: 282). 근거이론의 창시자가 권력을 다루지 않았다는 점에서는 뷰러워이의 지적이 옳다. 하지만 권력에 대한 관심의 부족을 방법론 자체에 내재하는 취약점으로 돌리는 것은 적절치 못한 지적이다. 방법론? 방법론 자체는 권력의 문제를 배제하지 않는다. 레이더(Layder, 1998:10)도 비슷한 비판을 가한 바 있다. 그는 근거이론이 인식론(지식의 타당함)과 존재론(사회적 실재에 대한 관점)의 측면에서 행동주의적이지 않은 현상(시장, 관료제, 지배 형태와 같은)의 존재를 부인한다고 주장하였다. 하지만 전혀 그렇지 않다. 단지 선행 연구가 권력이나 거시적 힘을 다루지 않았다는 이유로 근거이론이 그러한 연구를 수행할 수 없다고 주장할 수는 없다. 여러 가지 자료 수집 형태를 혼합하는 방법에는 기록물을 포함하는 것도 있다. 이러한 방법을 통해 중국에서 계급의 사회적 형성을 다룬 창(Chang, 2000)의 연구는 근거이론이 권력과 거시적 과정을 어떻게 연구할 수 있는지 보여 주는 의미 있는 실마리를 제시한다. 이러한 연구영역에서 근거이론방법을 채택한다면 낡은 이론의 천에 새로운 주름결을 더해 줄 것이다.

근거이론이 갖는 객관주의적 요소에 초점을 둔 뷰러워이의 주장은 구성주의의 잠재력을 제외하고 있다. 뷰러워이와 레이더의 주장과 달리, 나는 사회정의의 탐구에서 신선한 통찰을 얻기 위해 근거이론방법을 정교하게 사용해야 한다고 주장한 바 있다(Charmaz, 2005b). 근거이론을 확장하여 수행한 클라크(2005)의 연구 또한 이러한 흐름에 힘을 얻고 있다.

근거이론 내부에서 제기된 비판 역시 근거이론의 기준과 그 방향성에 대한 논쟁을 불러왔다. 하지만 내부에서 제기된 비판은 초기 연구물의 진술을 시대적 흐름에 따라 변화하지 않는 정태적 진실로 간주하는 오류를 이따금 범하고 있다. 이러한 비판은 초기 연구물이 지금까지 진화되어 온 방법론에서 역사적 의미를 갖는 진술이거나 방법론의 시작점일 뿐이라는 것을 간과하고 있다. 그러다 보니 대부분의 비판은 근거이론에 대한 충분한 문헌자료에 기반하지 않고 있으며, 글레이저와 스트라우스의 초기 책(1967)에서 찾아낸 수사적 문구 외에는 제대로 된 심층적인 독해를 하지 않는 경우도 있다. 혹자는 근거이론의 방법을 협소하게 해석한다. 이러한 비판은 다음의 네 가지 사안을 놓치고 있다.

① 이론화는 활동이다. ② 근거이론방법은 이러한 활동을 진행시키기 위한 구성주의 방법을 제공한다. ③ 연구 문제와 연구자의 관심사는 이러한 활동의 내용을 형성할 수 있다―연구방법은 그럴 수 없다. ④ 이상의 사안에 기반해 연구자가 어떻게 수행했는가는 이론화의 산물에 반영된다.

근거이론의 본질에 대한 비판이 갖는 오류는 근거이론이 전제로 삼는 한계에 대한 오해를 양산한다. 종종 비판자는 초기 근거이론에서 쓰인 진술을 지적한다. 그러다 보니 근거이론이 무엇이고, 근거이론으로 수행할 수 있는 것에 가해지는 비판이 본래적 진실인 양 둔갑되기도 한다. 이들의 잘못된 주장은 근거이론방법을 사용하는 많은 연구자, 실천가, 학생도 오해하게 한다. 근거이론이 해낼 수 있는 것과 관련해 검증되지 않은 주장은 근거이론연구가 담아낼 수 있는 내용의 경계선을 오해하게 한다. 이를테면, 권력을 이론화하는 작업에 근거이론을 사용할 수 없다는 믿음이 그것이다. 근거이론의 연구 형태에 대한 제한된 생각은 또 다른 오해를 불러온다. 근거이론을 변인 분석으로만 취급하는 입장은 이미 구축된 영역 내에 있는 '변인'만을 선호하도록 격려하고 환원론적 틀로 이끌어 버린다. 그 결과 정교한 설명 없이 어떠한 범주의 경계만을 한정 짓는 피상적 연구로 끝나 버리기 십상이다.

　이론의 생성은 근거이론이 갖는 미완의 약속이자 잠재력이기에 지속되어야 한다. 댄 밀러(Miller, 2000: 400)가 지적한 바처럼, '근거이론(Glaser & Strauss, 1967)은 흔히 방법론적 전략이라고도 부르지만, 아이러니하게도 실제 근거이론이 수행된 적은 거의 없다.'

이론화를 통한 이론적 민감성의 개발

　최근의 연구들(Glaser, 1998; Goulding, 2002; Locke, 2001; Strauss & Corbin, 1998)이 그러했듯이, 이 장에서는 근거이론방법의 논리와 전개 과정sequence을 명료화하고자 한다. 초기 근거이론가는 이론의 구성은 '이론적 민감성'의 개발에 기반해야 한다고 보았다. 하지만 근거이론가는 이론적 민감성을 어떻게 획득할 수 있을까? 근거이론가의 행위를 연구한다면 어떤 실마리를 찾아낼 수 있을까? 이론화의 행위는 무엇을 필요로 하는 것인가?

　이론화는 사고중단stopping, 숙고pondering, 새로운 재사고rethinking anew를 뜻한다. 우리는 연구하려는 어떤 경험의 흐름을 멈추고 분리해 낸다. 이론적 민감성을 얻기 위해 다중적인 시점에서 연구하고자 하는 삶을 바라보고, 비교하고, 선례를 따라가며, 아이디어를 구축한다. 이론화의 행위를 통해 방향을 정하기 때문에 종착점을 예견할 수도 없고 어느 지점에서 멈추어야 할지 모른다.

　이론화와 관련된 행위는 가능성을 알아보고, 연결관계를 구축하며, 질문을 던지는 것이다. 근거이론방법은 이론적 개방성을 띠고 있기 때문에 이미 포장된 상이나 자동화된 응답으로 끼워 맞추지 않게 해 준다. 이론화를 수행하는 방법과 이론화의 내용을 구성하는 방식은 현장에서 무엇을 발견하느냐에 따라 달라진다. 이론화를 수행하면서 연구자는 토대로 내려가기도 하고, 추상화로 올라가기도 하며, 경험을 탐침하기도 한다. 이론화의 내용은 연구

이론화하면서 연구자는 토대로 내려갔다가 추상으로 올라오고, 경험 속으로 탐침해 들어간다. 이론화의 내용은 연구하고자 하는 삶의 핵심을 찌르고 그에 대한 새로운 질문을 던져 준다.

하려는 삶의 핵심을 파헤치고, 새로운 질문을 던져 준다.

도구를 사용하는 것이 도움이 되기도 하지만, 이론의 구성은 기계적인 과정이 아니다. 이론적 유희 theoretical playfulness가 필요하다. 기발한 생각과 호기심은 단조로운 일상 속에 숨어 있는 참신함을 찾아내게 한다. 기대하지 않은 것에 대한 개방성은 연구하려는 삶에 대한 관점을 넓혀 주고, 그 결과 이론적 가능성을 확장시킨다. 성실한 작업은 자료와 가장 잘 부합하는 아이디어를 뽑아내게 하고 결실을 맺게 한다.

글레이저(1978)의 지침을 따라, 나는 코딩과 메모 작성에서 동명사를 활용할 것을 강조한 바 있다. 동명사의 활용은 이론적 민감성을 불러올 수 있다. 왜냐하면 연구자로 하여금 정태적인 주제에서 벗어나게 하고, 실행되는 과정으로 이끌 수 있기 때문이다.7 동명사의 활용은 크고 작은 행위에 대한 생각을 불러일으킨다. 행위에 대한 코딩에 초점을 둘 수 있다면, 그것의 전후 전개 과정을 바라보고 연관성을 맺기 위한 준비가 되었다는 것이다. 또한 사용한 동명사가 해당 주제에 대한 코딩으로 이어진다면, 자료를 종합하고 요약할 수도 있지만, 여전히 자료 간의 관계는 암묵적인 상태로 남겨져 있다. 따라서 나는 이론을 구성하는 전략이자, 개인 유형을 범주화하는 데 머물지 않고 그 이상으로 넘어가기 위한 전략으로 개인이 아니라 행위와 과정를 강조해야 한다고 제안한다.8 앞서 소개한 정체성 위계에서의 정체감 수준을 다룬 연구에서 보듯이, 나는 특정한 개인에 초점을 맞추기보다는 사람들

7. 동명사에 대한 강조는 사소한 것으로 보일 수 있다. 사실 나는 그것을 가변적인 중심축으로 보지만 많은 근거이론가가 채택하지 않는다. 아마도 영어라는 언어가 과정보다 구조에 대해 훨씬 많이 강조하기 때문에 동명사로 생각하는 것을 낯설게 한다. 하지만 연구자는 종종 동명사의 방식이 전혀 기대하지 않았던—그리고 기대할 수 없었던—방식으로 자신의 자료와 많은 부분 부합하는 것을 발견하기도 한다.

8. 개인과 주제보다는 과정에 초점을 두어야 한다고 깨달은 것이 내가 대학원 시절 근거이론 분석수업에서 얻은 최초의 교훈이다. 개인에게 정태적인 유형의 표시를 붙이는 것을 넘어서서 기본적 사회 과정

의 목표와 행위에서 범주를 얻어냈다. 그 결과 개인은 정체성 위계를 위아래로 이동할 수 있고, 특정한 사회적 조건이 그러한 이동을 가져오기도 하며, 방해하는 조건도 있음을 알 수 있었다.

과정적 분석processual analyses을 밀착하여 검토하는 것도 이론의 구성에 도움이 된다.[9] 과정에 대한 연구가 이론의 구성에 유용한 이유는 경험과 사건 간의 관계를 규정하고 개념화하기 때문이다. 아울러 주요한 국면phase을 규정할 수 있고, 국면 간의 관계에 집중할 수 있다. 전문직의 성원이 되어 가는 과정과 같이 확인 가능한 과정을 연구할 경우, 주요 사건과 그 사건의 진행폭은 명확할 수 있다.[10] 예를 들어, 사회복지대학원 석사과정은 분명한 시작과 끝이 있다. 그렇기에 시작과 끝에 놓여진 진행 폭과 전개 과정을 구분해 낼 수 있다. 처음부터 연구자는 경로를 알고 있고, 그 경로에서의 주요 표지marker와 전환점transition을 확인할 수 있다. 반면 '직장에서 해직자로 선정되기'나, '암으로 인한 죽음'과 같은 과정은 이와 비교하면 그리 명확하지 않을 수 있다. 최소한 이러한 과정을 경험하는 사람과 그들을 연구하는 연구자에게는 말이다. 그럴 경우 경험적이고 이론적 의미를 갖는 국면을 규정하기 위해서는 세심한 관찰과 분석작업을 수행할 필요가 있다.

사별에 대한 근거이론연구를 통해 호건Hogan, 모스Morse, 테이슨Tason (1996)은 가까운 가족의 죽음에서 벗어나는 과정을 정리한 바 있다. 이들의

을 분석하여 연구하려는 현상에 대해 보다 충분한 분석적 처치를 수행해야 한다는 것을 배웠다. 그 당시 많은 질적연구는 개인에 대한 이름 부여하기에 의존했기에 사회적 과정에 대한 명시적인 분석을 개발한 근거이론은 결정적인 진보를 가져왔다.

9. 많은 근거이론연구는 주관적 경험이나 조직의 과정에 대한 통찰력 있는 관찰을 제공한다(예를 들어, Hogan, Morse, & Tason, 1996; Lempert, 1996; Melia, 1987; Thulesius, Hakansson, & Petersson, 2003; Tweed & Salter, 2000). 점차 더 많은 근거이론이 보다 거시적인 사회적 과정에 대한 유용한 처리를 제공하고 있다(예를 들어, Clarke, 1998; Star, 1989, 1999).

10. 우리가 접근했던 수준이 여기에서 드러난다. 많은 근거이론가는 내러티브나 자연적 상황에서 보이는 과정을 연구하고 있지만, 내가 알기에 대화분석가conversational analysts만큼 그렇게 가까이에서 상호작용의 연속 과정을 다루지는 않는 것 같다(예를 들어, Maynard, 2003; Silverman, 1997). 체계 분석에 기반하고 있는 우쿠하트(Urquhart, 1998)의 연구는 이러한 방향으로 한 걸음 더 나간 것 같다.

이론에 따르면, 다음과 같은 일련의 주요한 과정이 때로 중첩되거나 재발현될 수 있다.

- 소식 접하기
- 확인하기
- 현실과 부딪히기
- 고통에 휩싸이기
- 고통에서 벗어나기
- 삶을 계속하기
- 인간적 성장을 경험하기

이들은 죽음을 맞이한 가족이 질병을 앓고 있었는지 아니면 갑작스러운 죽음을 맞이한 것인지에 따라 그 과정이 달라지는지 분석하였다. 갑작스러운 죽음을 맞이한 경우 그 가족 성원은 두 번째 주요 국면인 '확인하기'부터 사별의 과정에 들어섰지만, 질병으로 사랑하는 가족을 잃은 사람은 시한부 진단의 충격과 돌봄이라는 과정을 경험하였다. 호건 등(1996)은 슬픔에 관한 묘사를 과정 속의 특정한 국면과 연결짓거나 특정한 국면을 구성하는 하위 과정과 연결지었다. 그 결과, 사별을 경험한 사람이 고통 속에 휩싸이는 경험을 특징지을 수 있는 '그리워하기missing, 갈망하기longing, 염원하기yearning'의 한 부분으로 '무망감 견뎌내기enduring hopelessness' '현재에 존재하기existing in the present' '과거 다시 체험하기reliving the past'를 찾아냈다. 이러한 과정은 심각한 만성 질환의 경험을 다룬 나의 연구(1991)와 매우 흡사하다. 두 연구 모두 상실감의 속성과 고통의 근본적인 국면을 다루고 있기 때문이다.

한편, 근거이론이 이론을 구성하는 방법이 있다면, 왜 많은 연구가 묘사의 수준에 머물고 있는 것일까? 아마도 행위보다는 주제에 대해 코딩하는 것이 연구를 묘사의 수준에 머물게 하는 주요한 이유일 것이다. 이와 대조적으로, 어떠한 과정을 구성하는 행위를 설명할 수 있는 도구를 가진 근거이론 가도 존재한다. 예를 들어, 클라크는 『재생산의 학제화*Disciplining reproduction*』 (1998)란 책에서 그 방법을 제시한 바 있다. 그녀는 과학자가 자신의 분야를 정당성이 있는 학문으로 수립하는 동시에 여성 신체에 대한 통제력을 행사 하려는 두 가지 첨예한 과정의 국면을 각기 다루면서 그 행위를 분석하였다. 이러한 작업은 분석적 탄력analytic momentum을 유지함으로써 하나의 과정을 확인하고 그 과정의 국면을 정리한 다음, 서술하는 방식보다 훨씬 넓은 이론 적 영향권을 갖도록 해 준다. 근거이론 접근의 한 가지 위험성은, 연결되었 지만 덜 분석된 과정으로 구성된 목록을 구축할 경우다.

　스타(Star, 1989)는 정신 기능이 뇌의 특정한 영역에서 이루어진다고 믿 었던 초기 두뇌연구자(국지적 기능주의)가 과학적 확실성을 수립하는 과정을 분석하는 사이에 분석적 탄력을 고수하였다. 정신 기능은 분산되어 이루어 진다고 주장하는 반대자를 배격하기 위해 사용한 과학자의 전술을 분석하면 서, 국지적 기능주의자의 전략을 보여 주는 동시에 그들의 행위가 과학적 지 배력을 어떻게 얻게 되는지를 이론화하였다. 스타가 분석적 탄력을 어떻게 유지했는지 그가 논의한 다음의 과정을 통해 확인해 보라.

　스타는 '신빙성의 위계 조정하기'라는 범주를 명료하게 정의하면서 시작 한다. 그런 다음 국지적 기능론자가 어떻게 자신의 주장을 구축해 나가는지 를 보여 주면서 구조를 쌓고 있다. 그리고 자료로 내려가 '신빙성 위계의 조 정'이라는 보다 일반적인 범주를 뒷받침하기 위해 국지적 기능론자가 '그대 보다 훨씬 과학적이다.'는 전술을 수립하는 방식을 보여 주고 있다. 최종적으 로 스타는 '그대보다 훨씬 과학적'이라는 전술과, 보다 큰 범주를 지지하고 구체화하는 다른 전술, 이를테면 '권위에 기반한 주장argument from authority'과 '무시하기ignoring, 검열censorship, 빈정대기sarcasm' 등을 한데 맞추어 나간다. 각각의 경우에 대해 스타는 국지적 기능주의자가 이들 전술을 어떻게 사용 하는지 보여 주고, 그들이 이러한 전술을 사용하는 이유를 제시한다. 스타는

신빙성의 위계 조종하기

신빙성의 위계란 지위에 따라 사람이나 조직의 말에 부여되는 차등적인 무게를 말한다. 그 위계의 최상위에 위치한 사람이나 기관은 위계의 아래층에 위치한 사람보다는 훨씬 '믿을 수 있다.'(Becker, 1967) 다른 조건이 동일하다면, 노벨상 수상자의 말은 부랑자의 말보다는 훨씬 더 그럴 듯하게 받아들여질 가능성이 높다. 두 사람이 말하는 바가 똑같음에도 불구하고 말이다.

신빙성의 위계를 조종하는 과학적 주장은 과학적 방법을 통해 인정받지는 않는다. 하지만 이러한 일은 공공연하게 일어난다. 두뇌의 국지적 기능에 대한 논쟁에서 국지적 기능론자가 승리한 이유는 분산주의자보다 더 많이 빈정대거나 인신공격을 해서가 아니다. 그보다 국지적 기능론자는 의학과 신경학에서 전문성이라는 권력을 얻게 되면서 신빙성의 위계를 효과적으로 조종할 수 있었기 때문이다.

'그대보다 훨씬 과학적이기에More Scientific than Thou'

신빙성의 위계를 조종하는 주장의 유형 중에는 어느 한쪽보다 더 과학다움scientificity을 주장하는 것이 있다. 어떠한 접근이나 절차가 다른 것보다 훨씬 과학적으로 실행 가능하거나 기술적으로 허점이 없다는 주장이 그것이다. 이러한 주장은 '형이상학적' '시적' '인상적' '연성과학soft science'이라는 표현과 종종 대구로 사용된다(1989: 140).

자신의 범주와 하위 범주에 대해 뚜렷한 이미지와 실체를 제시하고 있기 때문에, 독자가 기억할 수 있는 긴밀한 이론적 진술을 구성할 수 있었다. 이 예는 글쓰기 방식과 이론적 유의성이 내러티브를 통해 어떻게 합쳐질 수 있는지를 보여 준다. 스타의 글쓰기 방식은 독자를 설득하고, 그들을 자신의 이론적 주장에 끌어들이고 있다.

분석적 탄력을 유지하기 위해서는 이론적 가능성에 대해 개방적이어야 한다. 글레이저(1978, 1998)가 다음의 질문에서 분석 과정을 시작하라고 말한 조언을 돌이켜 보라. "이 자료는 무엇에 대한 연구를 위한 것인가What is this data a study of?' 만약 이 질문을 분석 과정의 단계마다 물어보고 그에 부합하는 가장 근본적인 대답을 찾고자 한다면, 연구하려는 세계에서의 특정한 의미와 행위가 종전까지는 떠올려지지 않았던 흥미로운 아이디어로 연결되는 이론적 고리를 제시하고 있음을 발견할 수 있다. 이론적 가능성을 추구할수록, 인간 경험의 핵심에 관한 아이디어와 이론적 범주 간의 연결성을 찾을 수 있다. 그럴 경우, 이제 연구는 인간의 본성, 자아개념, 자율성과 애착, 도덕적 삶과 책임감, 정당성과 통제, 확실성과 진실 등과 같이 근본적인 관점 및 가치와 이어질 수 있다. 예를 들어, 정체성 위계에서 자아를 위한 싸움을 다룬 나의 연구는 자기 개념, 자율성, 정당성, 통제와 연결되어 있다.

아직 이론화되지 않았더라도 어떠한 분야든 근본적 관심사와 호소력 있는 아이디어는 존재한다. 자료를 코딩하고 메모를 작성하면서, 우리의 재료가 제시하는 것이 무엇이고, 완결된 이론이 어떻게 그것을 다루고 있는지 생각할 수 있다. 나와 관련된 사회학 분야에서는 다음 관심사가 가능하다.

- 체화와 의식
- 개인과 집합적 행동
- 협력과 갈등
- 선택과 제약
- 의미와 행위
- 관점과 차이
- 의례와 의식
- 지위와 네트워크
- 권력과 특권
- 구조와 과정
- 기회와 불평등
- 권리와 자원
- 도덕적 삶, 도덕적 행위, 도덕적 책임

이러한 관심사와의 연결성을 확인함으로써 이론화의 가능성이 열린다. 그렇다면 무엇이 이론화를 가로막는 것일까? 중요한 것은 분석의 출발점이다. 초기 근거이론 교재는 하나의 단일한 기본 과정을 발견하라고 규정하고 있다. 하지만 다양한 '기본적' 사회 과정이 일어난다면, 그중 '가장 근본적인 과정'을 결정하는 것은 매우 두려운 일일 수 있다. 이는 객관주의 근거이론가에게도 마찬가지다. 나는 만성 질환의 경험에 대한 연구에서 '질병 관리하기'나 '질병 공개하기'보다 더 기본적인 것으로 자아의 상실loss of self을 규정하는 데는 어려움이 없었지만, 내가 알아낸 모든 것을 통합하여 하나의 기본적 과정으로 규정할 수는 없었다. 물론 나는 질병의 경험에 대해 수년간에 걸쳐 알아낸 모든 것을 포착할 수 있는 하나의 고유한 사회적 과정을 확인하기 위해 씨름했다.[11] '질병 경험하기experiencing illness'보다 더 구체적인 과정을 찾기 위해 노력했지만, 사람들은 만성 질환과 함께 살아가기를 배우는 것부터 시작해 자신이 수용할 수 있는 자아를 새로운 방식으로 재창출하거나 재수립하려는 시간을 경험하는 것에 이르기까지 다양한 과정을 경험하고 있었다.

일단 분석작업이 시작되면 앞서 언급한 모든 잠재적인 문제점이 발생할 수 있다. 그 결과 어떤 근거이론가는 존 로플랜드(Lofland, 1970)가 '분석 중단analytic interrupt'이라 칭했던 문제로 고생할 수 있다. 분석작업을 시작했지만 갑작스러운 종결을 맞이할 수 있다. 근거이론연구의 분석 수준과 이론화의 목적이 불일치하는 문제가 나타날 수도 있다. 정보체계 분야를 연구한 캐이시 우쿠하트(Urquhart, 2003)는 이러한 불일치가 코딩의 주관적 요소 때문에 일어난다고 말한 바 있다.

---

11. 나의 학위논문(1973)에서 동일한 실체영역을 다루었는데 그때는 주요한 과정으로 '재활동하기re-mobilizing'를 내세웠다. 기계적이고 군대 용어 같은 인상을 불러오는 (아름답지는 못한) 단어라는 점은 차치하고, 그 용어는 경험의 범위를 설명하지도 못했다. 이러한 한계는 학위논문 이후 추가적으로 보다 완전한 자료를 모으면서 점차 명백해졌다. 그와 함께 나의 면접기술도 향상되었고 녹음기를 면접에서 정례적으로 사용하였다.

근거이론방법을 경험해 보면 본질적으로 그것이 상향식bottom up 코딩 방법임을 보여 준다. 따라서 근거이론방법이 적절하게 '확장scale up'시키기 어려운 낮은 수준의 이론을 제공하고 있음을 연구자가 깨닫는 것은 이상한 일이 아니다.

　　정보 체계 분야에서 근거이론의 사용과 관련된 쟁점 중 하나는 우리가 사용하는 방법의 명확화와 관련되어 있다. 특히 ① 코딩방법과 ② 이론생성방법이 그것이다. 정보 체계 관련 문헌에서 첫 번째 문제에 대한 근거 자료는 충분하지만, 두 번째 문제에 대한 근거는 그다지 많지 않다. 정보 체계 분야에서 근거이론 사용의 효과는 이론의 역할을 훨씬 더 상세하게 고려할 수 있고, 정보 체계 분야에서 고유한 우리만의 이론을 생성할 수 있다는 것이다(2003: 47).

　우쿠하트의 지적은 기초적인 범주를 코딩하고 구성한 다음, 분석작업을 멈춰 버리는 많은 근거이론연구자에게 공통적으로 해당될 수 있다. 하지만 이와 반대로 나는 상향식 접근이야말로 근거이론의 장점임을 주장한다. 관찰자의 주관성은 관점의 방식을 제시한다. 코딩 단계에서 분석에 사로잡히기보다는 자신의 주요한 범주를 개념으로 끌어올릴 수 있다.

　범주에는 주범주major와 소범주minor가 있다. 연구자가 이론적 개념으로 끌어올릴 수 있는 범주는 어떤 것일까? 근거이론의 논리를 따라, 연구자는 자료에 부합되는 범주를 가장 효과적으로 끄집어낼 수 있다. 클라크는 이러한 범주를 '수행 역량carrying capacity'이 있다고 칭하였다. 실질적 분석의 무게를 수반하기 때문이다.[12] 이들 범주는 자료에 의미를 부여하고 분석을 진전시키는 중요한 속성을 포함하고 있다. 우리는 이론적 영향권theoretical reach, 예리함, 일반적 설명력, 다른 범주와의 관계 등에 기반해 특정한 범주를 개

---

12. 2005년 2월 28일 사적인 의사소통.

넘으로 끌어올리기 위해 선택한다. 범주를 개념으로 끌어올리는 작업은 이후 분석적 세련화를 필요로 하고, 다른 개념과의 관계를 보여 주어야 한다. 객관주의자에게 이러한 개념은 핵심 변인으로 받아들여지고, 설명력과 예측력을 보유할 것이다. 반면 구성주의자에게 이론적 개념은 해석적 틀을 제시하고, 관계에 대한 추상적 이해를 제공할 것이다. 이론적 개념은 보다 적은 범주를 가지며, 더 많은 유의성을 보유한다. 아울러 보다 많은 자료를 설명하며 종종 더 명백할 수 있다. 연구자는 다른 범주 및 자료와 비교한 후 이러한 범주에 대해 일련의 결정을 내린다. 연구자의 행위가 분석 과정을 형성한다. 연구자는 자료 안에 있는 질서를 발견하기보다는 자료를 설명하고, 조직화하며, 제시한다(Charmaz, 1990).

선행 근거이론의 검토

이론과 이론화 실행이 갖는 의미를 상기한다면, 이 책의 전반부에 소개했던 몇 가지 근거이론에서 이론 구성에 대한 신선한 시각을 확인할 수 있다. 각 이론에는 연구자의 관심과 아이디어가 각인되어 있으며, 이들의 아이디어는 연구자가 속한 모학문 분야parent discipline에서 이루어진 역사적 발전과 맥락을 반영하고 있다. 이들 이론은 1980년대에 출간되었으며, 그렇기에 그 시대상과 방식을 거울처럼 비춰 주고 있다. 클리포드와 마커스(Clifford & Marcus, 1986)가 「문화의 서술Writing Culture」이란 연구를 통해 포스트모더니즘에 기반한 도전을 보여 주기 이전까지 대부분의 질적연구자는 객관주의와 실증주의에 경도되어 있었다. 그러다 밴 매넌(Maanen, 1988)이 언급한 바와 같이, 글레이저와 스트라우스가 자연과학을 모방한 방법론을 만들었고, 그들은 질적연구의 주관성에 쏟아진 비판에 맞설 방어책을 제공하였다.[13]

제인 후드의 실체이론

제인 후드(1983)의 책은 삶 속의 실질적인 문제와 과정을 설명할 수 있는 구체적인 이론적 조건을 정리하였다는 점에서 돋보이는 연구물이다. 후드가 연구 자료를 수집했던 당시, 아이를 둔 중산층의 일하는 여성은 오늘날과 비교할 때 많은 수가 결혼한 상태에 있었고, 아이를 가진 후 직장으로 다시 돌아가야 한다고 생각한 여성은 적었다. 지금은 결혼과 상관없이 많은 여성이 일을 하고 있지만 말이다. 아울러 여자가 일하는 것에 대해서는 부정적이었으며 가사에 아버지가 참여를 덜했던 그 당시의 문화적 가치관 또한 변화하였다.

앞서 언급했던 것처럼, 후드가 발견한 것은 가계의 재정 부담에 대한 아내의 기여도를 남편이 얼마나 인정하고 인지하는지가 가사를 공유하는 기본 조건이라는 것이었다. 즉, 아내의 재정 기여도를 높이 평가하는 남편은 가사와 자녀양육에 기꺼이 참여하지만, 아내를 공동기여자coprovider로 인정치 않는 남편은 가사와 자녀양육을 공동의 가사로 받아들이지 않는다.

따라서 남편이 상황에 대해 내리는 규정, 특히 아내가 얼마나 가계 재정에 기여하는가에 대한 규정은 어떠한 결과를 결정하는 변인이라 볼 수 있다. 그렇기에 후드는 남편이 아내의 재정 기여도를 인정하고 받아들일 때와 그렇지 않을 때 무슨 일이 일어나는지를 구체적으로 살펴보았다.

후드는 글레이저에게서 영향을 받았기 때문에, 분석 방식mode of analysis 또한 그 영향을 반영하고 있음은 놀라운 일이 아니다. 1980년대 초기의 근거이론이 그러했던 것처럼, 후드의 분석은 객관주의자의 입장에 서 있다. 후드는 설명을 추구하였고, 예측을 시도했다. 물론 연구 참여자를 생생한 논의에 참여시키고, 이따금 핵심적인 질문을 제기하였지만, 후드는 전문가의 시

---

13. 1960년대 많은 학자들은 질적연구를 인상주의적이고 비체계적이며 주관적이라고 평가절하하였다.

각에서 자료를 경직되고 직설적인 방식으로 평가하였다. 그녀는 변인을 확인하고 사건과 행위가 일어나는 조건을 구체화하면서 결과를 검토하였다. 그에 따른 후드의 진술은 간명하고 통합적이었으며, 그러한 진술에서 검증 가능한 가설을 연역해 내었다. 그녀는 사람들이 어떻게 행동하는지를 보여주면서, 이후의 행위가 일어나는 원천을 확인하고자 했다. 아울러 연구 전반에 걸쳐 분석적 탄력을 유지하고자 했다. 자료를 연구하고, 이론적 표집을 수행해 나가면서, 자신의 이론을 치밀하게 하기 위해 다음의 사안을 탐구해 갔다. 직장지향적work-oriented인 배우자가 가사를 함께 할 가능성이 높은지, 직장생활을 유지하는 아내는 어떠한 유형인지, 가까운 친지가 직장에 헌신하는 방식 및 배우자 간 임금의 비율이 가사의 협상력에 어떠한 영향을 미치는지, 가사 분담을 늘려 가는 남편의 범주는 무엇인지를 다루고자 하였다. 이러한 영역을 다룬 결과, 후드가 자신의 이론을 정교하게 구성하며 연역적으로 끌어낸 가설은 다음과 같았다.

- '가족' 보다 '자신'을 위해 일하는 여성은 금전적 수입의 필요성이 감소된 후에도 노동시장에 남아 있을 가능성이 높다.
- 경쟁적인 목적이 있는 부부가 보상적 목적이 있는 부부보다 많은 긴장 관계를 경험한다.
- 일에 대한 아내의 헌신도가 증가할수록(남편에 대해 제공할 수 있는 동반자로서의 관계는 감소할 것이다) 남편 중심과 부부 중심으로 유지하는 결혼생활은 많은 문제를 야기할 것이지만, 자녀 중심으로 이루어지는 결혼생활에는 상대적으로 가장 문제가 적게 일어난다.
- 직무지향적job-oriented 남성과 결혼하여 자신을 위해 일하는 여성은 스스로를 공동기여자로 인식할 가능성이 높다.
- 아내가 맡아야 할 책임을 정의함에 양가적 태도를 취하는 부부는 아내가 직장을 그만두거나 아니면 아내를 공동기여자로 받아들이는 선택을

통해 이러한 불일치를 해결할 수 있다.

- 직무지향적 남편은 직책지향적career-oriented 남편에 비해 아내가 직장에 대한 헌신도를 증가시키는 것을 수용하는 데 어려움이 적다.
- 직무지향적 남편과 어린 자녀를 둔 경우, 가사의 책임을 분담하는 정도가 늘어난다. 반면 직책지향적 남편과 어느 정도 나이가 든 자녀를 둔 경우, 가사를 분담할 가능성은 적다.
- 가족 수입의 지분과 관계없이, 아내가 자아존중감을 증대할수록 가사에 대한 협상력은 개선되고, 결혼관계 외부에서 제공되는 사회적 지지가 증대된다(1983: 138).

이상의 가설은 연구 참여자가 보여 준 결과를 분석하여 이루어진 후드의 역할협상과정role bargaining process이론을 따르는 것이다. 만약 오늘날 이와 유사한 연구를 수행하려는 연구자가 있다면 아마 그는 새로운 발견을 위해 훨씬 더 넓은 그물망을 칠지도 모른다. 이를테면 후드가 고려하지 않았던 인종 또는 민족성, 종교적 신념, 지리적 위치 등과 같은 요소가 언제, 어떻게, 어느 정도로 영향을 미치는지 알아볼 것이다. 이러한 요소는 협상 과정에서 발생하는 일과 그 과정에서 발현되는 양상에 영향을 미칠 수 있으며, 그 결과 분석을 통해 얻어내는 협상 방식 또한 달라질 수 있기 때문이다. 또한 현재의 맞벌이 부부는 무엇을 협상하며, 가사의 분담이라는 문제를 후드의 연구와 비교하여 다른 방식으로 재구성하는지를 알고 싶을 수 있다. 아마도 지금 이 주제에 뛰어들고 싶은 연구자라면 부부간의 협상 과정에서 나타나는 다양한 유형에 관여하여 새로운 분석을 내놓고 싶을 것이다.

후드가 수행한 분석 유형을 추가적으로 검토해 보면 그 유형이 부부간에 일어난 일을 규정하고 그 함의를 이론화하는 데 유용하다는 점을 알 수 있다. 후드가 밝혀낸 것은 권리와 의무에 대한 암묵적인 규칙과 잠정적인 동의가 협상 형태를 규정하는 방식이었다. 그녀는 연구 참여자가 가족의 생존을 위해 일해야만 하는 상황이라면 몰라도 그렇지 않다면 가사에 대한 배우자의 도움을 기대할 수 없다는 데 잠정적으로 동의하고 있음을 알아냈다. 하지만 가사와는 대조적으로, 연구에 참여한 부부는 자녀양육의 경우 한쪽 배우자가 자신의 과업을 충실히 수행하지 못한다면 다른 쪽 배우자가 그것을 메꾸어 주어야 하는 공동의 책임영역으로 받아들였다. 자녀는 부모로부터 일정한 관심을 받아야 하기에 한쪽 배우자가 자녀양육에 관여하지 못한 부분을 다른 배우자가 보충해 주어 일정한 수준을 유지해야 한다는 압박감을 느끼고 있음을 대부분의 부부에게서 확인할 수 있었다.

면접 자료는 남성과 여성의 관점에서 부부가 가사를 협상하는 방식을 설명해 줄 수 있다. 하지만 면접은 현재의 당면한 상황과 목적에 따라 재구성될 수밖에 없는 회고적인 설명일 뿐이다. 그럼에도 후드는 다중적인 방법을 통해 자료를 수집하였고, 이는 면접의 한계를 상당 부분 극복하였다. 면접 자료에 기반한 설명은 협상이 가능할 때를 설명하는 가설적 조건을 보여 주고 있다. 이를 통해 우리는 아내가 가사에 대한 남편의 참여를 얻는 데 효과적이거나 그렇지 못한 이유를 알 수 있다. 또한 누구의 관점과 특권이 우선되는지도 알 수 있다. 하지만 가사에 참여하지 않는 남편을 둔 여성의 경우 가사에 대한 남편의 참여를 얼마나 강렬하게 느끼고 있는지는 알 수 없다. 아울러 이러한 여성이 내리는 규정이 어떠한 방식으로 이루어지는지도 알 수 없다. 흥미롭게도 후드는 가사에 대한 남성의 참여가 부부 사이를 친밀하게 하는 결과를 가져온다는 것을 발견했다. 비록 부부가 서로 친밀해지는 과정은 자세히 알려 주지 못했지만, 이러한 과정이 어떻게 전개되는 것인지 검토하기 위해 후속연구가 취해야 할 방식에 대해 언급하였다.

후드의 분석은 효력을 발휘하는 사회적 조건을 명료하게 보여 준다. 후드는 분석적 탄력을 유지할 뿐 아니라 자신의 초점을 변함없이 유지하고 있다. 핵심 변인을 발견한 다음, 그 변인의 배열과 함의를 추적해 가면서 논리적으로 정교한 분석틀 속에 통합시켜 나갔다. 후드의 가설적 진술은 예측을 위한 도구로 사용할 수 있는 동시에 다른 유형의 상황을 분석하기 위한 도구로도 사용할 수 있다. 예를 들어, 자녀가 없는 맞벌이 부부에 대해 후드의 분석을 적용해 볼 수도 있다.

통합된 가정법의 진술문conditional statements을 개발하면서 후드는 작은 표본에서 얻어 낸 경험적 일반화에서 시작해 점차 경험적 문제를 다루는 실체이론으로 분석을 옮겨 갔다. 후드가 제시한 이론의 개념적 수준은 구체적이고 근접적인immediate 수준이다. 후드는 연구자가 구체적 관계를 이론화함으로써 현실 상황을 평가하는 유용한 수단을 얻을 수 있다는 것을 보여 준다.

후드는 연구 초기부터 비교작업을 수행했다. 이는 역할 과중과 부부 평등이라는 주요한 관심사를 구분 짓고 그 차이점을 좇아갈 수 있는 토대를 얻게 해 주었다. 후드는 일하는 여성이 가사라는 항시적인 문제를 어떻게 협상할 수 있는지 분석하려 했다. 이는 사람들이 자신의 삶을 압박하는 문제를 해결하는 방식을 연구해야 한다고 강조한 글레이저의 주장과 일치되는 바다. 물론 사람들이 문제를 해결하는 방식에 대한 규정적 진술을 글레이저(1998)가 제시하기 전에 후드가 이 연구를 완수했음을 기억하자.

자료 수집, 비교 수행, 이론적 표집과 관련한 체계적 접근을 수행하였기 때문에 후드는 자신의 출현된 실체이론을 특징지을 수 있고, 보다 짜임새 있게 만드는 조건을 생성할 수 있었다. 후드의 이론에 대해 다른 연구자와 독자가 경험적 사례를 통해 확인해 보는 것도 그리 어렵지 않다. 후드는 독립적인 연구프로젝트로 이 연구를 수행했지만, 전국 규모의 계량적 조사와 질적연구가 결합된 다중적인 방법을 활용하는 대형 프로젝트에도 적용해 볼 수 있다. 결과적으로 후드의 연구는 다중적 방법을 활용하며 다학제로 이루어진 연구팀에서도 특정한 연구 문제에 접근할 때 질적인 근거이론 접근을 효과적으로 수행할 수 있음을 보여 준다.

기본적 사회 과정에 대한 패트릭 비어내키의 이론

『헤로인중독으로부터의 회복 경로Pathways from Heroin Addiction』(1986)라는 책을 통해 패트릭 비어내키는 초기 근거이론 교재(Glaser, 1978; Glaser & Strauss, 1967)와 일치되는 기본적 사회 과정을 이론적으로 설명하고 있다. 그의 이론은 치료를 받지 않는 사람들이 '중독자addicts'에서 '전 중독자ex-addicts'로 정체성 전환을 경험하는 과정을 설명하고 있다. 비어내키는 그 과정 속의 국면을 보여 주는 동시에 그것을 개념적 범주로 취급한다. 코딩을 통해 규정된 과정을 합쳐 가면서 개념적 범주에 다다르고 있다. [그림 6-1]에서 비어내키가 제시한 과정이론processual theory의 논리를 설명하고 있지만, 여기서는 그 과정의 가장 중요한 국면만을 소개하고자 한다.

비어내키의 이론은 해석학적 요소를 다소 포함하고 있지만 굳건한 객관주의적 토대에 서 있다. 그는 사건의 연속된 과정을 추적하고, 하위 과정이 서로 어떻게 구축되고 있는지를 보여 준다. 약물에 대한 열망과 싸워 나가며, 약물을 끊은 이후 전 중독자는 미묘한 사회심리적 과정을 경험한다고 비어내키는 주장한다. 이러한 사회심리적 과정에서 자신의 삶과 세계에 대한 상징적이고 사회적인 재구성이 이루어진다. 약물중독자가 수행하는 재구성은 관습적 세계에서 어떠한 공간을 만들어 낼 것을 요구한다. 이러한 상징적이고 사회적인 재구성에서 중독자는 지속적인 어려움과 끊임없는 괴로움을 경험하지만, 이들 문제를 극복하는 것이야말로 정체성 전환을 완수하기 위한 선결과제임을 보여 준다. 따라서 "'평범'하게 되어 가기와 평범해짐becoming and being ordinary"(p. 141)은 비어내키 이론의 중추적인 개념이다. 그는 연구 참여자가 정체성 전환 과정의 국면을 어떻게 경험하는지 보여 주고 있다. 중독에서 회복하기 위해서는 일상적인 삶을 받아들이고 유지해야만 한다. 하지만 이들은 일상적인 세계의 사람들과 상호작용하는 것을 주저하고, 동시에 중독자는 믿을 수 없으며 불결한 사람이라는 전형적인 시각과도 맞부

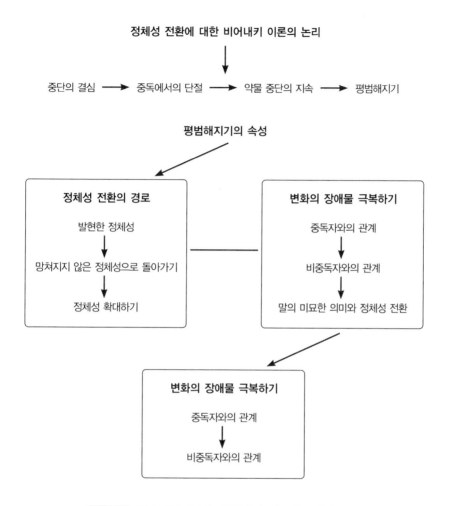

정체성 전환에 대한 비어내키 이론의 논리

중단의 결심　→　중독에서의 단절　→　약물 중단의 지속　→　평범해지기

평범해지기의 속성

정체성 전환의 경로

발현한 정체성

망쳐지지 않은 정체성으로 돌아가기

정체성 확대하기

변화의 장애물 극복하기

중독자와의 관계

비중독자와의 관계

말의 미묘한 의미와 정체성 전환

변화의 장애물 극복하기

중독자와의 관계

비중독자와의 관계

그림 6-1 치료 방법이 없는 중독에서 회복하는 것에 대해
비어내키가 제시한 정체성 전환이론

딪혀야 한다.

　자신의 이론을 강고하게 하고, 중독자의 정체성 전환이 실제 어떻게 일어
나는지를 이론화하기 위해 비어내키는 회복 과정에서 이루어지는 '평범해
지는 것'의 주축적 역할pivotal role을 설명할 필요가 있었다. 중독자의 정체성
전환이 가능하기 위해서는 무슨 일이 일어나야 하는가? 완전한 정체성 전환

으로 이어지는 데 사회적 환경과 개인적 선택은 어떠한 영향을 미치는 것일까? 다음에 제시된 비어내키의 범주는 평범해지기 위해 중독자가 밟고 넘어야 할 세 가지 상이한 정체성 경로다.

- 발현된 정체성(pp. 144-148)
- 망쳐지지 않은 정체성으로 돌아감(pp. 149-155)
- 정체성의 확대(pp. 155-160)

첫 번째 범주의 경우, 회복 중인 중독자 자신이 관심을 갖고 정체성 변화를 끌어낼 수 있는 새로운 추구 방향을 받아들일 때 새로운 정체성이 발현된다. 두 번째 범주의 경우, 이전에 가지고 있던 관습적 정체성을 다시 구성하는 것이 결과적으로 중독자라는 정체성을 내버리게 될 때다. 세 번째 범주의 경우, 중독의 와중에서도 건드리지 않아 망쳐지지 않은 정체성을 확대하는 것이 정체성 변화의 가능성을 낳게 할 때다. 발현되는 정체성은 종종 숙고 없이 상황과 행위를 통해 개발되기도 한다. 망쳐지지 않은 정체성으로 전환하거나 현재의 정체성을 확대하는 것은 의식적인 선택에 기인할 때가 많다. 각 범주는 평범하게 되어 가고 평범한 존재이기 위한 정체성 경로를 보여 준다.

비어내키의 정체성 범주는 현장에서 발견한 경험적 사례를 최대한 포괄하고 있다. 그 결과 '평범해지기'라는 개념은 경험적 지표에서 도출되었으며 그 지표를 설명하고 있다. 비어내키는 자신의 이론을 강고하게 하기 위해 동시적으로 일어나는 과정을 다루어야만 했다. 중독자는 앞서 언급한 정체성 활동을 수행하면서 '변화의 장애물을 극복하기surmounting the barriers to change' 라는 단계로 넘어가는데, 이는 비어내키가 중독자의 정체성 전환 과정에서 두 번째로 중요한 문제라고 지적하였다. 마지막으로 전 중독자ex-addicts는 자신의 새로운 정체성 또는 수정된 정체성, 관점, 관계 등(pp. 161-180)이 안정

되도록 해야 한다. '변화의 장애물 극복하기'라는 범주를 면밀히 살펴보면서 어떻게 비어내키가 이 범주를 처리했는지 검토해 본다면, 자료에서 직접 구축한 이론적 설명에 자료, 코드, 범주가 어떤 식으로 짜임새 있게 연결되었는지 알 수 있다. 회복 중인 중독자는 여전히 중독자로 남아 있는 친구의 유혹을 거부해야만 하고, 약물 세계와 그를 둘러싼 담론이 갖는 힘과 설득에 저항해야 한다. 아울러 중독자는 일상적 세계에서 중독자에게 부여하는 낙인에 둘러싸인 채 자신이 변화했음을 증명해야만 한다. 비어내키는 변화의 장애물을 극복하는 때가 결정적임을 이미 규정하였다. 그런 다음 그는 전 중독자가 자신의 변화된 정체성을 어떻게 증명하는지 살펴보았다.

어떻게 이런 일이 일어날 수 있을까? 아마도 시간이 지남에 따라 전 중독자가 일상적이고 '평범한' 삶의 전형적인 모습으로 생각되는 일을 유지하는 것에서 그 증거를 찾을 수 있을지 모르겠다. 예를 들어, 전중독자에 대해 사람들은 꾸준히 일을 하고, 자신만의 주거 장소를 유지하며, '정상적'인 시간을 의미 있을 정도로 유지할 것을 기대한다. 그러므로 전중독자는 비중독의 세계nonaddictive world에서 일상적인 물건을 소유해야만 한다. 이를테면 텔레비전과 오디오기기가 그런 것이다. 또한 전중독자는 '일탈적'인 장소를 피해야 하거나 최소한 그런 장소에서 눈에 띄지 않아야 한다. 특히 약물중독자에게 널리 알려진 장소가 그러하다. 전중독자는 극장, 식당, 운동경기장과 같은 '정상적'인 장소를 자주 이용해야 하며, 그 경우 자신이 비용을 지불해야만 한다.

어쩌면 사소하게 보일 수 있는 일이지만, 비중독자가 중독자에게 갖는 전형적 이미지에 맞서야 하는 일이므로 중요한 의미를 갖는다. 중독자의 행위와 심지어 소지품을 통해 다른 사람은 그들이 더 이상 약물중독자가 아니며, 그들의 변화된 삶이 진실하다는 주장을 평가하기 때문이다 (Biernacki, 1986: 166-167).

비어내키는 치료를 받지 않는 중독자의 정체성 변화라는 통합적인 실체이론을 제시하고 있다. 그의 이론은 경험적 상황의 대부분을 포괄할 수 있을 정도로 충분히 추상적이다. 비어내키는 연구 참여자가 자신의 경험에 대해 제시하는 이야기를 종합하고 설명하는 범주를 체계적으로 구성함으로써 정체성이라는 이론적 개념을 만들어 갔다. 자료에서 확인된 양상을 규정하고 개념화하면서, 회복에 영향을 미치는 조건을 구체화하기 위해 추가적인 자료를 찾아 갔다. 그 결과 중독의 세계로 빠져들면서 비중독의 세계에서 관습적으로 추구되던 것을 배제한 정도가 주요한 요인임을 발견하였다. 그러나 비어내키는 거기에서 멈추지 않았다. 그는 약물중독의 세계로 몰입되는 정도를 접근성 및 비용과 대차 비교하였고, 그에 따라 얼마나 몰입 정도가 달라지는가를 발견하였다. 중독자가 약물의 세계로 몰입되는 정도는 약물을 얻는 비용이 가장 비싸고, 그에 대한 접근성이 어려울 때 가상 정점에 이른다는 것을 확인하였다. 그에 따라 비어내키는 의사와 간호사를 대상으로 이론적 표집을 수행하기 시작했다. 이들 전문직은 약물을 얻는 비용이 낮고, 쉽게 접근할 수 있을 뿐만 아니라, 약물중독의 세계에 참여할 경우 훼손시키기에는 가치 있는 정체성을 보유하고 있기 때문이었다. 자료 속에서 양상을 찾아나가면서, 비어내키는 왜 어떤 중독자는 치료를 받지 않고도 회복되는가를 설명하였다.

비어내키의 분석이 갖는 이론적 영향권은 약물중독을 넘어서서 다른 영역으로 확대될 수 있다. 그는 특정한 범주의 사람에게서 일어나는 정체성 전환의 일반적인 과정을 다루었지만, 우리는 그 개념을 추가적으로 발전시켜 다른 현장에도 적용해 볼 수 있다. 이를 테면, 비행이나 매춘과 같은 일탈적 행위는 비어내키의 이론을 발전시키거나 수정할 수 있는 가능성이 있다.

캐시 차마즈의 구성주의 이론

다음 내용은 구성주의적 접근이 해석학적 전통에 기반해 어떻게 이론화를 수행하는지를 명료하게 보여 준다. 해석학적 이론화는 명시적인 과정을 다룰 뿐만 아니라 묵시적인 의미와 과정을 찾아내며 그 근거가 명백하다. 나의 추론을 따라가면서 '하루를 마지막처럼 살아가기'라는 범주의 또 다른 면을 살펴보자. 하루를 마지막처럼 살아가기라는 아이디어는 만성 질환자 사이에 당연히 여기는 담론 중의 하나로 나타났던 것이다. 사람들은 명백한 사실로서 하루를 마지막처럼 살아갈 필요가 있다고 말했지만 그것을 자세히 나타내지는 않았다. 구성주의적 접근은 이러한 묵시적인 진술이나 행위를 탐색하고 해석하게 이끈다.

하루를 마지막처럼 살아가기

하루를 마지막처럼 살아가기Living one day at a time란 매일 질병에 대처해 나가는 것을 의미하지만 오직 한 번에 하나씩만 다룰 뿐임을 뜻한다. 그러한 삶을 살아가면서도 사람들은 미래에 대한 계획이 있으며, 심지어 과거에 일상적으로 추구했던 것에 대해서도 고수하려 한다. 대부분의 사람에게 하루를 마지막처럼 살아간다는 것은 자신의 나약함을 잠정적으로 인정한다는 것이다.

하루를 마지막처럼 살아간다는 것은 또한 좌절된 희망과 충족되지 못할 기대감으로 견디어 내기보다는 질병, 치료, 처방전에 초점을 두게 한다. 이러한 자세를 받아들임으로써 매일 수행해야 할 일의 지침을 갖게 되고, 어느 정도는 통제감을 가질 수 있게 된다. 현재에 집중하면서 사람들은 장차 다가올 장애와 죽음에 대한 생각을 피하거나 최소화할 수 있다.

하루를 마지막처럼 살아야 할 필요를 느끼게 되면서 시간에 대한 관점이 급격하게 바뀔 수 있다. 하루를 마지막처럼 살아간다는 것은 현재에 관심을 쏟게 하고, 과거에 투영된 미래를 저 멀리 쫓아내 버린다. 이전에 가졌던 미래에 대한 전망은 끊임없이 작아지다 멀리 사라진다. 아마도 대부분 알아채지도 못할 것이다. 현재는 힘겨운 싸움이지만, 결국엔 보상을 받을 것처럼 보이기도 한다. 그렇게 된다면 시간의 내용은 변화한다. 순간은 더 길어지고 충만해질 것이기 때문이다.

하루를 마지막처럼 살아가기는 만성 질환을 관리하고, 시간을 구조화하는 전략이다. 나아가 불확실성에 직면한 자신을 관리하는 방식을 제공해 준다. 자신의 행위에 대한 통제감을 주고, 그것이 확대되면서 자신과 상황에 대한 통제감을 제공해 준다. 이러한 전략을 받아들임으로써 시간에 대한 관점이 변화하게 된다.

하루를 마지막처럼 살아가기는 만성 질환의 경험에 내재된 감정을 드러내는 것이다. 많은 환자, 특히 노인은 죽음보다는 의존, 병약함, 포기에 대한 두려움을 더 많이 표출한다. 하루를 마지막처럼 살아간다는 것은 미래가 현재보다 더 나빠질 수 있다는 두려움을 줄이는 데 도움이 된다. 계속되는 악화를 경험하면서 마크 라이너슨은 다음과 같은 독백을 한 바 있다. "하루를 마지막처럼 살려는 이유는 그것이 덜 두렵기 때문이에요." 이후 그가 말했다. "난 (죽음이나 병이 더 악화되는 일처럼) 앞으로 일어날 일에 그저 속수무책으로 속박될 수도 있겠죠. 지난 6개월 동안에 (수많은 합병증multiple complications과 의원성 질환iatrogenic diseases 같은) 너무 많은 일이 일어났으니까요. 하지만 이런 상황에서 할 수 있는 일이란 게 무엇이겠소? 그래도 오늘만큼은 내가 좌우할 수 있잖소?" (1991a, pp. 178, 180-181)

이 예문은 범주를 구성하는 암묵적인 의미를 함께 종합하여 해석하고 있다는 점에서 구성주의 분석의 예를 보여 주고 있다. 아울러 단조로운 진술이 얼마나 많은 의미와 경험에 대해 에둘러 말해 주고 있는지 보여 준다. 비록 범주의 내용은 연구 참여자의 행위를 어떤 식으로 결합하느냐에 따라 달라짐에도, 나는 사람들이 취하는 행위를 지적하고 있다. 아울러 내가 참여자의 진술과 행위에 대해 부여한 감정과 해석을 서술하였다. 연구자가 암묵적 의미를 탐구하고자 할 때, 모든 사람이 그 의미를 묘사하거나 자신의 행위를 의미와 연결시키는 데 똑같이 능숙하지는 못하다. 그렇기 때문에 연구자는 관련된 의미와 행위를 알아가기 위해서 분석 전략뿐만 아니라 특별한 방법론적 전략을 개발할 수 있다.

앞에서 언급한 내러티브는 범주 안의 상이한 경험을 함께 묶어내면서, 그것이 가지고 있는 암묵적 의미의 범위에 대해 많은 정보를 말해 주고 있다. 해석학적 분석은 범주에 대한 이론적 다듬기theoretical rendering를 통해 연관된 경험 속으로 독자가 상상의 참여를 하도록 초대한다. 이러한 점에서 이론적 다듬기를 통한 범주의 이해는 유의성을 띠게 된다. 이러한 이론적 다듬기가 없었다면, 아마도 하루를 마지막처럼 살아가기에 대해 연구 참여자가 제대로 설명하지 않은 진술은 대화 도중에 언급되었더라도 검토되지 않은 채 남겨졌을 것이다. 이와는 대조적으로 순수한 묘사는 독자를 해당 장면으로 끌어들이고, 연구 참여자의 이야기에 대한 관심을 불러오며, 종종 그들의 이야기를 동일시하게 한다. 묘사를 통해 경험이 갖는 유의미함은 종종 직접적으로 드러나는데, 이는 자신의 연구를 효과적으로 묘사했던 후드와 비어내키에서 확인해 볼 수 있다. 그들의 묘사는 자신의 설명이 갖는 합리적 타당성plausibility을 두드러지게 한다.

구성주의 접근에 기반할 때, 내가 자료를 바라보는 관점은 자료를 다듬어내는 작업의 한 부분이 된다. 이는 후드와 비어내키의 근거이론에서도 마찬가지다. 하지만 결국 중요한 것은 정도의 문제다. 후드와 비어내키의 이론은 모두 명확한 경계가 있는 사건과 실재하는 경험을 다루고 있다. 다른 훈련된 관찰자도 자신의 분야에서 이와 유사한 과정을 바라볼 수 있고 그려낼 수 있을 것이다. 그들이 후드와 비어내키처럼 초기에 경험적이고 개념적인 도약을 할 수만 있다면 말이다(후드의 경우, 왜 일하는 여성이 남편에게서 가사의 도움을 거의 받지 못하는가의 이유를 찾아내려 한 것을 의미한다. 비어내키의 경우에는 헤로인 중독자가 치료 없이 중독에서 회복이 가능한지, 그 과정은 어떠한지를 찾아내려 한 것이 된다).

내가 수행한 분석은 후드나 비어내키의 분석보다는 훨씬 직관적이고 인상주의적이다. 해석학적 틀이 분석을 강화시키는지 아니면 약화시키는지에 대한 평가는 객관주의 또는 구성주의적 근거이론 중 어느 하나를 좇는 비판가의 충성도에 따라 달라진다. 다른 연구자라면 내 자료에서 과거와 미래 간의 관계를 뽑아내거나 정서적 통제감을 유지하는 전략을 다루었을까? 만약 그들이 자아, 시간, 정서, 삶의 중단 등과 관련한 이론적 민감성을 이미 가졌다면 그랬을 것이라 믿어 의심치 않는다. 반면 이론적 민감성을 갖지 않았다면, 그랬을 것이라 말하기는 힘들다. 왜냐하면 범주의 속성은 이론적 표집과 해석학적 다듬기가 명백해질 때까지는 암묵적인 것으로 남아 있기 때문이다. 암묵적인 경험을 많이 탐구할수록, 경험적이고 개념적 도약에 필요한 시간은 더 오래 걸린다. 다른 연구자는 내가 연구한 경험에서 상이한 것을 보거나 나아가 다른 범주를 찾아낼 수 있을까? 그렇다. 충분히 가능하다. 아마도 이 지점에서 연구하려는 삶과 관련해 연구자가 가지고 있는 이론적 민감성이 특별히 중요할 것이다. 분석은 연구 과정의 모든 지점에서 관여하는 연구자에게서 비롯된다.

연구자는 해석적 과업을 수행하는 데 현재 가지고 있는 한정된 증거를 뛰어넘는 분석으로 옮겨 갈 가능성에 대해 항상 주시해야 한다. 그렇기 때문에 다른 경험을 찾아가거나 이전의 경험을 다시 찾아가는 일이 중요하다. 나의 경우, 하루를 마지막처럼 산다는 것을 그저 딱 맞아떨어지는 구호slogan로만 받아들이지 않고, 사람들이 그와 관련하여 어떻게 행동하는지 알아내기 위해 추가적인 표집을 수행했다. 관찰자는 해당 장면에 다시 진입할 수 있어야 한다. 면접자의 경우 해당 범주를 설명해 줄 이야기에 접근하기 위해 노력할 것이다. 이 경우, 이론적 표집은 구체적인 경험에 대한 접근성을 얻어내는 수단이 된다. 관련된 경험으로 되돌아가 추가적인 질문을 탐색하면서, 경험의 파편은 형태를 갖추게 된다.

범주는 구성주의적 분석에서 어떠한 위치를 차지할까? 범주를 핵심 변인으로 사용할 수는 없지만, 범주가 맺고 있는 관계를 보여 줄 수는 있다. 나는 '하루를 마지막처럼 살아가기'라는 범주가 세 가지 주요 개념과 어떻게 연결되는가를 보여 주었다. '시간의 관점time perspective' '시간의 구조time structure' '자신을 시간 속에 두기situating the self in time'가 그것이었다. 그 결과 하루를 마지막처럼 살아가기는 누군가의 하루와 일주일에 대한 시간의 구조를 형성한다. 오랜 기간 동안 이러한 자세를 취한다면 과거는 사라지고 미래는 희미해짐에 따라 한 개인의 시간 관점이 바뀌어질 것이다. 그 결과 그는 스스로를 현재에 한정 짓게 될 것이다.

후드와 비어내키처럼, 나는 조건을 구체화하고, 개념적 관계를 보여 주며, 결과를 예견하고 있다. 명백한 이론적 명제를 만들기보다는 하나의 내러티브로 엮어 갔다. 후드나 비어내키의 이론에 비해서 나의 이론은 다소 분산되어 있지만, 보다 추상적이고 일반적이다. 분명 탐구의 내용은 이론적 결과물에 영향을 준다. 자아와 시간을 이중적으로 강조하는 내 연구의 까다로운 특성은 이론적 진술을 개발하는 과정에도 영향을 미쳤다. 그럼에도 구성주의적 근거이론은 출현된 분석을 알려 주었고, 신선한 이론적 연관성을 갖게끔 영감을 주었다.

끝맺는 생각

이 장을 통해 나는 실증주의와 해석학적 탐구, 구성주의와 객관주의 근거이론, 그들 이론의 특성과 방향 사이에 뚜렷한 경계선을 그었다. 하지만 실제 조사연구에서 그 경계선은 분명하게 드러나지 않는다. 실증주의 연구자도 짧은 시간 속의 의미와 같은 까다로운 주제를 탐색할 수 있고, 구성주의적 근거이론가 역시 명시적인 과정을 세밀하게 탐구할 수 있다. 실제 연구에서 이론화는 절충적이고, 잘 들어맞는 것에 의존하며, 잘 부합하는 것을 정의한다(Wuest, 2000). 이와 관련해 구성주의자나 실증주의자 모두 자신의 근거이론이 거대한 신비에 휩싸인 이론이나 이론화를 위한 활동으로 보이는 것은 원치 않는다. 그들 모두 단지 자신이 이해하는 방식으로 근거이론을 수행할 뿐이다.

스타의 연구에서 초기 두뇌연구 과학자가 그러했던 것처럼, 근거이론가도 때론 '그대보다 과학적이라는' 형태의 도발적인 비교를 행하기도 한다. 우아하고 간명한 이론은 명료한 명제를 제공하지만 범위가 제한적이다. 상상력이 풍부하고 확산적인 이론은 번뜩이는 통찰을 불러오지만 성긴 경계선을 지닌 해석적 틀을 제시한다. 각각의 이론은 상이한 목표를 전제하고, 선호하는 지식의 형태와 앎의 방식 또한 다르다. 하나의 이론이 평범한 설명과 이해를 깨쳐 버리고 특정한 현실을 다룰 수 있지만 또 다른 현실에 대해서는 그렇지 못하다. 우리는 다양한 종류의 이론화에 대한 기준을 마련할 수는 있지만, 이론을 측정하여 은행 계좌처럼 일목요연하게 정리할 수는 없다. '만약 이렇다면 어찌할 것이다If-then.'라는 조건문 형태의 이론적 명제가 추상화의 개수 및 밀도와 견주어 얻어 낼 균형점은 근거이론가의 선호도, 독자층, 목적에 따라 달라진다. 근거이론에서의 이론화를 다룬 논의에서 밝혔듯이, 이론은 목적이 상이하며, 각 이론의 포괄성, 상세함, 수준, 영역, 일반화 가능성, 적용 가능성 등 또한 다르다.

구성주의적 근거이론의 주관성과 모호성은 객관주의 접근에도 마찬가지로 통용된다. 객관주의 접근은 세계관에 대해 가정을 공유하고 연구 수행의 형식을 정립함으로써 주관성과 모호성을 감춰 버린다. 결국 탐구는 연구자를 바깥으로 끌고 가지만, 탐구에 대한 반영적 성찰은 다시 연구자를 내부로 끌어들인다. 그런 다음, 근거이론은 더 많은 것을 살펴보고 더 깊이 있게 반영하기 위해 연구자를 다시 세계로 되돌아가게 이끈다—반복적으로 말이다. 연구자가 바라보고 깨닫는 바를 상상으로 다듬어 내는 것이 해석이며, 이는 사고와 경험의 변증법을 통해 도출된다. 실증주의 또는 해석학적 전통 중 무엇을 견지하더라도, 연구자는 자생적인 이론을 얻지는 못한다. 비록 그 이론이 아무리 수정하기 쉽더라도 말이다. 연구자는 자신이 구성한 이론의 일부분이며, 그 이론은 연구자가 이를 알고 있느냐와는 무관하게 연구자의 다양한 경험 속에 내재된 유리한 위치를 반영한다.

초고 작성

논문을 위한 글쓰기 과정을 마지막으로 근거이론의 긴 여정은 끝을 맺는다. 논문을 쓴다는 것은 새롭게 알게 된 발견을 정리하고, 현장에서 연구자가 찾아낸 흔적이 우아한 나름의 스타일을 갖게 하는 것이다. 이와 관련해 파편적인 내용을 모으고, 근거이론에 부합하는 호소력 있는 주장을 구성하며, 논문의 핵심을 형성하는지 알아보기 위해 범주를 다시 한 번 탐침하는 방법을 제시할 것이다. 근거이론의 초안을 작성한 후, 연구자는 논쟁의 여지가 있는 문헌 고찰과 종종 곤혹스러운 이론적 틀과 씨름하게 된다. 나는 이론적 분석과 주장을 뒷받침하는 근거이론의 작업과 학계의 표준적인 요구 조건 사이에서 발생하는 긴장을 해소하는 방법을 제시하고자 한다. 마지막으로 연구자의 근거이론을 쉽게 읽을 수 있으면서도 중요하게 만들 수 있는 전략과 수사적 방법을 제시하면서 이 장을 마무리하고자 한다.

7장

초고 작성

근거이론으로 글쓰기는 분석 작업의 형태와 내용을 보존하고 제시하는 것이다. 연극에서 배우나 작가에게 조명을 비추는 것처럼 근거이론은 아이디어와 분석틀을 무대 중앙에 올린다. 그런 의미에서 연구자의 개념은 어떤 장면에서의 행위에 대한 분석을 이끌어 내는 '배우'인 셈이다. 근거이론 분석을 구성하는 것과 글쓰기 작업 간에 일어나는 긴장관계는 무엇일까? 분석적 다듬기analytic rendering를 통해 어떻게 사건을 충분히 포착할 수 있을까? 근거이론의 분석적 요구사항과 좋은 글쓰기의 기준은 어떻게 합치될 수 있을까?

앞서 주장한 바와 같이 근거이론이 갖는 장점은 의미, 행위, 사회구조가 어떻게 구성되는가를 이론화하는 분석적 힘이다. 분석적 메모analytic memo 작업은 독자의 관심을 사로잡는다. 이러한 메모는 우리의 이해를 꿰뚫어 버리고, 선입견에 구멍을 내 버린다. 연구자로서 우리는 연구한 행위의 실제를 이론화하는 통합적 분석을 통해 이들 메모를 종합할 수 있다.

근거이론은 경험적 구조를 심층적으로 파고들며 분석 구조를 구축하여 가설적 구조에 다다르게 한다. 따라서 일상적 경험을 직접적으로 다루고 있는 범주는 연구자의 분석적 다듬기를 통해 의미라는 빛을 비출 수 있게 된다.

　　다음 예문은 연구자의 관점이 초점을 잡게 하는 동시에 예리하게 하는 분석의 렌즈를 통해 만성 실환자의 일상적 경험을 서술한 것이다. 만성 질환과 관련된 광범위한 사안을 생각해 보라. 많은 성인은 초기 증상, 진행 과정, 치료 등 질병과 관련해 많은 것을 알고 있다. 만약 그렇다면, 병을 앓는다는 게 무엇인지 예측하지 못할 사람이 있을까? 그럴 경우 만성 질환이 의미하는 바를 이해하는 것만큼 재미없는 것이 있을까? 하지만 그것이 의미하는 바를 깨닫는 것은 쉽지 않다. 근거이론연구는 사람들이 진단받는 것과 병을 앓는다는 것의 차이를 어떻게 깨닫는지 밝혀낼 수 있다. 사람들이 만성화의 의미를 어떻게 깨달아 가는지 연구하면서, 그 질병이 그들에게 의미하는 바에 관한 아이디어도 얻게 된다.[1]

만성화에 대한 깨달음

　　환자는 몇 주, 몇 달간의 끊임없는 증상을 통해 만성화를 배우게 된다. 나아가 만성화의 깨달음은 이제 일상적 삶에 미치는 질병의 영향을 발견하게 된다는 것을 의미한다. 일상적인 활동을 관리하려는 시도를 통해 환자는 자신의 바뀐 몸이 갖는 의미를 발견하게 된다. 해리 바우어는 최초의 심장마비를 다음과 같이 회상했다. "제가 저쪽 침대에 누워서 의사한테 일하러 가야 한다고 말했죠. 의사 선생은 '절대 안 돼요.'라고 답하면서, '침대에서 일어나시면, 자신이 얼마나 약해졌는가를 알 거예요.'라고 말해 주더군요. 전 한 손에 45킬로그램 정도는 거뜬히 들었던 사람인데, 제 침대에서 일어났을 때 의사 선생님이 말한 것이 어떤 의미인지 금방 알았어요. 제 몸 하나 추스르기도 힘들 정도더군요."

　　장애, 역기능, 손상의 의미가 일상적 삶에서 현실이 되어 간다. 일상적으로 해 오던 것을 시험해 보기 전까지는 변화된 몸 상태가 어떤 것인지 모를 수 있다. 헤더 로빈슨은 진단을 받은 지 10달이 지나서야 첫번째 증상을 경험했지만, 다른 사람은 그녀가 진단을 받은 것을 질병을 치료해 온 것으로 잘못 알았다. 헤더는 그 당시를 이렇게 회고하였다.

　　"사람들이 제게 말하더군요. '진단을 받고 나서 잘 대처해 왔잖아.'라고요. 전 이렇게 말했어요. '그동안 뭘 어떻게 한 적은 없어. 앓은 적이 없었거든.' 겪지도 않은 것에 대해 다

---

1. 의미에 대한 모든 가공은 해석적이다. 우리는 사람들의 머릿속에 무엇이 있는지 알 수 없지만, 그들이 말하고 행하는 바에 대한 우리의 해석을 제공할 수는 있다.

룰 수는 없다는 말이지요. 그럴 필요도 없고요. 하지만 병을 앓기 시작하면서부터는 그것에 대처해야만 했어요. 제가 다발성경화증Multiple Sclerosis을 앓고 있다는 것을 알고 나서부터지요. 이제 전 제가 녹초가 되지 않는 선이 어디까지이고, 얼마만큼 할 수 있는지를 알아 가는 중이에요."

병을 앓는 초기에는 바뀐 현재와 미래의 잣대가 아니라 과거의 잣대를 통해 걸을 수 있는 거리, 끝낼 수 있는 일, 세울 수 있는 계획을 재게 된다. 만성화에서 얻는 교훈은 이러한 잣대가 힘겹거나 불가능한 기준임을 알게 하였다.

환자가 빈번하게 경험하는 것 중의 하나는 자신의 희망과 계획을 포기해야 한다는 것이다. 나아가 자신이 이전에는 수행했던 활동을 못한다. 질병과 장애는 자신에 대한 기대감을 낮추도록 강요한다. 최소한 잠시 동안이라도 말이다. 하지만 그렇게 기대감을 낮추는 일은 충격을 주고 사람을 뒤흔든다. 정신분석가인 클레이 달버그는 뇌졸중cerebrovascular accident으로 쓰러져 입원했다. 얼마 뒤 퇴원해서 집으로 돌아갈 수 있음을 알았던 당시를 그는 이렇게 회상하고 있다.

"최고의 날이었죠. 당장 앞으로 가지게 될 어마어마한 자유 시간 동안 내가 할 수 있는 모든 일을 계획하기 시작했어요. 미뤄 두었던 집안일, 가 보고 싶었던 박물관과 미술관, 함께하고 싶었던 친구와의 점심 약속, 너무나 즐거운 일이었죠. 하지만 그 일을 내가 해낼 수 없다는 것을 며칠이 지나니 깨닫게 되더군요. 나에게 이제 그 일을 해낼 정신적·신체적 힘이 없다는 것을요. 그리고 우울증에 빠지게 되었죠."(Dahlberg & Jaffe, 1977: 30)

과거와 현재에서 수행할 수 있는 기능의 차이는 너무나 선명하게 대조된다. 과거는 여전히 가까운 채로 남겨져 있기 때문이다……(Charmaz, 1991a: 21-22).

위의 예는 분석적 진술analytic statement을 묘사 및 예시와 뒤섞어 놓은 것이다. 따라서 이론적 해석과 경험적 근거의 사이를 오가고 있다. 근거이론의 작업은 다양한 방식으로 쓰일 수 있다. 근거이론 보고서 작성의 최종적인 단계는 무엇일까? 학문적 글쓰기의 표준 형태에 내재된 연역적 논리와 귀납적인 근거이론 사이에서 생겨나는 긴장을 해결할 방법은 무엇일까? 어떠한 글쓰기 전략이 강력한 이론과 생생한 내러티브를 만들어 낼 수 있을까? 보고서 쓰기를 어떻게 해야 잘할 수 있을까?

글쓰기에 대해서

자신의 것 만들기

무엇인가 독창적인 것을 어떤 식으로 말할까? 신진학자는 자신의 학문 분야에서 이름을 알릴 필요가 있다. 중진학자는 자신이 여전히 명성을 떨치고 있음을 증명할 필요가 있다. 모든 학자는 자신의 분야에서 실패하지 않았음을 보여 주고 싶어 한다. 로버트 머피Robert F. Murphy는 '학문적 경력과 관련된 머피의 제1법칙'을 통해 이렇게 제시한다. "첫째, 젊은 학자는 누군가 자신을 발견할 수 있을지 걱정한다. 둘째, 기성 학자는 자신을 찾아내는 이가 있을까 봐 걱정한다."

'독창적인 기여original contribution'란 무엇인가? 여러분이 연구 현상과 관련하여 신선하거나 심층적인 이해를 도와줄 연구를 제시한다면, 독창적인 기여를 했다고 말할 수 있다. 독창적인 근거이론이라고 주장했던 이론이 결국 상식적인 설명을 나열한 식상한 목록에 그치고 만 경우가 너무나 빈번하다(Silverman, 2000 참조). 물론 독창성의 기준은 일정 부분 독자의 몫이다. 저자는 독창성을 주장하기 위해 여러 가지 전략을 사용한다. ① 새로운 영역의 분석, ② 기존의 영역 또는 소멸되는 영역에서의 독창적 논문, ③ 현존하는 아이디어의 확장 등이 그것이다.

과거에는 많은 학자가 의미 있는 새로운 영역을 탐구함으로써 자신의 이름을 남겼다. 머나먼 해안을 최초로 밟은 탐험가처럼 자신의 영토를 주장하면, 그 후로 오랫동안 후속연구자가 이들의 이름과 업적을 인용해 왔다. 아마도 정서 사회학과 같은 분야나 실험과학연구에서의 흥미로운 주제가 이러한 영토였을 것이다(Clarke, 1998; Latour & Woolgar, 1979; Star, 1989). 하지만 한 분야가 발전할수록, 독창성을 주장할 수 있는 영역은 반대로 좁아진다. 많은 학문 분야에서 어떤 연구자가 새로운 연구 분야를 구축하여 주목받는 시대는 오래 전에 지나갔다.

근거이론가는 자신의 전문적인 분야에 기여하면서 동시에 여러 분야에 통용될 수 있는 일반화된 이론적 해석으로 확장시키고자 한다. 주목할 만한 이론적 아이디어는 구체적인 경험적 문제를 다루는 것보다는 훨씬 영향력이 크다. 패트릭 비어내키(1986)는 아편중독에서 회복이라는 이미 어느 정도는 받아들여지던 주제에 대해 의문을 제기했다. 그 결과 그의 연구는 약물중독 분야의 연구에 기여했을 뿐만 아니라, 정체성 변화에 대해 우리가 가지고 있던 지식의 영역도 확장시켜 주었다. 비어내키의 신선한 의문이 두 개의 기존 영역에서 새로운 통찰을 불러 왔다. 만약 새로운 주장을 내놓기 어렵다면, 지나쳐 온 영역을 탐구할 필요가 있다.

어떤 학자는 다른 형태의 연구 및 탐구방법에 의존했던 영역에서 근거이론을 개발하기도 한다. 캐롤린 위너(Wiener, 2000)는 근거이론을 병원의 책무성 분야에 적용해 보았는데, 이전까지는 주로 경제학자와 계량적 접근이 지배했던 분야였다. 모니카 캐스퍼(Casper, 1998)는 근거이론에 기반한 문화기술지연구를 생물윤리학 분야에 적용하였다. 이 분야는 그 전까지 경험적 상황을 탐색하기보다는 가상의 사례로 연구해 왔던 철학자의 영역이었다.

새로운 영역을 확장하든 기존의 영역에 투신하든 이제는 분석의 독창적 아이디어를 정확히 끄집어내어야 할 때다. 그런 다음, 의도한 독자에게 이야기하고픈 주장을 형성하기 위해 이러한 아이디어를 사용해야 할 것이다.

발견한 것의 초고 작성

근거이론에서 발견 과정은 초고 작성과 퇴고의 단계로 확대된다. 글쓰기를 진행하면서 추가적인 통찰을 얻고 자료에 대해 더 많은 아이디어가 떠오를 것이다. 또한 범주 간의 관련성을 명확하게 알 수 있고, 그 함의를 뽑아낼 수 있다. 따라서 쓰고 다시 쓰는 작업은 분석 과정의 중요한 단계가 된다. 글쓰기는 단순한 보고보다 더 많은 것을 요구한다. 초고를 쓰고 또 고쳐 쓰는 과정을 통해 묵시적인 주장을 도출할 수 있고, 그 주장의 맥락을 제시하며, 기존 문헌과 연결 짓고, 범주를 비판적으로 검토하며 분석을 제시하고, 분석의 주장을 뒷받침할 자료를 제시한다. 연이어지는 각각의 초고는 보다 이론적이고 포괄적이게 된다.

> 논문에서 해야 할 일을 결정하기 전에 아이디어를 발현시키라. 근거이론 수업과제나 책을 쓰려 했던 목적에 상관없이 가장 처음해야 하는 것은 초고 작성이다. 논문에서 해야 할 일과 어떻게 해야 할지는 확고한 분석초고를 가진 다음에 결정하라.

근거이론의 분석에서도 적용되었던 원칙이 논문 작성에도 유사하게 적용된다. 논문을 위해 해야 할 일을 결정하기 전에 아이디어가 발현되게 하라. 수업보고서를 쓰려 했든 아니면 책을 쓰려 했든 간에 가장 먼저 해야 할 일은 초고 작성이다. 군건한 분석 초안을 쓰고 난 '후'에 논문을 어떻게 할 것인지 결정하도록 하라. 한 번에 한 단계씩 밟아 나가라. 나중에 논문을 재검토하다 보면, 더 나은 목적에 사용할 수 있음을 발견하기도 한다. 근거이론 강의시간에 제출했던 보고서가 학생 논문경연대회의 훌륭한 출품작이 될 수도 있고, 박사학위 논문의 일부분이 수정을 거쳐 학술지 논문으로 투고될 수도 있다. 학위논문이 출판사의 기획 주제에 적합하도록 재수정될 수도 있다.

> 논문의 필수적인 형식 요건은 전통적인 논리연역적 방식을 전제로 한다. 그렇기에 표준화된 틀로 연구작업을 맞추기보다 형식을 재고할 필요가 있다. 분석과 타협하기보다는 아이디어에 맞는 방식으로 수행토록 하라.

근거이론 글쓰기가 가지는 발현적 특징은 강의보고서나 학위논문의 필수요건과 갈등을 만들어 낸다. 실증주의 지배력의 잔재는 연구 보고서를 구성하는 방식에도 그림자를 드리우고 있다. 어쩌면 꽤나 긴 그림자일 수도 있다.

논문의 필수 형식은 종종 전통적인 논리연역적 방식을 전제로 한다. 그러므로 연구 결과를 표준적인 틀에 맞추기보다는 연구자의 욕구와 목적에 맞추어 형식을 다시 생각할 필요가 있다. 분석과 타협하기보다 아이디어를 보여 줄 수 있는 방식으로 권장 양식을 재고하고, 맞추어 가도록 하라.

초고 수정

일종의 영업 비밀(?)을 털어놓자면, 질적연구의 글쓰기는 모호한 과정이다. 분석을 글로 쓴다는 것은 단순한 보고 이상의 것을 담고 있다. 우리는 무엇을 얻었고 어디로 가고 있는지 깨닫지 못할 때도 있다. 분명 근거이론은 대부분의 다른 접근보다는 많은 지침과 발디딜 근거를 제시해 준다. 그럼에도 불구하고 여전히 흔들리는 땅 위에 발을 디디는 것처럼 느껴질지도 모른다. 어쩌면 자신의 분석이 가치 있는 것인지 의문스러울 수도 있다. 그렇기에 이 단계에서는 모호성을 견뎌 내고 계속 이 과정을 진행해야 한다. 그러면 최종 목적지를 향해 계속 다가가게 될 것이며, 마지막에 가서는 결국 보상을 얻을 것이다. 글쓰기 과정에 대한 확신을 배운다는 것은, 자기 자신에 대한 확신이 아니라면, 마치 근거이론의 분석 과정에 대한 확신을 배우는 것과 같다. 연구자의 글쓰기는 분석과 마찬가지로 출현적이다. 이러한 과정을 통해 글쓰기는 연구자가 가야 할 곳으로 그를 데려다 줄 것이다.

근거이론 분석과 유사하게, 완성된 보고서를 쓴다는 것은 모호성과 불확실성으로 가득 차 있다. 그런데 완성된 작업을 보면 대부분 긍정적인 인상 관리를 위해 연구자의 목소리는 확신과 권위로 가득하다(Charmaz & Mitchell, 1996). 논문을 출간한 저자는 종종 주제의 선택에서 결론에 이르기까지 분명한 최종 목적지가 정해진 유일한 경로를 지나온 것처럼 행동하기도 한다. 하지만 대부분의 경우, 그 길은 단일한 경로가 아니거나 최종 목적지도 불분명하다. 아울러 연구자는 그 길의 걸림돌에 대해서도 쓸 수 있다.

결과물 모으기

어쩌면 열의가 넘치는 누군가는 3개 정도의 좋아하는 메모를 하나로 꿰어 짧은 서론과 결론 영역 위에 꽂아 놓을지도 모르겠다. 조금은 약삭빠르게 보이는 이런 작업은 제출물을 눈에 띄게 할 수는 있겠지만, 완결된 보고서나 출간 논문이 되기에는 부족하다. 세심하게 분류하고 선택한 메모는 제출물에 들어갈 호소력 있는 내용을 제공해 준다. 결국 중요한 점은 이러한 내용을 제시하는 방법이다. 구술 발표의 경우, 말의 리듬과 빠르기, 정서적 어조와 열정, 몸짓, 청중과의 눈맞춤 등을 통해 중요한 부분을 소통한다. 그런데 글로 쓰인 논문에서는 강력한 아이디어, 미세한 의미, 우아한 전환 등 말로 표현할 때는 명확했던 모든 것이 사라진다. 무슨 일이 일어난 걸까? 글로 쓴 텍스트에서는 연구자의 말로 전달되었던 단어가 사라지고 평범해신나. 연구자는 분석을 통해 작업을 수행할 훌륭한 재료를 얻는다―그리고 작업은 더 이루어져야 한다. 연구자가 해야 할 일은 무엇일까?

먼저 분류의 논리와 효과적인 도면 및 집락작업에 의거해 메모를 정리해 보라. 그리고 그 메모를 조사해 보라. 그런 다음, 메모를 통합하여 그들의 관계를 보여 줄 수 있도록 초고에다 합쳐 놓도록 하라. 자료에 대한 작업을 수행하면서, 분석을 좀 더 추상화하도록 하라. 보고의 핵심을 작성하도록 하라. 다른 영역으로 넘어가기 전에, 할 수 있는 최선의 근거이론을 얻도록 하라. 자신의 근거이론을 살펴보고, 다음 질문을 생각해 보라.

- 주요한 범주의 정의가 완성되었는가?
- 나의 이론에서 주요 범주를 개념으로 끌어올렸는가?
- 초고작업에서 분석의 범위와 깊이를 더해 갔는가?
- 범주 간, 범주와 속성 간에 강력한 이론적 연결고리를 만들었는가?
- 연구하려는 현상에 대한 이해를 얼마나 배가시켰는가?

- 이론적 측면을 더할 수 있는 분석의 함의는 무엇인가? 이론적 영향권과 폭, 연구방법, 실체적 지식, 행위 또는 개입이라는 점에서는 어떤 함의가 있는가?
- 이 분석을 가장 가까이에 배치할 수 있는 것은 이론적 · 실체적 · 실천적 문제 중 어떤 것인가? 어떠한 독자가 그에 대해 관심을 많이 가질 것인가? 내가 뒷받침할 지점은 어디인가?
- 나의 이론은 어떠한 기여를 할 수 있을 것인가?

이러한 질문을 염두에 두면서 서론과 결론을 써 내려가도록 하라. 아마도 거칠게 쓰일 것이다. 계속 다듬어 나가야 한다. 서론이나 결론에 대한 초고는 단지 초고일 뿐이다. 연구자는 몇 번에 걸쳐 각 부분을 다시 쓸 수 있고 또한 그래야만 한다. 처음부터 완벽한 것은 없다.[2] 초고를 수없이 고쳐 나가면서, 허황된 진술을 찾아내고, 혼란스러운 문장을 바로잡으며, 나아가 탄탄하고 확신에 찬 진술로 다듬어 낼 수 있다.

그런 다음에야 초고 전체에 대한 작업을 수행할 수 있다. 흡입력 있는 근거이론 분석을 만들어 낼 수도 있지만, 명백한 목적이나 주장을 담아 내지는 못할 수 있다. 종종 연구자는 자신의 목적이 명백하며, 주장은 명료하다고 생각하지만, 그런 생각은 틀릴 수 있다. 신참자는 자신의 연구를 이끌어 낸 목적이 주장을 제시하고 학문적 기여를 하기에 충분하다고 믿는다. 하지만 대부분은 그렇지 못하다. 학문적 기여를 위해서 연구자는 해당 논문의 주장을 끌어내는 특정한 목적에 분석을 맞추어야 한다. 우리 모두는 자신의 작업에 매몰될 경우, 목적과 주장에 대한 실수를 범한다. 초기 목적을 기여도와 혼돈하거나 자신의 주장은 자명하다고 여기는 일반적인 오류를 반드시 기억

---

2. 아델 클라크는 10번 이상의 수정이 일반적이라 이야기한다(사적인 의사소통, 2004년 12월 22일). 어느 글쓰기 교사가 말하기를 자신은 네 번째 수정본이 나올 때까지는 비공식적인 조언을 위해서도 미출간된 작업물을 공유하지 않는다고 말한 바 있다.

하도록 하라.

주장의 구성

많은 학문적 글쓰기는—명시적이든 묵시적이든 간에—주장으로 구성된다. 자료 분석이 한눈에도 간단명료한가는 주장에 달려 있으며, 이러한 주장을 형성하기 위해 수사학적 장치에 호소하게 된다. 연구자는 독자가 새로운 이론이나 해석을 수용하도록 설득한다. 또한 자신의 자료가 굳건하고 수행된 분석이 올바르다고 다른 연구자에게 확신시킨다. 독자가 저자의 관점을 받아들이도록 설득하기 위해서는 강력한 주장이 필요하다. 독자가 연구자의 아이디어에 관심을 가지거나, 일정 정도 수용해야 할 이유에 대해 생각해 보라.

연구자는 자신이 어떠한 주장을 가지고 있다고 생각한다. 연구자는 자신의 재료에 마음을 빼았겼기 때문에, 당연히 누구든지 자신의 연구를 읽고 싶어 한다고 여긴다. 하지만 독자가 왜 신경을 써야만 하는가? 그래서 뭐가 어떻기에?

> 저자는 '그래서 어떻다는 것인가?'라는 질문을 다루어야 한다. 강력한 주장은 이러한 질문에 대답을 한다. 왜냐하면 연구자는 왜 자신의 근거이론이 유의미한 기여를 하는지를 명백하게 주장하기 때문이다.

저자는 '그래서 어떻다는 것인가so what?'라는 질문에 답해야만 한다. 강력한 주장은 '그래서 어떻다는 건가?'라는 질문에 대한 대답이다. 왜냐하면 연구자는 자신의 근거이론이 유의미한 기여를 하고 있는 이유를 명백하게 주장하기 때문이다. 그럼에도 이러한 질문의 대답은 곤혹스러울 수 있다. 주장이 찾기 힘들거나 진부할 수 있기 때문이다. 이는 연구자가 자신의 주장을 발견해야 하며, 그 주장이 독창적이고 의미 있어야 함을 뜻한다.

대부분의 경우 초고 작업 과정 중에 주장이 묻혀 버린 경우가 많다. 그것을 찾아내야 한다. 주장을 찾기 위해서 도움을 얻어도 좋다. 실제의 주장이 원래 시작할 때 설정했던 그것과 달라져 있을 가능성이 높다. 하지만 괜찮다. 그것은 연구자가 성장했음을 뜻한다. 연구의 최초 목적이 완성된 논문에서도 주장으로 남는 것은 흔한 일이 아니다. 신참 연구자는 투고한 학술 논문에서 최초의 목적을 주장으로 착각하는 경우가 있다. 하지만 이제 연구자는 훨씬 더 흥미로운 주장을 만들 수 있다. 그러니까 초고를 수정하고 재조직화하도록 하라. 각각의 영역마다 주장을 수립하고, 하나씩 그리고 한 단계씩 나아가라. 연구자의 주장은 주차장의 자동차처럼 주인이 찾아 주기를 기다리고 있는 것이 아니다. 굉장히 중요한 주장으로 글쓰기를 시작하는 경우는 드물다. 만약 그런 경험을 한다면, 자신의 행운에 감사해야 한다. 그렇지 않다면, 주장이 갑자기 떠올라서 저절로 분석의 조각을 맞춰 줄 것이라고 기대하지 말라.

분석한 것에 대해 작업하라. 자신의 주장이 출현할 것이다. 연구자의 고민이 더해질수록 주장은 개발된다. 주장은 재료와 힘겹게 싸워서 얻은 결과다. 출현한 주장에 대해 짧고 연속적인 메모를 작성하는 것이 초점을 잡는 데 유용하다. 몇몇 연구자는 자신의 아이디어를 소리내어 읊조리는 방법을 사용하기도 한다. 자신과 대화를 나누는 방법도 수증기처럼 불분명한 주장이 명료해지는 데 도움이 되기도 한다. 논문에 집중하면서 다음과 같이 써 보라.

- 여기에서 나의 주장은 _____이다.
- 내가 추론한 바는 _____이다.
- 내가 이 주장을 지지하는 근거는 _____이다.

글쓰기 과정에서 자신과 대화하는 것보다 타인과 대화를 나누는 일이 더 위험하다. 다른 사람들과 이야기하다 보면, 남아 있는 분석작업이 아니라 연구자가 이미 알고 있는 것을 이야기하거나 그들이 알고 싶어 하는 것에 초점을 맞추게 될 수 있다. 이에 대한 나의 조언은 무엇이냐고? 만약 연구자가 다른 사람과 대화를 나눠야 한다면, 자신의 분석 논리를 설명하고, 녹음기를 가져오라. 아마도 대화를 통해 논문에서 서술하지 못했거나 묵시적인 체로 남겨 놓았던 주장의 핵심과 정리방법을 포착할 수 있을지 모른다.

연구자는 분석에 내재된 요점으로 주장을 만들어 낸다. 각 문단의 주요 요점을 위해 논문의 개요를 만들어 보는 것도 새로이 생성할 주장을 확인하는 데 유용하다. 때론 잠정적이었던 초기 주장에서 시작해 보는 것이 도움이 될 수 있다. 그 주장을 지속적으로 다듬어 가면서 잘 맞아떨어지는지 알아보라. 하지만 그 주장이 가장 중요한 아이디어를 설명하고 있음을 알기 전까지는 그것에 너무 몰입하지는 말라. 어떤 경우에는 처음 주장을 포기해야 할지도 모른다—그것도 괜찮다. 아이디어와 씨름하는 과정을 통해 애초 기대했던 것보다 훨씬 더 사려 깊은 주장을 얻을 수 있다.

> 주장은 재료에 대한 고심의 산물이다. 분석에 내재된 요점에서 주장을 만들어 낸다.

주장을 발견하는 데 도움이 되는 질문

- 이 과정 또는 분석에 대해 독자가 어떠한 의미를 깨닫기를 원하는가?
- 그것이 중요한 이유는 무엇인가?(심지어 숙련된 저자도 종종 자신의 작업을 명료하고 명시적으로 만들기에 앞서 중요성을 가정하기도 한다.)
- 연구자가 독자에게 말하고자 한 바는 무엇인가? 왜 그것을 말하려 했는가?
- 연구자의 핵심적 사항을 응집시킨 문장이나 문단은 무엇인가?

주장으로 돌아가 살펴보라—형광펜으로 색칠하면서 말이다. 더 좋은 것은 주장의 개요를 작성하는 것이다. 연구자의 하위 주장은 무엇인가? 핵심 주장과 하위 주장이 얼마나 근접하여 배치되어 있는가? 하위 주장은 하나로 통합되어 있는가? 하위 주장이 핵심 주장과 느슨하게 연결되어 있다면 핵심 주장을 변화시키지 않고 하위 주장을 가지쳐 낼 수 있는가? 그럴 수 있다면, 그렇게 하라. 다른 작업에서 하위 주장을 뽑아 와라. 그럴 수 없다면, 핵심

주장과 맺어진 연결을 명확히하고 강화시키라.

연구자의 입장이 응집된 효과적인 문장이나 문단을 찾아보라. 연구자의 주장을 발견할 수 있는 곳이다. 저자는 분석을 수행하고 있을 때는 중요한 부분을 못 알아볼 수 있다. 혹은 생각지도 않은 곳에 연구자의 주장이 숨겨져 있을 수 있다—심지어 결론 부분에 파묻혀 있기도 하다. 마지막 순간까지 주장을 다듬어 가라. 그런 다음 서론의 가장 앞부분에 배치한 후, 논문 전체를 관통하는 주장의 체계를 세워 나가라.

주장이 실체를 갖기 위해서는 독자에게 연구자의 입장이 무엇이라고 말해 주기보다는 그것을 생생하게 보여 주는 묘사, 사례, 증거 등을 제시하라. 단순한 주장은 독자를 지루하게 한다. 독자를 확신시키지 못하기 때문이다. 구체적인 경험적 사례에 기반한 분석적 진술문을 균형 있게 제공하도록 하라. 이 장의 서두에서 제시된 예문('만성 질환에 대한 깨달음')과 다음 예문이 갖는 차이점을 알 수 있겠는가? 어느 쪽이 보다 이론적으로 보이는가? 어떠한 예문이 보다 설득적인가?

질병이 의미하는 바 깨닫기

병을 앓는다는 것은 병에 걸렸음을 인지해야만 한다. 단순히 질병을 통보받는 것으로는 불충분하다. 신체적인 느낌이나 기능의 변화를 확인하기 전까지는 진단에 대한 대응을 미루게 된다. 심지어 심각한 진단이라 할지라도 말이다. 그 결과 의료적 조언이나 처방도 무시하게 된다. 질병이 현실로 받아들여지지 않기 때문이다. 그때 환자는 진단이 잘못되었거나 중요하지 않다고 주장할지도 모르며, 그에 따라 의사와의 관계도 나빠질 수 있다.

사람들은 자신의 질병이 어떤 것인지 경험을 통해서 배운다(Charmaz, 1991; Davis, 1963). 만성 질환에 대한 깨달음은 사소한 일상의 경험에서 온다. 캔 뚜껑을 딴다거나, 신문을 집기 위해 허리를 숙이거나, 침대보를 펼치거나, 정원을 손질할 때와 같은 일에서 말이다. 과거엔 힘들지 않았던 일이기에 충격적으로 다가온다. 이러한 충격적 경험은 이후 명시적으로 추구하고 평가하는 잣대가 된다(Charmaz, 1999: 282).

서두의 예문과 지금의 예문은 당연히 확연하게 다른 독자층을 대상으로 삼고 있다. 처음 소개했던 예문은 러드거스 대학교 출판부에서 출간한 대중학술책에 실린 것이다. 대중학술책 역시 탄탄한 학술적 성과물을 제시하기도 하지만, 전문연구자를 포함해 일반 대중에게도 접근하기 위해 다듬어진 책이다. 반면 위에 제시한 두 번째 예문은 보건 및 의료영역을 전공하는 사회과학자를 대상으로 기획한 책을 위해 연구의 요점을 요약한 것이다. 근거이론을 쓴 다음, 연구자는 상이한 목적을 갖는 다른 식의 글쓰기를 통해 자신의 아이디어를 제시할 수 있다. 두번째 예문이 그러하다. 각각의 글을 어떤 식으로 다듬어 내는가는 글쓰기 작업의 목적과 주된 독자층에 따라 달라질 것이다.

연구자의 분석을 전면에 유지하기 위해서는 주장을 수립하고 그에 대한 증거를 수집한 후에 독자층과 전문적 기준에 맞추어 글을 쓰도록 하라. 여러 번 연속하여 초벌 원고를 쓰라. 각 초고가 보다 단순하고, 보다 직접적인 단어와 압축된 문장 및 논리를 갖추도록 하라. 그리하면 분석의 세밀함, 명료함, 매끄러운 이음새를 얻어낼 수 있을 것이다.

범주의 정밀 검토

범주가 논문을 어떻게 구성하고 있는지 알아보기 위해 다시 한 번 범주를 검토하라. 범주에 대해 각각의 힘, 목적, 양상 등을 정밀 검토해 보라. 그후 범주를 세련되게 할 수 있고, 명확하고 매력적으로 다듬어 낼 수 있다. 호소력 있는 범주는 재료를 다루는 신선한 도구가 될 수 있다. 범주를 사용할 때 신중히 판단하고 함부로 남용하지 말라. 그렇지 않으면 독자를 학대하게 될 것이다. 근거이론의 결함 중 하나는 당혹스러울 정도의 전문적 용어로 뒤덮인 점이다. 범주를 다듬고 그중 가장 의미 있는 것을 논문의 개념으로 만들도록 하라.

근거이론연구를 수행 중이라면 이미 여러 번에 걸쳐 범주에 대해 분석적 정밀 검토를 수행했을 것이다. 또한 이어지는 메모를 통해 아이디어가 보다 강해지고 훨씬 응집되었을 것이다. 그 결과 연구 작업의 많은 부분은 나름의 리듬과 흐름을 가지게 된다. 근거이론방법은 분석 과정의 본래적 요소인 범주 내부 및 범주 간의 연결성을 갖도록 촉진한다. 그 결과 문장은 이제 원고에서 하나의 영역을 구성하기에 충분할 정도로 매끄럽게 이어진다.

이제 범주에 대해 각각의 힘, 목적, 양상을 중심으로 검토해 보라. 설득력이 부족한 쇄약한 범주에 대해서는 다시 생각해 보라. 스스로 물어보라. 이 범주가 여기에서 어떤 목적으로 있는 것인가? 만약 분석, 주장, 독자층을 위해 이 범주가 필요 없다면, 버리도록 하라. 〈표 7-1〉에서 제시한 초기 메모의 예처럼, 나의 범주는 하나의 목록처럼 보이고, 강의처럼 들릴 수도 있다. 하지만 이들 메모는 아이디어를 어떻게 다듬어 끌어내고 통합했는가를 보여 주고 있다.

표 7-1 개방에 대한 초기메모의 예

질병 털어놓기의 딜레마
만성 질환에 걸린 사람은 종종 자신의 병을 다른 사람에게 말할 때, 무엇을 말해야 하는지, 무엇을 말하지 않으면 안 되는지 고민하게 된다. 홍반성 루프스에 걸린 캐슬린 루이스(Lewis, 1985)가 다음과 같이 책 서두를 시작한 것처럼 말이다. '안녕하세요How are you?란 말은 어쩌면 만성 질환자에게는 어떻게 대답해야 할지 가장 어려운 질문일지 모른다……'(p. 3)

질병 털어놓기를 회피하기
치러야 할 잠재적인 비용을 고려할 때, 질병 털어놓기를 회피하는 것avoiding disclosure은 충분히 자연스러운 반응일 수 있다. 구체적인 관계 뿐만 아니라 사회적 상황은 질병 털어놓기를 회피하려는 경향에 영향을 미치거나 강화시킬 수 있다. 아마도 이러한 행동의 가장 기본적인 이유는 누군가가 결국 현실의 수준에서 질병을 인정하느냐에 달려 있다. 만약 그렇다면 어떤 종류의 현실성일까…….

말하기의 형태

말하기는 생각, 행위, 감정을 연결시켜 명확하게 진술하는 것을 뜻한다. 그런 점에서 말하기는 누군가에게 자신의 질병과 예후에 대한 전문가의 설명을 통보하기announcing와 전달하기recounting도 포함한다.

1. 털어놓기

털어놓기disclosing는 주관적인 형태의 말하기를 대표한다. 이는 자신의 경험, 자신에 대한 감정을 전면에 드러낸다. 털어놓는다는 것은 자신에 대한 중요한 사실과 감정을 밝히는 것이다. 그러므로 중산층 미국인의 삶에서 좀처럼 드러내지 않는 자신과 개인적 관심사에 대한 사적인 관점이 발현될 수 있다. 그런 점에서 털어놓기의 과정은 위험하다. 나는 자료에서 두 가지 털어놓기 유형을 발견하였다. 보호적 털어놓기protective disclosures 와 자발적 털어놓기spontaneous disclosures가 그것이다.

2. 알려주기

털어놓기와 대조적으로 알려주기informing의 경우, 질병을 앓는 사람은 객관적인 입장을 취하려 한다. 마치 자신의 신체와 상황이 자신과는 분리된 것처럼 간주한다. 알려주기는 정서적 위험을 감소시킨다. 털어놓기와 비교할 때, 알려주기는 정서, 타인의 반응, 부정적일 수 있는 낙인에 대해 보다 많은 통제력을 갖게 해 준다.

3. 전략적으로 통보하기

전략적인 통보strategic announcing를 통해 질병을 앓는 사람은 정보, 자신, 타인의 반응에 대한 통제권을 확대시킨다. 무엇을 말할지, 누구에게 말해야 할지, 언제 그 일을 할 것인지에 대해 계획을 세운다. 전략적 통보를 통해 자신을 보호하고, 상호작용을 통제하며, 권력을 보존할 수 있다.

4. 질병 과시하기

전략적 통보가 논리적으로 확장된 것이 질병 과시하기Flaunting illness다. 다른 사람의 반응에 대한 통제권을 추가적으로 확대하고, 특정한 반응—예를 들어, 충격이나 죄책감 같은—을 청중에게서 뽑아내려 노력한다.

질병 털어놓기의 전략

병을 앓는 사람은 타인, 자기 자신, 자신이 맺고 있는 관계를 보호하는 털어놓기 전략을 개발한다. 털어놓기를 회피하고 싶어 하지 않을 수 있다. 하지만 다른 사람의 반응을 견디어 내는 것을 원치 않을 수도 있다. 특히 분노, 적개심, 자신에 대한 두려움 등 내면적 감정을 건드린다면 말이다. 이러한 전략은 무엇을 털어놓을 것인지, 어떻게 털어놓을 것인지에 따라 달라진다.

---

1. 털어놓기의 내용

전할 소식을 부드럽게 만듦으로써 질병에 대한 유연한 관점을 타인에게 가르쳐 줄 수 있다. 병을 앓는 사람은 마치 전문가처럼 긍정적인 면을 강조하거나 어두운 감정을 밝게 한다든가 아니면 자신의 치료에 적극적인 태도를 보이는 식으로 소식을 부드럽게 한다.

2. 보호적인 털어놓기의 구조화

보호적인 털어놓기의 구조화structuring protective disclosure는 다음의 전략을 사용한다. ① 타인의 도움을 촉구하기invoking the assistance of others, ② 무대 설정하기setting the stage, ③ 점진적 실마리 만들기building progressive clues, ④ 선택적으로 통보하기selective informing

---

〈표 7-1〉에서 범주는 직접적이고 그 순서도 이해가 된다. 이 범주는 독자가 비교해 볼 수 있는 경험을 다루고 있다. 모든 사람은 나름대로 어려운 상황을 털어놓아야 했던 경험이 있다. 독자가 유사한 경험에 대해 가지고 있는 친숙함과 해당 범주에 대한 이해 정도를 평가해 보라. 그리고 나서 각 범주의 공식적인 제목과 논의 내용을 삭제할 것인지 결정하라. 〈표 7-2〉는 앞서의 범주가 실제 출간물에서 어떻게 축소가 되었는지를 보여 준다.

표 7-2 털어놓기의 메모가 출간된 형태

질병 털어놓기의 딜레마
만성 질환자는 종종 자신이 무엇을 말해야 하는지, 질병과 관련해 타인에게 무엇을 말할 필요가 있는지 대해 궁금해한다.

털어놓기를 회피하기

질병을 털어놓을 경우 부담해야 할 잠재적 비용을 고려한다면, 질병 털어놓기를 회피하는 것은 충분히 자연스러운 반응일 수 있다…….

잠재적인 상실과 위험

수용과 자율성을 상실한다는 궁극적인 위험 요인과 더불어 질병을 앓는 사람은 즉각적인 상호작용의 위험과 직면한다. ① 병을 가졌고, 이를 털어놓음으로써 거부당하고 낙인 찍힐 위험성, ② 다른 사람의 반응을 견뎌낼 수 없다는 위험성, ③ 자신의 감정에 대한 통제권을 잃어버릴 위험성…….

말하기의 형태

말한다는 것은 충분히 이해할 정도로 명료하게 생각, 행위, 감정을 연결 짓는다는 것을 뜻한다. 대개 말하기는 자신의 병과 예후에 대한 전문가의 설명을 통보하고 전달하는 것을 포함한다. 털어놓기는 주관적인 형태의 말하기를 나타내므로 자신의 경험, 자신에 대한 감정이 전면에 드러나게 된다. 미국 중산층의 삶에서는 좀처럼 드러내지 않는 자신과 개인적인 관심사에 대한 사적인 관점이 출현할 수 있다……(Charmaz, 1991a: 109-119).

맥락을 구축하는 도구로 범주를 사용하라. 모든 하위 범주는 큰 제목에 부합되도록 만들라. 그런 다음, 하위 범주의 제목을 포함시킬 것인지 검토하라. 사려 깊게 다듬어진 근거이론의 범주는 과제 보고서와 전문적 학술지의 소제목signpost으로도 잘 맞는다. 사회과학과 전문학술지의 논문은 여러 개의 소제목을 포함하고 있다. 에세이의 경우 분절적인 단락의 수가 그보다는 적을 것이다. 속독하면서 모든 소제목을 삭제하려는 편집자도 있을 수 있다. 소제목이 사라질수록 내러티브의 형식도 변화된다. 직설적인 과학적 글쓰기는 점차 줄어드는 반면, 보다 문학적인 글쓰기가 증가된다. 소제목으로 사용하는 모든 범주는 나름의 방식으로 내러티브에 기여하고 있음을 확인하라.

지나치게 일반적이거나 자명한 범주는 그리 좋은 것이 아니다. 번거롭게 왜 그러한 범주를 포함시키겠는가? 지금쯤이면 연구자는 자신의 목적에서 벗어났다면 어떤 것이든 버릴 수 있어야 한다. 적지만 의미 있는 범주만이 글쓰기에 힘을 부여하고 독자가 기억할 수 있는 개념이 된다.

새로운 아이디어를 설명하는 명시적인 제목을 갖는 하위 범주만을 포함시키도록 하라. 아이디어를 고수하되, 주요 제목이나 목적에 귀속되게 하라. 이 지점에서, 도면을 포함하는 것이 독자를 위해 분석과 주장을 명료하게 하는지 검토해 보라. 분석적 글쓰기 작업에서 독자와의 소통으로 옮겨 갔기에 저자와 분석가로서 써야 할 것과 독자를 위해 써야 할 것은 달라진다. 아마도 이제는 하위 범주를 축소하고, 묘사를 간략히 하며, 자명한 진술문은 삭

제해야 할지 모르고, 연구자에게는 충분히 명료하지
만 독자에게는 그렇지 못한 개념적 관계를 콕 집어
내 보여 주는 도면을 추가할 수도 있다.

> 분석적 글쓰기에서 독자와의 의사소통
> 으로 전환할 때 작가와 분석가로서 해
> 야 할 일과 독자를 위해 써야 할 것은
> 달라진다.

모든 하위 범주를 포함시키려 할 경우, 연구자의
목소리는 둔해지고 글은 지탱하기 버거울 정도로 힘들어진다. 정말이지, 우
리는 연구 작업을 진행시키기 위해 여러 개의 하위 범주를 하나씩 만들어
낼 수 있다. 하지만 작업을 진행시키는 것과 독자를 대상으로 글을 쓴다는
것은 다른 것이다. 세심하게 다듬어진 축코드가 모두 담겨진 분석 결과를 읽
는다고 생각해 보라.

한 가지 알려 준다면, 낯선 영역을 다룰 때 하위 범주를 명시적인 하위 제
목으로 삼는 것이 유용하다. 색다른 아이디어와 추상적인 개념적 도식은 보
다 많은 소제목을 필요로 한다. 예를 들어, '시간 경험하기'라는 범주와 관련
하여 적절한 용어는 그리 많지 않다. 그래서 나는 출판사의 초급편집자가 논
문의 하위 제목을 삭제하는 것을 거부했다(이에 대해 선임편집자는 이후 동의
했다). 다음에 제시한 소제목은 만성 질환자가 어떤 식으로 시간과 관계 맺
고 있는지를 보여 준다. 이들 하위 제목은 개념적 범주이자 맥락과 행위에
대한 분석의 근거인 셈이다.

시간표식으로서 질환

많은 사람은 시간을 표시하고 삶 속의 여러 기간을 구분짓는 데 질병
을 사용한다(Roth, 1963). 그들은 긍정적 변화를 기록하는 특정한 표식을
기념일처럼 축하하기도 한다. 이러한 표식은 질병, 건강, 자아를 측정하는
데 비교의 기준점으로도 사용될 수 있다.

연대기 작성

질환을 앓는 사람은 삶의 여러 기간 내에서 시간이 직접적으로 자신과

어떻게 관계 맺는지를 기록한다. 질병에 대한 연대기는 자신의 경험을 보다 잘 이해할 수 있게 한다. 자신에게 무슨 일이 일어났고, 왜 악화되고 있거나 좋아지고 있는지, 질병이 자신에게 뜻하는 바가 무엇인지 설명하기 위해 연대기를 이용한다.

표식의 수립

시간에서 기억해야 할 기준점benchmark은 무엇인가? 어떤 사건은 영원히 기억되고, 어떤 사건은 과거 속으로 희미해지는 이유는 무엇인가?

측정 도구로서 표식

사람들이 질병으로 시간을 표시할 때, 그 표식은 무엇을 뜻하는가? 표시된 사건 사이에는 무엇이 있는가? 질병을 앓고 있는 자신의 관점을 자신에 대한 타인의 관점과 비교해 보면서, 어떤 이는 자신의 현재를 측정해 볼 수 있다. 그러한 측정을 통해 자신이 얼마나 '아픈지' '괜찮은지'를 얻어낼 수 있다. 이와 유사하게, 시간을 전향적으로 표시하는 것은 회고적인 표식을 찾는 것과는 다른 의미를 갖게 한다(Charmaz, 1991a, pp. 198-206).

논문의 주요 영역에 대한 제목으로 주요 범주를 사용하라. 보고서를 작성할 때 근거이론은 확실한 장점이 있다. 연구자의 범주는 독자에게 연구 주제를 상세하게 가르쳐 주며, 분석의 방향을 제시한다. 범주는 그 내용을 짐작케 하고, 분석의 논리를 강조한다. 행위에 관한 범주는 '분석 결과' 또는 '자료분석'이라는 제목보다는 독자를 훨씬 더 몰입하게 한다. 만약 전통적인 계량연구의 형식을 따라야 한다면, 보고서의 앞부분에 '서론' '문헌 검토' '이론

> 주요한 범주를 해당 영역의 제목으로 삼으라. 보고서를 완료할 때 근거이론은 확실한 장점이 있다. 연구자의 범주는 독자에게 그 주제를 상세하게 가르쳐 주고, 분석의 방향을 지시한다. 범주는 내용을 짐작케 하고 그 부분의 논리를 강조한다.

적 틀' '연구방법과 자료' 등과 같은 표준적인 영역을 포함시키라. 여러분이
해당 영역에서 상당한 작업을 수행했다면 이제 자신의 분석을 위한 견고한
토대를 쌓았을 것이며, 아울러 일정 정도 자유로울 수 있는 지분도 갖고 있
을 것이다. 그 기회를 충분히 활용하도록 하라. 자신의 범주를 활용하여 분
석영역을 선보이고, 가장 흥미로운—아울러 긴 분량을 지닌—영역이 되도
록 만들라.

도서관으로 귀환: 문헌검토와 이론적 틀

문헌 고찰과 이론적 틀을 쓰기 위해 도서관으로 돌아갈 때 무슨 일이 일
어날까? 편파적이지 않은 분석을 제시하기 위해 재료와 씨름하고 있는 객관
주의 학자를 기대하는가? 학자는 비록 객관성이라는 망토를 둘러쓸지는 모
르나, 연구와 글쓰기는 본질적으로 이념적 활동이다. 문헌 고찰과 이론적 틀
은 연구자가 자신의 입장을 주장하고, 위치를 정하며, 평가하고, 방어하는 이
념적 장소다(Holliday, 2002). 따라서 보고서에서 이 두 영역은 요약 그 이상
의 많은 것을 담아내야 한다. 사실 왜 연구자가 그 주장을 선호하는지, 자신
이 수용하고 거부한 증거가 무엇인지, 어떻게 그 결정에 도달했는지를 두 영
역을 통해 보여 주어야 한다. 그렇다면 무엇을 고려할 필요가 있을까? 그리
고 어떻게 진행해야 할까?

우선 연구자의 과업에 영향을 미치는 공식적 요구 조건과 비공식적 전통
에서 시작하자. 문헌 고찰과 이론적 틀 간의 경계는 종종 불분명하다. 양자
를 뚜렷하게 구분 짓는 정도는 손대고 있는 과업과 그 요구 기준에 따라 다
르다. 학부나 대학원 학생이 수행하는 연구 프로젝트는 문헌 고찰과 이론적
틀 모두를 요구한다. 하지만 이와는 다른 형태를 취하는 과업도 존재한다.
대부분의 학문 분야에서 책은 학위논문과는 형식 면에서 다르다. 또한 발주

기관을 위한 연구 보고서는 책이나 논문과 다르다. 학술지 논문의 경우, 학위 논문의 모든 부분을 포함하면서도, 어느 한 부분을 그대로 복사해 출간할 수는 없다. 여러 논문을 편집한 책 또한 다른 형태를 띤다.

비록 학자는 객관성이라는 망토를 둘러쓸지는 몰라도 연구와 글쓰기는 본질적으로 이념적 활동이다. 문헌 고찰과 이론적 틀은 연구자가 자신의 입장을 주장하고, 위치를 정하며, 평가하고, 방어하는 이념적 구역인 셈이다(Holliday, 2002).

이와 같이 학문 분야와 보고서의 유형에 따라 연구자가 어떻게, 어디에서, 어느 정도로 문헌을 '고찰'하고 기존 이론을 '활용'하는가는 달라진다. 소속 학과와 지도교수에 따라 다루어야 할 문헌과 이론적 틀의 요구 조건이 달라진다. 논문의 개별 장마다 많은 분량을 요구하는 학과도 있지만, 문헌 고찰과 이론적 주장을 전반적인 분석과 엮어서 제시할 것을 요구하는 학과도 있다.

만약 자신의 근거이론을 출간하려고 어딘가에 제출할 계획이라면, 먼저 관련 연구가 어디에 많은지 주목하라. 그 다음, 해당 학술지와 출판사를 주의 깊게 살펴보라. 편집 방침을 살펴보면 편집위원장이 자신의 연구에 관심을 가질지 판단하는 데 유용하다. 연구자는 이러한 편집 방향을 학술지에 실리는 편집자의 난에서 확인할 수 있다. 출판사는 종종 웹사이트에 이러한 방침을 게시하기도 한다. 출판사가 다루는 실질적 주제, 분석 형태와 수준, 연구의 접근방법, 주된 독자층이 누군인지 등을 알아보기 위해 관련 학술지나 책을 조사하는 것이 도움이 된다. 편집 방침에 대해 검토하고, 여러 저자의 작업을 평가한 후, 자신의 연구 결과를 제출할 후보지를 선택해 볼 수 있다. 목표로 삼는 학술지 또는 출판사의 목록을 만든 후, 그곳에 실린 저자가 문헌을 고찰하고 이론적 틀을 작성하는 방식은 어떠한지 검토하라. 가장 뛰어난 저자가 사용하는 수사적 표현을 연구하는 한편, 자신만의 양식도 개발하도록 하라.

뛰어난 저술가가 저명한 학자는 아닐 수 있다. 일단 학자로서 명성을 얻게 되면, 출판사나 학술지의 편집자는 탁월한 글솜씨가 없다 하더라도 그들의 연구를 수용할 수 있다. 그럼에도 몇몇 중진 학자는 명료하고 우아하며 자신만의 문체를 가진 글쓰기로 칭송받기도 한다. 그들의 연구에서는 신진학자에게서 주로 발견되는 고통스러운 전문용어와 만연체 문장을 거의 찾기 힘들다(Derricourt, 1996). 과거 40여 년 동안 글쓰기에 대한 평가 기준은 상향되었을뿐더러 신진 저자에게는 차별적으로 적용될 수 있으므로 중진학자의 아이디어와 함께 그들의 글쓰기 방식에도 주의 깊게 관심을 기울이는 것이 도움이 된다. 글쓰기의 본보기를 잘 선택하라.

외부 심사를 위해 연구물을 제출하려 한다면, 목표로 삼는 학술지나 출판사가 받아들일 수 있는 관례와 논문 작성 양식을 활용하라. 연구 주제를 처리하고, 내러티브를 조직화하는 방식은 학문 분야마다 다르기 때문에 출간 작업도 달라져야 한다. 선행 연구를 최대한 많이 포괄하는 것을 높이 평가하는 학문 분야가 있는가 하면, 어떤 분야는 간단명료하고 제한적인 고찰을 강조하기도 한다. 한 장에 걸쳐 관련 연구를 소개해 줄 것을 요청하는 학술지나 출판사가 있기도 하고, 논문의 뒷부분에 주석을 달 것을 요청하는 경우도 있다. 선행연구를 거의 논의 없이 인용만 하고 있는 학술지논문도 많다. 그런가 하면 어떤 학술지의 경우 각주를 금지하면서도 저자가 많은 인용 출처를 가지고 있을 것이라 가정하기도 한다. 때론 문헌연구를 서론 부분에서 다루기도 한다. 어떤 책에서는 분석이 이루어진 이후에 앞 부분의 단원을 토대로 기존 이론에 대한 논의가 뒤에 제시되기도 한다.

다양한 종류의 형식은 연구자에게 끝을 알 수 없는 선택을 남겨 놓는 것일까? 그렇지는 않다. 문헌 고찰과 이론적 틀의 초고를 자신의 근거이론에 관련지어 작성하도록 하라. 연구자는 선행연구 및 이론에 대한 비판의 방향성을 잡고, 이들을 비교하기 위해 작성한 초고를 활용할 수 있다. 명료한 진술문으로 아이디어를 끌어내도록 하라. 그런 다음, 연구자의 구체적인 과업에 부합하도록 수정하라. 연

> 문헌 고찰과 이론적 틀의 초안을 자신의 근거이론과 관련지어 작성하라. 선행연구와 이론을 어떻게 비판할지 방향을 잡고, 이들을 비교하기 위해 초고를 활용할 수 있다.

구자는 자신의 분석을 발전시킨 후에 독자층과 전문적 기준에 맞춰 문헌 고
찰 및 이론직 틀을 쓰도록 하라.

근거이론에서 지속적 비교방법은 자료 분석을 완료했다고 해서 끝나는
것이 아니다. 문헌 고찰과 이론적 틀은 비교와 분석을 위한 가치 있는 원천
이 될 수 있다. 다른 학자의 증거와 아이디어를 연구자의 근거이론과 비교함
으로써, 그들의 아이디어가 자신의 이론적 범주를 어느 부분에서, 어떻게 설
명하고 있는지 보여 줄 수 있다. 동시에 연구자의 이론이 해당 분야의 지배
적인 아이디어를 얼마나 확장시키거나 뛰어넘고 있는지, 혹은 그에 대해 어
떻게 도전하는지를 보여 줄 수 있다.

문헌 고찰을 둘러싼 논쟁

연구자는 언제 선행 연구의 문헌 속으로 파고 들어야 할까? 그 일을 어떻
게 수행해야 할까? 연구자는 무엇을 다루어야 할까? 근거이론에서 문헌 고
찰의 위치는 오랫동안 논란이 되어 왔고 오해를 받아 왔다. 고전적 근거이론
가들(Glaser & Strauss, 1967; Glaser, 1978)은 분석을 완료할 때까지 문헌 고
찰을 미루라고 강조했음을 기억하라. 그들은 이전의 아이디어라는―종종
'수용된 이론received theory'이라 알려진―렌즈를 통해 자료를 바라보는 것을
원치 않았다.

글레이저와 스트라우스는 다소 문제는 있지만 가치 있는 지적을 제기했
다. 흔치 않게 교수는 해당 분야의 핵심 이론을 얼마나 잘 암송하느냐에 따
라 학생을 평가한다. 몇몇 대학원은 대학원생에게 기존 이론과 방법의 적용
능력을 보여 주는 논문을 써 오기를 기대한다. 더 이상의 타협은 없다. 초심
자는 다른 사람의 아이디어에 사로잡히고, 기성 학자는 자신의 이론으로 무
장하게 된다. 어느 쪽이든 신진학자와 중진학자 모두 자신의 자료를 이미
존재하는 범주에 꿰맞추게 된다. 문헌 고찰을 뒤로 미루는 목적은 선입견을

가진 아이디어를 받아들여 자신의 연구작업에 부과하는 것을 피하려는 것이다. 문헌 고찰을 연기함으로써 연구자 자신의 아이디어를 명료하게 할 수 있다.

신진학자를 낡은 아이디어의 족쇄로부터 자유롭게 하려는 싸움의 과정에서, 글레이저와 스트라우스는 각자의 입장을 과장했거나 서로 다른 입장을 취했다. 스트라우스가 '근거이론의 발견(1967)'에서 언급한 핵심 사항은 수사학적인 표현이었다.[3] 스트라우스와 코빈(1990)은 자신의 입장을 다음과 같이 정리했다. "우리 모두는 자신이 속한 전문직과 학문 분야의 문헌을 통해 상당한 배경지식을 가지고 연구를 시작한다."(p. 48) 사전 지식에 대한 글레이저(1992, 1998)의 입장은 조금은 모호하다. 그는 근거이론가가 기존의 아이디어에 오염되지 않은 채 있을 수 있고, 그러해야 한다는 점을 계속 주장했다. 하지만 『이론적 민감성*Theoretical Sensitivity*』(1978)이라는 책에서 글레이저는 이론적 코드에 대한 논의를 통해 사전 지식에 대해 다음과 같이 언급하고 있다. "근거이론가는 자료 속의 관계가 갖는 섬세함을 명확하게 다듬는 데 민감해지기 위해 많은 이론적 코드를 알 필요가 있다."(p. 72) 만약 이론적 코드가 우리가 가지고 있는 지식의 목록 중 일부분이 아니라면 어떻게 이론적 코드를 알 수 있을까? 반대로 이론적 코드가 지식의 일부분이라면, 우리는 이론적 코드를 파생시킨 주요한 연구물을 알지 못하는 것일까?

어떤 학자는 글레이저와 스트라우스의 원래 주장을 거부했고, 지금도 계속 그러한 입장을 고수하고 있다. 예를 들어, 블러머(1979), 데이(1999), 레이더(Layder, 1998)는 글레이저를 포함하여 어쩌면 스트라우스도 순진하게 연구자를 백지 상태tabula rasa로 본 것이라 가정한다. 하지만 글레이저와 스트라우스의 초기 주장이 그렇게 보였을지 모르지만, 현재 모든 근거이론가가

---

3. 이러한 지적은 스트라우스와 가졌던 많은 대화와 면접에 기반한 것이다. 스트라우스는 근거이론가가 자신의 연구를 시작하는 경우 그보다 선행되는 삶과 지식이 있다고 가정하였다.

이러한 관점에 동의하지는 않는다. 그보다 카렌 헨우드Karen Henwood와 닉 피선Nick Pidgeon(2003: 138)이 제시한 '이론의 불가지론theoretical agnosticism'은 연구 과정 전반에 걸쳐 취해야 할 유용한 자세를 보여 준다. 그들은 연구자가 선행 이론에 대해 비판적 입장을 취해야 한다고 주장한다. 이는 연구자가 자기 방식의 내러티브를 얻기 위해 기존 개념이 필요하다는 글레이저의 입장과 일치한다. 기존 개념을 문제 있는 것으로 받아들이고, 기존 개념을 교재에서 제시된 그대로가 아니라 생동감 있고 이해할 수 있는 특성이 있는지 살펴보라.

연구 계획서에 요구되는 필수 사항 때문에 아마도 연구자는 연구 수행 전 몇 달 동안은 도서관에 파묻혀 있어야 할 것이다. 연구 계획서는 연구자가 속한 학문 분야의 선도적인 연구와 이론에 대한 정교한 지식을 필요로 한다. 그러한 내용을 담은 연구 계획서를 작성한 경우, 연구자는 자신의 범주 및 범주 간 관계를 개발할 때까지는 이들 지식을 활용하지 않은 채 묻어둘 수 있다. 그런 다음 관련 문헌에서 연구자의 작업이 어디에 위치하는지 찾아보기 시작하라. 일단 연구를 시작했기 때문에 연구자는 새로운 실체의 영토로 여행을 떠날 수도 있고, 상상하지 못했던 이론의 고지를 측정했을 수도 있다. 필요하다면 자신이 밟아 온 경로의 개요를 보여 주어 교수를 만족시킬 수도 있지만, 우선은 자신의 근거이론을 작성하는 데 몰두하라.

문헌 고찰을 미루는 것은 미흡한 글쓰기와는 다르다. 또한 관련된 문헌을 부주의하게 다루는 것의 변명이 되어서도 안 된다. 간혹 몇몇 근거이론가의 진술문이나 부주의함에서 선행 연구에 대한 교만한 태도를 엿볼 수 있다. 어떤 학자는 자신의 입지가 흔들릴지도 모른다는 점 때문에 동료 학자의 경쟁적 아이디어—혹은 핵심적인 아이디어—를 인정하기를 꺼린다. 또한 경쟁자의 가장 중요한 연구 대신 덜 중요한 연구를 인용하기도 한다. 나태한 학자는 의견의 수렴이나 불일치가 일어나는 가장 중요한 점을 제대로 인용하지 못한다. 선행 연구에 대해 정당한 몫을 부여하라. 철저하고 예리하며 초점 잡힌 문헌 고찰을 완료하는 것은 자신의 주장—그리고 자신의 연구—에 대한 신빙성을 강화시켜 준다. 근거이론가에게 철저하면서도 초점 잡힌 문헌 고찰을 쓴다는 것은 종종 다양한 현장 및 학문 분야를 넘나든다는 것을 의미한다(이와 관련된 탁월한 예로는 Baszanger, 1998; Casper, 1998; Clarke, 1998, 2005; Wiener, 2000가 있다).

많은 연구 보고서는 표준적이고 엄격한 형식을 요구한다. 그러므로 연구자의 창의성을 옥죄거나 연구자의 이론을 부여잡지 않는 선에서 그러한 형식을 이용해야 한다. 문헌 고찰은 그 다음 장에서 연구자가 수행한 바가 펼쳐질 무대를 설정할 기회를 제공한다. 이러한 시각에서 문헌을 평가하고 비판하라. 연구자는 문헌 고찰을 통해 단지 주요한 연구를 목록화하고, 요약하며 종합하는 것 이상으로 더 많은 일을 할 수 있다.

관련 문헌과 선행 이론에서 나온 핵심 사항을 종종 논문, 보고서의 서론에 등장시키기도 한다. '도움의 또 다른 측면: 학대받은 여성의 도움 요청 과정이 낳은 부정적 효과'라는 논문의 서두에서 로라 벡스 렘퍼트Lora Bex Lempert는 핵심적인 선행 연구를 다루면서, 자신의 주장을 선행 이론과 대조하였다. 다음 예문은 그녀의 논리를 보여 준다.

이 논문에서 나는 학대받은 여성이 비공식적 관계망이라는 자원—이 자원은 처음에는 관계를 유지하다가 이후에는 떠나간다—에서 도움을 얻기 위해 취하는 몇 가지 의미 있는 사회적 행위를 검토하였다. '아내 학대'라는 집합적 표현은 이러한 관계를 폭력의 행위로 축소시키며, 학대받은 여성이 학대 배우자를 떠남으로써 문제가 해결된다는 입장을 고수한다(Loseke, 1992). 하지만 학대받은 여성은 배우자와 그 관계에 대해 훨씬 복합적인 해석을 하고 있다. 피학대 여성은 배우자를 사랑과 애정의 일차적 원천으로 믿는 동시에 자신의 삶에서 가장 위험한 사람으로 믿고 있다(Walker, 1979; Lempert, 1995). 학대받은 여성이 그러한 관계에 대처하고,

그것을 변화시키거나 떠나는 데 필요한 도움을 언제, 왜, 어떻게 요청하는지 이해하기 위해서는 이러한 동시성simultaneity을 분석적으로 파악해야만 한다.

'가정 폭력'과 '아내 폭력'을 설명하는 기존 이론은 복합적인 역동성을 총체적으로 이해하는 데 기여했다['폭력의 심리사회적 순환론은 워커(Walker, 1979, 1989)' '폭력문화이론은 스트라우스, 겔레스, 스타인메츠(Straus, Gelles & Steinmetz, 1980)' '사회학습이론은 페이즐로(Pagelow, 1984)' '일반체계이론은 가일스-심스(Giles-Sims, 1983)' '갈등이론은 도바쉬와 도바쉬(Dobash & Dobash, 1979), 마틴(Martin, 1976)' '친밀자원이론intimate resource theory은 스트라우스(1977)' '폭력성애론eroticization of violence은 맥키넌(MacKinnon, 1993)이 있다]. 하지만 완전한 것은 아직 없다.

몇 가지 예외에도 불구하고(Dobash & Dobash, 1981; Ferraro & Johnson, 1983; Mills, 1985; Loseke, 1987; Chang, 1989), 아내 폭력과 관련한 기존 연구는 학대받은 여성이 폭력적 행위나 사건을 어떻게 해석하며, 이러한 의미의 해석이 도움 요청 과정에 어떠한 영향을 미치는지 살펴보기보다는 폭력적 관계에 처해 있는 여성은 무엇을 하는가에만 초점을 두어왔다. 매맞는 여성의 도움 요청을 다룬 대부분의 연구는 공식적 기관—일차적으로는 경찰, 의료적 대응(혹은 그것의 결핍), 지역사회 쉼터 등—(Berk et al., 1983, 1984; Berk & Loseke, 1980/1981; Bowker & Maurer, 1987; Edwards, 1987; Ferraro, 1987, 1989; Schechter, 1982; Stark & Flitcraft, 1983, 1988; Loseke, 1992)에 초점을 두어 왔다. 나는 분석의 근본적인 초점을 학대적 관계에 있는—즉, 모순적이지만 애정과 폭력이라는 동시적인 맥락에 처한—여성이 비공식적 도움을 요청하는 것에 두고 있다. 여기에는 이러한 도움 요청에 따른 기대하지 않았던 결과까지 포함한다. 의도된 도움이 가져온 부정적 효과에도 분석적 관심을 둠으로써 이 연구는 선행 연구를 확장시키는 한편, 도움 요청 과정과 그에 따른 기대하지 않았던 결과 모두를 밝혀 줄 것이다. 아울러 도움 요청과 도움 제공 중 어느 한쪽만을 취하는 이분법적 논리는 양자 모두를 감추어 버린다는 점을 환기시킬 것이다(1997: 290-291).

문헌을 살펴본다는 것은 논문, 보고서에서 한 절이나 장을 채우는 것 이상의 작업이다. 문헌에 대한 논의를 결과물 전반에 걸쳐 엮어 가도록 하라. 필요한 영역이나 장은 이러한 논의의 토대를 쌓게 한다. 연구자는 다음의 과업에 도전해야 할지 모른다.

- 아이디어 명확하게 하기
- 흥미로운 비교 수행하기
- 어떠한 이론적 논의로 독자 초대하기
- 연구자의 작업이 관련 문헌의 어느 부분과 어떻게 부합하는지 혹은 그것을 확장시켜 주는지 보여 주기

이를 통해 연구자는 일종의 대화를 이끌어 내면서, 자신이 속한 분야의 최신 담론에 참여하게 된다(Silverman, 2000 참조). 실체적 영역에서 이루어지는 정교한 담론의 일원이 됨으로써 이제 독자는 연구자를 진지한 학자로 바라보게 된다.

관련 문헌을 요약하기보다는 인용된 연구를 독자가 왜 검토해야 하는지를 주장하라—특히, 보고서의 목적과 관련하여 말이다. 문헌 고찰이 얼마나 포괄적이어야 하는가는 연구자가 수행해야 할 과업의 요구조건에 따라 다르다. 어느 경우에든 관련 분야의 선도적인 연구를 포함시키라—해당 연구가 연구자의 근거이론을 지지하는지를 보여 주는 동시에 자신의 근거이론과 수렴되거나 차이 나는 지점이 무엇인지 보여 주라. 아울러 자신의 연구가 특정한 선행 연구를 얼마나 뛰어넘고 있는지 이후 결론 부분에서 보여 줄 것에

대해 고민하라. 연관되고 초점을 갖춘 문헌 고찰을 수행하도록 하라. 포괄적인 문헌 고찰이란 길기만한 요약 정리의 목록을 뜻하지 않는다. 지도교수나 소속 학과는 포괄적인 문헌 고찰을 기대하겠지만, 연구자는 자신의 주장에 초점을 두고 조직화해야 한다. 다시 한 번 강조하지만, 문헌 고찰의 틀거리를 구성하기 위해 자신의 근거이론을 활용하라.

표 7-3 문헌 고찰 작성하기

문헌 고찰은 관련된 아이디어 및 연구가 연구자의 근거이론이 다루려는 영역으로 관여할 공간을 제공한다. 문헌 고찰은 이들 영역에 대해 연구자가 이해 및 정리한 바를 평가하는 방법이 될 수도 있다. 문헌 고찰은 연구자에게 다음의 목표를 달성할 기회를 제공한다.

- 관련 연구에 대해 검토한 것 보여 주기
- 관련 연구 중 가장 의미 있는 아이디어와 발견물을 확인하고 논의할 수 있는 연구자로서의 기술 보여 주기
- 자신의 연구가 선행 연구와 맺고 있는 명시적이고 흥미로운 연결고리 만들어 내기
- 자신의 근거이론에 기반한 주장 형성하기

특정한 연구 문제 및 갓 개발된 근거이론과 관련된 선행 연구를 분석하기 위해 문헌 고찰을 활용하라. 다음의 과업을 수행하기 위해 문헌 고찰을 활용하라.

- 선행 연구의 틀구성, 통합, 평가를 위해 연구자의 개념적 주장 목록화하기
- 선행 연구 평가하기
- 선행 연구에 대해 누가, 무엇을, 언제, 왜, 어떻게 수행했는지 명세화하기
- 기존 지식의 틈새를 드러낸 후, 연구자의 근거이론이 어떻게 대답하는지 진술하기
- 자신의 연구가 차지하는 위치를 확인하고, 그 기여도를 명확하게 하기

근접한 실체적 영역을 넘어서서 또 다른 영역으로 연결될 수 있도록 고민하라. 자신이 수행한 혁신적인 분석이 최대한 기여할 수 있도록 하라. 또한 신선한 주제를 제공할 기회를 받아들이고, 새로운 참여자 집단을 연구하거나 새로운 연구방법을 만들어 내도록 하라.

이론적 틀 작성하기

귀납적 연구를 수행한 근거이론연구자는 필요한 이론적 틀을 어떻게 쓸 수 있을까? 이러한 분석틀은 명료하기보다는 느슨한 나열이지 않을까? 어쩌면 그럴지 모르겠다. 이러한 이론적 틀은 연구자가 연역적 논리를 사용했음을 뜻하는 것은 아닐까? 반드시 그렇지는 않다. 아마도 연구자는 이론적 틀 때문에 주춤거리다가 불편해할지 모르겠다. 하지만 이론적 틀 때문에 흔들리기보다는 독자에게 닻을 제공하기 위해 이론적 틀을 활용하라. 아울러 자신의 근거이론이 기존의 개념을 얼마나 개선시키거나 확장했는지 혹은 그것에 도전하거나 뛰어넘고 있는지 보여 주기 위해 활용하라. 따라서 하나의 이론적 틀은 논문이 자리 잡고 있는 개념적인 기반을 공지하고 요약하는 것 이상의 역할을 수행한다.

근거이론에서 이론적 틀은 전통적인 질적연구의 그것과는 다르다. 근거이론은 자료를 수집하기 전에 특정한 가설을 연역하기 위해 이론을 사용하지 않는다. 상징적 상호작용주의 개념이 내가 가진 세계관이다. 따라서 이러한 개념은 내가 무엇을 볼 것이며, 그것을 어떻게 볼 것인가에 영향을 미친다. 다른 연구자의 관점이 그들에게 영향을 미치는 것처럼 말이다. 하지만 연구자가 가지고 있는 개념은 당면한 분석 문제와 관련되기 전까지는 배경에 머물러 있다.

연구자는 주장을 통해 자신이 수행한 분석에 대해 독자가 어떻게 생각하기를 원하는지 말한다. 이론적 틀은 연구자가 제시할 특정한 주장을 틀 짓는다. 이 지점에서 연구자가 이론적 틀을 활용하고 개발하는 방식은 새로운 분기점을 맞게 된다. 그 방식은 연구자의 분석과 그에 관한 주장에서 출현하기 때문이다. 이와는 달리 전통적인 계량연구설계를 사용하는 연구자는 연구를 시작하기 전에 기존 이론과 그에 기반한 연역적 가

> 연구자의 주장은 독자가 자신의 분석에 대해 어떻게 생각하기를 원하는지 말해 준다. 이론적 틀은 연구자가 제시하는 특정한 주장을 결정한다.

설을 언급한다. 계량연구자의 경우, 이론적 틀에서 사용할 이론은 이미 존재한나.

반면 근거이론연구의 경우, 연구자는 이론적 틀을 만들기 위해 민감한 개념과 이론적 코드를 사용한다. 이들 개념과 코드는 연구자의 논문을 관련 학문 분야와 담론 속에 위치하게 한다. 민감한 개념은 연구의 출발점을 알려준다. 이론적 코드는 배열된 핵심 아이디어를 연구자가 어떤 식으로 개념화하는지를 설명해 준다.

연구자의 근거이론에 기여하는 온전한 이론적 틀을 작성하도록 하라. 어떻게 그럴 수 있을까? 이론적 틀을 활용할 때 고려해야 할 사항은 다음과 같다.

- 개념적 논리와 방향성을 명확하게 하라.
- 선도적인 아이디어를 끌어들이라.
- 앞선 이론적 산물을 인정하라.
- 선행 이론과 관련지어 연구자의 새로운 근거이론이 차지할 위치를 정하라.
- 연구자의 독창적인 개념이 갖는 중요성을 설명하라.
- 당면한 글쓰기 과업과 독자에 부합하게 하라.

이론적 틀이 모두 동일한 것은 아니다. 이론적 틀은 연구자가 의도한 독자층에 부합할 필요가 있고, 당장의 과업에 충실해야 한다. 학술지에 따라 써야 할 내용이 달라질 수 있다. 나는 다음에 제시한 이론적 틀을 '계간 사회학 The Sociological Quarterly'을 겨냥해 작성했다. 이 학술지는 상징적 상호작용주의에 기반한 사회심리학 전공자를 독자층으로 삼고 있다. 다음의 이론적 틀은 질병과 장애에 대한 적응 과정에서 나타나는 신체, 자아, 정체성 간의 관계를 설명하고 있다.

이론적 틀

이 논문은 정체성에 대한 상징적 상호작용주의 관점(Blumer, 1969; Cooley, 1902; Lindesmith, Strauss, & Denzin, 1988; Mead, 1934; Strauss, 1959)을 취하고 있으며, 신체를 다룬 뛰어난 문헌에 기반하고 있다(DiGiacomo, 1992; Frank, 1990, 1991a, 1991b; Frankenberg, 1990; Freud, 1982, 1988, 1990; Gadow, 1982; Flassner, 1988, 1989; Kotarba, 1994; Olesen, 1994; Olesen, Schatzman, Droes, Hatton & Chico, 1990; Sanders, 1990; Scheper-Hughes & Lock, 1987; Zola, 1982, 1991). 나는 신체와 자아의 관계를 명확화한 샐리 개도우의 연구(1982)에 의존하는 동시에 만성 질환자의 자아(Charmaz, 1991a)와 정체성에 대한 상실감의 영향(Charmaz, 1987)을 다룬 나의 선행 연구에 기반하고 있다.

상징적 상호작용주의에 따르면, 개인의 정체성이란 개인이 타인에게서 자신을 규정하고, 확인하며, 차별하는 방식을 의미한다(Hewitt, 1992를 참조). 피터 버크Peter Burke(1980)에 따르면, 정체성 개념은 사람들이 스스로를 정의하고 싶어 하는 방식을 암묵적으로 고려한다. 바람wishes은 사고와 함께 감정에 기반한다. 만성 질환자는 가능하다면 자신의 바람을 의도, 목적, 행위로 나타내려 노력한다. 따라서 그들은 미래의 정체성을 실현하려는 동기를 부여받으며, 때로는 현재의 자신을 인정하도록 강요받는다. 하지만 암묵적으로 그들은 정체성 목적identity goal을 형성한다. 따라서 나는 정체성 목적을 사람들이 가정하고, 갈망하며, 희망하거나 계획하는 선호된 정체성preferred identities으로 정의한다(Charmaz, 1987). 정체성 목적이라는 개념은 다음과 같이 가정한다. 즉, 인간은 자신의 경험을 해석하고 세계 안에서 상호작용하면서, 의미를 만들어 내며, 목적 의식을 가지고 행동한다. 어떤 사람의 정체성 목적은 묵시적이고, 진술되지 않아도 이해된다. 반면 명시적으로 선호하는 정체성을 가진 사람도 있다. 다른 범주의 사람들처럼, 어떤 만성 질환자는 자신이 선호하는 정체성을 실현할 것이라고 믿지만, 어떤 사람은 현재를 경험하면서 출현하는 정체성과 미래의 자신을 조심스레 지켜보기만 한다(Radley & Green, 1987 참조).

개도우(1982)에 따르면, 인간의 존재는 본질적으로 체현성embodiment을 의미하며, 자아는 신체와 분리될 수 없다고 가정한다. 나 역시 동의하는 바다. 마음과 의식은 신체의 존재에 의존한다. 반대로 신체적인 느낌은 마음과 의식에 영향을 미친다. 그럼에도 개도우가 지적한 바와 같이, 신체와 자아는 비록 분리할 수 없지만 동일하지는 않다. 신체와 자아 간의 관계는 특히 자신이 지속적으로 신체적 상실로 고통받고 있음을 깨닫는 만성 질환자에게 문제가 된다. 이러한 깨달음이 갖는 문제점은 과거 자신의 신체를 통제하고 만들어 가면서 영원한 젊음을 추구하고 유지하려 했던 환자에게서 더욱 심각하게 나타난다(Turner, 1992). 따라서 상실의 의미는 신체에 대한 가정과 담론에 내포되어 있다.

개인은 합리적 실천을 통해 신체적 통제를 가정할 뿐만 아니라 자신의 실천이 개인주의를 성취하는 동시에, 말 그대로 체현embody한다고 가정한다(Shilling, 1993).

빅터 케스텐바움(Kestenbaum, 1982)이 언급한 것처럼 질병은 자아와 신체의 통합감 및 자아와 세계의 통합감을 위협한다. 심각한 만성 질환을 앓는 사람은 점진적인 상실이 신체와 자아의 통합성을 반복하여 위협한다는 것을 발견하게 된다. 그들은 손상된 신체만으로 자기를 규정하고, 사회적으로도 그렇게 확인되어 간다는 위험에 노출된다(Bury, 1988; Goffman, 1963; Locker, 1983; MacDonald, 1988). 따라서 상실을 뛰어넘고, 부정적 낙인화를 극복한 만성 질환자는 스스로를 신체 그 이상의 존재이자 질병 그 이상의 존재로 규정하게 된다(Charmaz, 1991a).

개도우에 따르면, 질병과 노화는 신체와 자아의 본래적 통합을 잃게 되는 결과를 가져오며, 새로운 수준에서 그것을 회복할 수 있는 수단을 제공한다. 그녀는 본래적 통합이 존재하며, 그러한 통합의 상실과 회복은 단일한 과정이라고 가정한다. 하지만 통합이 의미하는 바는 오직 주관적으로만 정의될 수 있다. 어떤 사람은 질병을 앓기 이전에는 그러한 통합을 경험하지 못했거나, 혹은 부분적으로만 경험한 것으로도 정의 내릴 수 있다. 더군다나 새로우면서도 의심할 나위 없는 신체적 손상으로, 만성 질환자는 이전에 정의했거나 받아들였던 신체와 자아의 통합성을 반복하여 상실하는 경험을 하게 된다. 따라서 상실로 고통받거나 상실을 정의 내리는 모든 시점에서 정체성 질문과 정체성 변화가 출현하거나 재발생한다. 신체적 경험을 인정하고, 신체와 자아의 조화를 위해 스스로를 개방하는 과정을 통해 신체 - 자아 통합성의 상실과 회복이 어떻게 일어나는지 다루고자 한다.

신체 - 자아 통합성의 상실과 회복이 어떻게 일어나는지 이해하기 위해서는 만성 질환자가 자신의 신체 경험에 부여하는 의미와 그것을 발생시키는 사회적 맥락을 이해해야 한다(Fabrega & Manning, 1972; Gerhardt, 1979; Radley & Green, 1987; Zola, 1991). 이러한 의미는 만성 질환자의 생애사에서 일어나는 변증법적 관계를 통해 발생하고(Bury, 1982, 1988, 1991; Corbin & Strauss, 1987, 1988; Dingwall, 1976; Gerhart, 1989; Radley, 1989; Radley & Green, 1987; Williams, 1984), 현재 진행 중인 경험에 대한 해석을 통해 중재된다. 상징적 상호작용주의에 따르면, 병약한 신체와 자아에 대해 갖는 현재의 의미는 그와 관련된 과거의 담론과 현재의 사회적 동일시social identification에서 발전되지만 그로부터 결정되지는 않는다(Blumer, 1969; Goffman, 1963; Mead, 1934).

만성 질환이 삶을 간섭하면서 사람들은 건강뿐만 아니라 당연하게 여겼던 선호된 정체성도 침식당한다는 것을 알게 된다. 나아가 눈에 보이는 질병과 장애가 자신에게 지배적 지위*master status 및 과도하게 낙인 찍힌 정체성을 남겨놓을 수 있다는 것을 발견한다. 신체적 상실 때문에, 만성 질환자는 자신이 누구인지, 어떠한 사람이 될 수 있는지에 대해 재평가한다. 그 결과, 그들은 가능한 어떤 수준에서든 정상적인 삶을 재구성하려 노력하기 때문에 정체성 목적을 형성하게 된다(Charmaz, 1987; 1991a). 만성 질환자는 질병에 영향을 받지 않았던 때의 삶이 가능할 것이라 계획하고 기대한다. 심지어 과거에 가졌던 정체성 목적을 뛰어넘기도 한다. 하지만 자신의 신체와 스스로를 시험하게 되면서, 만성 질환자는 어느 지점에서 정체성을 손익상쇄시켜야 할 때가 있고, 심지어 자신의 줄어든 역량에 부합하게끔 정체성 목적을 점차적으로 낮추어 나가기도 한다. 반대로 만성 질환자가 성공을 경험하면서 점차 희망을 끌어올리고 점진적으로 정체성 목적을 증가시키기도 한다. 따라서 상향 또는 하향된 정체성 목적 모두 만성 질환자가 신체적 상실과 변화에 적응해 나가면서 만들어 내는 묵시적인 정체성 위계를 형성한다(Charmaz, 1989). (Charmaz, 1995a: 659-660 재인용).

　　예문에서 내가 샐리 개도우(Gadow, 1982)의 주장을 직접 활용하고 있음에 주목하라. 그녀의 주장은 나의 주장과 그에 따른 분석에서 중심을 차지한다. 개도우의 철학적 주장은 내가 논문에서 수행하려는 바를 이해하는 근본적인 원천이다(상징적 상호작용주의 사회심리학이 제공하는 것과는 다르다.).『계간 사회학』의 독자는 이미 자아에 관한 상징적 상호작용주의 이론을 이해하고 있기 때문에 주요한 연구물을 보여 주면 될 뿐이지 그에 대해 설명할 필요가 없다. 논문에 담아야 할 설명의 양과 깊이는 학술지와 독자층에 따라 다르다. 강의 과제나 학위논문은 이와는 완전히 다른 문제를 안겨 준다. 이 경우, 연구자와 동일한 지식을 공유하는 독자를 위한 글쓰기가 아니다. 그보다 자신이 기존 이론을 설명할 수 있고, 비판할 수 있으며, 활용 가능하다는 점을 증명해야 한다.

　　전체 연구보다 연구의 일부분에서 제기되는 특정한 주장을 설명하기 위해 이론적 틀을 활용하는 것도 고려해 보라. 연구자는 상이한 주장을 담고 있는 여러 개의 논문을 낼 수도 있다. 그런 경우 연구자는 동일한 자료에서

★ 역주) 사회적 지위를 가리키는 용어로, 개인을 일차적으로 확인시켜 주는 특성을 말한다. 전형적인 지배적 지위로는 성, 인종, 민족성, 성정체성 등이 있다.

출발한 여러 근거이론을 구축할 수 있다. 샐리 개도우의 주장은 내가 '손상에 대해 적응하기'라는 아이디어를 다룰 때 중요하였다. 개도우와 나는 모두 신체적 경험은 실재하는 것으로 자아와 연결된다고 받아들였다. 하지만 나의 주장은 암묵적인 정체성 위계의 내부에서 정체성의 재구성, 신체-자아 통합성의 반복적인 상실과 재획득, 개인적 의미 등을 강조함으로써 개도우의 연구를 확장하고 있다.

글쓰기를 통한 다듬기

글쓰기는 저자의 선택을 반영한다. 근거이론가의 글쓰기 양식은 전통적인 보고 방식을 전형적으로 따라간다. 연구자는 자신의 근거이론을 기록하고, 그것을 뒷받침하는 '사실'을 설명한다. 하지만 글쓰기에 좀 더 주의를 기울인다면, 여러 가능성의 범위—출판을 포함해—를 넓힐 수 있다. 로렐 리차드슨(Richardson, 1990)이 선언한 것처럼, 문제는 글쓰기다.[4] 연구자는 근거이론을 구축한 방식 그대로의 수사적 장치와 글쓰기 전략을 활용할 수 있다. 이러한 전술을 취함으로써 연구자는 근거이론을 향상하는 동시에 필력을 키울 수 있다. 몇 가지 도움이 될 만한 전략과 예시는 다음과 같다.

행동과 사실에 대한 분석을 넘어서도록 하라. 분석과 관련은 있지만 그 배경에 잠적해 있는 것에 대해 생각해 보라. 문화적 맥락? 역사적 선행사건? 조직의 분위기? 감정상태emotional ambiance? 텍스트 상에서 명시적으로 분석을 다듬어 내는 방식이 글쓰기에 어떠한 영향을 미치는지 살펴보라. 자신의

---

4. 글레이저(2001: 80)는 독자에게 "근거이론은 개념적 아이디어에 기반해 이미 알고 있고 기억한 것을 얻는다. 그것이 어떻게 쓰였는가에 대해서는 아무도 기억하지 않는다."라는 점을 상기시킨다. 편집자로 일해 본 입장에서 보면, 글레이저의 처음 지적은 맞고, 두 번째는 틀렸다. 최고와 최악의 저자 및 글은 학문적 전통의 일부분이다.

분석을 단순한 보고 이상이 되도록 하라. 나의 경우, 전반적인 정서의 그림자가 관련 장면과 진술문에 드리워져 있다. 그 결과 나는 글쓰기라는 다듬기를 통해 분석과 증거의 한 부분으로 경험적 감정을 불러오고 있다. 이와 같은 전략은 독자를 이야기로 끌어들이는 한편 문체의 양식과 내러티브의 제시를 통해 정서적 분위기를 부여한다. 아울러 이러한 접근을 통해 소설, 드라마, 시 등의 형태를 취하지 않으면서도, 전형적인 과학논문의 형식에서 벗어날 수 있다. 나의 경우, 경험의 정서적 분위기와 속도를 재생해 줄 수 있는 단어를 통해 핵심적 정의와 특징의 틀을 구성하였다.

> 매일매일 존재하기는 누군가가 삶을 찢어 놓는 지속적인 위기 속으로 추락할 때 일어난다(Charmaz, 1991a: 185).

> 어떤 사람은 미래를 계획하기 위해 기다리고 또 기다린다. 그들은 자신의 몸과 삶을 주시한다. 그들은 다음번에 취해야 할 단계를 가리키는 신호를 찾아본다. 자신의 병이 최악의 상태는 지났다고 확신할 때에만 미래에 대한 지도를 그리거나 지도상의 다음 지점으로 옮겨 간다. 자신의 감정을 풀어내기에 충분하리만큼 질병에서 멀어졌다고 느낄 때 미래의 지도를 그리거나 다음 지점으로 옮겨 간다(p. 191).

비유와 은유는 어떠한 범주가 가정하는 묵시적 의미와 감정을 명확하게 설명할 수 있다(Charmaz & Mitchell, 1996; Richardson, 1994). 첫번째 예문을 통해 나는 만성 질환자가 경험하는 제약을 독자도 느껴 보길 원했다. 두번째 예문에서 나는 시간의 기간에 대한 느낌을 보여 주고자 하였다.

> 이들 남녀는 하루를 마지막처럼 살아가도록 강요받는다고 느낀다. 대부분 이를 꽉 문 채, 스스로에게 그것을 강요한다. 그런 점에서 하루를 마

지막처럼 살아가기란 마치 문법 교실에서 낯설고 받아들이기 힘든 수업을 배우는 것과 비슷하다. 살아 남기 위해 어쩔 수 없이 받아들여야 하는 불쾌한 전제 조건이기 때문이다(1991a: 179).

시간에 끌려가기drift time는 시간을 끌고가기dragging time와는 반대의 양상으로 확산된다. 시간에 끌려가기는 질병으로 깊이 함몰되는 기간 동안 마치 부채처럼 펼쳐지고 넓어진다(p. 91).

단순한 언어와 직설적인 아이디어는 이론을 읽기 쉽게 한다. 다시 한 번 언급하거니와 이러한 장치를 어느 정도 사용할 것인가는 연구자의 글쓰기 과업과 독자층에 달려 있다. 논문이 아니라 책을 쓰기를 기대하는 경우, 이러한 전략의 채택은 연구자의 작업을 앞당겨 준다. 하지만 이론을 다루는 학술논문에서는 이 방법을 조금만 사용하라. 이론이 내러티브 속에 담겨져 있을지 아니면 두드러지게 부각될지는 연구자의 과업과 그에 대한 다듬기에 달려 있다. 어떤 이론이든 내러티브 속으로 엮일 경우, 다가가기는 쉽지만 이론으로서 식별하기는 힘들어진다.

연구자의 글로 다가가기 쉽게 하는 다양한 글쓰기 전략이 있다. 우선 체험적인 운율과 시점을 포착하여 글 속에 그것을 재생할 수 있다.

당혹에서 수치심으로. 불편함에서 고통으로. 끝없는 불확실성. 다음엔 무엇일까? 엄격한 통제(p. 134).

하루하루가 미끄러져 간다. 똑같은 날이 계속 미끄러져 간다. 하루, 일주일, 한 달을 구분해 줄 사건이 없어지면서 시간의 기간은 길어져만 간다. 질병은 길면서도 중단 없는 기간으로 보인다(p. 88).

예측하지 못한 정의와 주장을 통해 독자의 눈길을 끌 수도 있다.

습관이 된 언어는 침묵이다(Charmaz, 2002b: 31S).

근거이론은 '질적 혁명'의 선봉에 서 있다(Denzin & Lincoln, 1994: ix)
(Charmaz, 2006a: 509).

질문은 주요한 아이디어를 한데 묶어 주거나 독자의 관심을 돌리는 데 유용하다. 수사적 표현의 질문은 빠른 진행을 가져오며, 이어지는 요점에 초점을 두게 한다. 연구자는 신선한 방식으로 질문을 활용할 수 있다. 독자나 연구 참여자의 역할 또는 관점을 채택한 뒤, 그들의 입장에서 물어볼 수 있는 질문을 던져 보도록 하라.

암일까? 협심증일 수도 있지 않을까? 흔하게 진단되지 않는 현재의 증상이 심각한 만성 질환을 뜻할 수 있을 때, 불확실함은 날카로운 이빨처럼 솟아난다(Charmaz, 1991a: 32).

이론화된 경험의 논리가 전개exposition의 논리와 균형을 이루도록 하라. 연구자는 저자의 입장에서 자신의 분석을 조직화하고, 경험을 이해할 수 있도록 하기 위해 단선적 논리를 활용한다. 하지만 경험은 언제나 선형적이지 않으며, 명료한 경계선으로 손쉽게 표시할 수도 없다. 예를 들어, 질병 경험하기는—그 결과는 나선적 형태를 덜 취하지만—매끄럽게 이어지는 단선적 진행 과정과 늘 들어맞지는 않는다. 초기의 근거이론연구(Glaser & Strauss, 1967; Glaser, 1978)는 하나의 기본적 과정을 발견하고 분석하는 것을 강조하였지만, 이 방법이 잘 들어맞지 않을 수도 있다.

연구의 진행 보폭과 어조를 고려하라. 연구자가 이를 언제 바꿀 필요가 있으며, 어떤 식으로 그럴 것인가를 고민하라. 독자를 해당 주제로 이끌고 가는 어조를 설정하라. 연구자의 요점뿐만 아니라 어조에 부합하는 증거를 제시하라. 다음의 예문은 '가해적 질병intrusive illness'이라고 이름 붙인 장의 서

두다. 나는 증상과 손상이 일상생활을 잠식해 가는 과정이며, 그것을 쉽게 떨쳐낼 수 없음을 보어 주고자 하였다. 이와 관련하여 존 가스톤이라는 연구 참여자가 '좋은 날'과 '나쁜 날'을 확인해 주고 있다. 그는 이렇게 말했다.

> 이제 좋은 날이 무어냐고요? 좋은 날은 없죠……. 글쎄, 이제 좋은 날은 그냥 평범한 날이죠. 예전 같은 그런 날은 결코 없겠죠. 활력과 힘이 넘쳤던 날은 이젠 없을 거예요! 난 정말 (내 몸을) 그리 많이 신경쓰지 않았죠. 한 번도요. 하지만 이젠 폐기종emphysema* 때문에 많은 신경을 쓰고 있죠……. 내가 주시하고 있다고 말할 수도 있겠군요. 죽 관찰하고 있으니까요(웃음). 그래요, 관찰해야만 하죠(Charmaz, 1991a: 41).

근거이론가에게 홀로 존재하는 이야기는 없다. 이야기는 분석을 위해 사용된다. 이야기가 갖는 힘은 분석의 범위, 예리함, 유용성에 따라 달라진다. '좋은 날'을 분석한 나의 글은 다음과 같다.

> 좋은 날은 질병의 간섭이 최소한으로 이루어지고, 마음, 신체, 행위에 대한 통제는 극대화되며, 행위의 선택권은 최대한 많아진다는 것을 뜻한다. 좋은 날에 만성 질환자는 증상과 준수 사항에 거의 신경쓰지 않거나 그것을 유연하면서도 효율적으로 다루게 된다. 잠시 질병은 그들 삶의 배경에 머물러 있게 된다. 공간과 시간의 지평선은 멀어지며, 심지어 좋은 날에는 확장되기도 한다. 질병이 점차 약화될 때, 사람들은 훨씬 좋은 날을 보내게 된다. 마치 감옥에서 풀려난 전과자처럼, 그들은 잃어버린 모든 날을 한 번에 보충받기를 희망할지 모른다(p. 50).

---

* 역주) 기관지 또는 폐에 염증이 생겨 일어나는 질병으로 만성 기침과 가래, 호흡 곤란을 수반한다. 루프스 질환의 합병증으로 폐기종이 발생할 수 있다.

앞서 존 가스톤의 솔직한 진술문이 어떤 식으로 분석의 어조를 설정하고, 분석이 분명해지도록 보완하면서도 연구자의 목소리와 대응을 이루는지 주목하라. '좋은 날'이라는 범주는 간섭적인 질병의 경험하기라는 보다 큰 분석에 포함되어 있으며, '나쁜 날'과는 대조되는 것이다. '좋은 날'에 대한 분석을 이와 같이 보면서 존 가스톤의 진술문을 그에 대한 이론적 설명에서 멀리 떨어뜨려 놓는 것도 가능해졌다. 경험적 증거가 곧바로 필요한 장소와 달리 연구자의 재량에 따를 수 있는 장소를 고려해 보라.

이제 저자의 목소리를 어떻게 기록할지 고민해 보라. 나는 근거이론이 분석을 강조하다 보면 중립성의 가정, 객관주의자로의 가장, 저술가의 부재 등으로 가득 찬 침묵하는 저자로 이어질 수 있다고 지적하였다(Charmaz & Mitchell, 1996). 완성된 근거이론이 저자의 목소리가 담기지 않은 객관적 기록일 필요는 없다. 자신의 관점을 텍스트에 엮어 나가면서 경이로움, 상상, 극적인 감정을 담아낼 수 있다.

앞서 제시한 나의 예문은 근거이론연구자가 영혼 없는 기능사처럼 글을 쓸 필요는 없음을 보여 준다. 감정을 부추기는 글을 내러티브에 부여할 수도 있다. 앞서의 예문에서 나는 장면과 상황의 해석자로 뒤로 물러나 있지만, 나의 목소리는 논문에 구절구절 배어 있었고 독자를 설득해 나갔다(Charmaz & Mitchell, 1996). 경험을 저자가 선택한 단어, 어조, 운율을 통해 어떻게 다듬어 가느냐는 저자의 몫이다. 저자의 목소리는 연구 현상에 대한 연구자의 참여를 통해 울려퍼진다. 저자의 목소리 그 자체는 현상을 재생하지는 않는다. 하지만 연구 참여자의 경험을 제시하려는 치열한 노력을 통해 우리는 주관성에서 집합적 공통점을 발견할 수 있다. 다음 두 예문의 차이에 대해 귀기울여 보자.

정체성 수준은 만성 질환자가 실현하려는 개인적·사회적 정체성의 묵시적이거나 명시적인 목표다. 정체성 수준은 자신이 형성하거나 선택하고픈 자아의 유형, 즉 선호하는 정체성을 반영한다. 따라서 그러한 정체성의 실현은 질병에서 파생되는 징체성을 무력하게 하거나 거부해 버린다. 선호하는 정체성을 구축하려는 만성 질환자의 노력은 병든 개인ill individuals이라는 경험에서 출현하였다. 대부분의 응답자는 자신의 정체성 목표를 비슷한 처지의 사람들로 이루어진 집단에서 끌어내지 않았다(cf. Anspach [2]). 이들 환자는 자신의 특별한 상황에 대한 기대 및 정의와는 대비되는 희망, 욕망, 꿈 등과 관련된 정체성 수준을 구성한다. 그렇기에 어떤 개인은 투병 과정의 특정한 단계 동안에, 그리고 생애사 중 특정한 지점마다 상이한 정체성 수준을 보여 주는, 여러 가지의 선호하는 정체성을 목표로 삼는다(Charmaz, 1987: 286-287).

투쟁과 투항을 통해, 역설적이지만 환자는 손상에 적응해 나가며 자아에 대한 보다 확고한 마음을 다지게 된다. 비록 신체적 상실로 고통받지만 자아를 얻게 된다. 이들의 오디세이적 모험은 자아, 상황, 타인과의 공간 등에 대한 깊은 수준의 깨달음으로 이끌고 간다. 그들은 신체가 바스러질 때 내적인 강함을 믿게 된다. 통제에 복종하게 되면서 자신의 신체를 뛰어넘게 된다. 자아는 신체의 일부분이지만 이제 그것을 넘어선다. 이러한 입장과 함께 해결감과 시간에 대한 깨달음이 등장한다. 환자는 싸워야 할 때와 순종의 흐름에 내맡겨야 할 때를 포착하게 된다. 그들은 사회적 의미—평가절하당하는 것을 포함해—에 굴하지 않게 된다. 자신인 채로 남아 있으면서 두려워하지 않고 알지 못한 것에 맞서게 된다. 이 지점에서 만성 질환자는 오히려 건강한 사람에게 위안과 편안함을 주는 아이러니한 자신의 위치를 발견하기도 한다. 그들은 자신이 시험받고 있다는 것—인성, 자원, 의지에 대한 시험—을 알게 되면서 자부심을 얻는다. 그들은 자신이 투쟁에 몸을 던졌고, 상실감과 더불어 용기 있게 살아 왔다는 것을 알게 된다.

하지만 오디세이적 모험은 만성 질환자에게 단 하나의 여정만을 남겨

두지 않는다. 그들은 빈번하게 동일한 영역에서 그 여정을 다시금 반복한
다. 또한 퇴행, 재발, 곤경, 부수적 조건 등을 경험하면서 계획하지 않은
여정으로 보내지거나 적대적인 영토에 사로잡혀 있다는 것을 발견한다.
그럼에도 그들은 모든 모험에는 장애물도 있지만, 해결과 개선의 가능성
또한 있음을 여전히 발견할 수 있다(Charmaz, 1995a: 675).

어느 예문이 사람의 목소리로 들리는가? 어느 쪽이 학문적 코드로 가득차
있는가? 어느 쪽을 더 듣고 싶은가? 맥락을 걷어 내고 첫번째 예문을 인용
했기 때문에, 나 스스로에게도 공정치는 못한 셈이다. 이 예문은 내 근거이
론의 개념을 소개하면서 뒤따를 내용을 위한 기초를 마련해 주고 있다. 그런
다음 정체성 위계에서 정체성 수준—초월적 사회정체성, 회복된 자아, 개연
적인 개인적 정체성, 구원받은 자아—을 설명한다. 이들 범주는 예문을 끄
집어낸 이론적 틀보다도 독자의 관심을 사로잡고 있다. 두 번째 예문 역시
맥락을 걷어 내고 인용했다. 동일한 개념을 활용한 두 개의 이론적 논의를
비교하기보다는, 두 번째 예문을 결말 부분에서 취했다. 저자는 다른 저자에
대해 항상 공정하지 못하다. 심지어 스스로에게도 그러하다. 하지만 핵심적
요점은 그대로다. 사람의 목소리가 담긴 글이 호소력 있게 읽힌다.

끝맺는 생각

글쓰기는 사회적 과정이다. 친구와 동료를 활용하라. 하지만 자신과 근거
이론을 위해 글을 쓰라. 이제 여러분은 전문가다. 근거이론은 여러분의 것이
기 때문이다. 논문을 작성하는 동안 교수와 선행 연구자의 목소리는 점차 힘
을 잃게 하라. 하지만 일단 핵심적인 아이디어를 다룬 초고를 썼다면 이들의
목소리를 다시 불러오라. 멘토와 친한 동료에게 건설적인 비판을 요청하라.

심사를 위해 논문—학위논문이나 학술지논문에 상관없이 말이다—을 제출하기 전에 그들에게 도움을 청하라. 그들이 언급한 것을 비판적으로 평가한다음, 그에 따른 전체 논문의 재고, 수정, 재작성을 기꺼이 수행하도록 하라. 이는 단지 모양새를 뜯어고치는 것 이상을 뜻한다. 중심적인 사항을 재구성하는 것까지 포함한다. 예를 들어, 연구자가 동의하지 못하는 심각한 비판을 멘토에게서 들을 수 있다. 비판의 내용뿐만 아니라 그 비판을 촉발한 것이 무엇인지 고민해 보라. 공허한 진술문, 과잉일반화, 논리적 허점 등이 연구자의 주장을 약화시킬 수 있다. 그렇기에 논문에 쓰인 것 이상은 알 수 없는 멘토가 경고등을 비추는 일도 충분히 가능하다. 하지만 연구자는 이러한 문제를 고칠 수 있고, 특히 출간물 제출 단계에서 일어날 수 있는 지체와 실망을 막아낼 수 있다. 굳건한 자료와 흥미로운 아이디어가 있는 연구가 게재불가되는 사유 중 하나는 분명하다. 너무 성급하게 제출했기 때문이다.

연구자가 초기의 비판을 기꺼이 즐기며 논문을 수정할 때 자신의 근거이론을 빛내 줄 정제된 연구물을 제출할 수 있다. 모든 수정작업은 강력하고, 예리하며, 보다 흥미로운 논문을 만들어 낸다. 연구자가 초고를 쓸 때 다음 8장에서 제시하는 기준을 고려한다면, 논문을 발전시키고 심사자의 관심사를 예견하는 데 도움을 받을 것이다. 그러는 동안에도 연구자는 자신이 지금까지 발견한 것을 즐겨야 한다.

8장

연구 과정의 성찰

지금까지 거쳐 온 과정을 돌이켜 보는 동시에 향후 근거이론
이 가져다 줄 영향을 전망하는 것으로 여정을 마무리하고자
한다. 근거이론이란 무엇이며, 근거이론이 하나의 진화된 방법
이자 특별한 무언가로 자리 잡게 된 시점은 언제인지에 대한
의문이 제기된다. 지난 반세기 동안 이루어진 방법론상의 발
전을 고려할 때 근거이론에 대한 정의는 지식의 향상을 이끌
어 낼 수 있는 풍부한 가능성을 담고 있다. 근거이론은 실재론
적 관점이나 지식을 규정하는 기존 이론에 대해 지지를 표명
하지 않고서도 사용할 수 있는 분석 도구와 방법론적 전략을
제공해 준다. 근거이론의 영역 확장을 위해 나는 그 시발점이
었던 실용주의적 뿌리로 돌아갈 것을 호소하며, 헌신적인 탐
구가 향후 연구의 목적이 될 것을 요청한다.

연구 과정의 성찰

이 장을 끝으로 연구 과정을 살펴보는 여정을 마무리하고자 한다. 그 여정을 따라가며 우리는 자료를 수집했고, 잠시 멈춘 후 코딩을 통해 범주화 작업을 수행했다. 그런 다음, 메모 작성을 통해 새로운 분석 경로를 만들어 냈다. 이론적 표집을 수행하면서 그 경로를 넓혔으며, 범주의 분류와 통합을 통해 근거이론의 이론화를 위한 방향을 구체화했다. 마지막으로, 연구를 통해 알아낸 것을 글로 드러내는 방법을 살펴보았다. 지금까지 거쳐 온 이 여정은 무슨 의미를 갖는 것일까? 완성된 근거이론을 어떻게 평가할 것인가? 근거이론방법은 우리를 어디로 데려다 줄 것인가? 이러한 질문에 답하기 위해서는 먼저 지금까지 거쳐 온 여정을 되돌아볼 필요가 있다.

근거이론의 핵심: 여러 접근의 경합과 수정

근거이론에 대한 자신의 관점에 비추어 볼 때, 근거이론을 구성하는 요소가 무엇인지 생각해 보라. 모든 사람은 근거이론이 무엇을 다루는 것인지는 알고 있다. 하지만 근거이론의 정의와 기본적인 가정에 대해서도 모두 공유하는 것일까? 1967년 근거이론이 소개된 이후, 그 용어는 다양한 의미로 포장되었을 뿐만 아니라 그에 따른 수많은 오해를 불러왔고, 여러 접근의 경합으로 복잡해졌다. 근거이론을 둘러싼 많은 논의는 과정으로서의 방법과 과정의 산물인 이론 간의 경계를 불분명하게 했다. 근거이론은 과연 무엇인가? 어떠한 연구를 근거이론이라고 정의 내릴 수 있는가? 방법론의 핵심을 구성하는 속성, 대상, 전략은 무엇인가? 진화하고 있는 근거이론의 방법은 무엇으로 설명할 수 있으며, 피할 수 없는 변화를 가져온 것은 무엇인가?

근거이론방법의 출현적 구성과 출현된 구성물로서의 근거이론

근거이론방법을 규정하는 요소를 생각해 볼 때, 철학적 입장, 특정한 연구 논리, 일련의 수행 절차, 유연한 지침을 떠올릴 수 있다. 이 모든 관점은 근거이론의 속성이 연구자와 연구 과정의 외부에 존재하는 것임을 함축한다. 하지만 완성된 근거이론은 출현적이다. 근거이론방법 그 자체는 개방종결적 open-ended이고, 출현적 과정에 의존한다. 아울러 연구자가 개념을 출현적으로 구성한다는 점은 과정과 산물 모두에 영향을 미친다.

나는 이 책 전반에 걸쳐 근거이론방법의 강점은 그 유연함에 있으며, 이러한 유연성을 실현하기 위한 방법에 연구자가 관여해야만 한다고 주장했다. 자료 수집, 분석, 이론적 깨달음, 인식론적 입장 등을 엄격한 처방전처럼 따르지 않더라도 연구자는 근거이론 방법을 유연하게 활용할 수 있다. 근거이론방법은 하나의 인식론에 얽매여야만 하는가? 그렇지 않다. 근거이론방법이 하나의 자료 수집방법에 얽매일 필요도 없고, 특정한 이론적 관점에서 출발할 필요가 없듯이 하나의 인식론에 얽매일 필요는 없다.

기존 이론이나 실재론의 관점 중 어느 하나를 선택하지 않고서도 근거이론방법의 도구를 사용할 수 있다. 외부 세계에 존재하는 자료에서 그 속에 내재한 범주를 발견하는 것이 근거이론이라고 고집할 필요는 없다. 아울러 근거이론을 여러 절차의 적용으로 볼 필요도 없다. 그보다는 상호작용을 통해 발생하는 출현적 과정의 산물로 근거이론을 바라보아야 한다. 연구자는 자신이 목격했고 삶에서 경험한 여러 상호작용에서 이러한 산물을 구성한다. 다음의 관점은 나의 구성주의적 입장을 정리한 것이다.

- 근거이론연구의 과정은 유동적이며, 상호작용적이고 개방종결적이다.
- 연구 문제는 자료 수집을 위한 초기 방법론을 선택하도록 안내한다.
- 연구자는 자신이 연구하는 바의 일부분이며, 그로부터 분리되지 않는다.
- 근거이론 분석을 통해 연구의 개념적 내용과 방향성을 결정 짓는다. 출현적 분석은 다양한 자료 수집방법을 채택하고, 다양한 지점에서 연구하도록 이끌 수 있기 때문이다.
- 비교 분석을 통해 이루어진 추상화의 연결된 수준이 근거이론 분석의 핵심을 구성한다.
- 분석의 방향성은 외부로부터 미리 규정되지 않으며, 연구자가 비교 및 출현적 분석과 어떻게 상호작용하며, 어떤 식으로 해석하는지에 따라 달라진다.

근거이론에서 비교방법과 상호작용의 결합

근거이론방법은 지속적 비교방법의 활용과 연구자의 참여에 따라 달라진다. 이 두 가지가 방법론의 핵심이다. 자료, 코드, 범주를 비교해 나가면서 연구자는 개념적 이해를 향상해 나간다. 범주의 분석적 속성을 정의 내린 다음, 이들 속성을 엄격한 검토를 통해 다루어 나가기 때문이다. 연구자가 다음의 질문을 스스로에게 물어볼 때, 분석은 보다 명시적인 이론에 다가간다. '이 자료는 어떠한 이론적 범주를 예시하는가?' 아울러 인간의 존재와 관련된 근본적 측면과 연구자의 범주가 어떠한 관계를 맺는지도 중요하다. 이를

테면, 사회적 유대의 본질, 선택과 제약 간의 관계, 개인과 제도, 행위와 구조 등과 같은 근본적 측면과 범주와의 관계를 탐구한다면 연구작업은 보다 이론적이게 된다.

비교분석방법이 기본적인 도구를 제공해 주지만, 근거이론의 내용을 결정짓는 것은 다양한 수준에서 여러 형태로 일어나는 수많은 상호작용이다. 궁극적으로 연구자가 도구를 어떻게 사용할지를 결정짓는 것은 출현되는 내용이다. 근거이론을 위한 탐구의 여정은 상호작용에 달려 있다. 상호작용은 연구자의 세계관, 관점, 상황 등에서 비롯되어, 연구 현장에서 발생하며, 연구자와 자료 사이에서 발전되고, 연구자의 아이디어와 함께 출현하며, 연구자의 현장 또는 다른 현장으로 되돌아가게 하고, 학문 분야 및 실체적 현장과의 대화로 옮아 가게 한다. 상호작용을 위해서 연구자는 우리를 둘러싼 상황에 의미를 부여하고, 상황에서 일어나는 일을 평가하며, 언어와 문화를 활용하여 의미를 낳고 행위의 틀을 구성한다. 간단히 말해, 상호작용은 해석적이다.

사실 몇몇 학자는 오랜 기간 동안 질적연구의 자료 수집에 담겨진 해석적 성질에 대해 우려를 표해 왔다. 근접한 상호작용에 기반하는 질적 자료가, 편향될 가능성이 있는 질적 관찰자 혼자서 기록한 것이라는 이유로 계량연구자는 그 신뢰성에 대해 의문을 제기하였다. 이러한 지적에 대응하여 질적연구자는 자신의 연구에서 일정 정도 거리를 두는 자세를 취하려 노력했다. 질적연구의 편이라는 문제는 분석에서 해석이 차지하는 위치를 둘러싼 논쟁을 불러왔다. 역사적으로 질적연구자는 전체 연구 과정을 상호작용으로 보는 데는 관심이 적었다. 아마도 전통적인 계량과학의 담론에서 올바른 지위를 얻기 위해 싸웠고, 그 결과로서 객관적이라는 위치를 얻고자 했기 때문이라 여겨진다.

과거 근거이론을 덮어씌웠던 장막은 상호작용적 특성의 강점을 드러내 보이지 못하게 했다. 하지만 최근 들어 근거이론을 보다 반영적인 양태의 방법으로 받아들이면서, 자료 및 출현적 아이디어와 연구자 간에 지속적인 상호작용이 이루어지고 있다. 이는 추상적 해석을 수행하는 방법에서도 그러하다. 초기코딩과 메모 작성 단계에서 이루어지는 잠정적인 해석에서 시작하여 연구작업의 종료에 이르기까지, 근거이론방법은 순간적인 생각과 즉각적인 질문을 포착하고, 분석적 글쓰기를 통해 연구자의 아이디어가 구체적인 형태를 갖추도록 해 준다.

이러한 강점은 분명 글레이저와 스트라우스(1967)가 근거이론의 논리를 언급한 원래의 진술문과 일맥상통한다. 두 사람의 주장은 사회구성주의와 객관주의 연구자 모두를 포함해 폭넓은 독자층에게 파장을 불러일으켰다. 이후 근거이론의 전략을 보다 정교하게 다듬은 글레이저(1978)의 입장은 실증주의적이고 객관주의적인 전제 조건을 표현했지만 이 내용은 소수의 학자에게만 알려졌다. 반면 스트라우스(1987), 스트라우스와 코빈(1990, 1998)의 근거이론 수정판은 엄청난 성공을 거두며 전파되었고, 그 결과 많은 독자의 관심을 사로잡았다. 하지만 이들은 근거이론을 복잡한 기법과 절차를 따르는 방법으로 만들었다.

연구방법에 기반해 구축된 소프트웨어 프로그램의 개발은 많은 관심을 불러일으켰다(Fielding & Lee, 1998). 하지만 분석 과정의 결핍, 피상적 분석의 창출, 질적연구방법의 단일화 등에 대한 우려를 불러온 것도 사실이다(Coffey, Holbrook, & Atkinson, 1996; Lonkila, 1995). 스트라우스와 코빈(1990, 1998)의 수정판을 보면 초기 근거이론에서 보여 준 비교방법의 논리는 보다 불명확해진 반면, 추가된 기법은 절차를 보다 엄격하게 따랐다. 또 글레이저와 스트라우스(1967)의 초기 입장과 스트라우스(1987)의 이후 설명에 비해 실용주의 철학에 둔 뿌리는 불분명해졌다.

구성주의를 강조하는 나의 입장은 근거이론을 객관주의적 기반에서 벗어나게 하자는 것이다. 물론 나의 입장이나 스트라우스와 코빈이 최근 보여 준 방향을 방법론의 발달 또는 이탈로 해석할 수도 있다. 글레이저는 자신의 입장을 고전적 근거이론classic grounded theory이라고 보고 있다. 하지만 글레이저의 접근 역시 지금까지 계속 변화하였다. 그는 항상 근거이론의 지침에 따른 능률적인 자료 수집을 옹호해 왔다. 매우 작은 표본을 옹호하는 그의 입장은 더 단호해졌는데, 제한적인 자료 수집에 대한 옹호는 한편으로 많은 사례의 비교—그가 권장하였던—라는 입장과는 결과적으로 충돌하고 있다. 무엇을 연구할 것인가와 관련해서도 글레이저는 자신의 초기 주장(1992)과는 상당히 다른 사고의 전환을 보여 주었다. 즉, 무엇이 의미가 있는가를 연구 참여자가 연구자에게 알려 줄 것이라고 했던 초기 주장과 달리, 연구자는 연구 참여자가 일상으로 보는 바를 주요한 관심사로 규정할 수 있다고 하였다. 이러한 입장 전환은 적어도 해석학적 가능성을 어느 정도 허용하는 것이며, 근거이론가를 연구 과정으로 불러들이는 것을 의미한다. 연구자는 연구 과정에 앞서 있거나 외부에 있는 것이 아니라 바로 연구 과정 내부에 서 있다.

무엇이 근거이론을 규정하는가

근거이론을 규정하는 속성을 확인하고자 할 때 종종 모호한 입장에 처하게 된다. 근거이론 분석의 목적 및 초점이 어느 정도까지 근거이론의 규정적 속성을 구성하는 것인가? 구성주의자의 관점에서 볼 때, 연구자는 다양하게 출현하는 분석 목적과 초점을 좇아가기 위해 근거이론방법을 사용할 수 있다. 단일한 기본적 사회 과정과 같은 선험적 목적과 초점을 추구하기보다는 말이다.

사회적 과정에 대한 연구가 근거이론방법을 규정한 적이 있다. 하지만 더이상 그렇지 않다면, 이것은 방법 그 자체에 대해 무엇을 의미하는 것일까? 근거이론 방법의 근본적 변화로 바라볼 수 있을까? 구성주의적 접근은 근거이론방법이 다양한 분석 문제와 실체적 문제를 다룰 수 있다고 본다. 근거이론은 '주요한 관심사를 해결하는 이론'으로서 다양한 방법으로 이론적 코드를 부여할 수 있다고 주장하면서, 글레이저는 근거이론의 뛰어난 활용도를 보여주었다. 하지만 그것만이 유일한 활용도는 아니다. 주요한 관심사를 구성하는 것은 누구의 관점인가에 따라 달라진다. 즉, 중요한 것은 구성이다. 누가 이것을 주요 관심사로 규정하는가? 어떠한 기준으로? 누구의 규정을 고수하는가? 이러한 질문을 다루면서 주요한 관심사를 그저 주어진 것이 아니라 문제가 있는 것으로 취급함으로써 권력과 통제라는 사안을 분석 단계로 가져오게 된다. 근거이론은 상황에 대한 다양한 구성체나 경쟁적 정의—단지 재구성된 설명을 통해 진술되는 것이 아니라 행위 속에서 주어지는—를 얻어내기 위한 도구를 제공한다.

근거이론은 경험적 실재에서 추상화된 일반적 수준을 목표로 삼아야 하는가? 아니다. 오히려 그와는 상반되게, 사회적·역사적·국지적·상호작용적 맥락에 근거이론을 적용하는 것이야말로 강력한 이론을 만들어 낸다. 근거이론을 특수한 맥락 속에 적용함으로써 여러 연구의 미묘한 의미를 비교할 수 있다. 그 결과, 이러한 비교를 통해 보다 추상적이며, 역설적이지만 일반화된 이론을 얻어낼 수 있다. 보편성은 다양한 특수성을 정밀 탐구하는 데에서 시작하며, 실체이론을 개발한 다음 형식이론을 구성하기 위해 여러 연구 결과을 분석하고 개념화하는 것을 포함한다.

보편성은 이를 위해 사전 규정된 목적이라기보다는 분석 과정에서 출현한다. 자신의 연구를 맥락 속에 두고, 보편성을 분석 과정을 통해 출현하게 한다면, 연구자가 자신이 선호하는 분석 범주에 자료를 꿰맞춘다는 비판에 대한 방어책을 수립할 수 있다. 앞서 언급한 바와 같이, 근거이론연구를 상황 속에 적용함으로써 인간의 의도, 행위, 의미에 대해 선입견이 담긴 가정을 부여할 가능성을 줄일 수 있고, 민족성, 성, 계급, 인종적 편견이 분석에 스며들 가능성을 최소화할 수 있다.

　　분석 형태를 통해 단지 근거이론방법을 사용히는 연구자와 '진정한' 근거
이론을 수행하는 연구자를 구분할 수 있을까? 반드시 그렇지는 않다. 완성
된 근거이론이 항상 변인 분석이어야만 하는가? 그렇지 않다. 양상을 보이
는 관계에 대한 개념 분석이 이루어져야만 하는가? 그렇다. 양상을 보이지
않는 관계는 무시해야 하는가? 아니다. 이러한 관계를 통해 과정 또는 범주
의 다양성과 대안적 해석을 알 수 있는 경로가 얻어진다. 초기 전통적 근거
이론이 양상을 보이지 않는 관계를 무시하라고 강조한 바는 아이러니하게도
연구자로 하여금 출현된 범주와는 부합하지 않는 자료의 유의성을 최소화시
켜 그 결과 자료를 범주에 꿰맞추게 할 수 있다.

　　근거이론연구를 성찰한 흔치 않은 글 중 하나가 이러한 점을 지적하고 있
다. 캐롤린 엘리스(Ellis, 1986)는 자신이 수행한 근거이론의 초점이 문화기
술지를 통해 얻어낸 세부 내용을 출현된 범주에 꿰맞추도록 했다고 토로하
였다. 그에 따라 그녀의 범주는 설명적 가치는 가졌을지 모르지만 '실제의
일상 경험보다는 범주상으로만 살아 있는 삶을 제시하는 결과를 가져왔다.'
(p. 91) 이에 대해 누군가는 수정 가능성modifiability이라는 기준을 통해 이 문
제를 해결할 수 있다고 생각할지 모르겠다.* 하지만 그럴 수 있을까? 연구자
가 범주를 바꾸거나 상이한 이해를 불러오는 후속연구를 얼마나 자주 수행
할까? 엘리스의 경우 연구 수행 이전과 그 중간에 해당 연구 지역을 수없이
방문했다. 책을 출간하고 3년이 지난 뒤 그 지역을 어렵게 재방문하면서 깨
달은 성찰은 새로운 통찰을 불러왔다. 해당 연구 현장에 대한 참여가 제한된
연구자는 아마도 자기 범주의 한계를 깨닫지 못할 것이다. 그리고 이러한 깨
달음이 없이 수정 가능성의 기준을 적용하는 사람은 없을 것이다. 그러는 동
안 이론의 유용성은 줄어들거나 더 나빠질 것이고, 심지어 그 연구에 기초해
쓸모없는 공공정책이 수립될 수도 있다.

---

* **역주)** 글레이저(1978, 1998)가 제시한 근거이론연구의 기준이다.

　　근거이론은 자료에 기반한 비교를 통해 추상성을 구성하게 되며, 동시에
추상성은 자료와 연결된다. 이것은 구체와 보편에 대한 깨달음을 의미한다.
자료에서 새로운 것을 확인한 다음, 보다 거시적인 문제로 이어지는 연결 고
리를 탐색하거나 총체적으로 인식되지 않은 거시적 문제를 창출하는 것이
다. 상상적 해석은 새로운 관점을 불러오며, 다른 동료학자를 새로운 신천지
로 이끈다. 근거이론방법은 객관적인 것 그 너머를 바라볼 수 있는 경로를
제시하며 상상적 해석에 도달하는 길을 제시한다.

근거이론의 평가

　　지금까지 거쳐 오며 얻은 것을 평가해 보면서 지난 여정을 돌이켜 보고,
연구자가 다다른 종착지를 독자가 어떻게 볼 것인가 전망해 보라. 여정을 통
해 연구자를 옮겨 다니게 해 준 수단은 그 여정에서 얻은 결과물과 다르다. 여정
에 부여한 의미는 연구자가 완료한 작업에서 형태를 갖추게 된다. 여정
의 종착지는 연구자가 그 과정으로 몰입하였기 때문에 그에게는 의미가 있
다. 하지만 독자에게 연구 과정과 산물의 경계선은 흐릿하다. 혹자는 근거이
론의 과정을 산물에 통합된 일부분이라 판단할 가능성도 높다. 나는 이 책
전반에 걸쳐 근거이론방법은 활용되지 못한 여러 다용성versatility과 잠재력
이 있다고 주장했다. 연구자는 자신의 교수나 동료일 수 있는 독자를 고려할
필요가 있다. 그들은 근거이론방법의 유용성을 최종 산물의 질로 판단할 것
이다.

　　연구의 평가 기준은 누가 그 기준을 구성하고, 내세우는 목적이 무엇이냐
에 따라 달라진다. 글레이저(1978: 4-5)가 제시한 부합성, 활동, 관련성, 수정
가능성 등의 기준은 연구자가 구성한 이론이 얼마나 자료를 다듬어 내고 있
는가를 고려할 때 특별히 유용하다.

또 다른 중요한 기준으로는 학문 특성disciplinary, 증거성evidentiary, 미학성 aesthetic 등이 있다. 각각은 모두 연구작업에 중요하다. 학문 분야에 따라 연구 수행과 증거를 수용하는 기준은 상이하다(Conrad, 1990; Thorne, 2001). 간신히 적합한 수준에 도달한 연구에는 존경을 표할 연구와는 다른 기준을 부여할 수 있다. 대부분의 학문 분야는 전문적 연구자에 비해 대학원생에게 너그러운 기준을 적용하는 편이다. 근거이론연구에 대해 갖는 기대는 매우 다양하지만, 몇 가지 고려할 수 있는 기준은 다음과 같다.

근거이론연구의 기준[1]

신빙성Credibility

- 연구 상황이나 주제에 대해 친밀한 익숙함을 얻어 냈는가?
- 주장을 뒷받침해 주는 자료는 충분한가? 자료에 포함된 관찰의 범위, 수, 깊이를 고려해 보라.
- 관찰 및 범주를 체계적으로 비교했는가?
- 범주는 폭넓은 경험적 관찰을 포괄하고 있는가?
- 수집된 자료는 연구자의 주장 및 분석과 논리적으로 강고하게 연결되어 있는가?
- 독자가 연구자의 주장을 독립적으로 평가하며 그에 동의할 만큼 충분한 증거를 연구에 담아 내고 있는가?

독창성Originality

- 연구자의 범주는 신선한가? 범주는 새로운 통찰을 제공하는가?
- 연구자의 분석은 자료에 대해 새롭게 정제된rendering 개념을 제공하는가?

---

1. 차마즈(2005a)의 연구에서 확장시킨 것이다.

- 이 연구의 사회적 · 이론적 함의는 무엇인가?
- 연구자의 근거이론은 현재의 아이디어, 개념, 실천 등에 얼마나 도전하고 있으며, 그것을 확장시키거나 세련되게 다듬어 내는가?

반향성Resonance

- 범주는 연구하려는 경험을 충분히 묘사하는가?
- 당연하게 여겨지는 바가 담고 있는 한계적이고 불안정한 의미를 밝혀 냈는가?
- 자료가 가리키는 바대로, 보다 큰 규모의 집합체, 제도, 개인의 삶이 서로 연결되어 있는 고리를 끌어냈는가?
- 연구자의 근거이론은 참여자나 특정 상황을 공유하는 사람들에게 의미를 부여하고 있는가? 연구자의 분석은 그들의 삶과 세계에 보다 깊은 통찰을 제공하고 있는가?

유용성Usefulness

- 연구자의 분석은 사람들이 일상의 세계에서 사용할 수 있는 해석을 제공하는가?
- 연구자의 분석 범주는 어떠한 일반적 과정을 제시하는가?
- 만약 그렇다면, 일반적 과정의 묵시적인 함의에 대해 검토했는가?
- 연구자의 분석은 또 다른 실체적 영역에 관한 후속연구를 불러오는가?
- 연구자의 결과물이 지식에 기여하는 바는 어느 정도인가? 보다 나은 세계를 만드는 데 얼마나 기여하는가?

독창성과 신빙성이 강력하게 조합될 때, 연구의 파급력, 유용성, 기여도의 가치는 높아진다. 학문적으로 기여도가 높은 주장이 되려면 관련 문헌—소속학문 분야의 경계를 뛰어넘는 연구까지 포함하여—을 꼼꼼하게 조사하고 연구자의 근거이론이 위치하는 바를 명확히 할 필요가 있다. 위에서 언급한 기준은 연구하려는 현상 속의 묵시적 행위와 의미를 다루고 있으며, 연구 현상이 어떻게 구성되는지 분석하는 데 유용하다. 이들 기준은 경험적 조사와 이론 개발과 관련해서 적용할 수 있다. 그러므로 연구자가 내러티브가 담긴 글로 써야 하거나 호소력 있는 설명을 담아야 한다는 점은 거의 언급하지 않고 있다. 이에 글쓰기의 미학성이라는 기준을 덧붙일 수 있다. 글쓰기 작업은 이론적 진술이나 미학적 원칙과 다양한 수사학적 장치에서 비롯되기 때문이다. 과학적 근거를 작성하는 작업이지만, 그렇기 때문에 글쓰기는 행위와 사실에 대한 보고가 아니라 직관적이고, 창조적이며, 해석적이다. 근거이론에서 글쓰기 행위란 원인, 조건, 범주, 결과나 주요한 관심사의 해결 과정에 대한 개요를 보고하는 것에 그치지 않는다.

합리적인 성찰과 원칙 있는 확신에 기반하여 얻어낸 근거이론은 실체적 영역에서 의미 있는 바를 개념화하고 전달할 수 있기에 가치 있다. 그러므로 미학적 장점과 분석적 영향력을 더하도록 하라. 그를 통해 근거이론은 보다 많은 독자에게 영향력 있게 전파될 것이다.

근거이론의 과거, 현재 그리고 미래

고전적 근거이론으로 돌아가기

근거이론에 대한 나의 입장은 과거로 돌아가 현재를 탐색하며, 미래에 대해 전망하자는 것이다. 실용주의라는 철학적 토대와 함께 실증주의와 시카고 사회학파라는 근거이론의 이중적 뿌리는 엄격함과 출현성emergence에 대한 의존을 가져다주었다. 이 책을 통해 나는 시카고 학파를 근거이론의 전면에 다시 내세우기 위해 노력했고, 근거이론에 대한 현재의 논의를 그들이 이끌어 내고 풍부하게 했음을 보여 주고자 했다.

그래서 근거이론 과정을 살펴 나간 여정에 이러한 실용주의적 유산을 반영하려 했다. 이제 나는 신진 및 중진 학자에게 실용주의 유산으로 돌아가 그 위에서 근거이론을 구축하여, 21세기 구성주의적 민감성을 촉구하자고 요청한다. 구성주의적 근거이론은 유연성과 개방종결성이라는 특성이 있다. 이는 스트라우스와 그에게 영향을 받은 많은 연구에서 확인할 수 있는 실용주의에 기반한다(Bazanger, 1998; Bowker & Star, 1999; Clarke, 1998; 2005; Corbin & Strauss, 1988; Strauss, 1959, 1978a, 1978b, 1993, 1995). 전형적인 근거이론을 실행할 경우, 연구자는 자료에 있는 단서를 따라간다. 연구자가 그것을 알아보기 때문이다. 구성주의적 근거이론은 연구자를 여기에서 한걸음 더 나아가게 해 준다. 구성주의적 근거이론을 통해 연구자는 모든 사람의 조준점과 그 함의를 명시적으로 만들어 준다. 다양한 연구 참여자뿐만 아니라 연구자까지 포함해서 말이다. 구성주의 접근은 연구자가 구성한 이론의 내력을 명확하게 남겨둘 뿐 아니라 다른 연구자와 정책 결정자가 그 근거이론의 유용성이 어디까지인지 경계를 긋고, 어느 지점에서 어떻게 수정할지 확인하는 데도 유용하다.

실용주의적 전통은 근거이론에서 언어, 의미, 행위에 대한 강조점을 유지하는 데도 도움이 된다. 그러므로 근거이론연구가 명시적인 행동이나 면접에 대한 표면적인 설명으로 축소되는 것을 피할 수 있다. 구성주의적 민감성을 가지고 있다면, 자료와 분석의 출현적이고 상호작용적인 성질을 점차 알게 되면서 의미와 행위에 있는 미묘함을 깨닫고 해석할 수 있게 된다. 요컨대, 실용주의적 전통으로 되돌아감으로써 사건과 진술에 대한 외부자적 보고보다는 연구하려는 세계에 대한 해석학적 정제물interpretive rendering을 구성할 수 있다.

구성주의적 근거이론은 고전적 근거이론의 실용주의적 기반을 새롭게 활성화하는 방법론적 경로를 제공하지만, 더불어 다른 전통에 기반한 연구자에게도 기여할 수 있다. 구성주의적 민감성은 여성주의이론, 내러티브 분석, 문화연구, 비판적 실재론, 비판연구 등과 같은 다른 접근과도 부합할 수 있기 때문이다.

이전까지는 잘 알지 못했던 시카고 학파가 근거이론으로 이어지는 연결고리를 이제 알게 되었을지 모르겠다. 지금까지 시카고 학파에 대해 친숙하지 않았다면, 아마 이 전통이 보여 줄 신천지와 우리를 데려가 줄 새로운 고지를 기대해도 좋을 것이다. 간단히 시카고 학파의 전통이 갖는 몇 가지 장점을 살펴보면 다음과 같다.

- 세계에 대한 개방성과 호기심을 던져 준다.
- 연구 참여자의 의미, 행위, 세계에 대한 공감적 이해를 격려한다.
- 시간성temporality을 고려한다.
- 주관적이고 사회적인 수준에서의 의미와 과정에 초점을 둔다.

지식의 전환

이제 근거이론연구를 완료했다면 그 연구의 목적을 상기해 보라. 원래의 연구 목적은 어쩌면 눈 앞에 놓인 일을 위해 근거이론방법을 사용한 것처럼 즉각적이고 당면한 것이었을지 모른다. 촉박한 연구 과정으로 연구자의 관심사가 협소해지면서 다른 목적은 표면 밑에 남겨졌을지 모른다. 보다 큰 관점에서 본다면, 연구자의 근거이론이 기여하는 바는 무엇인가?

더 폭넓게 질문을 던져 본다면, 지식이 기여해야 하는 바는 무엇인가? 로버트 린드(Lynd, 1939)는 거의 70여 년 전에 "무엇을 위한 지식인가Knowledge for what?"라는 동명의 책을 통해 이 같은 질문을 던진 바 있다. 그 질문은 지금도 여전히 유효하며, 대답 또한 여전히 경합 중이다. 하지만 구성주의적 입장을 취해 본다면, 그 질문은 보다 구체화되며 대답은 명료해질 것이다.

지식은 실천과 사회적 과정을 전환시켜야 하는가? 그렇다. 근거이론연구는 더 나은 세상을 위해 기여할 수 있는가? 그렇다. 이러한 질문은 연구하려는 바와 그것을 연구하는 방식에 영향을 미치는가? 그렇다.

연구자의 행위로 눈을 돌려 보면, 과연 근거이론연구는 지식, 사회적 과정 및 실천으로 근거이론을 전환시키려는 노력을 반영하고 있는가? 간호학과 교육학 분야의 근거이론가는 이러한 영역으로 나아가고 있으며, 몇몇 사회학자도 동일한 모습을 보이고 있다. 하지만 연구자로서의 경력 향상에 치중할 경우 주제 영역에 대한 헌신, 지식의 전환이라는 출현적 목적보다는 근거이론연구에만 국한된 결과를 양산할 수 있다. 가치중립성의 주장에 경도된다면 연구자의 명시적이고 묵시적인 목적은 불분명하게 된다. 가치중립성의 주장은 연구자가 내놓는 지식이 의미 있는 것인지 사소한 것인지에 상관없이 그것이 갖는 함의를 감추게 한다. 객관주의적 근거이론가는 지식의 생산과 관련하여 중립성을 주장하고, 공공의 사안과 분리되어야 한다고 주장한다. 하지만 지식은 중립적이지 않으며, 연구자는 그 최종 산물이나 세계에서 분리되어 있지 않다.

연구를 위한 여정은 단지 경력을 쌓기 위한 수단이라기보다는 그 자체로 목적일 수 있다. 경력 점수를 쌓는 것보다는 더 많은 것을 해내기 위해 근거이론방법을 사용해야 한다. 근거이론을 사용함으로써 연구자는 열정 어린 자신의 목적을 실현할 수 있다.

근거이론방법은 지식 전환의 가능성을 강화시켜 준다. 연구자에게 열정을 촉발한 주제는 단순히 학문적 필수 조건을 충족하거나 전문적 자격을 쌓기 위해서가 아니라 그 이상의 의미가 있는 연구를 수행하도록 한다. 근거이론을 통해 연구자는 강렬한 열의를 지닌 채 연구 현상을 접하고, 연구 경험에 스스로를 개방하여 그 경험이 이끄는 곳으로 따라갈 수 있다. 어쩌면 그 길은 연구자를 존재론적 혼돈에 빠뜨릴 수 있는 모호성을 불가피하게 가질지도 모른다. 하지만 열정, 호기심, 개방성, 일에 대한 관심은 색다르고 새로운 경험과 흥미로운 아이디어를 불러올 수 있다. 다른 사람을 둘러보는 것을 배우게 되면서 만성 질환이 자신을 변화시켰다고 고백한 마지 알렌을 떠올려보라. 만성 질환을 통해 마지가 경험했던 것처럼 근거이론을 통한 여정은 연구자를 변화시킬 것이다.

참고 문헌

Alasuutari, P. (1992). *Desire and craving: A cultural theory of alcoholism*. New York: State University of New York Press.

_____. (1995). *Researching culture: Qualitative method and cultural studies*. London: Sage.

_____. (1996). Theorizing in qualitative research: A cultural studies perspective. *Qualitative Inquiry, 2*, 371-384.

_____. (2004). The globalization of qualitative research. In Clive Seale, Giampietro Gobo, Jaber F. Gubrium, & David Silverman (Eds.), *Qualitative research practice* (pp.595-608). London: Sage.

Albas, C., & Albas, D. (1988). Emotion work and emotion rules: The case of exams. *Qualitative Sociology, 11*, 259-274.

Albas, D., & Albas, C. (1988). Aces and bombers: The post-exam impression management strategies of students. *Symbolic Interaction, 11*, 289-302.

_____. (1993). Disclaimer mannerisms of students: How to avoid being labeled as cheater. *Canadian Review of Sociology and Anthropology, 30*, 451-467.

Anderson, E. (1976). *A place on the corner*. Chicago: University of Chicago Press.

_____. (2003). Jelly's place: An ethnographic memoir. *Symbolic Interaction, 26*, 217-237.

Anspach, R. (1979). From stigma to identity politics: Political activism among the physically disabled and former mental patients. *Social Science & Medicine, 13A,* 765-763.

Arendell, T. (1997). Reflection on the researcher-researched relationship: A woman interviewing men. *Qualitative Sociology, 20,* 341-368.

Ashworth, P. D. (1995). The meaning of 'participation' in participant observation. *Qualitative Health Research, 5,* 366-387.

Atkinson, P. (1990). *The ethnographic imagination: Textual construction of reality.* London: Routledge.

Atkinson, P., Coffey, A., & Delamont, S. (2003). *Key themes in qualitative research: Continuities and changes.* New York: Rowan and Littlefield.

Baker, C., Wuest, J., & Stern, P. (1992). Method slurring: The grounded theory, phenomenology example. *Journal of Advanced Nursing, 17,* 1355-1360.

Baszanger, I. (1998). *Inventing pain medicine: From the laboratory to the clinic.* New Brunswick, NJ: Rutgers University Press.

Becker, H. S. ([1967] 1970). Whose side are we on? Reprinted as pp. 123-134 in his *Sociological work: Method and substance.* New Brunswick, NJ: Transaction Books.

_____. (2003). The politics of presentation: Goffman and total institutions. *Symbolic Interaction, 26,* 659-669.

Becker, P. H. (1993). Pearls, Pith, and provocations: Common pitfalls in grounded theory research. *Qualitative Health Research, 3*(2), 254-260.

Bergson, H. ([1903] 1961). *An introduction to metaphysics.* (Mabelle L. Andison, translator). New York: Philosophical Library, Inc.

Berk, R. A., Berk, S. F., Loseke, D. R., & Rauma, D. (1983). Mutual combat and other family violence myths. In D. Finkelho, et al. (Eds.), *The dark side of families*(pp. 197-212). Beverly Hills, CA: Sage.

Berk, R. A., Berk, S. F., Newton, J., & Loseke, D. R. (1984). Cops on call: Summoning the police to the scene of spousal violence. *Law & Society Review, 18*(3), 480-498.

Berk, S. F., & Loseke, D. R. (1980~1981). Handling family violence: Situational determinants of police arrest in domestic disturbance. *Law &Society Re-*

view, 15(2), 317-346.

Biernacki, P. (1986). *Pathways from heroin addiction: Recovery without treatment.* Philadelphia: Temple University Press.

Biernacki, P., & Davis, F. (1970). Turning off: A study of ex-marijuana users. Paper presented at the Conference on Drug and Subcultures, Asilomar, California.

Bigus, O. E., Hadden, S. C., & Glaser, B. G. (1994). The study of basic social processes. In B. G. Glaser (Ed.), *More grounded theory methodology: A reader* (pp. 38-64). Mill Valley, CA: Sociology Press.

Blumer, H. (1969). *Symbolic interactionism.* Englewood Cliffs, NJ: Prentice-Hall.

_____. (1979). Comments on 'George Herbert Mead and the Chicago tradition of sociology'. *Symbolic Interaction, 2*(2), 21-22.

Blumer, M. (1984). *The Chicago school of sociology: Institutionalization, diversity, and the rise of sociology.* Chicago: University of Chicago Press.

Bogard, C. (2001). Claimsmakers and contexts in early construction of homelessness: A comparison of New York City and Washington, DC. *Symbolic Interaction, 24,* 425-454.

Bowker, L. H., & Mauer, L. (1987). The medical treatment of battered wives. *Women &Health, 12*(1), 25-45.

Bowker, G., & Star, S. L. (1999). *Sorting things out: Classification and its consequences.* Cambridge, MA: MIT Press.

Bryant, A. (2002). Re-grounding grounded theory. *Journal of Information Technology Theory and Application, 4*(1), 25-42.

_____. (2003). A constructive/ist response to Glaser. *FQS: Forums for Qualitative Social Research, 4*(1), www.qualitative-resrach.net/fqs/.

Burawoy, M. (1991). The extended case method. In M., Buroway, A. Burton, A. A. Ferguson, K. Fox, J. Gamson, N. Gartrell, L. Hurst, C. Kurzman, L. Salzinger, J. Schiffman, & S. Ui (Eds.), *Ethnography unbound: Power and resistance in the modern metropolis* (pp. 271-290). Berkeley: University of California Press.

_____. (2000). Grounding globalization. In M., Buroway, J. A. Blum, S. George, G. Sheba, Z. Gille, T. Gowan, L. Haney, M. Klawiter, S. A. Lopez, S.

O'Riain, & M. Thayer (Eds.), *Global ethnography: Forces, connections, and imaginations in a postmodern world* (pp. 337-373). Berkeley, CA: University of California Press.

Burker, P. J. (1980). The self: Measurements from an interactionist perspective. *Social Psychology Quarterly, 43,* 18-29.

Bury, M. (1982). Chronic illness as biographical disruption. *Sociology of Health & Illness, 4,* 167-182.

_____. (1988). Meaning at risk: The experience of arthritis. In R. Anderson & M. Bury (Eds.), *Living with chronic illness* (pp. 89-116). London: Sage.

_____. (1991). The sociology of chronic illness: A review of research and prospects. *Sociology of Health & Illness, 13,* 452-468.

Calkins, K. (1970). Time perspectives, marking and style of usage. *Social Problems, 17,* 487-501.

Caspcr, M. (1998). *The unborn patient.* New Brunswick, NJ: Rutgers University Press.

Chang, D. B. K. (1989). An abused spouse's self-saving process: A theory of identity transformation. *Sociological Perspectives, 32,* 535-550.

Chang, J. H-L. (2000). Symbolic interaction and transformation of class structure: The case of China. *Symbolic Interaction, 23,* 223-251.

Charmaz, K. (1973). *Time and identity: The shaping of selves of the chronically ill.* PhD dissertation, University of California, San Francisco.

_____. (1983a). The grounded theory method: An explication and interpretation. In R. M. Emerson (Ed.), *Contemporary field research* (pp. 109-126). Boston: Little Brown.

_____. (1983b). Loss of self: A fundamental form of suffering in the chronically ill. *Sociology of Health & Illness, 5,* 168-195.

_____. (1987). Struggling for a self: Identity levels of the chronically ill. In J. A. Roth & P. Conrad (Eds.), *Research in the sociology of health care: Vol. 6, The experience and management of chronic illness* (pp. 283-321). Greenwich, CT: JAI Press.

_____. (1990). Discovering chronic illness: Using grounded theory. *Social Science and Medicine, 30,* 1161-1172.

_____. (1991a). *Good days, bad days: The self in chronic illness and time.* New Brunswick, NJ: Rutgers University Press.

_____. (1991b). Translating graduate qualitative methods into undergraduate teaching: Intensive interviewing as a case example. *Teaching Sociology, 19,* 384–395.

_____. (1995a). Body, identity, and self: Adapting to impairment. *The Sociological Quarterly, 36,* 657–680.

_____. (1995b). Grounded theory. In J. A. Smith, R. Harre, & L. Van Langenhove (Eds.), *Rethinking methods in psychology* (pp. 27–49). London: Sage.

_____. (1998). Research standards and stories: Conflicts and challenge. Plenary presentation. Qualitative Research Conference. University of Toronto, Toronto, Ontario. May 15.

_____. (1999). Stories of suffering: Subjective tales and research narratives. *Qualitative Health Research, 9,* 362–382.

_____. (2000). Constructivist and objectivist grounded theory. In N. K. Denzin & Y. Lincoln (Eds.), *Handbook of Qualitative Research* (2nd ed., pp. 509–535). Thousand Oaks, CA: Sage.

_____. (2001). Qualitative interviewing and grounded theory analysis. In J. F. Gubrium & J. A. Holstein (Eds.), *Handbook of interview research* (pp. 675–694). Thousand Oaks, CA: Sage.

_____. (2002a). Grounded theory: Methodology and theory construction. In N. J. Smelser & P. B. Baltes (Eds.), *Handbook of international encyclopedia of the social and behavioral sciences* (pp. 6396–6399). Amsterdam: Pergamon.

_____. (2002b). The self as habit: The reconstruction of self in chronic illness. *The Occupational Therapy Journal of Research, 22* (Supplement 1), 31s–42s.

_____. (2002c). Stories and silences: Disclosures and self in chronic illness. *Qualitative Inquiry, 8*(3), 302–328.

_____. (2003). Grounded theory. In Jonathan A. Smith (Ed.), *Qualitative psychology: A practical guide to research methods* (pp. 81–110). London: Sage.

_____. (2004). Premises, principles, and practices in qualitative research: Revisiting the foundation. *Qualitative Health Research, 14,* 976-993.

_____. (2005). Grounded theory in the 21st century: A qualitative method for advancing justice research. In N. Denzin & Y. Lincoln (Eds.), *Handbook of qualitative research* (3rd ed., pp. 507-535). Thousand Oaks, CA: Sage.

_____. (2006a). Grounded theory. In G. Ritzer (Ed.), *Encyclopedia of sociology.* Cambridge, MA: Blackwell.

_____. (2006b). Stories, silences, and self: Dilemmas in disclosing chronic illness. In D. Brashers & D. Goldstein (Eds.), *Health communications.* New York: Lawrence Erlbaum.

Charmaz, K., & Mitchell, R. G. (1996). The myth of silent authorship: Self, substance, and style in ethnography writing. *Symbolic Interaction, 19*(4), 285-302.

_____. (2001). An invitation to grounded theory in ethnography. In P. Atkinson, A. Coffey, S. Delamonte, J. Lofland, & L. H. Lofland (Eds.), *Handbook of Ethnography* (pp. 160-174). London: Sage.

Charmaz, K., & Olesen, V. (1997). Ethnographic research in medical sociology. *Sociological Methods and Research, 25*(4), 452-494.

Chenitz, W. C., & Swanson, J. M. (Eds.) (1986). *From practice to grounded theory: qualitative research in nursing.* Reading, MA: Addison-Wesley.

Clark, C. (1997). *Misery and company: Sympathy in everyday life.* Chicago: University of Chicago Press.

Clarke, A. E. (1998). *Disciplining reproduction: Modernity, American life sciences, and the problems of sex.* Berkeley, CA: University of California Press.

_____. (2003). Situational analyses: Grounded theory mapping after the postmodern turn. *Symbolic Interaction, 26,* 553-576.

_____. (2005). *Situational Analysis: Grounded theory after the postmodern turn.* Thousand Oaks, CA: Sage.

Clifford, J., & Marcus, G. (1986). *Writing culture: The poets and politics of ethnography.* Berkeley, CA: University of California Press.

Coffey, A., & Atkinson, P. (1996). *Making sense of qualitative data: Complemen-*

tary research strategies. Thousand Oaks, CA: Sage.

Coffey, A., Holbrook, P., & Atkinson, P. (1996). Qualitative data analysis: Technologies and representations. *Sociological Research On-line, 1.*

Collins, P. H. (1990). *Black feminist thought: Knowledge, consciousness, and the politics of empowerment.* New York: Routledge.

Collins, R. (2004a). Interaction ritual chains. Distinguished Lectures, sponsored by Alpha Kappa Delta, presented at the American Sociological Associations. San Francisco, August 14.

_____. (2004b). *Interaction ritual chains.* Princeton, NJ: Princeton University Press.

Cooley, C. H. (1902). *Human nature and social order.* New York: Charles Scribner's Sons.

Conrad, P. (1990). Qualitative research on chronic illness: A commentary on method and conceptual development. *Social Science & Medicine, 30,* 1257-1263.

Corbin, P. (1990). Alternative interpretations: Valid or not?. *Theory & Psychology, 8,* 121-128.

Corbin, J., & Strauss, A. L. (1987). Accompaniments of chronic illness: Changes in body, self, biography, and biological time. In J. A. Roth & P. Conrad (Eds.), *Research in the sociology of health care: Vol. 6. The experience and management of chronic illness* (pp. 249-281). Greenwich, CT: JAI Press.

_____. (1990). Grounded theory research: Procedures, canons, and evaluative criteria. *Qualitative Sociology, 13*(1), 3-21.

_____. (1988). *Unending Work and Care: Managing Chronic Illness at Home.* San Francisco: Jossey-Bass.

Creswell, J. (1998). *Qualitative inquiry and research design: Choosing among five traditions.* Thousand Oaks, CA: Sage.

Dahlberg, C. C., & Jaffe, J. (1977). *Stroke: A doctor's personal story of his recovery.* New York: Norton.

Dalton, M. (1959). *Men who manage.* New York: Wiley.

Daly, K. (2002). Time, gender, and the negotiation of family schedules. *Symbolic Interaction, 25,* 323-342.

Davis, F. (1963). *Passage through crisis: Polio victims and their families*. Indiana-
  polis: Bobbs-Merrill.

Deely, J. N. (1990). *Basics of semiotics*. Bloomington: Indiana University Press.

Denzin, N. K. (1984). *On understanding emotion*. San Francisco: Jossey-Bass.

_____. (1994). The art and politics of interpretation. In N. K. Denzin & Y. S.
  Lincoln (Eds.), *Handbook of qualitative research* (pp. 500-515). Thousand
  Oaks, CA: Sage.

Denzin, N. K., & Lincoln, Y. S. (Eds.) (1994). *Handbook of qualitative research*.
  Thousand Oaks, CA: Sage.

Derricourt, R. (1996). *An author's guide to scholarly publishing*. Princeton, NJ:
  Princeton Unviersity.

Dey, I. (1999). *Grounding grounded theory*. San Diego: Academic Press.

_____. (2004). Grounded theory. In C. Seale, G. Gobo, J. F. Gubrium, & D. Silver-
  man (Eds.), *Qualitative research practice* (pp. 80-93). London: Sage.

Diamond, T. (1992). *Making gray gold*. Chicago: University of Chicago Press.

DiGiacomo, S. M. (1992). Metaphor as illness: Postmodern dilemmas in the rep-
  resentation of body, mind and disorder. *Medical Anthropology, 14*, 109-
  137.

Dingwall, R. (1976). *Aspects of Illness*. Oxford: Martin Robertson.

Dobash, R. E., & Dobash, R. P. (1979). *Violence against wives*. New York: Free
  Press.

_____. (1981). Community response to violence against
  wives: Charivari, abstract justice and patriarchy. *Social Problems, 28*, 563-
  581.

Durkheim, E. (1902/1960). *The division of labor in society*. Glencoe, IL: Free
  Press.

_____. (1915/1965). *Elementary forms of religious life*. New York: Free
  Press.

_____. (1925/1961). *Moral education: A study in the theory and application
  of the sociology of education*. New York: Free Press.

_____. (1951). *Suicide*. Glencoe, IL: Free Press.

Edwards, S. (1987). Provoking her own demise: From common assault to homicide. In J. Hanmer and M. Maynard (Eds.), *Women, violence and social control* (pp. 152-168). Atlantic Highlands: Humanities Press International, Inc.

Eide, L. (1995). *Work in progress: A guide to writing and revising* (3rd ed.). New York: St. Martins.

Elbow, P. (1981). *Writing with power.* New York: Oxford University Press.

Ellis, C. (1986). *Fisher Folk: Two communities on Chesapeake Bay.* Lexington, KY: The University of Kentucky.

_____. (1995). Emotional and ethical quagmires of returning to the field. *Journal of Contemporary Ethnography, 24*(1), 68-98.

Emerson, R. M. (1983). Introduction to Part II: Theory and evidence and representation. In R. M. Emerson (Ed.), *Contemporary field research: A collection of reading* (pp. 93-107). Boston: Little Brown.

_____. (2001). Introduction to Part III: producing ethnographies: Theory, evidence and representation. In R. M. Emerson (Ed.), *Contemporary field research: Perspectives and formulations* (2nd ed., pp. 281-316). Prospect Heights, IL: Waveland Press.

_____. (2004). Working with 'Key Incidents'. In Clive Seale, Giampietro Gobo, Jaber F. Gubrium, & David Silverman (Eds.), *Qualitative Research Practice* (pp. 457-472). London: Sage.

Fabrega, H. Jr., & Manning, P. K. (1972). Disease, illness and deviant careers. In R. A. Scott & J. D. Douglas (Eds.), *Theoretical perspectives on deviance* (pp. 93-116). New York: Basic Books.

Fann, K. T. (1970). *Peirce's theory of abduction.* The Hague: Marinus Nijhoff.

Ferraro, K. J. (1987). Negotiation trouble in a battered women's shelter. In M. J. Deegan & M. R. Hill (Eds.), *Women and symbolic interaction* (pp. 379-394). Boston: Allen & Unwin.

_____. (1989). Policing woman battering. *Social Problems, 30*(3), 61-74.

Ferraro, K. J., & Johnson, J. M. (1983). How women experience battering: The process of victimization. *Social Problems, 30,* 325-339.

Fielding, N. G., & Lee, R. M. (1998). *Computer analysis and qualitative data.* London: Sage.

Finch, J., & Mason, J. (1990). Decision taking in the fieldwork process: Theoretical sampling and collaborative working. In R. G. Burgess (Ed.), *Studies in qualitative methodology: Reflections on field experience* (pp. 25-50). Greenwich, CT: JAI Press.

Fine, G. A. (1986). *With the boys: Little league baseball and preadolescent culture.* Chicago: University of Chicago Press.

_____. (1998). *Morel tales: The culture of mushrooming.* Cambridge, MA: Harvard University Press.

Flick, U. (1998). *An introduction to qualitative research.* Thousand Oaks, CA: Sage.

Flowers, L. (1993). *Problem-solving strategies for writing* (4th ed.). Fort Worth, TX: Harcourt Brace, Jovanovich.

Frank, A. W. (1990). Bringing bodies back in: A decade review. *Theory, Culture & Society, 7,* 131-162.

_____. (1991a). *At the will of the body.* Boston: Houghton Mifflin.

_____. (1991b). For a sociology of the body: An analytical review. In M. Featherstone, M. Hepworth, & B. S. Turner (Eds.), *The body: Social process and cultural theory* (pp. 36-102). London: Sage.

Frankenberg, R. (1990). Disease, literature and the body in the era of AIDS - A preliminary exploration. *Sociology of Health & Illness, 12,* 351-360.

Freund, P. E. S. (1982). *The civilized body: Social domination, control, and health.* Philadelphia, PA: Temple University Press.

_____. (1988). Bringing society into the body: Understanding socialized human nature. *Theory and Society, 17,* 839-864.

_____. (1990). The expressive body: A common ground for the sociology of emotions and health and illness. *Sociology of Health & Illness, 12,* 452-477.

Gadow, S. (1982). Body and self: A dialectic. In V. Kestenbaum (Ed.), *The humanity of the ill: Phenomenological perspectives* (pp. 86-100). Knoxville, TN: University of Tennessee Press.

Geertz, C. (1973). *The interpretation of cultures.* New York: Basic Books.

Gerhardt, U. (1979). Coping and social action: Theoretical reconstruction of the life-event approach. *Sociology of Health & Illness, 1,* 195-225.

_____. (1989). *Ideas about illness: An intellectual and political history of medical sociology.* New York: New York University Press.

Giles-Sims, J. (1983). *Wife battering: A system theory approach.* New York: The Guilford Press.

Glaser, B. G. (1978). *Theoretical sensitivity.* Mill Valley, CA: The Sociology Press.

_____. (1992). *Basics of grounded theory analysis.* Mill Valley, CA: The Sociology Press.

_____. (Ed.) (1994). *More grounded theory.* Mill Valley, CA: The Sociology Press.

_____. (1998). *Doing grounded theory: Issues and discussions.* Mill Valley, CA: The Sociology Press.

_____. (2001). *The grounded theory perspective: Conceptualization contrasted with description.* Mill Valley, CA: The Sociology Press.

_____. (2002). Constructivist grounded theory? Forum qualitative Sozialforschung/Forum: *Qualitative Social Research* [On-line Journal], 3. Available at: http://www.qualitative-research.net/fqs-texte/3-02/3-02glaser-e-htm.

_____. (2003). *Conceptualization contrasted with description.* Mill Valley, CA: The Sociology Press.

Glaser, B. G., & Strauss, A. L. (1965). *Awareness of dying.* Chicago: Aldine.

_____. (1967). *The discovery of grounded theory.* Chicago: Aldine.

_____. (1968). *Time for dying.* Chicago: Aldine.

_____. (1971). *Status passage.* Chicago: Aldine.

Glassner, B. (1988). *Bodies.* New York: Putnam.

_____. (1989). Fitness and the postmodern self. *Journal of Health and Social Behavior, 30,* 180-191.

Goffman, E. (1959). *The presentation of self in everyday life.* Garden City, NY: Doubleday Anchor Books.

_____. (1961). *Asylums.* Garden City, NY: Doubleday Anchor Books.

_____. (1963). *Stigma.* Garden City, NY: Doubleday Anchor Books.

_____. (1967). *Interaction ritual.* Garden City, NY: Doubleday Anchor

Books.

_____. (1969). *Strategic interaction*. Philadelphia: University of Pennsylvania Press.

Gorden, R. (1987). *Interviewing: Strategies, techniques, and tactics*. Homewood, IL: Dorsey.

Goulding, C. (2002). *Grounded theory: A practical guide for management, business, and market researchers*. London: Sage.

Guba, E. G., & Lincoln, Y. S. (1994). Competing paradigms in qualitative research. In N. K. Denzin & Y. S. Lincoln (Eds.), *Handbook of qualitative research* (pp. 105-118). Thousand Oaks, CA: Sage.

Gubrium, J. F. (1993). *Speaking of life: Horizons of meaning for nursing home residents*. Hawthorne, NY: Aldine de Gruyter.

Gubrium, J. F., & Holstein, J. A. (1997). *The new language of qualitative research*. New York: Oxford University Press.

Hall, W. A., & Callery, P. (2001). Enhancing the rigor of grounded theory: Incorporating reflexivity and relationality. *Qualitative Health Research, 11*, 257-272.

Hartsock, N. C. M. (1998). *The feminist standpoint revisited and other essays*. Boulder, CO: Westview.

Henwood, K., & Pidgeon, N. (2003). Grounded theory in psychological research. In P. M. Camic, J. E. Rhodes, & L. Yardley (Eds.), *Qualitative research in psychology: Expanding perspective in methodology and design* (pp. 131-155). Washington, DC: American Psychological Association.

Hermes, J. (1995). *Reading women's magazines*. Cambridge, UK: Polity Press.

Hertz, R. (2003). Paying forward and paying back. *Symbolic Interaction, 26*, 473-486.

Hewitt, J. P. (1992). *Self and society*. New York: Simon and Schuster.

Hogan, N., Morse, J. M., & Tason, M. C. (1996). Toward an experiential theory of bereavement. *Omega, 33*, 43-65.

Holliday, A. (2002). *Doing and writing qualitative research*. London: Sage.

Holstein, J. A., & Gubrium, J. F. (1995). *The active interview*. Thousand Oaks, CA: Sage.

Hood, J. C. (1983). *Becoming a two-job family.* New York: Praeger.

Jankowski, M. S. (1991). *Islands in the street: Gangs and American urban society.* Berkeley, CA: University of California Press.

Kearney, Margaret H. (1998). Ready to wear: Discovering grounded formal theory. *Research in Nursing & Health, 21,* 179-186.

Kelle, U. (2005, May). Emergence vs. forcing of empirical data? A crucial problem of 'grounded theory' reconsidered. [52 paragraphs]. Forum Qualitative Sozialforschung/*Forum: Qualitative Social Research* [On-line Journal] 6(2), Art. 27. Available at http://qualitative-research.net/fqs-texte/2-05/05-2-27-e.htm [Date of Access: 05-30-05].

Kestenbaum, V. (1982). Introduction: The Experience of Illness. In V. Kestenbaum (Ed.), *The humanity of the ill: Phenomenological perspective* (pp. 3-38). Knoxville: University of Tennessee Press.

Kleinman, A., Brodwin, D., Good, B. J., & Good, M. D. (1991). Introduction. In M. D. Good, P. E. Brodwin, B. J. Good, & A. Kleinman (Eds.), *Pain as human experience: An anthropological perspective* (pp. 1-28). Berkeley: University of California Press.

Kotarba, J. A. (1994). Thoughts on the body: Past, present, and future. *Symbolic Interaction, 17,* 225-230.

Kuhn, T. S. (1962). *The structure of scientific revolution.* Chicago: University of Chicago Press.

Kusow, A. (2003). Beyond indigenous authenticity: Reflection on the inside/outsider debate in immigration research. *Symbolic Interaction, 26,* 591-599.

Latour, B., & Woolgar, S. ([1979] 1986). *Laboratory life: The social construction of scientific facts* (2nd ed.). Princeton, NJ: Princeton University Press.

Layder, D. (1998). *Sociological practice: Linking theory and social research.* London: Sage.

Lazarsfeld, P., & Rosenberg, M. (Eds.) (1995). *The language of social research: a reader in the methodology of social research.* Glencoe, IL: Free Press.

Lempert, L. B. (1996). The line in the sand: Definitional dialogues in abusive relationships. In N. K. Denzin (Ed.), *Studies in Symbolic Interaction, 18* (pp. 171-195). Greenwich, CT: JAI Press.

_____. (1997). The other side of help: The negative effects of help-seeking processes of abused women. *Qualitative Research, 20,* 289-309.

Lewis, K. (1985). *Successful living with chronic illness.* Wayne, NJ: Avery.

Lindesmith, A., Strauss, A., & Denzin, N. K. (1988). *Social Psychology.* Englewood Cliffs, NJ: Prentice-Hall.

Locke, K. (2001). *Grounded theory in management research.* Thousand Oaks, CA: Sage.

Locker, D. (1983). *Disability and disadvantage: The consequences of chronic illness.* London: Tavistock.

Lofland, J. (1970). Interactionist imagery and analytic interruption. In T. Shibutani (Ed.), *Human nature and collective behavior.* Englewood Cliffs, NJ: Prentice-Hall.

_____. (1995). *Analyzing social settings* (3rd ed.). Belmont, CA: Wadsworth.

Lonkila, M. (1995). Grounded theory as an emerging paradigm for computer-assisted qualitative data analysis. In K. Udo (Ed.), *Computer-aided qualitative data analysis: Theory, methods and practice* (pp. 41-51). London: Sage.

Loseke, D. R. (1987). Lived realities and the construction of social problems: The case of wife abuse. *Symbolic Interaction, 10,* 229-243.

_____. (1992). *The battered woman and shelters: The social construction of wife abuse.* Albany, NY: State University of New York Press.

Luker, K. (1984). *Abortion and the politics of motherhood.* Berkeley, CA: University of California Press.

Lynd, R. S. (1939). *Knowledge for what? The place of social science in American culture.* Princeton, NJ: Princeton University Press.

MacDonald, L. (1988). The experience of stigma: Living with rectal cancer. In R. Anderson & M. Bury (Eds.), *Living with chronic illness* (pp. 177-202). London: Unwin Hyman.

MacKinnon, C. A. (1988). Feminism, marxism, method and the state: Toward a feminist jurisprudence. In P. B. Bart & E. G. Moran (Eds.), *Violence against women* (pp. 201-208). Newbury Park, CA: Sage.

Maine, D. R. (2001). *The faultline of consciousness: A view of interaction in sociol-*

ogy. New York: Aldine de Gruyter.

Markovsky, B. (2004). Theory construction. In G. Ritzer (Ed.), *Encyclopedia of social theory,* volume II (pp. 830-834). Thousand Oaks, CA: Sage.

Martin, D. (1976). *Battered wives.* New York: Pocket Books.

Maynard, D. (2003). *Good news, bad news: Conversational order in everyday talk and clinical settings.* Chicago: University of Chicago Press.

Mead, G. H. (1932). *Philosophy of the present.* LaSalle, IL: Open Court Press.

_____. (1934). *Mind, self and society.* Chicago: University of Chicago Press.

Melia, K. M. (1987). *Learning and working: The occupational socialization of nurses.* London: Tavistock.

_____. (1996). Rediscovering Glaser. *Qualitative Health Research, 6,* 368-378.

Merton, R. K. (1957). *Social theory and social structure.* Glencoe, IL: Free Press.

Miller, D. E. (2000). Mathematical dimensions of qualitative research. *Symbolic Interaction, 23,* 399-402.

Miller, G. (1997). Contextualizing texts: Studying organizational texts. In G. Miller & R. Dingwall (Eds.), *Context and method in qualitative research* (pp. 77-91). London: Sage.

Mills, T. (1985). The assault on the self: Stages in coping with battering husbands. *Qualitative Sociology, 8,* 103-123.

Mitchell, R. G. (1991). Field notes: Unpublished manuscript, Oregon State University, Corvallis, OR.

_____. (2002). *Dancing to amageddon: Survivalism and chaos in modern times.* Chicago: University of Chicago Press.

Morrill, C. (1995). *The executive way: Conflict management in corporations.* Chicago: University of Chicago Press.

Morse, J. M. (1995). The significance of saturation. *Qualitative Health Research, 5,* 147-149.

Murphy, E., & Dingwall, R. (2003). *Qualitative methods and health policy research.* New York: Aldin de Gruyter.

Murphy, R. E. (1987). *The body silent.* New York: Henry Holt.

Olesen, V. (1994). Problematic bodies: Past, present, and future. *Symbolic Inter-*

action, 17, 231-237.

Olescn, V., Schatzman, L., Droe, N., Hatton, D., & Chico, N. (1990). *The mundane ailment and the physical self: Analysis of the social psychology of health and illness.* Social Science & Medicine, 30, 449-455.

Pagelow, M. D. (1984). *Family Violence.* New York: Praeger:

Park, R. E., & Burgess, E. W. (Eds.) (1921). *The city.* Chicago: University of Chicago Press.

Parsons, T. (1953). *The social system.* Clencoe, IL: Free Press.

Peirce, C. S. (1958). *Collected Papers.* Cambridge, MA: Harvard University Press.

Pollner, M., & Emerson, R. M. (2001). Ethnomethodology and ethnography. In P. Atkinson, A. Coffey, S. Delamont, J. Lofland, & L. H. Lofland (Eds.), *Handbook of ethnography* (pp. 118-135). London: Sage.

Prior, L. F. (2003). *Using documents in social research.* London: Sage.

Prus, R. C. (1987). Generic social processes: Maximizing conceptual development in ethnographic research. *Journal of Contemporary Ethnography, 16,* 250-293.

_____. (1996). *Symbolic interaction and ethnographic research: Intersubjectivity and the study of human lived experience.* Albany, NY: State University of New York Press.

Radley, A. (1989). Style, discourse and constraint in adjustment to chronic illness. *Sociology of Health & Illness, 11,* 230-252.

Radley, A., & Green, R. (1987). Illness as adjustment: A methodology and conceptual framework. *Sociology of Health & Illness, 9,* 179-206.

Reinharz, S., & Chase, S. E. (2001). Interviewing women. In J. F. Gubrium & J. A. Holstein (Eds.), *Handbook of interview research* (pp. 221-238). Thousand Oaks, CA: Sage.

Richardson, L. (1990). *Writing strategies: Researching diverse audience.* Newbury Park, CA: Sage.

_____. (1994). Writing: A method of inquiry. In N. K. Denzin & Y. S. Lincoln (Eds.), *Handbook of qualitative research* (pp. 516-529). Thousand Oaks, CA: Sage.

Rico, G. L. (1983). *Writing the natural way: Using right-brain techniques to release your expressive power.* Los Angeles: J. P. Tarcher.

Ritzer, G., & Goodman, D. J. (2004). *Classical sociological theory* (4th ed.). Boston: McGraw Hill.

Robrecht, L. C. (1995). Grounded theory: Evolving methods. *Qualitative Health Research, 5,* 169-177.

Rock, P. (1979). *The making of symbolic interaction.* London: Macmillan.

Rosenthal, G. (2004). Biographical research. In C. Seale, G. Gobo, J. F. Gubrium, & D. Silverman (Eds.), *Qualitative research practice* (pp. 48-64). London: Sage.

Roth, J. (1963). *Timetables.* New York: Bobbs-Merril.

Rubin, H. J., & Rubin, I. S. (1995). *Qualitative Interviewing: The art of hearing.* Thousand Oaks, CA: Sage.

Sanders, C. R. (1990). *Customizing the body.* Philadelphia, PA: Temple University Press.

Sarton, M. (1988). *After the stroke: A journal.* New York: W. W. Norton.

Schechter, S. (1982). *Women and male violence.* Boston: South End Press.

Scheper-Hughes, N., & Lock, M. M. (1987). The mindful body: A prolegomenon to future work in medical anthropology. *Medical Anthropology Quarterly, 1,* 6-41.

Schneider, M. A. (1997). Social dimensions of epistemological disputes: The case of literary theory. *Sociological Perspectives, 40,* 243-264.

Schreiber, R. S., & Stern, P. N. (Eds.) (2001). *Using Grounded Theory in Nursing.* New York: Springer.

Shostak, S. (2004). Environmental justice and genomics: Acting on the futures of environmental health. *Science as Culture, 13,* 539-562.

Schutz, A. (1967 [1932]). *The phenomenology of the social world.* Evanston, IL: Northwestern University Press.

Schwalbe, M., & Wolkomir, M. (2002). Interviewing men. In J. F. Gubrium & J. A. Holstein (Eds.), *Handbook of interview research* (pp. 203-219). Thousand Oaks, CA: Sage.

Schwandt, T. A. (1994). Constructivist, interpretivist approaches to human inquiry. In N. K. Denzin & Y. S. Lincoln (Eds.), *Handbook of qualitative re-*

search (pp. 118-137). Thousand Oaks, CA: Sage.

Sealc, C. (1999). *The quality of qualitative research.* London: Sage.

Seidman, I. E. (1998). *Interviewing as qualitative research: A guide for researchers in education and the social science* (2nd ed.). New York: Teachers College Press.

Shilling, C. (1993). *The body and social theory.* London: Sage.

Silverman, D. (1997). *Discourse of counseling: HIV counseling as social interaction.* London: Sage.

_____. (2000). *Doing qualitative research: A practical handbook.* London: Sage.

_____. (2001). *Interpreting qualitative data: Methods for analysing talk, text, and interaction* (2nd ed.). London: Sage.

_____. (2004). *Instances or sequences?: Improving the state of the art of qualitative research.* Paper presented at the Qualitative Research Section of the European Sociological Association, Berlin, September.

Smith, D. E. (1987). *The everyday world as problematic: A feminist sociology.* Boston, MA: Northeastern University Press.

_____. (1999). *Writing the social: Critique, theory and investigations.* Toronto: University of Toronto Press.

Soulliere, D., Britt, D. W., & Maines, D. R. (2001). Conceptual modeling as a toolbox for grounded theorists. *Sociological Quarterly, 42*(2), 253-269.

Speeding, E. (1982). *Heart attack: The family response at home and in the hospital.* New York: Tavistock.

Star, S. L. (1989). *Regions of the mind: Brain research and the quest for scientific certainty.* Palo Alto, CA: Stanford University Press.

_____. (1999). The ethnography of infrastructure. *American Behavioral Scientist, 43,* 377-391.

Stark, E. & Filcraft, A. (1983). Social knowledge, social policy, and the abuse of women. In D. Finkelhor et al. (Eds.), *The dark side of families* (pp. 330-348). Beverly Hills, CA: Sage.

_____. (1988). Violence among intimates-An epidemiological review. In V. B. VanHasselt et al. (Eds.), *Handbook of Family Violence* (pp.

293-317). New York: Plenum Press.

Stephenson, J. S. (1985). *Death, grief, and mourning: Individual and social realities*. New York: Free Press.

Stern, P. N. (1994a). Eroding grounded theory. In J. Morse (Ed.), *Critical issues in qualitative research methods* (pp. 212-223). Thousand Oaks, CA: Sage.

_____. (1994b). The grounded theory method: Its uses and processes. In B. G. Glaser (Ed.), *More grounded theory: A reader* (pp. 116-126). Mill Valley, CA: The Sociology Press.

Strauss, M. A. (1977). A sociological perspective on the prevention and treatment of wife-beating. In M. Roy (Ed.), *Battered women* (pp. 194-238). New York: Van Nostrand Reinhold.

Strauss, M. A., Gelles, R. J., & Steinmetz, S. (1980). *Behind closed doors*. Garden City, NY: Doubleday.

Strauss, A. L. (1959). *Mirrors and masks*. Mill Valley, CA: The Sociology Press.

_____. (1978a). A social worlds perspective. *Studies in Symbolic Interaction, 1,* 119-128.

_____. (1978b). *Negotiations: Varieties, contexts, processes and social order*. San Francisco: Jossey Bass.

_____. (1987). *Qualitative analysis for social scientists*. New York: Cambridge University Press.

_____. (1993). *Continual permutations of action*. New York: Aldine de Gruyter.

_____. (1995). Notes on the nature and development of grounded theories. *Qualitative Inquiry, 1,* 7-18.

Strauss, A., & Corbin, J. (1990). *Basics of qualitative research: Grounded theory procedures and techniques*. Newbury Park, CA: Sage.

_____. (1994). Grounded theory methodology: An overview. In N. K. Denzin & Y. S. Lincoln (Eds.), *Handbook of qualitative research* (pp. 273-285). Thousand Oaks, CA: Sage.

_____. (1998). *Basics of qualitative research: Grounded theory procedures and techniques* (2nd ed.). Thousand Oaks, CA: Sage.

Strauss, A., & Glaser, B. G. (1970). *Anguish*. Mill Valley, CA: The Sociology Press.

Strauss, A., Schatzman, L., Bucher, R., Ehrlich, D., & Sabshin, M. (1963). The hospital and its negotiated order. In F. Friedson (Ed.), *The hospital in modern society* (pp. 147-168). Glencoe, IL: Free Press.

Thomas, J. (1993). *Doing critical ethnography.* Newbury Park, CA: Sage.

Thorne, S., Jensen, L., Kearney, M. H., Noblit, G., & Sandelwski, M. (2004). Qualitative metasynthesis: Reflections on methodological orientation and ideology agenda. *Qualitative Health Research, 14,* 1342-1365.

Thulesius, H., Hakansson, A., Petersson, K. (2003). Balancing: A basic process in the end-of-life care. *Qualitative Health Research, 13,* 1357-1377.

Timmermans, S. (1999). *Sudden death and the myth of CPR.* Philadelphia, PA: Temple University Press.

Turner, B. S. (1992). *Regulating bodies: Essays in medical sociology.* London: Routedege.

Tweed, A. E., & Salter, D. P. (2000). A conflict of responsibilities: A grounded theory study of clinical psychologists' experiences of client non-attendance within the British National Health Service. *British Journal of Medical Psychology, 73,* 465-481.

Urquhart, C. (1998). Exploring analyst-client communication: Using grounded theory techniques to investigate interaction in informal requirements. In A. S. Lee, J. Liebenau, & J. I. DeGross (Eds.), *Information systems and qualitative research* (149-181). London: Chapman & Hall.

_____. (2003). Re-grounding grounded theory—or reinforcing old prejudices?: Brief response to Bryant. *Journal of Information Technology Theory and Application, 4,* 43-54.

van den Hoonaard, W. C. (1997). *Working with sensitizing concepts: Analytical field research.* Thousand Oaks, CA: Sage.

Van Maanen, J. (1988). *Tales of the field.* Chicago: University of Chicago Press.

Walker, L. E. (1979). *The battered woman.* New York: Harper & Row.

_____. (1989). *Terrifying love.* New York: Harper & Row.

Wiener, C. L. (2000). *The elusive quest: Accountability in hospitals.* New York: Aldine de Gruyter.

Williams, G. (1984). The genesis of chronic illness: Narrative reconstruction. *So-*

ciology of Health & Illness, 6, 175-200.

Wilson, H. S., & Hutchinson, S. (1991). Triangulation of qualitative methods: Heideggerian hermeneutics and grounded theory. *Qualitative Health Research, 1,* 263-276.

_____. (1996). Methodologic mistakes in grounded theory. *Nursing Research, 4*(2), 122-124.

Wuest, J. (2000). Negotiating with helping systems: An example of grounded theory evolving through emergent fit. *Qualitative Health Research, 10,* 51-70.

Zola, I. K. (1982). *Missing pieces: A chronicle of living with a disability.* Philadelphia, PA: Temple University Press.

_____. (1991). Bringing our bodies and ourselves back in: Reflection on a past, present, and future 'Medical Sociology'. *Journal of Health and Social Behavior, 32,* 1-16.

주요 용어

가추법/귀추법 Abduction: 자료에 대한 검토에서 시작하는 추론 형태. 자료를 확인한 후 관찰된 자료에 대해 가능한 한 모든 설명을 포함시킨다. 그런 다음 연구자는 관찰한 자료를 가장 잘 설명하는 해석에 도달할 때까지 입증하거나 입증치 못한 가설을 형성한다.

개념 – 지표모델 Concept-Indicator model: 근거이론에서 사용하는 이론구성의 방법. 연구자는 경험적 자료에서 규정된 관계를 설명하는 개념을 구성하고, 각 개념은 경험적 지표에 기반한다. 따라서 개념은 자료에 '근거'한다.

객관주의적 근거이론 Objectivist grounded theory: 연구자는 연구 참여자에게서 분리되어 냉정하고 중립적인 관찰자의 역할을 취하며, 외부 전문가로서 그들의 세계를 분석하여 연구 참여자와의 관계와 대표성을 문제없는 것으로 처리한다. 객관주의적 근거이론은 실증주의적 질적연구의 한 형태이므로, 실증주의 전통의 많은 가정과 논리를 따른다.

구성주의Constructivism: 실재를 구성하는 방식에 대한 사회과학의 관점. 사람들은 연구자도 포함해 자신이 참여하는 실재를 구성해 나간다고 가정한다. 구성주의자의 탐구는 경험에서 시작하며, 사람들이 경험을 어떻게 구성하고 있는지를 물어본다. 구성주의자는 최대한 현상으로 진입하여 현상을 바라보는 다중적인 시각multiple views을 획득하고, 그와 관련된 관계와 제약 속에서 현상을 확인한다. 구성주의자는 현상에 대한 자신의 해석이 그 자체로 하나의 구성체임을 인정한다.

귀납법Induction: 광범위한 개별 사례를 조사하는 것으로 시작하여 그 속에서 양상을 끌어내어 개념적 범주를 형성하는 것으로 이어지는 추론의 한 형태.

근거이론Grounded theory: 자료를 근거로 귀납적 분석을 수행하면서 이론의 개념적 틀을 만들어 내는 데 초점을 두는 질적연구의 수행방법. 분석적 범주는 자료에 직접적인 '근거grounded'를 두고 있다. 근거이론은 묘사보다는 분석을, 선입견적 아이디어나 기존 이론보다는 신선한 범주를, 대규모의 초기 표본보다는 초점을 가지고 연속적이고 체계적으로 이루어지는 자료 수집방법을 선호한다. 근거이론은 자료를 수집하면서 분석을 수행한다는 점에서 다른 연구방법과 차이점이 있다. 연구자는 추가적인 자료 수집의 필요성을 알아내고 그 형태를 결정하기 위해 이러한 분석방법을 사용한다. 따라서 전통적 연구방법에서 뚜렷하게 존재했던 자료 수집과 분석 단계의 구분은 근거이론연구에서는 의도적으로 불분명해진다.

메모 작성memo-writing: 자료 수집과 논문 초고 작성 사이에 이루어지는 중추적인 중간 단계. 근거이론연구자가 메모를 작성할 때, 발현된 범주와 코드에 대한 아이디어가 떠오를 경우 잠시 중단하고 어떠한 방식으로든 그 아이디어를 분석한다(Glaser, 1998). 자료의 분석을 촉진하고 연구 과정에서 일찍 코드를 범주로 발전시킬 수 있기에 메모 작성은 중요한 방법 중 하나다. 끊임없는 메모 작성을 통해 연구자는 지속적으로 분석에 관여할 수 있으며, 아이디어의 추상 수준을 향상하는 데 도움이 된다.

반영성Reflexivity: 연구자가 자신의 경험, 결정, 해석에 대해 수행하는 비판적 검토. 연구자의 경험, 결정, 해석 등은 연구자의 분석 과정을 도출하는 방식에 영향을 미치며, 연구자의 관심사, 위치, 가정이 탐구활동에 어떤 방식으로 얼마나 영향을 미쳤는지 독자가 평가할 수 있어야 한다는 점에서 이러한 검토가 이루어져야 한다. 반영적 자세를 통해 연구자가 자신의 연구를 어떻게 수행하고 있는지, 연구 참여자와 어떻게 관계 맺고 있으며, 작성된 보고서에 그들을 어떻게 제시하고 있는지 알 수 있다.

범주화Categorizing: 근거이론의 분석 절차로 여러 개의 코드 속에 있는 공통적인 주제와 양상patterns을 추상화하거나 중요한 의미가 있는 코드를 선택하여 분석적 개념으로 만드는 작업이다. 연구자는 범주화를 통해 묘사description보다 추상적이고 이론적인 수준으로 분석의 개념 수준을 끌어올린다. 그런 다음 연구자는 범주의 속성, 범주가 의미를 갖는 조건, 범주가 변화되는 조건, 다른 범주와의 관계 등을 규정하려 한다. 근거이론연구자는 가장 의미 있는 이론적 범주를 이론의 개념으로 만든다.

사회구성주의Social constructionism: 인간은 개별적인 행위와 집합적 행위를 통해 사회적 실재를 창출한다고 가정하는 이론적 관점. 사회구성주의자는 세계를 주어진 것으로 바라보기보다 세계는 어떻게 완성되었는가라고 질문을 던진다. 외부세계—전지구적 구조와 국지적 문화를 포함하여—에 현실이 실재한다는 가정 대신 사회구성주의자는 인간이 특정한 시간과 장소에서 실제로 취하는 것이 무엇이고, 자신의 관점과 행위를 어떻게 구성하며, 상이한 구성이 언제 생겨나고, 누구의 구성체가 규정으로 받아들여지며, 그 과정이 어떻게 일어나는지 연구한다. 의미와 견고한 실재는 집합적 과정의 산물이라고 가정한다는 점에서 상징적 상호작용주의는 구성주의 관점의 하나다.

상징적 상호작용주의 Symbolic interactionism: 인간은 상호작용을 통해 자신, 사회, 실재를 구성한다고 가정하는 실용주의에 뿌리를 둔 이론적 관점. 의미와 행위 간의 역동적 관계에 초점을 두므로 사람들이 의미를 만들어 내고 매개하는 적극적인 과정을 다룬다. 의미는 행위에서 비롯되고, 이는 반대로 행위에 영향을 미친다. 또한 개인은 적극적이고, 창조적이며, 반영적이라 가정하며, 사회적 삶은 과정으로 구성된다고 본다.

시카고 사회학파 Chicago school sociology: 20세기 초반에 시카고 대학교에서 등장한 사회학의 한 전통. 실용주의 철학과 문화기술지 현장연구ethnographic fieldwork가 그 지식 기반과 방법론적 원칙을 이루고 있다. 시카고 사회학파는 여러 교재에서 묘사하는 것처럼 동질적이지 않았으며, 또한 모든 시카고 대학교 출신 학자가 시카고 학파에 속한 것도 아니었다. 하지만 이 학파는 상징적 상호작용주의symbolic interactionism에 기반한 사회심리학, 문화기술지 및 질적연구라는 풍부한 전통을 낳았다. 시카고 사회학파는 해석과 행위 간에 역동적이고 호혜적인 관계가 있음을 가정한다. 사회적 삶은 상호작용적이고, 발현적이며 일정 정도는 불확정적이다. 시카고 문화기술지학파는 세상에 대한 개방성과 호기심을 강조하며, 상징적 상호작용주의는 연구 참여자와 그들의 세계에 대한 공감적 이해empathetic understanding를 개발할 것을 강조하였다.

실용주의Pragmatism: 실재를 불확정성indeterminancy과 유동성fluidity이라는 특징으로 바라보며, 다중적 해석multiple interpretations의 가능성을 열어 놓고 있는 미국의 철학적 전통. 실용주의에서는 인간을 능동적이고 창조적인 존재로 가정한다. 실용주의적 철학에서 의미는 문제를 해결하기 위한 실천적 행위를 통해 발현되고, 인간은 행위를 통해 세계를 알게 된다. 실용주의는 사실과 가치는 분리된 것이라기보다는 연결된 것으로 보며, 진실은 상대주의적이며 과도적provisional인 것이라 본다.

실증주의Positivism: 외부 세계에 대한 객관적인 체계적 관찰과 실험으로 구성된 단일한 과학적 방법을 따르는 인식론. 실증주의적 탐구의 목적은 현상을 설명하고 예측이 가능한 일반적 법칙을 발견하고 수립하는 것이다. 그에 따라 실험과 예측은 연구 현상에 대한 과학적 통제력으로 이어질 수 있다.

실체이론Substantive theory: 가족관계, 공식적 조직, 교육 등과 같이 특정한 영역에 한정된 문제delimited problem를 해석하거나 설명하는 이론.

연역법Deduction: 일반적이거나 추상적인 개념과 사유에서 출발하여 구체적 사례에 도달하는 추론의 형태.

이론적 포화 Theoretical saturation: 어떠한 이론적 범주와 관련하여 더 많은 자료를 구하더라도 새로운 속성을 밝혀내지 못하거나 출현된 근거이론에 대해 추가적인 이론적 통찰을 얻지 못하게 되는 지점.

이론적 표집 Theoretical sampling: 무작위로 추출하거나 특정한 모집단의 분포를 대표하는 표집이 아니라 연구자가 개발하고자 하는 범주나 이론의 속성을 발전시키기 위한 목적으로 행하는 근거이론의 표집 형태. 이론적 표집을 수행하면서 연구자는 범주의 경계 및 관련성을 밝혀 주거나 규정하는 데 유용한 사람, 사건, 정보를 찾으려 한다. 이론적 표집의 목적은 이론적 범주의 개발을 위한 표본의 확보에 있기 때문에, 연구자는 다양한 실체적 영역을 넘나들 수 있다.

조건-결과 매트릭스 Conditional/consequential matrix: 행위에 대한 미시적·거시적 조건과 결과의 교차관계intersection를 보여 주는 코딩 도구로 양자 간의 연결관계를 명료하게 한다.

지속적 비교방법 Constant comparative method: 자료와 자료, 자료와 범주, 범주와 범주, 범주와 개념을 비교하는 귀납적 과정을 통해 보다 추상적인 개념과 이론을 연속적으로 만들어 내는 분석방법. 분석 개발의 각 단계에서 비교가 이루어진다.

축코딩Axial coding: 범주를 하나의 축으로 처리하여 이러한 축을 중심으로 관계를 서술하고 범주의 차원을 구체화하는 코딩의 한 형태. 축코딩의 주요한 목적은 연구자가 줄코딩line-by-line coding을 통해 자료를 분절화한 다음, 자료를 다시 하나의 일관된 전체로 합치는 것이다.

코딩Coding: 자료가 의미하는 바를 규정하는 과정. 선험적 범주나 코드를 자료에 적용하는 계량연구자와는 달리, 근거이론가는 자료에서 알게 된 바를 규정하는 질적인 코드를 만들어 낸다. 따라서 코드는 연구자가 자료를 탐구하면서 개발된다는 점에서 발현적emergent이다. 코딩의 과정을 통해 연구자는 예측하지 못한 영역과 연구 질문을 얻을 수 있다. 근거이론을 지지하는 연구자는 이러한 단서를 따라간다. 그들은 사전에 설계되어 연구자를 막다른 길로 이끌 수 있는 연구 문제를 좇아가지 않는다.

포스트모더니즘Postmodernism: 인간의 사유에 대한 믿음, 과학에 대한 믿음,

과학을 통한 진보에 대한 믿음에 기반하고 있는 계몽주의의 근본적 가정에 도전하는 이론적 입장. 포스트모더니즘은 앎의 직관적 형태를 인정하고 싶어 하는 사람부터 앎과 세상에서의 존재에 대한 근대적 방식, 계몽주의적 가치가 기반하는 토대 등에 대해 허무주의적인 거부를 요구하는 사람에 이르기까지 광범위하다.

형식이론Formal theory: 여러 실체적 영역을 관통할 수 있는 총괄적 이슈나 과정에 대한 이론적 정제물rendering. 형식이론에서 개념은 추상적이고 일반적이다. 이론은 이러한 개념 간의 연결 고리를 구체화한다. 정체감 형성이나 상실, 문화의 구성, 이데올로기의 발전 등을 다루는 형식이론은 청소년 갱집단, 전문직의 사회화, 이민자의 경험과 같은 다양한 영역의 행동을 이해하는데 도움을 줄 수 있다.

찾아보기

▥ 인 명 ▥

Alasuutari, P. 55, 210, 228, 257

Albas, C. 228

Albas, D. 228

Anderson, E. 127

Arendell, T. 75

Becker, H. S. 127, 210

Bergson, H. 70

Biernacki, P. 47, 286, 303

Blummer, H. 35, 53, 58

Bogard, C. 95

Bryant, A. 38

Burawoy, M. 267

Charmaz, K. 291

Clarke, A. 38, 134, 139, 240

Collins, R. 258, 259

Corbin, J. M. 37, 133, 257

Creswell, J. 67

Dalton, M. 92

Dey, I. 58, 111, 233

Diamond, T. 92

Dingwall, R. 91

Durkheim, E. 164

Elbow, P. 181

Ellis, C. 352

Gadow, S. 333

Glaser, B. 28, 53, 56, 113, 138, 143

Goffman, E. 141, 146, 158, 164

Hertz, R. 147

Hood, J. 200, 281

Hoonaard, W. C. 133

Jankowski, M. S. 176

Kuhn, T. 124
Kusow, A. 152

Layder, D. 269
Lazarsfeld, P. 33
Lempert, L. B. 325
Lofland, J. 175, 278
Lofland, L. H. 175
Loseke, D. R. 126
Luker, K. 59
Lynd, R. S. 358

Merton, R. K. 34
Miller, D. E. 271
Morrill, C. 126
Morse, J. M. 233

Murphy, R. F. 91, 302

Park, R. 35
Parsons, T. 164
Peirce, C. S. 213

Richardson, L. 334

Schneider, M. A. 68
Silverman, D. 262
Star, S. L. 275
Strauss, A. 28, 133

Urquhart, C. 278

Van Maanen, J. 280

Wiener, C. L. 193

▒ 내 용 ▒

가추법 213, 383
가추적 추론 213
가치중립성 359
강제 37, 56, 82
개념 지도 240
개념적 다듬기 64
개념적 범주 189
개념지표모델 383
개방종결성 357
개방종결형 질문 80, 84
객관주의적 근거이론 263, 383

거대이론 34
근거이론방법의 과정 42
결과 134
경험적 세계 109
고전적 근거이론 60, 350, 357
공감적 이해 386
과정 119
과정이론 286
과정적 분석 273
관심사 351
구성주의 383

구성주의적 근거이론 261, 357
구성주의적 입장 347
구성주의적 접근 261, 291, 350
권력 269
귀납법 384
귀납적 추론 213
근거 묘사 192
근거이론 31, 384
근거이론의 발견 29
근거이론의 수행 138
글쓰기 334
기관윤리위원회 80, 226, 227
기본적 사회 과정 37, 60, 278, 286
기본적인 사회심리적 과정 60
기존 텍스트 88, 91

내러티브 진술문 191
내생코드 124, 192, 204
네트워크 분석 260
눈덩이표집 48

다발성 경화증 84
다양한 차이 223
다중방법 및 다중상황접근 98
다중적 해석 386
다중적인 시각 384
단어별 분석 115
단어코딩 115
대화 분석 262
도면화 43, 134, 239
독창성 302, 354
동명사 113, 272

렬 235

메모 27, 43
메모 작성 157, 211, 384
메모 작성방법 169
메모 작성의 예행 연습 181
메모 종합 243
면접 지침 79
면접 축어록 151
묘사 257, 267, 385
문헌 고찰 319, 322, 328
문화기술지 62
미학성 356
민감한 개념 53, 133, 164, 330

반대 사례 209
반영성 262, 385
반영적 성찰 263
반향성 355
발견 119
발현적 388
방법의 두루뭉실함 204
백지 상태 323
범주 190, 219, 232, 279, 294
범주의 정밀 검토 312
범주의 조기 포화 233
범주화 385
보편성 351
분석 범주 28
분석 중단 278
분석적 다듬기 299
분석적 도구 105
분석적 메모 299

분석적 진술 301
분석적 탄력 276
불확정성 40
비유와 은유 335

사안별 코딩 120
사회구성주의 255, 385
사회적 구성물 263
상급 메모 작성 193
상상적 이해 255
상식적 이론화 145
상징적 상호작용주의 35, 141, 386
상호작용 348
상황 분석 240, 260
상황 지도 182, 240
선입견 56, 82, 124, 145
선행 연구 321
선험적 가설 208
속성 군집 238
속성 메모 158
수용된 이론 322
수정 가능성 352
시카고 학파 34, 356, 358, 386
신빙성 233, 354
실용주의 35, 356, 386
실용주의적 전통 357
실증주의 30, 253, 263, 387
실증주의 이론 254
실체이론 35, 250, 387
실체적 과정 190
실체적 코드 192

양상 173

연관성 123
연구방법 49
연역법 387
연역적 추론 213
예단 123
완전한 묘사 65
운율과 시점 336
원반성 루프스discoid lupus 101
위치 지도 260
유리창 깨고 집어 오기 57
유목표집 208
유연성 357
유용성 57, 355
6C 138
이론 249
이론의 불가지론 324
이론의 정렬 235
이론적 가공 40
이론적 개념 148, 279
이론적 민감성 34, 271, 272
이론적 범주 110, 191
이론적 유희 272
이론적 충분성 234
이론적 코드 138, 323, 330
이론적 코딩 137
이론적 코딩군 138, 143
이론적 틀 319, 329
이론적 포화 233, 387
이론적 표집 43, 199, 205, 208, 387
이론적 표집의 논리 211
이론적인 유희 153
이론화 259, 271
이야기 338

인간대상연구위원회 80
일반적 과정 190
입증 37, 264

자유 작성 186
적합도 123
적합성 57
전신홍반성 루프스 101
전환기적 경험 222
조건 134
조건결과 매트릭스 242, 388
조준점 54
주요 범주 318
주장의 구성 308
주축적 역할 287
줄코딩 41, 115, 162
줄코딩 예 117, 119
중립성의 가정 264
중립적인 질문 74
중범위이론 34
중심주제 분석 115
중심축 연결 107
즉각적 이론화 67
지속적 비교방법 66, 122, 177, 322, 347, 388
지식의 전환 358
지표개념 접근 256
직관적 추정 26
진정성 249
질적 코딩 103
질적 혁명 36
질적연구의 유연성 50
집락법 181, 184

집중 면접 71

참여관찰 62
참여자 점검 228
초고 작성 303
초기이론 107
초기코딩 110, 133
초점 자유 작성 187
초점코드 189
초점코딩 43, 108, 128, 130
최초 표집 206
추출된 텍스트 88, 89
축코딩 133, 137, 388
축코딩 행렬 234
출현성 356
출현적 가설 208
출현적 과정 346, 347
출현한 개념 120
충족성 57
친밀한 익숙함 147, 175

코드 109
코딩 27, 107, 388
코딩군 138
코딩을 위한 지침 114

탈맥락화된 분석 268
텍스트 88, 96
텍스트 분석 88, 95
통제권 77

평가 기준 353
포스트모더니즘 388

포화 232
표본 크기 233, 265
풍부한 자료 49

하위 범주 317
해석학적 이론 255, 256
해석학적 이론화 259
해석학적 질적방법 58

행위/상호작용 134
행위자 69
협상 74
협상된 타자 259
형식이론 36, 389
홍반성 루프스 94
확증성 56
휴리스틱 26

저자 소개

• **캐시 차마즈** Kathy Charmaz

캘리포니아 주립대학교(샌프란시스코) 재활치료학 학사

캘리포니아 주립대학교(샌프란시스코) 사회학 박사

현재 소노마 주립대학교 사회학과 교수

　　　상징적 상호작용주의학회 회장, 미국사회학회 의료사회학분과 위원장

　　　상징적 상호작용주의학회 조지허버트미드 평생공로상(2006)

주요 저서: *Constructing Grounded Theory*(2006), *Developing Grounded Theory:*
The Second Generation(2009), *The SAGE Handbook of Grounded Theory*(2007),
Good Days, Bad Days: The Self in Chronic Illness and Time(1991) 등

역자 소개

• **박현선**

이화여자대학교 사회복지학과 졸업

서울대학교 사회복지학과 석사 및 박사

현재 세종대학교 정책과학대학원 사회복지학과 교수

저서 및 역서: 아동복지론(공저, 학지사, 2013), 사회복지 면접의 길잡이(공역, 나눔의집, 2000)

주요 논문: 저소득 고위험 청소년을 위한 학교 기반 멘토링 프로그램의 효과성 분석, 청소년의 학업중퇴과정에 대한 현실기반 이론, 빈곤청소년의 학교적응유연성 등

• **이상균**

서울대학교 사회복지학과 졸업

서울대학교 사회복지학과 석사 및 박사

현재 가톨릭대학교 사회복지학과 교수

저서: 아동복지론(공저, 학지사, 2013), 빈곤방임아동의 야간보호(공저, 박영사, 2011), 사회복지실천의 효과성검증과 통계분석(EM커뮤니티, 2006)

주요 논문: 학교에서의 또래폭력에 영향을 미치는 요인, 사회복지실천프로그램에 대한 메타분석 등

• **이채원**

서울대학교 사회복지학과 졸업

서울대학교 사회복지학과 석사

워싱턴 대학교 사회복지학 박사

현재 숭실대학교 사회복지학과 교수

저서: 사회복지조사론(공저, 2012)

주요 논문: 아동의 만성질환관리에 영향을 미치는 가족요인, 성인당뇨병환자의 건강수준 및 질병관리장애요인, 미숙아 가정의 의료비 수혜경험과 서비스 욕구, 부모-자녀 간 의사소통이 1형 당뇨청소년의 질병관리에 미치는 영향: 가족지지의 매개효과 분석 등

근거이론의 구성:
질적 분석의 실천지침

Construction Grounded Theory:
A practical Guide Through Qualitative Analysis

2013년 7월 30일 1판 1쇄 발행
2024년 8월 20일 1판 8쇄 발행

지은이 • Kathy Charmaz
옮긴이 • 박현선 · 이상균 · 이채원
펴낸이 • 김진환
펴낸곳 • (주) **학지사**

       04031 서울특별시 마포구 양화로 15길 20 마인드월드빌딩 5층

대표전화 • 02) 330-5114   팩스 • 02) 324-2345

등록번호 • 제313-2006-000265호

홈페이지 • http://www.hakjisa.co.kr
인스타그램 • https://www.instagram.com/hakjisabook

ISBN 978-89-997-0138-2 93330

정가 **18,000**원

출판미디어기업 **학지사**

간호보건의학출판 **학지사메디컬** www.hakjisamd.co.kr
심리검사연구소 **인싸이트** www.inpsyt.co.kr
학술논문서비스 **뉴논문** www.newnonmun.com
원격교육연수원 **카운피아** www.counpia.com
대학교재전자책플랫폼 **캠퍼스북** www.campusbook.co.kr